Histoire d'un Régiment

La 32.me Demi Brigade

1775 - 1890

PAR

le Lieutenant PIÉRON

Illustrations
d'après RAFFET, Carle VERNET,
CHARLET, DETAILLE, SERGENT, etc..

A. LE VASSEUR et Cie 33 Rue de Fleurus
PARIS

HISTOIRE D'UN RÉGIMENT

LA 32ᴱ DEMI-BRIGADE

PARIS
IMPRIMERIE GÉNÉRALE LAHURE
9, RUE DE FLEURUS, 9

LIEUTENANT PIÉRON

HISTOIRE D'UN RÉGIMENT

LA 32ᵉ DEMI-BRIGADE

(1775-1890)

Lonato, 1796 — Les Pyramides, 1798 — Friedland, 1807 — Sébastopol, 1855.

> *J'étais tranquille, la brave 32ᵉ était là!*
> (BONAPARTE, Lonato, 1796.)
>
> *Il y en a donc encore du 32!*
> (NAPOLÉON, Hall, 17 octobre 1806.)

PARIS

A. LE VASSEUR ET Cⁱᵉ, ÉDITEURS

33, RUE DE FLEURUS, 33

1890

AU

COLONEL CHAUFFEUR

HOMMAGE RESPECTUEUX

———

A

MES CAMARADES

LISTE DES OUVRAGES CONSULTÉS

Documents du Dépôt de la Guerre (Archives historiques et administratives).
Manuscrits de la Bibliothèque nationale (*Réserve*).
Résumé historique du 52ᵉ de ligne, par M. le capitaine Doyen (1875).
La Vie militaire sous l'ancien régime (Albert Babeau, correspondant de l'Institut).
Les Drapeaux français (Léon Hennet, sous-chef de bureau au Ministère de la Guerre).
Mémoire historique du général baron Vimeux.
Les Institutions militaires de la France, par M. le duc d'Aumale.
Les Transformations de l'armée française (Essais d'histoire et de critique), général Thoumas.
Les Volontaires de 1791-1794 (Camille Rousset).
Souvenirs intimes d'un Volontaire de 1791 (publication de la Réunion des Officiers).
Correspondance intime de l'armée d'Égypte interceptée par la croisière anglaise.
Journal du camp de Montreuil en 1804 et des campagnes d'Allemagne jusqu'en 1807 (duc de Fezensac).
La Vie militaire sous le premier Empire (E. Blaze).
Mémoires sur la guerre des Français en Espagne (de Rocca).
Mémoires du général baron Giroid de l'Ain.
Histoire de la guerre de 1813 en Allemagne (lieutenant-colonel Charras).
Précis des Opérations de l'armée du Rhin et du Jura en 1815.
Souvenirs et Campagnes (1804-1885), par le général de la Motte-Rouge.
La Conquête de l'Algérie (Camille Rousset).
Récits algériens (E. Perret).
La Guerre de Crimée (Camille Rousset).
Journal humoristique du siège de Sébastopol, par un artilleur.
Armée du Rhin (la Chute de Metz), par le lieutenant-colonel de Montluisant.
Rapport sur les Opérations du deuxième corps de l'armée du Rhin (général Frossard).

a

PRÉFACE

Sursum corda....

Haut les cœurs! C'est assez courber la tête. On a reproché à nos pères d'avoir eu trop de confiance; mais n'ont-ils pas expié? Et pourquoi les fils nerveux de ces vaincus pèchent-ils par excès contraire? Pourquoi cette méfiance réciproque, cet impérieux besoin de se diminuer après s'être tant loué? Nous devrions rougir, tressaillir de colère et protester, chaque fois que nous entendons une jeunesse indifférente formuler ainsi un honteux découragement : « Nous ne vaudrons jamais ce qu'ont valu nos pères : l'esprit militaire se meurt; il est mort. »

Le propos n'est pas neuf! Une génération anémiée et sans croyances l'a déjà tenu dans la première moitié de ce siècle.

Malgré elle, malgré ses injures et son mépris, l'esprit militaire, qui sommeillait, s'est réveillé. C'est que le Français est esclave des qualités et des défauts de sa race; il n'a pas le droit de se mépriser; l'étude du passé le lui défend.

« Hé! Messieurs, disait le maréchal de Saxe à ceux qui le complimentaient sur ses exploits, quel général n'en eût pas fait autant que moi, suivi par des Français? »

En effet, les caractères distinctifs de notre nation sont : l'enthousiasme, le génie offensif et l'impulsion d'un grand courage.

Les institutions changent, les conditions de la guerre se modifient, mais les hommes restent les mêmes : légers, indisciplinés, supportant avec peine les efforts qu'on leur demande, s'ils les jugent inutiles; toujours enclins à la critique, ne prenant au sérieux ni les autres, ni eux-mêmes, passant brusquement et sans raison de l'espérance la plus folle au désespoir et à l'abandon de soi. Mais combien faciles à mener, si leurs chefs savent leur inspirer confiance et se montrent dignes de commander à de tels soldats; alors, ils se donnent complètement. Au premier coup de canon, ils comprennent qu'il y va de l'honneur, et ils sont tout élan. Grâce à un fonds inépuisable de gaieté et d'héroïsme, ils ont toujours su se ressaisir au milieu des plus grandes défaillances et dans les calamités qui semblaient le plus irréparables.

Il nous a paru intéressant d'écrire l'histoire de ce soldat français dans le cadre particulier de notre Régiment, depuis sa création jusqu'à nos jours.

Dans le *Rêve* consolant et superbe de notre grand peintre Detaille, poète et soldat, nous avons vu défiler les fiers bataillons du passé, et nous avons résolu de rendre à la vie ces glorieux fantômes.

Nous présentons notre livre à nos chefs et à nos camarades, non comme un auteur de profession, mais comme un annotateur qui laisse à la vérité, guide sûr et fidèle, le soin de le diriger. Cette vérité, nous l'avons cherchée passionnément.

Nous avons entrepris de vous conduire où le Régiment a été; de vous montrer la physionomie des guerres auxquelles il a pris part, comment il a vécu en garnison, au camp, au bivouac, en marche, au combat, suivant les temps, les mœurs et les caractères divers des guerres soutenues.

N'espérez pas que nos grenadiers et nos fusiliers, nos voltigeurs et nos fantassins vous apprennent l'histoire de la grande guerre. Le soldat qui marche, se repose ou combat, ne voit que ce qui se passe près de lui; les conceptions tactiques et stratégiques de la campagne lui importent peu; il concentre sa vie dans celle du régiment, dans le rayon d'action qui lui est assigné; il fixe les yeux sur ses chefs, les juge et les suit.

Nous avons entendu faire une œuvre instructive et morale, sans prétentions, estimant que l'éducation militaire du soldat, plus encore que l'instruction, joue, à la guerre, un rôle capital. Les chemins de fer, les fusils, les canons, la poudre sans fumée, c'est bien : des caractères et des hommes, c'est mieux! « Le cœur humain, disait encore le maréchal de Saxe, est le point de départ de toutes choses devant l'ennemi. »

Transcrire sincèrement les faits, sans les apprécier, peindre fidèlement les hommes, sans les juger, telle est la double obligation que nous imposaient notre âge et notre caractère.

Dans une suite de tableaux, nous avons soigneusement recueilli les épisodes qui marquent l'esprit du temps. Qu'on nous permette la justification de notre choix, et qu'on veuille bien tenir compte de l'influence de la profession, des mœurs et des institutions. « Dans tous les temps, le soldat a eu ses qualités et ses vices propres, qualités et vices inhérents au genre de vie qu'il mène, aux périls qu'il affronte, aux fatigues qu'il endure.... La guerre a toujours ses excès et ses misères[1].... » Pourquoi les cacher? Nous dirons : « Imitez cet exemple, fuyez celui-là. En telle circonstance, faites ceci et ne faites pas cela. »

Nous avons voulu que tout instructeur du régiment trouve dans notre livre les éléments de l'éducation morale que nos règlements et notre intérêt nous font un devoir de donner. En effet, nos bataillons nombreux ne sont pas seulement « des épées nues qui tiennent celles des autres dans le fourreau[2]. » Le régiment est aussi une école de devoir, d'honneur et de discipline sociale pour toute la nation.

Nous avons encore, dans l'armée, un peu de cette naïveté qui fait l'héroïsme; nous avons gardé l'illusion qui rend le dévouement plus doux et le sacrifice de la vie plus léger.

La jeune armée a toujours son drapeau qui flotte sur les ruines de nos croyances. Dans ses plis s'enveloppe une mère chérie mieux connue et plus aimée qu'à aucune autre époque : la Patrie.

G. P. Janvier 1890.

1. *Vie militaire sous l'ancien régime* (Babeau), Firmin-Didot, 1889.
2. *Anti-Machiavel* (Frédéric le Grand).

INTRODUCTION

Une circulaire du général de Cissey déterminait, en 1872, les règles précises suivant lesquelles la généalogie d'un régiment devait être recherchée et déterminée : « Les officiers, chargés de la rédaction des historiques, devront analyser l'historique des demi-brigades et des régiments dont, par suite de transformations successives, leur corps porte aujourd'hui le numéro, de manière à faire du tout un ensemble qui renoue et complète pour chacun la chaîne des traditions. »

C'est donc l'histoire du numéro que nous avons écrite. En voici le plan.

Sous la Monarchie, les régiments ont un rang de bataille variable. C'est le 1ᵉʳ janvier 1791 qu'une ordonnance du ministre de la guerre, Duportail, établit :

Art. 1ᵉʳ. Les 79 régiments d'infanterie française quitteront leurs noms actuels, et ne seront désignés à l'avenir que par les numéros du rang

INTRODUCTION.

qu'ils occupent parmi tous les régiments d'infanterie de ligne, ainsi qu'il suit....

Dans la nomenclature des régiments d'infanterie, le régiment de Bassigny[1] porte le numéro 32. L'en-tête des registres matricules de l'époque est ainsi libellé : 52ᵉ régiment d'infanterie de ligne, ci-devant Bassigny (créé par ordonnance royale du 26 avril 1775. Ce régiment a été formé des 2ᵉ et 4ᵉ bataillons du régiment d'Aunis. Aunis, sous le nom de *Vaubécourt*[2], a fait les campagnes cy-après : en Allemagne, 1757, 1758, 1759, 1760, 1761, 1762). Le colonel, le drapeau, les 1ᵉʳ et 3ᵉ bataillons d'Aunis ont formé le 31ᵉ ; c'est donc à ce dernier numéro qu'appartient l'histoire antérieure.

Celle de Bassigny ne commence qu'en 1775. Il y a des régiments dont les lettres de noblesse sont plus vieilles ; il n'en est pas dont le passé soit plus glorieux.

Le 32ᵉ de ligne ne subit pas le premier amalgame (décret du 12 août 1793). La 32ᵉ demi-brigade d'infanterie de bataille n'a jamais existé. Le 2ᵉ bataillon du 16ᵉ régiment d'infanterie, qui en devait faire le noyau, est à Saint-Domingue ; le 2ᵉ bataillon du 32ᵉ est à la Martinique. Pour cette raison, le régiment conserve son intégrité et sa solidité de vieux régiment.

C'est seulement à la suite du décret de nivôse an IV (1ᵉʳ février 1796) que les éléments en sont dispersés, et qu'il apparaît un autre 32ᵉ, composé d'unités nouvelles d'origines diverses. Les morceaux en sont bons : c'est l'immortelle 32ᵉ demi-brigade d'infanterie de ligne.

Nous suivons ce nouveau corps jusqu'au 5 août 1815. A cette date, la Restauration rompt brutalement avec le passé, disperse dans tous les départements les débris mutilés des soldats de l'Empire, et crée une légion par département.

L'ordonnance royale du 5 octobre 1820 rétablit la dénomination de régiment et la désignation des corps par un numéro. C'est la légion du Pas-de-Calais qui est constituée à 3 bataillons sous le titre de 32ᵉ régiment d'infanterie de ligne. Il était logique de renouer la chaîne brisée à la création même de cette légion, c'est-à-dire au 16 novembre 1815.

---

1. Bassigny, petit pays compris aujourd'hui dans le département de la Haute-Marne. Chaumont était le chef-lieu du Bassigny champenois ; Vaucouleurs et Bourmont les lieux principaux du Bassigny lorrain.
2. Nom de son colonel.

INTRODUCTION.

En résumé, il existe deux interruptions dans notre histoire : en 1796 et en 1815. Notre arbre généalogique est formé de trois branches : sur le tronc viennent se greffer deux nouvelles familles, dans lesquelles la descendance est ininterrompue.

Il nous reste à déterminer la division que nous avons cru devoir donner à notre travail.

Ce qui nous a vivement frappé, en recueillant les documents nécessaires à l'établissement d'une histoire exacte et vivante de notre Régiment, c'est qu'aux diverses époques de son existence, son esprit a varié avec notre état social.

Nous avons donc fractionné notre sujet en six grandes périodes.

Première Période. — Ancien Régime.
26 avril 1775. — 1ᵉʳ janvier 1791.

Durant ces quinze années, pas de guerre. Nous avons jugé intéressant de faire une courte étude de l'organisation intérieure du régiment de Bassigny, et de la vie militaire des officiers et des soldats. Comment les uns et les autres arrivent-ils au service? comment le quittent-ils? Comment chacun est-il habillé, équipé, nourri, payé? Quel service lui est demandé, à quelle discipline est-il soumis? Quel est le mode d'avancement? Quels sont les règlements en vigueur? Quelles sont les mœurs de garnison?

Deuxième Période. — Révolution.
1ᵉʳ janvier 1791. — 1ᵉʳ vendémiaire an XII ou 24 septembre 1803.

Le caractère propre de cette époque, c'est le dévouement exalté des hommes à une idée. Indignés des insolentes menaces de l'Europe, ils

b

meurent en criant : « Vive la République! Vive la liberté! » L'ère des guerres est ouverte; elle va durer vingt-cinq ans, sans trêve ni merci. Tour à tour vainqueurs ou vaincus, toujours braves, quels sont ces soldats du 32ᵉ et de la 32ᵉ demi-brigade?

Ce sont les « habits blancs » et les « habits bleus », unis par cette pensée nouvelle : la patrie menacée. Au début, ils sont rivaux. Les habits blancs, soldats de Louis XVI, appelaient les habits bleus des soldats de faïence; ils s'appelaient, eux régiments blancs, les soldats de porcelaine. Pourquoi? Parce que la porcelaine va au feu et que la faïence n'y va pas. Aujourd'hui que la légende des volontaires est réduite à ses justes proportions, il est équitable de convenir que, si les vieilles troupes avaient apporté dans les nouveaux régiments la discipline, le sang-froid, l'habitude du terrain et du coup de feu, les volontaires, eux, apportèrent leur flamme, leur jeunesse ardente et leur foi.

Nous avons confié le récit du siège de Mayence et de la guerre de Vendée à un soldat de porcelaine, à un de ces Mayençais qu'il nous fera connaître.

Un soldat de faïence, capitaine des volontaires du 2ᵉ bataillon de la Drôme, nommé à l'élection en 1791, contera les campagnes d'Italie (1796-1797), d'Helvétie (1798) et d'Égypte (1798-1801). Il nous montrera ce qu'ont été les premiers volontaires, ceux de 1791, leur esprit, leur apprentissage militaire. Il nous expliquera les causes de la valeur et du renom de la 32ᵉ demi-brigade.

Troisième Période. — Premier Empire.

25 septembre 1805. — 5 août 1815.

L'état militaire s'appelle alors *la carrière de la gloire;* tous s'y jettent avec ferveur. On ne va plus au feu avec l'âpre joie du sacrifice, au pays menacé; c'est poussés par l'ambition, l'amour de la renommée, l'attrait du danger que les soldats de l'Empereur se ruent à l'assaut de l'Europe. « Ils savent que par chacune des barrières de leurs villes, on va à une capitale de l'Europe.... Pendant que les maris et les frères étaient en Allemagne, les mères inquiètes avaient mis au monde une génération ardente, pâle, nerveuse. Conçus entre deux batailles, élevés dans les collèges aux roulements des tambours, des milliers d'enfants se regardaient entre eux d'un œil sombre.... De temps en temps, leurs pères ensanglantés apparaissaient, les soulevaient sur leurs poitrines chamarrées d'or, puis les posaient à terre et remontaient à cheval....

« Un seul homme était alors en vie en Europe; le reste des êtres tâchait de se remplir les poumons de l'air qu'il avait respiré. Chaque année, la France faisait présent à cet homme de 300 000 jeunes gens....

« Tous les berceaux étaient des boucliers; tous les cercueils en étaient aussi; il n'y avait vraiment plus de vieillards : il n'y avait que des cadavres et des demi-dieux....

« Et pourtant, jamais il n'y eut tant de joie, tant de vie, tant de fanfares guerrières dans tous les cœurs; jamais il n'y eut de soleils si purs que ceux qui séchèrent tout ce sang[1].... »

Nous avons choisi deux types bien différents parmi ces soldats de l'Empire. « Un croyant simple, obstiné, qui aime l'Empereur avec une sorte d'emportement lyrique[2] », fera le récit des campagnes de 1805, 1806 et 1807. « Il prend tout furieusement au sérieux : l'exercice, la théorie, la corvée même. La gloire! Napoléon! Il prononce ces noms comme un prédicateur celui de Dieu. »

Notre second narrateur « est un sous-lieutenant de bonne mine, d'humeur joviale et passablement sceptique. Il garde son sang-froid, et ne se laisse pas emballer par la gloire. Il ne la nomme qu'avec un demi-sourire ».

Il débute par l'Espagne, et durant le récit de toute la campagne, nous le verrons servir avec méthode et combattre avec bravoure, parce qu'il est naturellement brave. Mais, dès le début, son esprit calme, observateur et narquois se révèle : « Nous commençâmes, dit-il, à comprendre que la guerre pouvait bien ne pas être la plus belle chose du monde. »

---

1. *La Confession d'un enfant du siècle.* (Alfred de Musset.)
2. *Vie militaire sous le Premier Empire*, par E. Blaze, Paris, 1837.

Il est intéressant de constater que ce soldat-là (légion de nos jours) sait, à l'occasion, faire son devoir avec éclat.

« Je ferais dix volumes, écrit-il, avec les traits de bravoure dont je fus témoin.... et cela dans tous les rangs, dans tous les grades, depuis le roi Murat jusqu'au simple fusilier, depuis le général jusqu'au tambour. »

Nous compléterons l'histoire de cette période par le résumé des opérations et la physionomie de la guerre pendant les campagnes d'Allemagne (1813), de France (1814) et de 1815 (armée du Rhin et du Jura). Le Régiment n'y a fourni que des détachements de bataillons.

Quatrième Période. — Restauration. — Monarchie de Juillet.

5 août 1815. — 2 décembre 1852.

« La France, veuve de César, tomba en défaillance. Elle s'endormit d'un si profond sommeil, que ses vieux rois, la croyant morte, l'enveloppèrent d'un linceul blanc. La vieille armée en cheveux gris rentra épuisée de fatigue, et les foyers des châteaux déserts se rallumèrent tristement[1]. »

C'est alors que le soldat fut oublié, plus que cela, outragé; le héros devint « le brigand de la Loire », sans pain, sans état, sans solde, sans famille, après tant de luttes et de campagnes.

Le corps d'officiers, dans le régiment, se partageait en deux camps; d'un côté : « les vieux officiers, dont le dos voûté avait encore l'attitude d'un dos de soldat, chargé d'un sac plein d'habits et d'une giberne pleine de cartouches. Ils contaient de vieilles histoires d'Égypte et d'Italie... avec une touchante simplicité de cœur, qui remplissait le mien d'une sorte de vénération pour ces mâles caractères forgés dans de continuelles adversités[1].... » De l'autre, une jeunesse confiante, désœuvrée et ignorante, pleine de fatuité. Elle doutait de tout, « le front serein, le visage frais et

---

1. *Servitude et grandeur militaires*, (Alfred de Vigny.)

vermeil, » — « l'affreuse désespérance marchait à grands pas sur la terre.... Cependant, il monta à la tribune aux harangues un homme qui commença à dire que la gloire était une belle chose, et l'ambition, et la guerre aussi¹.... »

Et alors, peu à peu, les régiments se reforment. L'Afrique nous donne bientôt une armée compacte, un noyau d'admirables combattants; ce furent de rudes soldats, accoutumés à braver le péril à toute heure de jour et de nuit; ils devinrent cette armée superbe qui enleva Rome d'assaut et prit Sébastopol, après un siège formidable.

Nous suivrons le 32ᵉ en Algérie de 1842 à 1848, et nous dirons la part qu'il a prise à sa conquête. Au siège de Rome, les soldats d'une compagnie demandent à monter à l'assaut pour venger la mort de leur capitaine, tué la veille.

Cinquième Période. — Second Empire.

2 décembre 1852. — 4 septembre 1870.

C'est la reprise de la légende napoléonienne. La France, « *qui est une nation plus guerrière que militaire* », renoue la tradition avec enthousiasme. Les régiments d'Afrique montrent toute leur puissance et toute leur cohésion en Crimée. Quels admirables soldats! Quinze ans plus tard, ils seront les mêmes en des jours de deuil et de honte. La victoire a déserté leurs rangs, mais ils prouvent qu'ils savent toujours mourir. Spickeren et Gravelotte ne sont pas des défaites, et vous pourrez encore lire avec fierté ces tristes pages de notre histoire. Notre Régiment est de ceux auxquels pensait le général Pourcet lorsque, dans un conseil de guerre à jamais célèbre, il prononçait ces admirables paroles :

« Ce drapeau qu'on a pu livrer sans le ternir (trop de gloire l'environne) a été associé aux triomphes de la France et à ses désastres hélas! à ses joies comme à ses souffrances. Il a flotté sur nos splendeurs et sur

---

1. *La Confession d'un enfant du siècle.* (Alfred de Musset.)

nos ruines, toujours honoré, relevant, comme une promesse, les courages abattus dans un jour de détresse, et jalonnant la route du devoir devant les générations qui se succéderont à son ombre. »

La cravate de notre drapeau, pieusement dérobée par le colonel Merle, est dans notre salle d'Honneur, relique sacrée, objet d'orgueil et d'espérance.

Sixième Période. — La jeune Armée.
1871. — 1890.

A la jeune armée, la nôtre, la seule que nous ayons connue, celle qui s'ignore elle-même, celle qui n'a pas le droit de se mépriser, nous consacrerons quelques pages.

Notre grand crime, dit-on, c'est notre jeunesse. Mais quel âge avaient donc les soldats d'Italie, d'Égypte, de 1813 et de 1814, ceux dont Napoléon disait : « Mes jeunes soldats, l'honneur leur sort par tous les pores! »

Combien restait-il de vétérans après la campagne de Russie? N'est-ce pas avec des conscrits, presque avec des enfants, disait M. de Metternich, que furent gagnées les batailles de Lutzen, de Bautzen et de Dresde?

Nous n'avons plus l'expérience de la guerre, gémissent quelques esprits chagrins. Ils semblent oublier qu'en 1792 l'ennemi était à trente lieues de Paris, et que la paix fut conclue à trente lieues de Vienne. N'est-ce pas après quinze ans de paix que nos régiments ont conquis l'Algérie et produit les Blandan et les défenseurs de Sidi-Brahim? La Prusse est restée en paix de 1815 à 1864; Sadowa et Sedan ont fait ses rois empereurs d'Allemagne.

Plus près de nous encore, notre colonie du Tonkin n'a-t-elle pas permis à ces soldats qui s'appelaient Rivière, Dominé, Bobillot, Normand, et à tant d'autres héros obscurs qu'enfante, sans se lasser, notre pays, d'affirmer l'inépuisable valeur de notre race?

Haut les cœurs! nous avons été et devons rester la première nation militaire du monde.

Mais, puisque les temps ont changé, restons sur le qui-vive, debout, l'arme au pied, calmes et résolus, soldats d'un peuple qui ne veut point conquérir, mais qui saurait se défendre.

HISTOIRE D'UN RÉGIMENT

LA 52ᵉ DEMI-BRIGADE

PREMIÈRE PÉRIODE. — ANCIEN RÉGIME
(26 Avril 1775. — 1ᵉʳ Janvier 1794.)

La vie militaire dans Bassigny[1].

I. — CONSIDÉRATIONS GÉNÉRALES SUR LA CONSTITUTION DU RÉGIMENT A SA FORMATION.

L'année de la création de Bassigny est une date dans l'histoire de l'armée. Un nouveau secrétaire d'État de la guerre ne tendait à rien moins qu'à changer complètement l'organisation militaire de la France. Le comte de Saint-Germain, dont le nom est digne de figurer à côté de celui de Louvois, avait posé des principes qui, disait-il, « sont de tous les temps et de tous les lieux, qui seront éternellement vrais et bons, parce qu'ils sont une émanation de la sagesse divine ».

Voici en quels termes la reine Marie-Antoinette annonça à sa mère, Marie-Thérèse, son arrivée aux affaires : « Monsieur de Saint-Germain est établi ici avec l'applaudissement de tout le militaire, si j'en excepte quelques grands seigneurs qui craignent de ne pas trouver leur compte avec lui. » Le premier ministre de Louis XVI, Maurepas, écrit à la

---

1. D'après la *Vie militaire sous l'ancien régime* (Albert Babeau) et les Documents du Dépôt de la guerre.

comtesse de Praslin : « Il a dit qu'il voulait que l'officier fût assuré de son sort et qu'il eût des récompenses méritées, pour lui donner l'amour pour le service du Roi dont il faut, ajoute-t-il, bannir l'arbitraire, en se fondant sur la plus exacte justice dans la distribution des grâces. »

Quelle était donc la constitution des régiments de l'ancien régime? « L'ancienne armée royale de France, écrit le général Foy, était composée de deux classes distinctes : les soldats, condamnés à tout mériter sans rien obtenir, et les officiers, appelés à envahir les grades sans avoir pris la peine de les gagner. Cette dernière classe se subdivisa en noblesse de province et en noblesse de cour. L'une fournissait un certain nombre de militaires appliqués au métier et beaucoup d'amateurs pour qui le service était un simple passe-temps; l'autre peuplait les régiments de colonels imberbes et les états-majors de généraux de salon. Entre hommes placés sur des terrains si différents, que séparaient des obstacles infranchissables, il pouvait y avoir communauté de dangers, jamais communauté de position et d'intérêts[1]. »

Les guerres malheureuses du règne de Louis XV avaient jeté sur les généraux battus et incapables et sur tout le corps d'officiers un discrédit, injuste à beaucoup d'égards, car cette brillante noblesse était toujours brave, aimable et dévouée.

La guerre de Sept Ans avait révélé une indiscipline effrayante. Le duc de Noailles se plaignait d'avoir sous ses ordres des brigands capables de tous les crimes et de tous les excès, coupant les doigts des femmes pour prendre leurs anneaux d'or. Mais rien n'égale le tableau tracé par Saint-Germain lui-même : « Je conduis, dit-il, une bande de voleurs, d'assassins à rouer, qui lâcheraient pied au premier coup de fusil et qui sont toujours prêts à se révolter. Le Roi a la plus mauvaise infanterie qui soit au monde et la plus mal disciplinée. La terre a été couverte de nos soldats à quarante lieues à la ronde; ils ont pillé, violé, saccagé et commis toutes les horreurs possibles. » Il est juste d'ajouter que ces armées du xviiie siècle, souvent indisciplinées, déployèrent dans de nombreuses occasions un véritable héroïsme, comme les soldats de la garnison de Minden, refusant de souscrire à la honteuse capitulation consentie par les officiers, et se frayant, au nombre de 1800, conduits par un caporal, un passage à travers l'armée ennemie. C'est encore Champagne,

---

1. Voir *Pièce justificative* n° 1, la composition en officiers de Bassigny, relevée sur l'État militaire 1791.

dont la sentinelle répond fièrement au régiment qui vient le relever aux avant-postes : « On ne relève pas Champagne devant l'ennemi. » Et, comme la tête de colonne ne tient pas compte de l'injonction et continue à marcher, le soldat de Champagne la reçoit à coups de fusil.

Les réformes de Saint-Germain arrêtèrent les progrès du mal. Son plan général était largement conçu; son but était d'accroître les forces militaires du royaume sans augmentation de dépenses; 105 régiments à 2 bataillons furent organisés, chaque bataillon ayant 5 compagnies : une compagnie de grenadiers comptant au premier bataillon et à l'effectif de 108 hommes, y compris les officiers (1 capitaine-commandant, 1 capitaine en second, 1 premier lieutenant, 1 lieutenant en second, 2 sous-lieutenants, 1 sergent-major, 1 fourrier écrivain[1], 4 sergents, 8 caporaux, 1 cadet-gentilhomme, 1 frater, 84 grenadiers, 2 tambours); 4 compagnies de fusiliers, à l'effectif de 171 hommes (1 sergent, 2 caporaux et 60 hommes de plus que la compagnie de grenadiers); une compagnie de chasseurs, ayant le même effectif que les compagnies de fusiliers, est recrutée parmi les hommes les plus lestes et les plus vigoureux, sans avoir égard à la taille; elle compte au deuxième bataillon. Mais le nombre des soldats variait avec la volonté du roi et les circonstances. Il y avait, en outre, une espèce de compagnie de dépôt, appelée compagnie auxiliaire, placée à la suite du régiment et destinée, en guerre, à pourvoir au remplacement des hommes qui viendraient à manquer. L'état-major du régiment comprenait : 1 colonel; 1 colonel en second et 1 lieutenant-colonel ayant chacun une compagnie et commandant, le premier, le 1er bataillon, et l'autre le second; 1 major; 1 quartier-maître trésorier, ayant rang de lieutenant, chargé de tenir les registres de recettes et de dépenses, et de recevoir l'argent qu'il devait déposer dans la caisse; 1 adjudant ayant rang de premier sergent-major; 2 porte-drapeaux; 1 chirurgien-major; 1 aumônier; 1 tambour-major; 1 armurier[2].

Le drapeau du 1er bataillon était blanc, couleur du commandement : c'était le *drapeau colonel*; le 2e bataillon avait un *drapeau d'ordonnance* de la couleur distinctive de Bassigny; c'était véritablement le drapeau du régiment. Une croix blanche en formait le fond; aux quatre angles,

---

1. Ne faisant d'autre service que celui de tenir les registres, former les états et pourvoir au logement de la compagnie.
2. L'ordonnance de 1788 supprime tous les officiers de remplacement, les officiers attachés et les colonels en second. Elle crée un emploi de major en second, un caporal tambour, et affecte deux cadets-gentilshommes à l'état-major du régiment; ceux attachés aux compagnies sont supprimés.

des carrés orange et noir attenant à la hampe, vert et rouge à la partie flottante. Les porte-drapeaux avaient rang de derniers sous-lieutenants et étaient exclusivement choisis parmi les sous-officiers. La garde du drapeau se composait, dans chaque bataillon, du premier sergent et des deux plus anciens caporaux des 4 compagnies de fusiliers; le cadet-gentilhomme de la compagnie de fusiliers pouvait suppléer le second caporal. Le premier rang du peloton du drapeau était formé du porte-drapeau et de 3 sergents, le deuxième et le troisième rang de 4 caporaux. Le sergent de la compagnie colonelle était placé en serre-file dans le 1er bataillon, derrière la file du drapeau; celui de la compagnie du lieutenant-colonel occupait la même place dans le second bataillon.

Le comte de Saint-Germain supprima encore la vénalité des grades, les corps privilégiés, et les grades sans emploi; il créa des ressources pour le recrutement, organisa le territoire en circonscriptions militaires et les troupes en divisions permanentes dont les chefs exerçaient leur autorité sur les régions territoriales, avec obligation pour eux de séjourner au milieu des régiments; cette institution mit un terme aux absences prolongées de la plupart des officiers. Il créa un conseil supérieur de la guerre, sorte de tribunal de l'armée, composé de membres inamovibles et irrévocables, chargé de veiller sur l'exécution des lois militaires, de donner son avis sur toutes les innovations proposées et de classer le personnel de tous grades; enfin il mit en vigueur des mesures sévères pour le maintien de la discipline, de la morale et de la religion; il traça les règles de la subordination et de la hiérarchie, et chercha des remèdes à cette plaie des régiments de l'ancien régime : la désertion.

Quel précurseur! Et pourquoi tant d'impopularité? Il était venu trop tôt pour réussir. Esprit systématique et sans souplesse, il voulut appliquer ces belles réformes avec la brusquerie d'un théoricien, sans compter avec le temps, sans aucun des tempéraments nécessaires pour convaincre les irrésolus, désarmer les résistances, apaiser les intéressés, préparer enfin, par des transitions habiles, la constitution d'un ordre nouveau. L'impopularité qui s'attacha à son nom tint surtout à ses règlements sur la discipline. Les coups de plat de sabre ne furent pas inventés par lui; ils avaient été proposés par plusieurs des militaires les plus distingués du temps, entre autres par le comte de Rochambeau, et acceptés par les inspecteurs, réunis en comité sous la présidence du duc de Biron. La réglementation de ce mode de répression servit cependant de thème à toutes les attaques dirigées contre Saint-Germain, qui tomba sous une sorte de concert universel.

Sa gloire sera d'avoir rompu les troupes aux manœuvres et constitué un corps remarquable de bas-officiers. Quand les gentilshommes émigreront, ces soldats et ces sergents parvenus, ces officiers de fortune, deviendront les chefs des régiments de ligne et fourniront les cadres des bataillons de volontaires aux armées de la République. Ils s'appelleront : Masséna, Augereau, Hoche, Jourdan, Kellermann, Desaix, Sérurier, Rampon, Roguet et Vimeux.

Bien connaître les réformes de Saint-Germain, c'est connaître, en même temps, un régiment pendant les derniers jours de la Monarchie. Pour donner à nos lecteurs une idée nette de ce que fut Bassigny, nous avons étudié dans les registres matricules de l'époque tous les détails de la vie militaire des officiers et des soldats; puis, nous avons cherché l'explication des actes de chacun d'eux dans les Ordonnances royales et les Mémoires du temps.

Drapeau de Bassigny. — 1789.

II. — LE RECRUTEMENT.

En 1777, le régiment, commandé par le comte de la Chapelle, tient garnison à Metz. Malgré Saint-Germain, qui aurait voulu faire disparaître l'armée mercenaire, créer une armée nationale par voie d'engagement volontaire, et faire du soldat l'homme du Roi et non celui du capitaine, on ne put sortir de l'ornière du *racolage*[1]. Le recrutement était affermé comme la perception des impôts. Aujourd'hui c'est l'État qui lève ses soldats, les équipe et les entretient; sous l'ancien régime, on avait recours à plusieurs procédés. Chaque régiment établissait dans une

---

1. Encore aujourd'hui le mode de recrutement de l'armée anglaise.

des villes du royaume le dépôt de ses recrues. Pour éviter, du fait des mêmes choix, une surcharge de logement, les conseils d'administration s'adressaient au Secrétaire d'État ayant le département de la guerre, en lui indiquant les villes dans lesquelles ils désireraient de préférence former le dépôt des recrues : le Secrétaire d'État de la guerre prenait alors les ordres de Sa Majesté, qui déterminait le choix de celles de ces villes qui pourraient être accordées. C'est que l'esprit militaire n'était pas le même dans toutes les parties de la France; il était plus vivace au nord et à l'est que dans le centre et le midi. Ainsi, on remarquait que l'Alsace, sur une population de 650 000 habitants, fournissait 10 600 soldats au recrutement volontaire, tandis que la généralité d'Auch n'en donnait que 1 415 sur 887 000 habitants. On comptait dans les 15 généralités du Nord 1 soldat sur 149 habitants, et 1 seulement sur 279 dans les 16 généralités du Midi. On savait aussi que les campagnes fournissaient moins de recrues que les villes, et que les recrues y étaient meilleures. Malgré tout, les trois quarts des soldats d'infanterie étaient levés dans les grandes villes.

Bassigny avait établi son dépôt de recrues à Metz même. Vimeux (Louis-Antoine[1]), né à Amiens le 15 août 1757, soldat dans Aunis le 14 mars 1753, nous semble avoir été *l'officier recruteur* du régiment, nommé par Sa Majesté Louis XVI. Le comte d'Haussonville, inspecteur général, l'a ainsi noté à plusieurs reprises : « excellent officier, très bon recruteur ». Voici en quoi consistaient ces fonctions très importantes :

L'officier faisait battre la caisse, par l'ordre du gouverneur et avec l'autorisation du maire. Si un maire voulait refuser l'entrée d'une promenade, le colonel réclamait : « Dans tous les temps et dans tous les lieux, disait-il, les recruteurs ont l'entrée de tous les lieux publics. Ce n'est que dans ces endroits-là où ils font le plus de recrues. » Après un roulement de tambour, il portait la main au chapeau, promettait « de par le Roi » une somme d'argent à qui voulait s'enrôler : « Argent comptant sur la caisse », ajoutait-il, et il faisait sonner des sacs d'écus aux oreilles, en disant : « Qui en veut? » Le prix des engagements était ainsi fixé : engagement pour 8 ans, 50 livres; pour boire, 30 livres; frais et gratification au recruteur, 12 livres. Total : 92 livres. Les 50 livres étaient payées moitié au dépôt, et moitié après que l'homme avait été enregistré au régiment. Les 30 livres étaient payées de suite après la signature. Il était payé en outre 2 sous par lieue de l'endroit où la recrue avait été engagée jusqu'au dépôt.

---

[1] Futur colonel du 32ᵉ à Mayence; nous aurons souvent occasion de parler de lui.

L'officier recruteur répandait aussi dans les cabarets de petits avis imprimés, afin d'inviter les jeunes gens à s'engager. Une carte à jouer suffisait quelquefois et portait une invitation de ce genre : « Brillante jeunesse, qui brûlez du désir de servir votre Roi, venez satisfaire vos louables inclinations et adressez-vous à cet effet au sieur X..., officier recruteur audit régiment.... Il les prend de la taille de 5 pieds 2 pouces[1]. Ceux qui lui procureront de beaux hommes seront bien récompensés.... » Suivait l'adresse du recruteur. Les conditions physiques passaient, pour les engagements, avant les conditions morales. Les limites d'âge ne furent jamais strictement observées. L'ordonnance de 1776 la fixait de seize ans accomplis jusqu'à quarante, et, pendant la guerre, de dix-huit à quarante-cinq ans. La plupart des recrues avaient en moyenne de vingt à trente ans. Si le jeune écolier qui s'engageait à quinze ans et trois mois n'avait que 4 pieds 6 pouces[2], dans ce cas on escomptait « l'espérance » ou les probabilités de la croissance. La moyenne des tailles dans Bassigny était 5 pieds 3 pouces[3]. Ce que l'on recherchait le plus dans les recrues, c'étaient les qualités extérieures. On réformait des garçons pour cause de *vilaine figure*, de *laide figure*, de *petite figure*. Ce qu'on loue le plus dans les hommes, c'est d'être jolis et beaux; la hauteur ne suffit pas. « Quoiqu'ils aient la taille, écrit un colonel en parlant des hommes enrôlés par un officier, ce sont des figures et des tournures qui choquent. Je luy en ai mandé mon sentiment vivement. »

Les gens suspects, flétris par la justice ou soupçonnés de crimes, ne devaient point être admis.

L'engagement était rédigé dans la forme suivante : « Je soussigné, François Gray, natif de la Côte Saint-André, province de Dauphiné, juridiction idem, âgé de vingt-deux ans, certifie m'être engagé volontairement et librement, sans aucune supercherie ni contrainte, pour servir en qualité de soldat dans le régiment de Bassigny, pendant l'espace de huit années, à condition de recevoir pour prix du présent engagement, conformément à l'ordonnance du Roi, la somme de cinquante livres, ainsi que celle de trente livres pour boire.

Fait à Metz, le.....
Signature de l'enrôlé.

Visa, en sa présence, du Commissaire des guerres.

---

1. A peu près 1 m. 68. Le minimum était 5 pieds 1 pouce (1 m. 65).
2. 1 m. 46.
3. 1 m. 70.

La masse générale du corps allouait comme appointements à l'officier recruteur : 160 livres, 15 sous, 4 deniers *par mois*; et, *par an*, 400 livres pour ses ports de lettres et frais de bureau; les sergents qui lui étaient adjoints touchaient 45 livres par mois, et les caporaux 22 livres 10 sous, indépendamment des gratifications attachées au succès de leur travail.

Si le chef de corps jugeait les hommes de recrue recevables, ils étaient répartis dans les compagnies; puis, un officier les conduisait au Commissaire des guerres, ayant la police du régiment, pour être inscrits sur son registre.

Les frais que coûtaient les hommes défectueux et reconnus non recevables par le colonel, étaient retenus sur les appointements de l'officier chargé du travail des recrues.

Mais ce système ne suffisait pas pour atteindre le nombre d'hommes nécessaire au complet du régiment.

D'après la délibération du Conseil, quelques bas officiers et soldats intelligents étaient détachés en mission pour faire des recrues. Ils couraient de village en village, de ville en ville, fréquentant les marchés, les foires, les promenades publiques, les uns avec des violons, « payant des extras et faisant des faux frais dans les cabarets », les autres, plus nombreux, battant la caisse aux carrefours; quelques-uns avaient recours aux affiches. L'un de ces placards fait savoir à la « belle jeunesse » que le régiment où elle s'engagerait « est dans un pays où le sexe est très beau ».

A peu près jusqu'aux derniers temps de la Monarchie, les capitaines, propriétaires de leurs compagnies, étaient tenus de les entretenir au complet. Pour y parvenir, tout officier devait faire deux hommes de recrue lorsqu'il obtenait un congé de semestre. Dans leur pays, les capitaines ou les officiers subalternes étaient aidés par toutes les influences locales dont ils pouvaient disposer : « Leurs pères, leurs femmes, leurs frères, les curés, les amis, tout était en mouvement pour leur procurer des hommes. On donnait de gros engagements, et les paysans, les fils de fermiers s'engageaient bien plus facilement dans la compagnie du seigneur de leur village ou de son fils, parce qu'ils étaient sûrs d'être soignés s'ils étaient malades, et de pouvoir être renvoyés lorsqu'ils étaient nécessaires à leur famille, en se remplaçant par un autre homme. Mais la tâche des officiers n'était pas toujours facile; elle était parfois onéreuse; il leur était nécessaire de recourir souvent, non seulement à une publicité coûteuse, mais à la violence ou à des moyens de séduction qui n'étaient pas toujours conformes à la stricte morale. »

A défaut des officiers en semestre, les capitaines s'adressaient encore à des fournisseurs spéciaux, sorte d'entremetteurs adroits et peu scrupuleux qui faisaient métier de procurer des hommes aux capitaines leurs clients; leur profit était proportionné à la taille, à la force et à la beauté de la recrue. C'était à Paris, sur le quai de la Ferraille[1], voisin du Pont-Neuf, dans des cabarets borgnes, vulgairement appelés « fours », que les recruteurs de profession avaient établi le siège de leur industrie. On les qualifiait de « vendeurs et filous de chair humaine ». Les plus

Maniement des armes en 1791. (Collection Germain Bapst.)

huppés y avaient leurs boutiques, au-dessus desquelles flottait un drapeau armorié qui leur servait d'enseigne. L'un d'eux même avait fait écrire sur sa porte : « *Le premier qui fut roi fut un soldat heureux* ».

Grâce à Saint-Germain, les plus grandes précautions furent prises pour assurer la liberté des contrats. L'engagement n'était définitif que lorsque la nouvelle recrue avait déclaré, devant le subdélégué de l'intendant, qu'elle l'avait signé sans contrainte. Il n'en est pas moins certain que les répressions et surtout les annulations d'engagements frauduleux furent presque

---

1. Quai de la Mégisserie, aujourd'hui.

aussi nombreuses que les plaintes. En 1788, les garanties les plus sérieuses étaient exigées pour les engagements, et la plupart des abus et des excès du recrutement avaient disparu. « C'est souvent au moment où les institutions atteignent le plus haut degré de perfection dont elles sont susceptibles, qu'elles sont destinées à disparaître. »

III. — HABILLEMENT, TENUE, ÉQUIPEMENT, ARMEMENT.

Habillement. — Lorsque les victoires de Frédéric II eurent mis en vogue les usages militaires prussiens, l'uniforme devint plus étroit, plus étriqué, plus serré. Le cou est emprisonné dans des cols garnis de carton, qu'on attache derrière avec d'énormes plaques de cuivre : « Si on pensait, écrivait Saint-Germain, à ce que les troupes ont à souffrir en campagne, on ne les vêtirait pas comme des poupées avec des habits multicolores, étroits et légers. » Le blanc était la couleur adoptée généralement par l'infanterie, à l'exception des gardes françaises, vêtus de bleu, de rouge et de blanc. Seuls les parements et les boutons variaient. Bassigny avait l'habit, la veste et la culotte de drap blanc avec revers et parements roses. Les boutons étaient blancs. Les habits tombaient à mi-cuisse et ne pouvaient se boutonner ; les manches étaient si serrées qu'on était obligé de faire ôter les manches des vestes qui étaient lacées, pour que le soldat pût faire l'exercice ; enfin le chapeau, garni d'une cocarde ronde et blanche, était si petit qu'il ne couvrait pas la moitié de la tête, et qu'il serait tombé à chaque mouvement, s'il n'eût été attaché aux cheveux. Les grenadiers, avant 1776, portaient le bonnet à poil ; on le leur ôta et on ne le leur rendit qu'en 1788. Chaque homme avait un bonnet de police façonné en tricot et doublé de toile. Le devant était orné d'une plaque de drap au milieu de laquelle était cousue une fleur de lis de la couleur du revers, c'est-à-dire rose. Le tour pouvait se rabattre pour couvrir les oreilles et s'attacher sous le menton par des agrafes.

L'ordonnance de 1776 supprima le système des fournitures à l'entreprise, qui donnait lieu à des plaintes et faisait « craindre des friponneries ». Toutes les dépenses concernant l'habillement étaient réglées par les corps, appelés désormais à s'administrer eux-mêmes, et étaient prises sur une masse générale. Les remplacements devaient se faire suivant les besoins. Mais les inspecteurs généraux signalent au Ministre la parcimonie des capitaines, qui ménagent outre mesure les vêtements qu'ils donnent au soldat; le comte de Melfort écrit : « J'ai vu des hommes qui portent des habits couverts de pièces; ils en sont très affectés et humiliés au dernier point. Des soldats ont refusé des congés de semestre par la raison qu'ils auraient rougi, disaient-ils, de paraître dans leur pays comme des gueux. »

Les soldats avaient trois paires de guêtres, dont une d'étoffe noire pour l'hiver et les mauvais temps; deux de toile blanche pour l'été et les jours de parade.

Les officiers étaient habillés comme la troupe, mais le drap d'uniforme venait d'Elbeuf ou bien de Lodève : les boutons étaient argentés, au lieu d'être en étain. Ils portaient des manchettes de mousseline ou de batiste; les dentelles étaient prohibées. Ils avaient l'épaulette tressée pleine argent, ornée de franges à graine d'épinard. C'était une nouveauté due à Choiseul et très mal accueillie par les officiers, qui l'appelaient : « la guenille à Choiseul ! »

Tous les officiers pouvaient être montés.

Les galons distinctifs des grades pour les bas-officiers et les caporaux étaient en argent et en laine bleue.

Les tambours et les musiciens portaient l'habit de drap bleu affecté à la livrée du Roi, avec parements et revers roses. L'habit, pour les premiers, était bordé d'un galon de livrée; les manches étaient bardées de sept bandes de même galon cousues sur le dehors du bras, d'une couture à l'autre.

Les rengagés portaient un chevron en laine bleue, simple ou double. Les soldats charpentiers avaient, au-dessus du pli du bras, deux haches en sautoir (laine bleue).

Tenue. — Les cheveux des soldats étaient peignés, liés et enfermés dans un petit sac appelé *crapaud*; ils étaient frisés sur les faces d'une boucle uniforme. On ne mettait de la poudre que les fêtes et dimanches, et les jours où le régiment devait paraître en grande parade. On poudrait les cheveux à la colle ou à l'eau. Pour les poudrer à la colle, on délayait du blanc de Paris dans de l'eau, on en passait avec un pinceau sur les cheveux, puis on poudrait « là-dessus » à blanc. Aussi, que de temps le soldat passait à se peigner et à peigner les autres! On ne pouvait faire sa queue soi-même. « On s'appelait, on se mettait sept ou huit l'un devant l'autre, et l'on opérait. » Opération d'un aspect assez réjouissant, mais qu'il fallait faire sérieusement. On eut beau proscrire l'usage de la colle comme dangereux à la santé, l'habitude fut plus forte que le sens commun; vainement les officiers essayèrent de faire porter à leurs soldats les cheveux ras en se coupant les leurs. Par ordonnance du 1ᵉʳ novembre 1789, le catogan fut supprimé et remplacé par des queues.

Les grenadiers seuls portaient la moustache, et il leur était défendu de la cirer.

La parade était une grande préoccupation; le soldat passait son temps à blanchir ses habits et son linge, à astiquer ses boucles, au nombre de vingt-sept.

Équipement. — Le sac, en peau de veau à poil, doublé d'une toile forte, contenait une vraie trousse de toilette : « Dans l'un des côtés, on met deux chemises[1], les guêtres blanches, une paire de bas, deux cols en basin blanc, le sac de toile et la culotte de toile; de l'autre, la culotte de tricot retournée, le sac à poudre, la houppe à poudrer, le bonnet de nuit, les peignes (un à retaper et un à décrasser) dans leurs étuis avec les guêtres noires; dans la poche de la couverture du sac, on met les souliers, les brosses (une pour l'habit et le chapeau, deux pour les souliers, une petite pour nettoyer le cuivre), un pinceau pour blanchir les buffleteries, un dé à coudre, du fil, des aiguilles, un tire-bouton, un tire-bourre, une épinglette, un tourne-vis, des morceaux de vieux drap pour frotter les taches de son habit, du vieux linge pour le fusil. Sur l'extérieur de la patte qui recouvre le havre-sac sont cousues deux petites courroies garnies de boucles, destinées à attacher le sac de distribution et le pain qui y sera renfermé, lorsque le soldat sera dans le cas de le porter. »

Les bas officiers, les grenadiers, les chasseurs, les tambours et les musiciens étaient armés de petits sabres ou *briquets*, qui n'ont jamais guère servi qu'à distinguer les compagnies d'élite, ou à tenir lieu de la hache dans les travaux du bivouac. Les fusiliers n'en portaient point.

Un baudrier de buffle blanc recevait non-seulement le fourreau du briquet, mais l'étui de la baïonnette, placée au-dessus du sabre.

Le baudrier croisait sur l'habit avec la courroie porte-giberne, qui était mise par-dessus.

La giberne était en fort cuir de vache noirci; le coffre, percé de six trous sur deux rangs, était évidé, et recevait de chaque côté un paquet de quinze cartouches; soit : trente. Elle contenait une petite bourse de cuir pour mettre les pierres à fusil, la pièce grasse, le tire-balle. La giberne des bas-officiers était plus légère; elle n'avait pas de trous à cartouches,

---

1. Les chemises et les guêtres étaient marquées d'une lettre affectée à chaque compagnie; les chemises de sergents et fourriers avaient des manchettes.

et présentait deux compartiments seulement. La courroie porte-giberne des fusiliers avait un porte-baïonnette en buffle. La bretelle de fusil et les colliers de tambour étaient en buffle blanc.

Les soldats charpentiers avaient une hache contenue dans un étui de buffle blanc; la courroie porte-hache était également en buffle blanc; le tablier était fait d'une peau de mouton blanchie.

Les officiers avaient un ceinturon de buffle blanc, large de 2 pouces[1], disposé à être porté en baudrier.

Armement. — C'est en 1715 que le soin de fournir l'armement des soldats fut retiré aux capitaines et réservé à l'État; alors, fut établi le premier modèle réglementaire de fusil. L'invention des cartouches, due au savant artilleur Bélidor, et l'adoption de la baguette en fer constituèrent un perfectionnement considérable. Le soldat pouvait tirer jusqu'à trois et même quatre coups par minute. Le fusil modèle 1777 fut, pendant toutes les guerres de la Révolution et de l'Empire, le dernier mot de l'armement; une très légère correction au système fut faite en 1802 : on diminua le vent. Cette arme était très meurtrière jusqu'à 240 mètres, et frappait encore à 600 mètres. Le calibre était de 17 millim. 5, et le poids de 4 kilog. 375; la balle pesait 18 grammes à la livre, et la charge de poudre était de 10 grammes; on pouvait tirer jusqu'à 60 coups en 20 minutes, sans avoir besoin de laver l'arme; mais le nombre des ratés était grand : 1 sur 6 ou 7 coups; par les très mauvais temps, l'infanterie se trouvait désarmée; le cas s'est produit au 52° en 1805, 1813 et 1814.

Outre la baïonnette, nous avons dit que certaines catégories de soldats portaient le briquet.

Jusqu'à la Révolution, et même pendant les premières guerres, les officiers subalternes portèrent le fusil. Les capitaines l'ont conservé peu de temps. Tous les officiers portaient l'épée : la garde était en cuivre doré, la poignée d'argent doré, et la lame plate et forte était longue de 26 pouces[2]. De la poignée pendait une dragonne, ou cordon à un seul gland, mêlé de filés d'or et de soie couleur de feu.

La tenue de service était marquée par un hausse-col de cuivre doré, orné, dans le milieu, d'un médaillon en argent aux armes du Roi.

En résumé, avoir bon air, c'était l'ambition commune des officiers et des soldats. « Lorsqu'elles durent entrer à Boston en 1782, les troupes françaises firent en plein champ une si belle toilette que jamais dans

1. 0 m. 05.
2. 0 m. 70.

une revue de parade, on ne vit troupes mieux tenues, plus propres et plus brillantes[1]. » — « Ces militaires coquets, en uniformes riants avec leurs couleurs claires, rehaussées de bleu, de rouge, d'argent et d'or, charmaient nos ancêtres, séduisaient les jeunes gens, qui s'engageaient parfois pour l'amour du costume, et frappaient d'admiration les étrangers. Le Français d'alors ne se contentait pas d'être fort; il ne lui suffisait pas de vaincre, il avait aussi l'ambition de plaire. »

IV. — VIE ET MŒURS DE GARNISON : SOLDE ET GAMELLE, SERVICE, CARACTÈRE, DISCIPLINE ET PUNITIONS.

Le soldat incorporé et habillé était logé par l'État ou chez l'habitant. Grâce à leurs privilèges, les grandes villes de l'intérieur ne recevaient pour ainsi dire point de troupes. Les régiments étaient presque tous envoyés dans les forteresses des frontières. Aunis est à Belfort en 1776, et Bassigny se forme à Metz. En 1779, il est à la Rochelle; il reviendra à Metz, puis ira en Bretagne, à Brest, Port-Louis, Nantes, etc.... Le soldat ne peut s'éloigner d'une lieue de sa garnison, sous peine d'être accusé de désertion. Sous Louis XVI, les casernes sont la règle pour le logement des troupes; les soldats « en quartier » chez l'habitant, c'est l'exception. En Bretagne, ce seront quelquefois des logements dans les églises ou dans les cloîtres, sous les toits ouverts au vent et à la neige.

Dans les casernes, les chambrées renfermaient dix, douze, quatorze ou dix-huit lits. Elles étaient éclairées « par une méchante petite lampe, dont l'huile puante infectait ». Le mobilier, fourni par les villes, se composait, outre les lits, d'une ou de deux tables sur lesquelles les hommes mangeaient, de deux bancs et de planches pour mettre les vêtements.

Les lits avaient 4 pieds[2] de large sur 5 pieds 9 pouces de long. Ils devaient suffire pour *trois* hommes. Aussi, les anciens soldats mettaient-ils quelquefois, comme une des conditions de leur rengagement, qu'on ne les ferait pas coucher trois dans le même lit. Sous le ministère du maréchal de Ségur, ils ne coucheront plus que deux ensemble. Les cadets-gentilshommes seuls avaient le privilège d'un lit séparé.

Gamelle et solde. — Sans doute, il y avait loin de la réalité de la gamelle aux levrauts et aux dindons que promettaient les racoleurs; mais

---

1. Comte de Ségur, *Mémoires*.
2. 1 m. 29 et 1 m. 86 environ.

la nourriture de l'enrôlé était, à tout prendre, préférable à celle du paysan, puisqu'il consommait plus de viande que lui. Les soldats, à la caserne comme au dehors, mangeaient au moyen de cuillers de fer dans une gamelle de terre ou de bois, qui servait pour cinq ou sept d'entre eux. Le pain était leur principale nourriture; ils le mangeaient sec ou dans la soupe. L'État se chargeait de le fournir, à raison de trois livres pour deux jours, à chaque homme. Le soldat buvait de l'eau, ne mangeait de la viande qu'une fois par jour en petite quantité, et quelquefois trois fois par semaine seulement; la ration ne dépassait guère une demi-livre, os compris, et devait être distribuée tous les jours, excepté le vendredi. Mais, dans toutes les garnisons, la délivrance de la viande ne pouvait avoir lieu quotidiennement, et le soldat y suppléait par « de méchant beurre, de l'huile ou d'autres drogues ».

Voici un aperçu de la solde des soldats et des caporaux, par jour : caporal de grenadiers, 10 sous 4 deniers; grenadier, 7 sous 4 deniers; tambour ou instrument, 9 sous 4 deniers; frater, 10 sous 4 deniers; caporal fusilier, 9 sous 4 deniers; fusilier ou chasseur, 6 sous 4 deniers; tambour ou instrument, 8 sous 4 deniers. Sur cette solde, on retenait à chacun 8 deniers (16 pour les bas-officiers) pour s'entretenir de linge et de chaussure. Ladite retenue était conservée dans la caisse du régiment, et le décompte en était fait tous les quatre mois. Le complet de masse, par homme, était de 56 livres. Après ce prélèvement, les officiers remettaient au chef de chambrée le prêt, c'est-à-dire la solde pour cinq jours. Suit un modèle de la dépense :

LA TULIPPE, caporal, chef de chambrée.
Prêt du 1er mai 1788 pour 5 jours à 16 hommes.
A une livre par jour, ci. . . . . . 16 livres.

DÉPENSE.

Le 1er avec Bruno, 36 livres pain à 2 sous 6 deniers	4 livres 10 sous.
d° Lafleur, 12 livres viande à 6 s. 6 d. pour 5 jours. . .	3 » 18 »
d° d° sel pour 5 jours.	16 »
d° Paul, légumes pour 5 jours.	2 » 15 »
Le 2 avec Aubert, graisse pour 4 jours	10 »
d° Nicolas, chandelles.	6 »
d° Fortin, pour un balet.	3 »
Le 3 remis au fourrier pour Layer entré à l'hôpital.	12 »
Le 4 avec Aubert, 8 livres viande à 6 s. 6 d. pour 2 jours . . .	2 » 12 »
TOTAL. . .	16 livres » »

CERTIFIÉ. — Signature du chef de chambrée.
VÉRIFIÉ. — Signature de l'officier de semaine.

Le sergent-major devait s'informer des bouchers et boulangers où les chefs de chambrée allaient acheter, et vérifier, au moins une fois tous les mois, si tout était payé bien exactement.

Le cahier de la dépense du prêt devait être suspendu à un clou dans la chambrée, de manière que tous les hommes qui la composaient pussent en prendre connaissance en tout temps. Il était apporté, chaque mois, au capitaine un certificat qui constatait qu'il n'était rien dû aux bouchers et boulangers.

L'état du prêt, perçu par un officier subalterne chez le quartier-maître-trésorier, était signé de tous les officiers présents.

La solde était ainsi fixée, par an, pour les officiers :

Colonel, 4 000 livres; colonel en second, 3 800 livres; lieutenant-colonel, 3 600 livres; major, 3 000 livres; quartier-maître-trésorier, 1 200 livres; porte-drapeau, 720 livres; adjudant 360 livres (540 livres en 1784); aumônier, 600 livres; capitaine, 2 000 livres; 1ᵉʳ lieutenant, 900 livres; lieutenant en second, 800 livres; sous-lieutenant, 720 livres.

Par jour, pour les bas officiers : sergent-major grenadiers, 18 sous; sergent et fourrier, 15 sous 4 deniers; sergent-major fusiliers, 17 sous; sergent et fourrier, 13 sous 4 deniers.

Le service. — En même temps que l'engagé dépouillait le costume civil, il perdait le nom sous lequel il était connu. Il recevait un nom de guerre, auquel il devait répondre désormais[1]. Beaucoup de ces noms sont la reproduction du nom patronymique, par exemple : Pierre Cambray, dit Cambray; Claude Pinet, dit Pinet. Plusieurs sont baptisés du nom de leur province ou de leur ville : Mathieu Lieck, dit Alsace; Joseph Vuderchtoch, dit Colmar. Les qualités morales servaient à désigner quelques-uns : dit Francœur, la Tendresse. Plusieurs portaient des noms de héros de l'histoire ou du roman : Brutus, Darius, Caligula, Cicéron, Richelieu, Régulus, Tamerlan, Cromwell, Titus. Les noms de fleurs abondaient : la Tulipe, Fleur-d'Épine, Fleur-d'Orange, Belle-Rose. Il y avait des Joly-Cœur, l'Endormy, la Terreur, Sans-Chagrin, Sans-Rémission; des Pot-de-Vin, des Brin-d'Amour, Bon-Vivant, Bien-Aimé, Va-de-bon-Cœur, etc.... surnoms empruntés aux qualités extérieures, aux penchants et aux défauts.

La tenue, la marche et le maniement des armes faisaient le fond de l'instruction militaire. On lit cependant dans Saint-Germain : « Mon principal objet sera toujours d'apprendre les troupes à bien marcher et

---

[1]. Il nous semble que ce nom de guerre servait à déterminer plus nettement l'identité du soldat, à une époque où l'état civil était mal tenu.

en ordre, de les rompre à bien tirer et avec justesse, et de modérer cette vivacité et cette impétuosité de la nation qui dégénèrent presque toujours en désordre : je sais que cette vivacité est très utile, mais elle doit être réglée et n'avoir lieu que lorsqu'on l'exige. » Il voulait que le soldat séjournât le moins possible dans les casernes et les garnisons. L'été, il devait vivre au grand air et sous la toile : « Rien ne rend l'homme plus fort que la liberté et le travail; rien ne l'affaiblit autant que l'intem-

Maniement des armes en 1791. (Collection Germain Bapst.)

pérance et l'oisiveté. Ce n'était *ni le long service*, ni la variété des évolutions qui produisaient de bons soldats, mais l'esprit militaire. On les façonnait par l'obéissance, la religion, la discipline et beaucoup d'exercices pour fortifier le corps. Dans les exercices et les manœuvres, il fallait éviter tout ce qui n'était pas d'une utilité immédiate pour la guerre. Les évolutions de parade, les déploiements hors d'usage en campagne devaient être bannis des ordonnances. Il fallait surtout exercer le soldat au tir; on ne gagnait pas les batailles en brûlant de la poudre, mais en tuant beaucoup de monde à l'ennemi[1]. »

1. N'est-ce pas du pur modernisme?

Malgré ces sages principes, on abusait surtout des parades. On avait poussé la minutie jusqu'à placer, dans les cours des casernes, des horloges à balancier et des échelles géométriques gravées sur les pavés, pour atteindre le plus haut degré de perfection dans la régularité et la cadence du pas[1]. Les gardes, où le soldat devait rester six heures en faction, étaient assez fréquentes; on cessait à peu près l'école du tir et l'on négligeait les promenades militaires. Heureusement, les changements de garnison étaient fréquents, et chaque régiment allait d'un bout à l'autre du royaume (de Metz à la Rochelle, par exemple). Les étapes étaient d'ordinaire de cinq à six lieues.

L'ordonnance de 1776 enjoignait aux capitaines de visiter souvent leur compagnie, de veiller avec un soin assidu aux mœurs et à la bonne conduite des bas-officiers et soldats, de chercher à connaître l'esprit qui régnait parmi eux, et de tenir la main à ce que tout l'argent du prêt fût bien et économiquement employé pour la nourriture.

Le service de semaine était organisé comme de nos jours.

Le premier dimanche de chaque mois, le chef de corps passait la revue du linge, de la chaussure, de l'armement et de l'équipement.

Cependant, en dehors des marches et des manœuvres, il restait de nombreux loisirs au soldat. L'état les utilisait souvent en l'employant aux travaux publics. Les corvées étaient d'ordinaire facultatives et rémunérées. Les soldats pouvaient aussi se créer quelques ressources en travaillant chez l'habitant, en obtenant des permissions pour aller faire la moisson ou les vendanges. Sous Louis XVI, on calculait qu'ils donnaient sept heures au sommeil, deux au repos, une aux repas et quatre aux exercices. Il leur restait donc dix heures de loisir! Dix heures d'ennui!

Caractère, discipline et punitions. — « La belle chose que le service pour faire un homme! » dit un vieux paysan à un soldat qui vient en congé. Sous l'ancien régime, c'est une noble tâche que de porter un mousquet. « Pourquoi trouve-t-on tant d'hommes, dit un historien, qui se font tuer pour cinq sous par jour, tandis qu'il en faut donner vingt à l'homme qui pioche la terre et va coucher tranquillement chez lui? C'est que l'un s'appelle soldat, et l'autre journalier. » Au xviiie siècle, le soldat servait son Roi et non la patrie; il avait surtout l'amour du Roi. L'esprit de régiment était très développé; chacun rivalisait d'ardeur et de courage par la recherche de la tenue et par l'application aux exercices, de manière à

---

1. Le général Duhesme, à qui nous empruntons ces détails, ajoute aussitôt : « La guerre que nous fîmes quelque temps après, avec des bataillons qui avaient été à peine dégrossis, a bien prouvé l'inutilité de tous ces soins. »

surpasser les régiments voisins et rivaux. Cet esprit se manifestait aussi par des querelles entre les soldats des différents corps; à chaque instant on mettait l'épée à la main pour soutenir l'honneur du nom.

Dans ses rapports avec la population civile, le soldat se rappelait trop souvent la supériorité que lui donnaient ses armes; il avait vu ses officiers, presque tous nobles, traiter avec insolence les paysans, les bourgeois, et même les officiers municipaux. Depuis qu'il portait le mousquet et l'épée, il se croyait bien au-dessus du commun du peuple dont il sortait. Son billet de logement à la main, il entrait dans les maisons, et, parfois légèrement pris de vin, il s'imposait et parlait en maître. Qu'on se rappelle la jolie scène du *Barbier de Séville* où le comte Almaviva, déguisé en soldat, s'introduit chez Bartolo. Les soldats savaient que leurs officiers étaient indulgents pour les fautes qui n'avaient pas rapport au service, et qu'ils regardaient comme une peccadille de malmener le « bonhomme » et le bourgeois. C'est ainsi qu'un officier, rencontrant un de ses hommes en maraude, le fit monter en croupe derrière lui, pour le faire échapper au prévôt qui allait l'arrêter.

D'ailleurs, l'admiration qu'inspirait le militaire est bien exprimée par ces vers de l'époque. Francœur revient en congé dans son village :

> Chacun disait : Voyez donc comme
> Il est grand, comme il est beau !
> Le bel habit !... Le beau chapeau !
> Morbleu, qu'un soldat est bel homme !..

C'est que la profession militaire transforme en l'ennoblissant celui qui l'embrasse et l'exerce.

Aussi, que de clameurs lorsque le comte de Saint-Germain s'avisa de prescrire l'emploi des coups de plat de sabre pour la répression des fautes légères! On conçoit qu'un grenadier ait répliqué à un officier qui faisait l'apologie de cette pénalité militaire : « Monsieur, je ne connais de militaire dans le sabre que la pointe et le tranchant. » — « Si ce châtiment, était-il écrit dans l'article 20 du règlement sur la police des corps, le plus efficace par la promptitude, est redouté du soldat français, il sera un moyen d'autant plus sûr à employer pour le succès de la discipline. » Tenir de mauvais propos contre un caporal valait 12 coups, contre un sergent 45. Être venu trop tard à l'appel, 15 coups; avoir tenu une fille dans sa chambre, 20 ou 25; s'être « soûlé », 25; avoir vendu une culotte, 60 coups. Pour mutinerie, un soldat recevait 100 coups et on le chassait.

« Le récipiendaire sera couché sur une planche, et les coups ne porteront jamais que sur les fesses. » C'était un bas-officier de la compagnie qui infligeait la punition. Le commandant de la compagnie pouvait seul prescrire la punition, qui était subie à l'appel du matin. La punition ordonnée par le chef de corps était infligée à la tête de la parade particulière du régiment. Les fautes plus graves étaient punies par le piquet devant le corps de garde, ou en faisant porter un nombre plus ou moins considérable de fusils. « Veut Sa Majesté que la prison ne soit ordonnée que pour les fautes très graves. »

Une instruction du 1ᵉʳ juillet 1786 donnait encore les indications sur la manière de passer par les baguettes ou les bretelles de fusil. Ce châtiment, infligé aux déserteurs, fut subi par des soldats de Bassigny. Il consistait à faire passer la victime entre deux rangs de 50 ou de 100 soldats qui lui donnaient chacun un coup de baguette ou de courroie; nu jusqu'à la ceinture, le patient pouvait être condamné à plusieurs tours; le supplice pouvait être infligé en plusieurs fois, suivant l'état du récipiendaire ou la volonté du commandant; il était regardé comme infamant; on faisait passer sous le drapeau le soldat qu'on voulait garder, comme pour effacer la tache dont ce mode de punition l'avait marqué.

Dans l'échelle graduée des pénalités, le conseil de guerre occupait le dernier échelon. Il était composé de 7 officiers, « qui doivent être en hausse-col, à jeun et avoir entendu la messe ». La sentence, une fois rendue, était exécutée le jour même.

Un décret du 15 septembre 1790 prescrivit, parmi les punitions analogues à celles de nos jours, la boisson d'eau pour les ivrognes, « jusqu'à la concurrence d'une chopine par jour, et pendant trois jours seulement, à l'heure de la garde montante », et la prison pendant quinze jours, avec réduction au pain et à l'eau pendant trois jours de chaque semaine.

Les arrêts simples ou forcés, avec sentinelle à la porte, la prison, étaient les punitions réservées aux officiers. « Défend très expressément Sa Majesté à tout chef, quelque dignité et grade qu'il puisse avoir, de jamais se permettre vis-à-vis de ses subordonnés aucun propos qui pourrait les humilier, injurier et insulter, sous peine d'être destitué et déclaré incapable de la servir. Défend également aux officiers de tutoyer et injurier les soldats. »

C'est ainsi que l'honneur, qui était, selon Montesquieu, l'essence de la Monarchie française, était l'âme même de son armée.

V. — OFFICIERS ET BAS-OFFICIERS. — AVANCEMENT, RENGAGEMENT. CONGÉS ET INVALIDES.

Un des caractères qui distinguaient l'armée d'autrefois de la nôtre, c'était la diversité de la composition du corps d'officiers, et la différence de l'âge et du temps de service des soldats qui la composaient. Ajoutons que le bas-officier était le véritable nerf de l'armée royale. Ces sergents qui, à de très rares exceptions près, ne pouvaient aspirer à l'épaulette, suppléaient, dans le service journalier, les officiers presque toujours absents ou à la recherche du plaisir. En vain Saint-Germain, pour faciliter à la pauvre noblesse de province, rebutée du service, l'accès des emplois, reprend dans l'héritage de Louvois l'institution des Cadets-gentilshommes; en vain Sa Majesté Louis XVI, « convaincue que le luxe est un principe de corruption, enjoint aux officiers généraux employés près de ses troupes de ne point permettre que ceux qui leur seront subordonnés excédent, en dépenses, le montant de leurs appointements, ni que ceux qui sont riches de leur propre fonds humilient leurs camarades par des dépenses qui ne conviendraient pas à leur grade. Un militaire, ajoute-t-elle, doit s'endurcir au travail, à la peine, et s'accoutumer aux privations; les chefs de corps ne négligeront rien pour en convaincre les jeunes officiers. » Saint-Germain est obligé de donner sa démission, et, en 1781, une ordonnance exigeait de tout officier la preuve de quatre quartiers de noblesse. Il fallait, en outre, pouvoir acheter une compagnie ou un régiment. Un des colonels de Bassigny, Suffren comte de Saint-Tropez, achète, à dix-neuf ans, une compagnie dans Royal-Lorraine, moyennant 10 000 livres. Il est colonel à trente-cinq ans, et fait son service à la cour de Versailles. L'arbitraire le plus complet préside à la nomination des officiers. Pour un membre de la haute noblesse, le grade de capitaine est le premier échelon de la hiérarchie. Un grand nombre de sous-officiers quittèrent alors l'armée.

Aussi, les officiers de fortune, comme on appelait les sergents et les soldats parvenus, étaient peu nombreux et n'allaient pas loin; une lieutenance dans les grenadiers, un emploi de porte-drapeau, tel était généralement leur avenir.

L'analyse des services du colonel Vimeux et d'un quartier-maître-trésorier montrera ce qu'était l'avancement durant cette période.

Vimeux (Louis-Antoine), né à Amiens (Somme) le 13 août 1737.
Soldat au régiment d'Aunis, 14 mars 1753 ;
Sergent, 25 août 1760 ;
Porte-drapeau, 20 septembre 1768 ;
Sous-lieutenant des grenadiers dans Bassigny, 28 avril 1778 ;
Lieutenant des grenadiers, 26 mai 1786 ;
Chevalier de Saint-Louis, 21 décembre 1788 ;
Capitaine par commission, 1ᵉʳ janvier 1791 ;
Lieutenant-colonel, 4 novembre 1792 ;
Colonel, 11 janvier 1793 ;
Général de brigade par arrêté du Conseil de guerre séant à Mayence pendant le blocus, 27 mai 1793 ;
Confirmé par le Gouvernement après la reddition de la place, 5 décembre 1793 ;
Général de division, 14 ventôse an II (mars 1794) ;

Cassard (Jacques), né le 21 février 1745 ;
Soldat, 9 septembre 1762 ;
Sergent, 1ᵉʳ septembre 1769 ;
Fourrier, 20 mars 1772 ;
Sergent-major, 15 juin 1776 ;
Porte-drapeau, 26 mai 1782 ;
Quartier-maître-trésorier, 25 novembre 1782 ;
Rang de capitaine, 20 juin 1792.

Dans ces conditions, le rôle des bas-officiers prenait une importance capitale. Ils étaient, en général, animés d'un bon esprit ; habitués qu'ils étaient à être regardés comme d'une caste inférieure à celle de leurs officiers, ils acceptaient, sans murmurer, les conséquences de cette infériorité. Ils aimaient le régiment, auquel ils étaient attachés depuis longtemps, comme on aime sa famille. Le drapeau était tout pour eux. Les mémoires du temps les montrent intrépides, francs, naïfs et bons enfants. Les places de bas-officiers étaient données à l'élection ; les plus anciens du grade, dans lequel il y avait un emploi vacant, se réunissaient pour établir une liste de trois candidats ; les officiers supérieurs et les capitaines examinaient cette liste, et, sur le rapport adressé par eux au colonel, celui-ci faisait son choix définitif parmi les trois candidats. Mais les colonels se prêtaient peu à la mise en vigueur d'une disposition contraire à leur omnipotence, et, à cet égard, l'ordonnance de 1762 fut lettre morte.

Le rapport de Lameth à l'Assemblée Constituante et la loi de 1790 rétablirent un système qu'avait déjà rappelé l'ordonnance du 17 mars 1788. C'est alors que la dénomination de *bas-officier* fut remplacée par celle de *sous-officier*.

Nous avons dit que, par la nature même du recrutement, il existait dans le régiment une grande diversité d'âge et de temps de service. Il faut songer que les recrues ont de dix-sept à trente-cinq ans. De plus, il y a dans les compagnies des hommes qui se sont rengagés une ou plusieurs fois, et qui, ayant de quarante à cinquante ans, servent quelquefois depuis vingt ou trente ans. Jacques Couchot, dit Langevin, sergent à la 1ᵉ compagnie de grenadiers, est tué par les chouans en 1794; il a cinquante-cinq ans. Parmi les tués, à Mayence et en Vendée, 18 ont plus de trente ans et 10 plus de quarante.

Le soldat pouvait rengager après huit, seize et vingt-quatre ans de service. Au bout de huit ans, il avait droit à un chevron; au bout de seize, à deux. Atteignait-il vingt-quatre ans de présence? il était décoré d'un médaillon, au milieu duquel deux épées étaient brodées sur du drap écarlate. Pour le 1ᵉʳ rengagement, la prime était de 100 livres payées moitié comptant, moitié le jour où commençait la cinquième année; pour le 2ᵉ, elle était de 120 livres, et de 150 livres pour le 3ᵉ. On pouvait contracter ensuite, après les vingt-quatre ans de service, des rengagements successifs d'un an. Le fusilier François Gray, dit Sans-Façon, de la compagnie Fompitou, s'engage le 5 mai 1752 à vingt et un ans. Il rengage pour huit ans à compter du 1ᵉʳ décembre 1765; il a trente-quatre ans. Il contracte des rengagements successifs de quatre ans, de huit ans et d'un an. Il est encore à Bassigny le 1ᵉʳ décembre 1790; il a cinquante-neuf ans, et est breveté vétéran du 21 juillet 1775.

La plupart des bas-officiers vieillissaient ainsi dans leur emploi, jusqu'à ce que l'âge ou la fatigue les eût portés à demander leur congé ou leur entrée aux Invalides.

Nous avons montré comment le soldat entrait et vivait dans un régiment, nous allons voir comment il en sortait.

Les moyens réguliers de quitter le service étaient pour lui les congés temporaires et définitifs, les réformes, le rachat ou congé de grâce et l'admission aux Invalides[1].

Vingt-cinq congés de semestre par an étaient accordés dans chaque compagnie de grenadiers; vingt dans chaque compagnie de fusiliers.

---

1. Hôtel des Invalides, bâti sous Louis XIV.

Six *congés de grâce* par compagnie étaient accordés à ceux dont les parents avaient quelque fortune et un peu d'influence. Le prix de ces congés était versé dans la masse générale du régiment : s'il restait sept ans et plus à servir, c'était 300 livres; pour six ans on payait 250 livres; pour cinq ans, 200 livres; pour quatre ans, 160 livres; pour trois ans, 120 livres; pour deux ans, 90 livres; pour un an, 50 livres.

Au bout de vingt-quatre ans de service, le soldat avait droit à conserver la solde entière, à porter l'uniforme toute sa vie, à se retirer dans son pays ou à se faire admettre aux Invalides. Quelques-uns préféraient rester au régiment. Quand l'âge les mettait hors d'état de servir, ils recevaient des pensions ou étaient admis à l'Hôtel des Invalides. Tout homme qui avait ainsi obtenu la pension de récompense militaire était habillé, au départ, d'un uniforme neuf, et on lui payait 36 livres tous les huit ans pour le renouveler. Trente ans de services donnaient droit à l'exemption de taille industrielle et autres impositions personnelles.

Le grand nombre des invalides, quoique l'Hôtel pût en contenir jusqu'à sept mille, avait fait créer des compagnies détachées. A partir de 1776, il y eut seize compagnies de bas-officiers, huit de canonniers et soixante-cinq de fusiliers. Les détachements de quelques-unes d'entre elles étaient confinés dans des bicoques, au fond des Alpes ou des Pyrénées; leur vie y était fort douce. Sous Louis XVI, plus de trente mille anciens militaires étaient recueillis ou assistés à l'Hôtel des Invalides, dans ses succursales et dans les compagnies détachées. C'était le cinquième de l'armée active sur le pied de paix. Ce chiffre montre quelle sollicitude l'État témoignait à ceux qui avaient vieilli ou avaient été blessés sous ses drapeaux.

Telle était la vie militaire, en temps de paix, du régiment de Bassigny; tels étaient la physionomie et le caractère des habits blancs.

Les discussions philosophiques du xviiie siècle modifièrent cet état de choses, et la Révolution bouleversa les régiments comme le reste. Avant de montrer au combat le soldat de l'armée royale, nous marquerons le nouvel esprit des officiers et des soldats, au moment où Bassigny, par suite du règlement de 1791, prend le numéro 32. Par une curieuse coïncidence, c'est à Tours, notre garnison actuelle, que nous étudierons l'acheminement au nouvel ordre de choses. Le 32e y arrive, venant de Brest, le 4 juin 1791.

DEUXIÈME PÉRIODE. — RÉVOLUTION

CHAPITRE I

32ᵉ de ligne.
(1ᵉʳ Janvier 1791. — 14 Mars 1796.)

I. — Esprit et physionomie des officiers et soldats du 32ᵉ en garnison a Tours
(4 juin 1791 — 10 juin 1792[1]).

La composition du 32ᵉ, relevée sur les états militaires de 1791 et de 1795, marquera les transformations que fait subir au Régiment la loi de 1791[2]. Une étude comparative et attentive confirmera la sincérité des documents et mémoires auxquels nous avons emprunté le préambule de l'histoire militaire de cette époque.

Dès son arrivée à Tours, le corps d'officiers du 32ᵉ, ci-devant Bassigny, fait sa visite au Directoire.

« Le soldat redevient peuple, se mêle au peuple, fraternise avec le peuple. » Trois causes principales contribuèrent rapidement à propager l'esprit de rébellion : 1° les comités que les soldats furent autorisés à former entre eux pour s'occuper de leurs droits, et l'affiliation générale de ces comités ; 2° le contact avec les gardes nationaux, qui cherchèrent à persuader aux soldats que leur obéissance à leurs chefs était incompatible avec l'indépendance de la nation ; 3° le droit concédé aux muni-

---

1. D'après les documents dus à l'obligeance de M. Duboz, conservateur de la Bibliothèque Municipale de Tours, l'ouvrage du poète anglais Wordworth, qui vécut à Blois dans l'intimité des officiers de ci-devant Bassigny (traduction de M. Bussière, descendant du général Beaupuy), et le Mémoire historique de Vimeux, prêté par la famille Vast-Vimeux.
2. Voir *Pièces justificatives* nᵒˢ 1 et 2.

cipalités de commander à la force armée dans les limites de leur commune, et celui qu'elles s'arrogèrent d'intervenir dans la discipline intérieure des corps. C'est ainsi que M. Viollet-Vauquer, premier officier municipal, donne, en l'absence de M. le maire, *l'ordre*[1]. Il porte : « Blois, Saint-Antoine », pour les journées des 13 et 14 juin 1791 ; — « Saint-Pierre, Laval », pour le 30 juin. Le 29 juillet, l'assemblée municipale supprime les deux postes dont le 32⁰ est chargé ; mais, dans sa délibération, elle assure le Régiment de sa confiance dans son civisme. Le 6 avril 1792, M. de Ronsenac, commandant le Régiment, reçoit une réquisition qui lui est adressée par le Directoire de Loir-et-Cher, et en vertu de laquelle deux compagnies doivent partir pour Blois où l'ordre est troublé.

C'est au Directoire d'Indre-et-Loire qu'il faut que ce même officier demande des munitions (poudre et balles) dont son bataillon se trouve avoir le plus pressant besoin.

On conçoit aisément l'irritation des officiers ; d'autre part, sous l'influence des idées égalitaires, l'esprit des sous-officiers s'était modifié ; du jour où ils avaient eu en perspective l'épaulette d'officier, ils avaient montré une tendance sans cesse grandissante à lutter contre leurs chefs.

Voici la physionomie du corps des officiers du 32⁰, telle que nous la dépeint le poëte anglais Wordworth qui vivait avec eux : « Quelques-uns d'entre eux portaient des épées qui avaient servi avec honneur dans les guerres, et tous étaient des hommes bien nés ; c'était la chevalerie de la France. Différents d'âge et de caractère, ils avaient cependant dans leur cœur une même aspiration maîtresse : tous ensemble (excepté un seul qui sera nommé plus tard) étaient décidés à défaire ce qui avait été fait ; c'était là leur consolation et leur unique espoir.

« ..... Cependant, mes principaux compagnons se préparaient à s'enfuir, pour augmenter la troupe des émigrés en armes, réunis sur les bords du Rhin et ligués avec des ennemis étrangers prêts à déclarer la guerre. C'était là leur intention non déguisée, et ils attendaient, de toute l'ardeur de leur désir, l'heure du départ....

« Parmi ces officiers, il s'en trouvait un, auquel j'ai déjà fait allusion, et d'un caractère bien différent. C'était un patriote, et, pour cela même, tenu à l'écart par les autres, qui l'accablaient d'un dédain tout oriental, comme étant d'une caste différente. Jamais il n'exista d'homme plus doux et meilleur ; doux malgré son enthousiasme. Les affronts ne le rendaient que plus noble.... Par sa naissance déjà, il était des plus

---

1. Notre *mot* d'aujourd'hui.

nobles... Mais homme, il aimait l'homme et était attaché au service des pauvres, comme par quelque lien invisible.... »

Tel était Michel Beaupuy : « Que son nom, ajoute Wordworth, soit rangé parmi les plus beaux de l'antiquité[1]! » Son enthousiasme est légitime; mais de la gloire qui illustre le nom de Beaupuy, à Mayence et en Vendée, il doit rejaillir quelque chose sur Bassigny dans lequel il servit dix-huit ans.

Il fut de ces hommes nombreux qui ne purent impunément « traverser une heure de fermentation universelle, où les hommes les plus doux étaient agités, et les chocs de passions et d'idées emplissaient les murs des plus humbles demeures. »

Cet état d'âme explique, sans l'excuser, l'échauffourée du 23 juin 1791, dans laquelle des soldats de Bassigny osèrent porter la main sur le colonel de Saint-Tropez et l'arrêter au moment où, déguisé, il s'apprêtait à gagner la frontière. Il dut donner sa démission, et le lieutenant-colonel de Baussancourt, qui commandait le 2ᵉ bataillon, à la Martinique, le remplaça.

Le 10 juillet, les « dames citoyennes de Tours » offrent au régiment ses nouveaux drapeaux. Ils avaient pour inscription, d'un côté : « Discipline, obéissance à la loi »; de l'autre, le numéro du régiment. Le drapeau du 1ᵉʳ bataillon était aux couleurs nationales, à ces trois couleurs qui firent le tour du monde, suivant la prédiction de Lafayette. Il était porté par un sergent-major choisi par le colonel. Le drapeau du 2ᵉ bataillon était aux couleurs de l'uniforme du régiment. Une grande solennité eut lieu à la cathédrale Saint-Gatien, en présence du Directoire du département et du district, et des autres corps constitués. L'abbé Suzor, évêque constitutionnel, procéda à la bénédiction des emblèmes.

Le 9 août 1791, un nouveau brevet de civisme est donné au régiment dans une pétition signée par cent cinquante citoyens, les plus notables de Tours : « Le 52ᵉ d'infanterie, y était-il dit, est assez connu; il s'est assez distingué par son dévouement à la Constitution pour captiver

---

[1]. Michel Bacharetie de Beaupuy, né le 14 juillet 1755, sous-lieutenant dans Aunis le 2 mars 1773; lieutenant dans Bassigny le 27 mai 1785, capitaine le 15 janvier 1792, mort général de division, à Emmendinghen, le 19 octobre 1796. — Il écrivait, le 13 nivôse an II, au représentant du peuple Carrier : « Tu n'as pas encore tonné, bravé et terrible montagnard! Le pain et les cartouches sont arrivés pour nous; mais Haxo en manque. Envoie-moi promptement les 2000 hommes que tu m'annonçais hier; il faut que d'un trait ils se rendent à Machecoul; alors, et de ce point seulement, nous donnerons le pain et la main à Haxo.... Adieu.... Mort aux brigands!... Mort aux tyrans! » Il est curieux de comparer le style et la pensée de cette lettre avec les termes dont se servait Kléber pour apprécier Carrier (Voir Guerre de Vendée, page 46).

l'estime des habitants et mériter de leur part une confiance absolue.... »

Pendant toute la durée de son séjour, le Régiment, gagné aux idées nouvelles, maintient cependant l'ordre et la tranquillité dans la région[1]. Il détache à Blois quatre compagnies qui rendent à la ville sa tranquillité. Le fait mérite d'être relaté en des temps où l'indiscipline provoqua de sanglants désordres, indignes de l'uniforme, où des soldats n'eurent pas honte de massacrer leurs généraux. Et cette désorganisation était due aux infâmes libelles politiques qui proclamaient que ce serait rendre le plus grand service au pays que de massacrer ses chefs.

Aussi, tous émigrent; le mouvement gagna le régiment, qui ne conserva que sept officiers. Parmi eux, Michel Beaupuy, Vimeux et Saint-Sauveur. Le premier va organiser et commander un bataillon de volontaires de la Dordogne, qu'il conduira à Mayence. Les deux autres partent de Tours avec le 32e, le 5 juillet 1792, pour se rendre au camp de Lauterbourg, sous les ordres du général Kellermann.

Un règlement du 15 mars 1792 avait augmenté d'une compagnie, et porté à dix compagnies le 1er bataillon de chaque régiment mis sur le pied effectif de 812 hommes. 152 grenadiers du 2e bataillon partirent de la Martinique pour renforcer le 1er. Vimeux avait été nommé lieutenant-colonel. Il commanda le Régiment à l'attaque de Spire et prit part aux opérations de Custine à Mayence et à Francfort.

Le 1er bataillon du 32e formait, avec le 1er bataillon du 82e, le 2e bataillon de la Haute-Saône, et le 3e bataillon du Jura, la 2e brigade de l'armée des Vosges. En décembre, notre 1er bataillon couvre la retraite de l'armée du Rhin et mérite les éloges du général en chef. Vimeux est nommé colonel le 11 janvier 1793. Le 2e bataillon est en révolte, à la Martinique; tous les officiers, colonel Baussancourt en tête, émigrent. Les débris de ce bataillon rentrent en France vers la fin de 1792, et sont employés à l'armée de la Rochelle (1793), à l'armée de l'Ouest (1794), à l'armée de Brest et de Cherbourg (1795). C'est un vrai bataillon de volontaires, avec quelques soldats de ligne, constitué en Vendée même, à l'effectif moyen de 850 hommes. Il est commandé par Jean-Baptiste Penant; ce jeune commandant de vingt-six ans conduit avec bravoure son bataillon de jeunes gens, parmi lesquels nous avons relevé un enfant de quatorze ans, Claude Douin, tué par les chouans le 26 pluviôse an III. La guerre est rude et sanglante, les pertes par le feu sont de huit pour cent dans la seule année 1794. C'est avec regret que nous négligeons les opérations,

---

[1]. Était-ce une tâche bien ardue dans la molle Touraine?

en Vendée et en Bretagne, de ce bataillon des bleus, dont la bravoure serait digne d'être célébrée comme celle des Mayençais de la *colonne infernale*; mais il fallait bien nous borner en un si vaste sujet, et nous avons dû commencer par montrer la conduite au feu de ces sous-officiers de l'ancien régime, devenus officiers par les lois de la Révolution. C'était

Französische Infanterie. (Collection Germain Bapst.)

une classe d'hommes braves, honnêtes, irréprochables, modèles de vertu modeste et de résignation. Vimeux en est le type. « Moins expansifs que le soldat, ils avaient pour la patrie un amour muet, austère, qui n'en était que plus profond. Gardiens jaloux de l'honneur de la France, ils s'efforçaient d'imprimer aux bandes jeunes, indisciplinées, qui leur arrivaient tous les jours, l'amour de l'ordre et du devoir. Ils réprimaient les excès, moins par leur autorité que par une censure grave et le froid mépris; quelquefois, seulement par leurs tristes regards. L'autorité, le respect, qui les leur aurait refusés, quand on les voyait s'ôter le pain pour le donner aux soldats, quand les plus braves, marchant à l'ennemi, les voyaient toujours vingt pas devant eux? » Tous les généraux qui nous ont laissé leurs Mémoires sont unanimes à cet égard. Ils marchaient, tous à pied, le sac au dos, les premiers à la fatigue comme au combat. « Jamais, dit le maréchal Soult, aucun d'eux ne songea à se plaindre dans la détresse. Jamais les armées n'ont été plus obéissantes ou animées de plus d'ardeur. C'est l'époque des guerres où il y a eu le plus de vertu dans les régiments. »

II. — RÉCIT D'UN HABIT BLANC DU CI-DEVANT BASSIGNY[1]. — SIÈGE DE MAYENCE. (28 MARS. — 23 JUILLET 1795.)

27 mars 1795.

Il paraît que les Prussiens veulent nous couper de l'armée du citoyen général Custine et qu'ils se disposent à envahir, pour la seconde fois, le territoire de la République, avec une armée formidable. Le citoyen Rewbell, Commissaire de la Convention, vient d'arriver au galop; il nous a dit : « Citoyens, nous avons devant nous toute l'armée de Kalkreuth, et nous sommes peu nombreux; il s'agit de passer sur le corps de ces gens-là ou de mourir; vous avez devant vous des esclaves, et vous êtes des hommes libres. En avant! » — « Vive la République! » répondit le bataillon tout entier; et nous nous mîmes en route dans le brouillard du matin. Les vieux riaient de la fatigue des nouveaux, ou des précautions qu'ils prenaient pour ne point mouiller leurs chaussures crevées.

Singulier aspect que celui de ces volontaires qui entraient pour la moitié dans la composition de nos compagnies, et faisaient tache, avec leurs équipements bizarres, au milieu de nos habits blancs rapiécés, mais auxquels chacun avait tenu à donner un air de fête pour marcher à l'ennemi. Les uns, coiffés d'un tricorne roussi, d'où pendait une crinière chauve, les autres avec un mouchoir enroulé autour du front, guêtrés, leurs culottes jaunies ou des pantalons rayés frangés au bas et troués aux genoux; plusieurs avec un casque de rencontre, revêtus encore de la carmagnole; la plupart sordides, couverts de la poussière de la route ou de la boue du

---

1. Bouvarel, dit la Fierté, né en 1747, engagé le 2 février 1770, caporal le 12 juin 1789; sergent le 14 février 1794; passé aux vétérans, en Égypte, le 25 février 1798, à cinquante et un ans.

campement, bronzés, noircis, mais un rayonnement dans le regard. Quelques volontaires soufflaient dans leurs doigts et se plaignaient de l'onglée; à quoi il s'en trouvait qui, d'une voix rude, répliquaient : « Ça se plaint! Ça a froid! Aristocrates! »

Tout à coup quelques grenadiers, marchant en éclaireurs, se replièrent sur les bataillons, et un boulet passa avec un ronflement de toupie. « Eh bien, muscadin, dis-je à mon voisin devenu un peu pâle, voilà le moment! — Ne crains rien, citoyen, ça ira, » me répondit-il. Et au ronflement du canon se joignit le sifflement des balles, et les compagnons, auxquels on parlait tout à l'heure, s'aplatissaient sur le nez, frappés par devant. Les corps, tombant sur la terre, rendaient un son mat : « Est-ce que nous resterons là longtemps? cria une voix rude; en avant! — En avant! » répéta le colonel Vimeux, en levant son sabre en l'air; les tambours battirent la charge, et, avec de grands cris, le bataillon courut aux Prussiens.

Brusquement, il me sembla que je venais de recevoir un coup de canne. Étourdi, je m'arrêtai, puis je tombai à mon tour. Ma dernière pensée fut une pensée de rage : « Les Prussiens nous écrasent! »

Il faisait nuit lorsque je repris connaissance. Le ciel était noir, gros de nuages. J'essayai de me soulever; j'éprouvais dans la tête comme un grand vide. J'apercevais indistinctement, dans l'ombre, des formes vagues étendues çà et là. Avec un effort, je me mis sur les genoux et mon œil s'habitua aux ténèbres. Je vis alors que ces formes étendues étaient des blessés ou des cadavres; au loin, pas une sentinelle, aucun bruit. « Allons, me dis-je, je ne suis pas prisonnier. » Je me sentais affaibli et je voulais me relever pourtant. Mayence, après tout, n'était pas loin; on avait dû se battre près d'Oppenheim, et en suivant le cours du Rhin, je pourrais rejoindre les camarades, peut-être avant le jour.

Je pensais ainsi, appuyé contre un arbre, quand j'entendis, à quelques pas de moi, murmurer, avec des gémissements, des paroles françaises. Je m'approchai, titubant, de cet endroit d'où venaient les plaintes. Je regardais les morts étendus, assez nombreux, et dans cette nuit sans étoiles, je reconnaissais les Prussiens et les Français à leur taille; les cuirassiers gigantesques contrastaient avec les sans-culottes à la taille de nains. « A moi! » cria en français une voix faible, la voix de tout à l'heure. Je m'avançai, et au hasard saisis une main qu'on me tendait, et qui se crispa en se cramponnant à la mienne. « Vous êtes Français, n'est-ce pas? — Oui. Et vous? — Moi aussi — Où êtes-vous blessé? — Là, au côté... une balle. » J'avais sur moi une gourde remplie de kirsch et je me penchai pour faire boire mon camarade blessé; il but avidement et me dit : « Merci, monsieur…. » Ce mot de monsieur me fit tressaillir : c'était un ennemi assurément que j'avais secouru, car un Français m'eût appelé citoyen. Bast! pensai-je, il est blessé, ce n'est plus un ennemi : « Allons, un effort! nous allons regagner Mayence, si vous ne redoutez pas d'y être prisonnier. — Eh! vertubleu, que m'importerait? j'aime mieux être prisonnier avec des compatriotes que libre avec des Prussiens. Mais tout à l'heure tout sera dit, et je mourrai niaisement d'une balle française, et pourquoi? J'ai émigré parce que le décret de 1790 exigeait que tout le Royal-Comtois renonçât à porter ses cheveux en catogan et prît la queue nattée comme tout le monde. Que le diable emporte le décret! J'aurais servi la République, moi aussi, sans cette maudite… mode;… mais les cheveux nattés, fi! c'est trop laid!… Bon pour des goujats…. Près d'Amiens, il y a trois ans, nous nous sommes battus pour nos coiffures contre le régiment d'Anjou-Infanterie, qui a adopté la mode nouvelle. Bah! on se fait tuer pour pis que cela…. Je veux porter mes cheveux à ma guise… c'est bien le moins…. »

Il essayait de sourire et de railler, et ses yeux, dont les prunelles s'élargissaient, regardaient à l'horizon, dans l'aurore du petit jour qui venait, les tours des églises de Mayence, le clocher et la coupole du Dom, qui se détachaient sur le ciel gris. Un coup de vent apporta de ce côté les appels de la diane. « La diane! fit l'émigré en tressaillant. Allons, debout, je veux mourir debout! Soutenez-moi, monsieur. » Et il trépassa ainsi dans mes bras. Tudieu! quel ci-devant! Il était mort en citoyen. J'arrachai la cocarde tricolore de mon tricorne et je l'attachai à sa poitrine; puis je m'éloignai, regardant toujours avec anxiété si l'émigré ne remuait pas.

J'arrivai dans Mayence exténué et je retrouvai le bataillon; on me fit bon accueil, car chacun me croyait mort. Il me restait à brûler encore plus d'une cartouche au service de la République : ma blessure, en effet, était peu grave et la perte de sang seule m'avait affaibli. Au bout de quelques jours j'étais guéri; mais Custine nous avait abandonnés à nos seules forces, et nous restions enfermés dans Mayence avec Dubayet, Kléber et Meusnier, de vrais patriotes ceux-là!…

Mayence, 25 juin.

Voilà deux mois que le siège dure, et les 60 000 assiégeants, toujours inquiétés, n'ont encore pu ni ouvrir les tranchées, ni commencer aucune opération sérieuse : nous ne nous bornons pas à repousser ou attendre leurs attaques; jamais une semaine de repos; nos généraux prennent, à chaque instant, l'offensive sur un ou plusieurs points de la ligne d'investissement. Le 10 avril, c'est Dubayet qui descend le Rhin, sur la rive droite, avec une colonne dont le bataillon fait partie ; nous prenons la redoute de Hocheim, qu'il faut évacuer bientôt, après l'avoir défendue vaillamment contre des forces bien supérieures ; en mai, sous la conduite de Kléber, c'est une sortie sur Marienborn, où nous avons failli prendre le roi de Prusse dans son quartier général ; puis, pendant six semaines, nous défendons Cassel sous les ordres du brave Meusnier, qui est si satisfait de notre conduite qu'il propose au Conseil défensif notre colonel pour le grade de général de brigade. Pauvre Meusnier[1], il fut blessé mortellement d'un coup de biscaïen sur le Mein, en allant reconnaître une île du Rhin, vis-à-vis Weissenau, et fut remplacé dans son commandement de Cassel par le citoyen général Aubert-Dubayet. Le bon Saint-Sauveur, qui avait succédé à Vimeux, avait été nommé commandant de Kostheim. Le général désirait y placer un brave homme, et sur lequel il pût compter ; il ne pouvait en trouver un meilleur. Quel commandement, mon pauvre Sauveur! des ruines, des cendres, des boulets et des obus à tous les quarts d'heure de la journée, et à 400 toises[2] du camp ennemi ; voilà son empire, et nous étions ses sujets. Le 9 juin, nous allons mettre le feu aux positions des Autrichiens à Sainte-Croix, et nous ramenons en ville de grands cuirassiers lourds, tandis que l'église et le bourg, en flammes, brûlaient à l'horizon. Le 10, c'est l'aile gauche que nous menaçons dans une visite brutale à *Messieurs* les Prussiens ; le 14, dans la nuit, grande sortie générale sur tous les points de la ligne d'investissement.

Cependant nous éprouvions la nostalgie du pays, malgré les distractions du combat. Que faisait-on à Paris? que devenait la Révolution? que disait l'Assemblée? que faisaient aussi la vieille mère et les amis qu'on avait quittés? Un matin, une sentinelle, qui descendait de faction, avait ramassé près d'une batterie un journal venu, sans aucun doute, du camp prussien, et que le vent ou le hasard avait apporté par là.

« Un journal! des nouvelles! il y a des nouvelles de France! » criaient les soldats. « Lis, Scévola, hurlait une foule avide. — *Moniteur universel*, n° 172, dit-il, 15 prairial, l'an II de la République française. — Eh! passe donc le titre, clampin, dit Brutus Toussaint de sa voix rude. — Le général Dumouriez a balayé la Convention.... — Comment! s'écria, en jurant, Brutus Toussaint. Y a-t-il cela? Qu'est-ce donc que ce sacré papier? — Voyez, voyez, disait Scévola devenu tout pâle, c'est écrit. Les étrangers

---

1. Une des casernes du 32e, à Tours, s'appelle la « caserne Meusnier ».
2. 780 mètres environ.

sont entrés par le faubourg du Temple! Mon faubourg, à moi, mon pauvre faubourg!... » Les exclamations, les cris d'étonnement ou de fureur partaient du groupe comme par explosion. On entendait, au loin, le canon qui répondait par ses grondements à l'attaque de la troisième parallèle prussienne. J'avais envie de courir au feu et de me faire tuer, puisque la République était morte. Mais non, ce n'était pas possible, et je m'écriai : « Ce papier ment; tout ce qui est imprimé est faux; je jure que cela est faux! La Convention n'est pas morte! Vive la Convention! — Vive la Convention! » répondit une voix forte, et nous aperçûmes Merlin de Thionville arrêté auprès de Kléber.

La haute taille du soldat alsacien se dressait à côté de Merlin dont la stature était pourtant superbe. Kléber, la tête nue, la poudre et la poussière dans ses cheveux crépus, se tenait à un ou deux pas en arrière de Merlin qui, le visage échauffé, ruisselant sous son chapeau de représentant bossué et rougi au feu, le cou découvert, l'écharpe en lambeaux, le sabre tordu, s'avança vers moi et me tendit la main : « C'est bien, citoyen, dit-il, et voilà qui est parler en homme! Ces numéros de journaux qu'on sème dans Mayence pour nous arracher l'espoir, pour mettre dans nos rangs la confusion, — comme si la garnison de Mayence pouvait faiblir, — ils sont imprimés à Francfort, et les soldats prussiens nous les jettent comme des bombes plus terribles que les autres. Citoyens, prenez les lambeaux de ces mensonges de traîtres et renvoyez-les à l'ennemi en en faisant des cartouches. — Vive Merlin! cria Scévola. — Allons donc! fit le représentant, vive la République! »

Cependant l'assiégeant resserrait chaque jour le blocus, et la famine nous avait pris à la gorge. Les soldats, déguenillés, couraient les rues cherchant leur nourriture, maigres, pâles, la barbe et les cheveux longs, les souliers percés, les uniformes en lambeaux, faisant, la nuit, la chasse aux rats, et se donnant ce régal de manger leurs prisonniers cuits à la hâte, en les assaisonnant de poudre. Le citoyen Dubayet avait fait servir à son état-major un rôti de rats. Les grenadiers avaient crié au gourmet! Un chat se vendait 6 francs, et 45 sols la livre de cheval. Quelquefois même, pour augmenter notre maigre pitance, nous allions chercher dans le Rhin, sous les biscaïens allemands, les chevaux morts que le fleuve entraînait; il fallut placer des gardes pour empêcher les affamés de se disputer cette nourriture corrompue et malsaine; car les hôpitaux étaient encombrés, et il n'y avait plus ni médicaments ni appareils pour les blessures. Les morts, les blessés, les malades, les infirmiers, les boulangers qui faisaient le pain sous le feu de l'ennemi, les ouvriers pour tous les services de l'artillerie et du génie avaient réduit à 13 000 environ le chiffre des combattants. Et il fallait encore fournir des postes pour surveiller la population hostile de Mayence!

Hier, il a fallu faire sortir les bouches inutiles, les vieillards, les malades, les femmes et les enfants. Ces infortunés ne purent pénétrer dans les lignes ennemies, d'où on les repoussa impitoyablement, et passèrent toute une nuit sur le terrain qui séparait les combattants, exposés à un double feu. Le lendemain, des soldats français emportaient de petits enfants, blessés, dans le pan de leurs habits.

Les Prussiens espéraient ainsi nous forcer à capituler plus tôt. Leur attente fut trompée, et, désespérant de réduire la garnison par la faim et les fausses nouvelles, ils songèrent à désarmer notre résistance en s'attaquant à l'inoffensive population, dont ils changèrent en ruines la florissante cité.

Dès le 18 commence un bombardement furieux, sans pitié. Les couvents incendiés, les magasins de poudre sautant en l'air, le bruit des écroulements de cheminées, des bris de portes, faisaient un infernal vacarme. La ville tout entière était écrasée; les murs croulaient. La coupole byzantine du Dom, criblée de boulets, semblait près de s'affaisser. Les murailles de grès rouge des monuments, noircies par la fumée de l'incendie, éventrées par les obus, se dressaient avec des attitudes lugubres. Les moulins en bois, qui occupaient les rives du Rhin et qui nourrissaient la ville, avaient été détruits. Les malades étaient tués dans leurs lits à l'hôpital Saint-Jean, situé dans un des quartiers les plus éloignés des fronts d'attaque; trente blessés demandaient leurs armes et se portaient à leur place de bataille. Nous étions épuisés de fatigue; il fallait se battre et éteindre les incendies allumés chaque jour. Toutes les nuits se passaient au bivouac; nous ne pouvions reposer que le jour, sur les remparts des fronts les plus éloignés.

Et pourtant les soldats riaient — rire éternel de la race — en comparant Mayence à une écumoire. Quelquefois, le soir, des maisons désolées sortaient, comme une protestation ironique, des bruits de fête joyeuse. C'étaient les soldats qui organisaient des bals et narguaient la famine et la mort avec des entrechats.

25 juillet.

Le 14 juillet, nous avons célébré la fête de la Fédération, et la garnison a prononcé le serment d'être fidèle à la Nation et à la Loi, et de vivre libre ou mourir. La mort faisait relâche, et nos grenadiers jouèrent *le Siège de Lille*, l'opéra qu'on avait tant applaudi à Paris, rue Favart. Scévola, costumé en déesse de la Liberté, récita des vers de Marie-Joseph Chénier, et Brutus Toussaint chanta, pendant un intermède, la *Chanson du Salpêtre*.

Les deux armées avaient conclu, pour quelques heures, un armistice. Mais, dans la nuit, le bombardement recommença avec une effroyable violence. Dans tout Mayence, pas une place large comme un chapeau où un homme pût être en sûreté pendant une heure.

Et pourtant, pas une plainte, pas un murmure!

Le siège durait depuis trois mois et demi, le bombardement depuis vingt-six jours, la tranchée était ouverte depuis trente-cinq jours; il nous restait environ 15 000 hommes à mettre en ligne, pour nous frayer un passage à travers 60 000 assiégeants, fortement retranchés et armés de deux cent sept bouches à feu; et deux autres armées, occupant le pays, nous fermaient la route de France. Après avoir tout épuisé, munitions, dernières ressources, Merlin se décida à traiter. Ce matin, Brutus m'a dit avec un juron : « Tonnerre! c'est vexant, citoyen, nous déguerpissons! Dorénavant on va manger à son aise, à ce qu'il paraît. Comme si un sans-culotte avait besoin de dîner autrement qu'en se serrant le ventre! On capitule, c'est dit. Moi, j'aurais préféré crever de faim et crever ici. Le roi de Prusse nous laisse librement partir et, avec nous, tous ceux des patriotes mayençais qui voudront suivre l'armée. »

Saar-libre, 26 juillet.

C'est qu'il y avait à protéger ces *clubistes*[1] contre de redoutables vengeances. Ces habitants, favorables aux Français et surtout gagnés par les idées de la Révolution, avaient accepté courageusement les épreuves du siège. S'ils ne souffraient pas pour la patrie, ils croyaient souffrir pour une cause aussi sainte, pour la liberté des peuples, pour les droits nouveaux de l'humanité.

Le 24 juillet, nous avons quitté Mayence, où nous avions vécu pendant quatre mois sous une voûte de feu, ignorant si la France existait encore. Le défilé commença à midi, sous le soleil de juillet qui dardait ses rayons sur les ruines de la ville. La chaussée entière était envahie par le peuple, par les curieux, par la foule toujours âpre à tout spectacle comme à toute curée.

C'étaient des cavaliers prussiens, sabre en main, qui ouvraient le défilé exécuté devant le roi de Prusse. Nous suivions immédiatement le bataillon des Marseillais; sérieux et sombres, nous n'étions ni abattus, ni humiliés, noirs de poudre, en guenilles, fiers de nos loques, avec cette idée de faire

---

[1] C'est ainsi que Gœthe nomme les patriotes mayençais.

mâle figure devant toute insulte. Notre tambour-major, splendide en ses haillons, jetait en l'air sa canne dont une balle avait bosselé le cuivre.

Des jeunes filles de Mayence nous accompagnaient, les unes dans le rang, les autres hors des rangs. Les unes et les autres étaient saluées par

Kléber. — Miniature de Jean Guérin. (Musée du Louvre.)
(Extrait de *Napoléon I*er*, Firmin Didot et Cie éditeurs.)

leurs connaissances, qui leur adressaient des signes de tête et des railleries. « Hé, Lisette, veux-tu aussi courir le monde ? — Tes souliers sont encore neufs ; ils s'useront bientôt. — As-tu donc aussi appris le français depuis qu'on ne t'a vue ? Bon voyage. » Cependant la foule était très émue ; on proférait des insultes accompagnées de menaces. Notre démarche sévère, les officiers qui bordaient les rangs pour maintenir l'ordre, empêchèrent seuls une explosion.

Le 26, nous arrivâmes à Saar-libre. Les représentants du peuple en mission à l'armée du Rhin nous attendaient. Ces citoyens, qui n'avaient su ni vaincre ni nous secourir, ordonnèrent l'arrestation de Kléber, d'Aubert-Dubayet, de Vimeux, de Beaupuy, de tous ces braves que nous chérissions, que le roi de Prusse avait appelés par leurs noms et complimentés, pendant que nous défilions devant lui. Entre des gendarmes, ces héros! Nous faillîmes les leur arracher : mais ces hommes, qui savaient si bien commander, forts de leur devoir accompli, voulurent obéir, et nous ordonnèrent de rentrer dans l'ordre. C'était donc ainsi que la Patrie se montrait reconnaissante!

Nancy, 4 août.

Vimeux arrive de Paris, et nous lit l'arrêté de la Convention qui déclare *que l'armée de Mayence a bien mérité de la Patrie.* C'est Merlin de Thionville et Rewbell qui nous avaient fait rendre justice, et avaient apporté, en hâte, aux prisonniers, à deux lieues de Paris, l'arrêté consolateur. Vimeux a l'ordre de nous conduire à Nantes. Il paraît qu'en Vendée les affaires vont mal pour la République ; les héros à 500 livres jettent bas leurs sacs et leurs fusils devant des paysans armés de fourches et de bâtons. Le représentant Carra s'en prend à la lune rousse ; mais Vimeux nous a dit que c'est la faute de tous ces *pèlerins*[1] de la Commune qui s'étaient rendus en Vendée dans les carrosses du Roi, de tous ces sans-culottes, ignorants et rapaces, qui voulaient conduire les armées : tel ce Santerre « qui n'avait rien de Mars que la bière[2] ».

Nous partons sans enthousiasme ; car s'il faut des monuments pour les victoires étrangères, il faut, pour les maux domestiques, le deuil et le silence. Quel est celui d'entre nous qui pourrait s'enorgueillir d'un laurier teint du sang français ?

---

1. On appelait ainsi dans l'armée, les civils, députés, magistrats, etc....
2. Il était brasseur, et ce fut l'épitaphe que lui fit un plaisant à l'annonce de sa mort.

Guerre de Vendée.

(22 Août 1795. — 1ᵉʳ Février 1796.)

Chollet, 20 octobre.

Fichu pays, et chienne de guerre! J'aimerais mieux trois campagnes contre les Autrichiens qu'une seule contre les Vendéens. Eux des brigands, jamais! Ce sont des Français qui veulent qu'on leur rende leurs bons prêtres, des héros en sabots qui se battent aussi bien que nous, et qui ne pouvaient être vaincus que par les républicains français ; ce sont des ennemis redoutables, d'un courage indomptable, et à l'épreuve de toutes sortes de dangers, de fatigues et de privations ; leur confiance dans leurs chefs est sans bornes, et elle est justifiée. Tandis que les courtisans fuyaient à l'approche du danger, et allaient mendier dans les cours étrangères une stérile pitié, ces gentilshommes fiers et énergiques fixèrent l'orage qui les menaçait, et méditèrent, dans le silence, le projet de le dissiper. Il leur parut grand d'attaquer la France par la France même, et, seuls, ils se crurent assez forts pour recouvrer leur autorité et donner à la Révolution une direction différente. Ils y auraient réussi peut-être, s'ils avaient eu un chef, un de ces Bourbons fugitifs, digne de leur audace et de leur persévérance. Ils sont, malgré tout, des hommes vraiment extraordinaires, auxquels il ne manque que de l'humanité et une autre cause à défendre pour réunir tous les caractères de l'héroïsme.

Nous sommes arrivés en poste à Nantes, le 1ᵉʳ septembre. Les représentants du peuple, Choudieu et Richard, nous ont décerné des couronnes civiques en honneur de la défense, enfin appréciée, de Mayence. Nos généraux ont fait attacher ces couronnes aux drapeaux des bataillons, et, depuis six semaines, nos *colonnes infernales* parcourent le Bocage et l'Anjou.

Le mot d'ordre est : pas de prisonniers; autant d'ennemis, autant d'âmes envoyées au ciel sans confession. Ce sont des parties de coups de fusil et de sabre à faire rentrer sous terre le diable lui-même. Nous allons tambour battant, de village en village, et partout où nous passons, pas un être vivant ne reste debout. Femmes, enfants, vieillards, toits de chaume ou de latte, tout flambe et tout tombe. A mesure que nous en abattons, nous sentons naître en nous le désir d'en abattre davantage, car il en est du sang comme de l'or ; plus on s'en abreuve, et plus on en a soif.

Comment ne pas y voir rouge, quand chaque jour il disparaît un vieux de Bassigny ? Les trous sont bouchés par des bleus[1] qui marchent droit dans le rang et ne boudent pas au feu ; ils savent que les Mayençais ne reculent jamais d'une semelle, et ils font comme eux.

Nous manquons de tout, en des logements fort éloignés les uns des autres. Le bataillon est dispersé en plus de cinquante endroits, et il faut souvent partir la nuit. Le citoyen général Dubayet fait battre la générale sur toutes les hauteurs, et, grâce à ce soin, nous pouvons nous rassembler dans ce pays où chaque buisson, chaque genêt cache un ennemi.

La Vendée est partagée en un certain nombre d'arrondissements, commandés chacun par un chef, entouré de 400 à 500 hommes soldés, qu'il appelle ses fidèles, ayant sous ses ordres les habitants des campagnes, qu'il fait marcher de gré ou de force. Les chefs particuliers obéissent à un chef général entouré, comme eux, d'une force armée soldée, pour vaincre la résistance à ses ordres. Lorsque le chef a résolu d'attaquer l'une des colonnes qui l'entourent, il indique un lieu et un jour de rendez-vous à chaque chef d'arrondissement, en lui marquant la quantité des troupes qu'il doit amener et le nombre de jours pour lequel elles doivent porter des vivres. L'armée se trouve ainsi formée en un instant, et on peut estimer qu'elle est forte de 10 000 hommes de troupes soldées et de 30 000 paysans armés. Elle attaque, avec l'avantage du nombre, la colonne qui la presse, et la bat avant que les autres colonnes, trop éloignées et séparées par des chemins impraticables, puissent lui porter secours à temps.

C'est ainsi que Kléber est attaqué, sur le plateau de Torfou, par l'avant-garde de Bonchamps blessé et porté sur un brancard. Soutenu par une charge de cavalerie, Charette le renforce, secondé par des femmes armées de pierres, de fourches et de bâtons. Nous recevons le choc sans faiblir, mais Kléber est blessé d'un coup de feu à l'épaule. Il se relève ; nos grenadiers veulent l'entraîner, il refuse. Si rien n'est plus majestueux, dans un jour de parade, que Kléber avec sa stature gigantesque et son imposante figure, rien aussi n'est plus admirable au fort d'une bataille ;

---

1. Habits bleus. La Convention avait décrété le même habit pour les troupes de ligne et les volontaires ; mais, au mépris de la loi, on faisait encore faire des habits blancs neufs dans certains corps. Il est vraisemblable qu'en Vendée, les Mayençais loqueteux avaient revêtu l'habit bleu, mais l'appellation de *bleus*, donnée aux volontaires, existait encore.

c'est le soleil de l'enthousiasme qui réchauffe et embrase tous les cœurs ! A côté de lui, Merlin, que les Allemands avaient appelé le Démon du feu, et Rewbell. Notre ligne se resserre, nous formons les colonnes et nous allons prendre l'offensive. Mais déjà les paysans n'ont plus besoin de chefs; de leur autorité privée, ils commencent leur manœuvre favorite. Ils se faufilent au travers des haies, des genêts, des halliers dont le pays est couvert, se répandent sur un très grand front sans profondeur, et

« Il est défendu de fumer, mais vous pouvez vous asseoir »
(D'après une lithographie de Raffet.)

tournent ainsi, enveloppent nos colonnes, qu'ils attaquent avec des hurlements. On s'était approché de si près les uns des autres, que l'artillerie avait été inutile. Au moment où Kléber songe à la faire tirer, le bataillon de la Nièvre, qui en avait la garde, est écrasé, et les artilleurs sont égorgés sur leurs pièces. Singulier spectacle que celui de ces gars vendéens se jetant à plat ventre, au moment où la lumière du canon annonçait l'explosion; puis ils se traînaient à quatre pattes par les haies, les fossés; le canon tirait, ils se relevaient; déjà ils recommençaient à ramper, et, de la sorte, en trois ou quatre bonds, ils étaient sur les pièces.

Mais Kléber nous avait formés en carré; sa grande voix nous anime et la retraite commence lente, mais sanglante. D'Elbée, Bonchamps, Lescure et Charette lancent leurs bandes qui s'attachent à nous, pendant plus de deux lieues. La République allait-elle trouver son tombeau dans cette partie du Bocage? Mais, arrivé au pont de Boussay, Kléber dit au commandant Chevardin, des chasseurs de Saône-et-Loire : « Tu vas te faire tuer là avec ton bataillon. — Oui, mon général. » Et Chevardin, se fait tuer à la place désignée. Il nous avait sauvé l'honneur et la vie. Canclaux, Aubert-Dubayet et Vimeux arrivaient de Clisson, et, d'une vigoureuse charge, nous repoussâmes les brigands jusqu'à une lieue dans les bois.

J'eus alors l'occasion de remarquer encore, dans leur retraite, leur manière de combattre qui est inimitable, car elle tient au sol et au génie de ses habitants. Les plus valides se mettent en ligne et présentent un front résistant, derrière lequel les blessés sont ramassés et portés en arrière; les autres chargent leurs armes. Puis, tout à coup, la moitié de l'effectif gagne le haut de l'éminence qui borde la route ou forme la clôture d'un champ. Ils en garnissent le sommet et braquent leurs fusils; la ligne recule lentement, de manière à se ranger sous le feu des camarades; ils les dépassent, et alors une décharge terrible accueille les républicains et rompt leur poursuite. J'ai vu des enfants de dix à douze ans, qui se coulaient derrière les hommes et tiraient entre leurs jambes. Puis, ils se dispersent, disparaissent, et, le lendemain, ils sont tout autour de nous, et nous inquiètent sur tous les points. Au coin de chaque buisson, c'est un coup de fusil qui tue ou blesse quelqu'un; les camarades partent pour le venger; le brigand est déjà loin et s'est dérobé facilement dans un pays dont il connaît tous les détours; il est rentré dans sa chaumière et reprend paisiblement ses travaux. Les patriotes, eux, qui ne connaissent pas le pays, égarés dès les premiers pas, sont pourchassés, traqués, cernés et massacrés. Nulle région n'offre plus d'avantages défensifs : chemins étroits, creux, impraticables dans l'arrière-saison, pays coupé d'une infinité de ruisseaux, de bois, de genêts, de collines escarpées, de halliers fourrés, très propice aux surprises et aux embuscades.

C'est en voulant ainsi venger Brutus Toussaint, mon vieux compagnon de Bassigny, que cet écervelé de Scévola nous a fait prendre par Bruneau, dit Six-Sous, qui fusille tous ses prisonniers quand il ne les brûle pas, après leur avoir fait endurer un long martyre. Michel Verdure, le sergent de grenadiers, commandait la petite troupe partie en reconnaissance. La nuit nous trouva égarés près d'une maisonnette incendiée à demi, et dont les quatre murs écroulés offraient à peine un abri contre la pluie.

Nous nous y réfugiâmes pourtant, gardés par une sentinelle qui piétinait dans la boue. Scévola, qui est méfiant, ne dormait pas et fredonnait sur l'air : *Adieu donc, dame Françoise*, la ronde patriotique de l'Almanach du père Gérard. Tout à coup, un double coup de feu retentit et accompagne le cri de « qui vive! » — « Alerte! » dit Scévola, et tout le monde est sur pied. Michel se jette hors de la masure et interroge la nuit : « Les brigands sont là, dit la sentinelle d'une voix rauque, haletante, là... là.... » Il indique dans l'ombre un point invisible. « Qu'est-ce que tu as? Es-tu blessé? demande Michel. — Ce que j'ai?... Mon compte est réglé! Une balle dans le ventre. Ils ont tiré les premiers. Canailles, va! Vive la République! » Et il tombe dans la boue.

Le petit détachement, les armes prêtes, s'était réfugié dans la masure, devant le péril inconnu. Il y était à peine que la nuit opaque fut rayée d'une dizaine de coups de feu. Le bruit sourd des corps qui tombent, le grincement d'armes qu'on recharge, les plaintes de blessés qu'on ne voit pas, se croisaient dans cette ombre.

Tout à coup, voilà les brigands sur nous, avec des hurlements assourdissants : « Taisez-vous donc, messieurs, crie ce fou de Scévola, on ne s'entend pas tuer ici! » Bientôt, dans la nuit, nous nous battons corps à corps. Les armes, les couteaux s'enfoncent dans les poitrines; on se prend à la gorge, on se traîne, en hurlant, dans la boue et dans le sang. Je frappais de ma baïonnette, au hasard, en criant, quand je sentis tout à coup qu'on me sciait la jambe avec une serpe. Je tombai, des ongles s'enfoncèrent dans mon visage, on me garrotta, et je m'évanouis.

Je me retrouvai, au jour, couché autour d'un grand feu; nous étions une dizaine de prisonniers, dont Scévola. Des femmes et des enfants nous entouraient, criant : « Ce sont eux qui ont tué nos maris, eux qui ont tué nos frères, massacré nos fils. Ils méritent la mort. — Patience, répondit une sorte de colosse vêtu d'une peau de bique, Bruneau fera justice. » En attendant philosophiquement la mort, avec l'espoir que l'agonie ne serait pas trop longue et avec le chagrin de tomber sous des balles françaises, je regardais machinalement le campement. Point de corps de garde, point de postes, point de sentinelles; tout est abandonné à la garde de Dieu. Des soldats sans costume militaire; les plus jeunes portaient des carmagnoles, d'autres la veste bleue, et tous le bonnet de laine ou le chapeau à larges bords. La plupart ont des cocardes blanches, certains des nœuds de rubans blancs ou verts, des morceaux de papier ou de toile blanche, des feuilles de chêne au chapeau. Un chapelet à la boutonnière avec la cuiller de bois ou d'étain et un scapulaire sur le cœur complétaient ce singulier accoutrement. J'en vis qui portaient l'écharpe ou la ceinture blanche et étaient coiffés d'un chapeau à la Henri IV, avec panache blanc; ils étaient vêtus d'une carmagnole et d'un pantalon couleur chamois; quelques-uns avaient une fleur de lis en or brodée sur leur chapeau. Ce devaient être des officiers : pour le reconnaître, il faut y regarder de près, car, dans l'armée royaliste, aucun signe de convention pour distinguer les chefs.

Sauf quelques-uns qui étaient armés de fusils de munition, la plupart de ces paysans étaient très mal équipés. Les uns se servaient de fusils de chasse à un seul coup, les autres ne portaient encore que des bâtons durcis au feu, des fourches ou des broches de ménage. Des ficelles remplaçaient les ceinturons pour soutenir les sabres.

La cavalerie ne se distinguait pas de l'infanterie. Le premier fantassin qui pouvait s'emparer d'un cheval à l'ennemi, le montait et devenait cavalier. Les chevaux étaient enharnachés de brides et d'étriers de cordes. Nous appelions leurs cavaliers des *marchands de cerises*.

Je vis encore un grand nombre de chariots et de charrettes, chargés de blé et de bagages, une cinquantaine de carrosses, des femmes, épouses ou parentes d'officiers, qui passaient à cheval.

J'allais poursuivre mon inspection, lorsque Bruneau arriva et nous dit durement : « Debout, on va vous fusiller devant Monsieur Henri. » Je fis un mouvement, mais je retombai avec un cri de douleur. Six-Sous l'entendit, et ajouta : « Les valides d'abord, nous verrons après pour les éclopés. » Je me recouchai et me mis à songer à ce ci-devant comte Henri de La Rochejaquelein, à ce ci-devant officier de Royal-Pologne-cavalerie, le plus intrépide de l'armée vendéenne qui comptait tant de héros. Quand il a réuni ses gars, il leur a dit : « Mes amis, si mon père était ici, vous auriez confiance en lui. Pour moi, je ne suis qu'un enfant[1]; mais par mon courage je me montrerai digne de vous commander. Si j'avance, suivez-moi; si je recule, tuez-moi; si je meurs, vengez-moi. »

Tout en songeant, je suivais du regard le peloton des camarades qu'on allait fusiller. Scévola m'avait dit en partant, et toujours narquois : « A bientôt.... » On ne les conduisit pas loin et les préparatifs furent sommaires; les Vendéens firent une première décharge, sans ordre ni commandement, à la suite de laquelle je vis toujours Scévola debout, l'air railleur.

Alors, un grand jeune homme à la taille élevée, à la figure noble

---

1. Il avait vingt et un ans.

et expressive, aux cheveux blonds et bouclés sur les épaules, au regard d'aigle, avec un mouchoir rouge de Chollet sur la tête et un autre en guise de cravate, s'avança et dit à Bruneau :

« Le gars a fière mine, je te demande sa grâce et celle des blessés. — Point de grâce ! reprit brutalement Six-Sous ; on n'en a pas fait aux nôtres dans l'armée républicaine. — Qu'importe, soyons généreux et sauvons un brave Français qui marchera avec nous. — A ce prix j'y consens, s'il veut crier : Vive le Roi. — Vive la République ! » interrompit fièrement Scévola, le front superbe et les bras croisés, au milieu des cadavres de ses compagnons.

« C'est sans condition que je veux la grâce du reste de tes prisonniers, dit vivement M. Henri, et je les renverrai aujourd'hui même à Nantes : ils y diront comment se venge Henri de La Rochejaquelein. — Soit, je vous l'accorde, grogna la vieille Peau-de-bique. — Approchez, dit alors M. Henri à Scévola, je vous accorde la vie. — Est-ce sans condition ? — Sans condition. — Eh bien, vive le Roi ! »

Scévola a toujours eu l'esprit de contradiction.

Le lendemain nous étions à Nantes, libres, et nous apprenions que les camarades avaient pris, avec Kléber, à Tiffauges, leur revanche de Torfou. Kléber, modeste comme toujours, voulait que ce fût Canclaux le vainqueur de la journée. Ce n'était pas l'avis du Comité de Salut public, qui décréta : « Le souvenir des Lafayette, des Dumouriez, des Custine, qui, pour mieux voiler leur trahison, ont signalé les commencements de leur carrière par des victoires, donne à la nation de justes inquiétudes sur les hommes d'une caste qui a soulevé l'Europe contre nous et qui grossit les bataillons de nos ennemis. Il n'y en aura plus à la tête de nos armées : Canclaux, Dubayet, Grouchy, ci-devant nobles, sont rappelés. Léchelle, homme du peuple, ancien soldat, est votre général en chef.... Il commandera tous les soldats qui combattent dans la Vendée, et cette armée sera appelée armée de l'Ouest.... »

A cette lecture, Scévola murmura : « Nous n'avions pas besoin d'échelle pour monter sur Charette. » Ainsi, les chefs des Mayençais étaient suspects ; ce serait sans doute bientôt le tour des soldats, auxquels on enlevait des généraux qu'ils adoraient et dans lesquels ils avaient mis toute leur confiance. Le 14 octobre, Léchelle arrive. Saint-Sauveur a conté que *l'homme du peuple* avait voulu interroger Kléber et lui demander compte de la situation. Il a balbutié et tout confondu. Quand Merlin lui a dit que Charette occupait l'île de Noirmoutier, il a demandé : « Noirmoutier, qu'est-ce que cela ? Dites donc, où cela est-il situé ? »

Puis il a donné ses instructions et dit qu'il fallait marcher *majestueusement et en masse*.

Heureusement que Kléber a fait office de général en chef; c'est Beaupuy qui l'a remplacé et qui nous commande; quel rude patriote, quoique ci-devant d'Aunis et de Bassigny! il se bat comme un grenadier.

Le 17 octobre, les Vendéens fondent avec rage sur nos avant-postes; nous étions au bivouac, dans les champs, devant Chollet, depuis le 15 au soir. Ils marchent au feu en colonnes serrées, comme de vieilles bandes, conduits par d'Elbée, La Rochejaquelein, Bonchamps, Stofflet, Forestier avec la cavalerie, Marigny à la tête de l'artillerie. La générale bat et les républicains sont rangés en bataille au milieu de la lande de Bégrolle, sur une ligne formant un arc de cercle dont Chollet est le centre. Je distingue dans la colonne qui s'avance vers nous, en tête, M. Henri et son mouchoir rouge qui le signale de fort loin. Nos officiers criaient : « Tirez tous sur le mouchoir rouge! » Le choc de l'ennemi est si impétueux que d'abord rien ne peut lui résister, et qu'il pénètre dans le faubourg de Chollet. Le représentant Carrier fuit en tremblant, et Kléber, voyant le conventionnel qui s'éloigne après avoir abandonné son cheval et ses armes, Kléber s'écrie : « Soldats, laissez passer le citoyen représentant, et rejetez-le sur les derrières; il tuera après la victoire. » Mais Haxo et Sainte-Suzanne, qui commandent l'arrière-garde, chargent en flanc l'armée royaliste, dont notre cavalerie rompt la ligne, et changent bientôt la face du combat.

Dans ce moment de bataille générale, un cri sort de quelques bouches : « A la Loire, vers la Loire! » entend-on dans les rangs mêlés où Vendéens et républicains luttent avec rage. A la Loire, c'était la défaite, c'était la fuite. Les brigands se troublent et se débandent. Bonchamps, d'Elbée, La Rochejaquelein parcourent les rangs où la terreur et la mort ont laissé tant de vides. Leurs prières rassemblent 400 volontaires, bataillon sacré. Groupés autour de leurs trois généraux, ils s'élancent au cri de : « Mort aux républicains! » Il était huit heures du soir. On se fusille à bout portant; on s'égorge à coups de sabre ou de baïonnette. Beaupuy a deux chevaux tués sous lui, Saint-Sauveur est blessé, et n'abandonne le champ de bataille que lorsque la défaite de l'ennemi est certaine. Les rebelles combattaient comme des tigres, et nous comme des lions. Bonchamps et d'Elbée, blessés à mort, sont emportés par les débris de leurs bandes, l'un sur un brancard, l'autre en croupe derrière un cavalier. Ils auraient péri jusqu'au dernier, mais nous étions épuisés d'insomnie, de courses et de combat.

L'armée vendéenne put passer la Loire; elle était chassée de sa patrie, multitude de soldats, de femmes, d'enfants, de vieillards et de blessés, sans vivres, sans armes, avec des vêtements en lambeaux. C'étaient plus de 100 000 proscrits qui, hors de l'humanité par des misères de toute nature, appelaient la vengeance et s'écriaient : « Tuons les bleus! » 5000 prisonniers républicains sont enfermés dans l'église de Saint-Florent; les canons sont braqués, quand un cri universel de : « Grâce! grâce! sauvons les prisonniers! Bonchamps l'ordonne! » retentit dans la ville. Le héros est obéi. Avant de mourir, il a remporté sur lui-même et sur les autres la plus difficile de toutes les victoires. De son cœur la miséricorde est descendue dans le cœur de 100 000 hommes sans asile, dont un quart d'heure de vengeance aurait adouci les maux.

Nantes, 26 décembre 1793.

Après Chollet, nous *avançâmes majestueusement et en masse* sur la rive droite de la Loire : ainsi le voulait Léchelle dans chaque ordre du jour et de bataille. Le 25 octobre, il nous disait devant Laval : « L'armée va se mettre en mouvement; l'avant-garde, commandée par le général Beaupuy, sera éclairée dans sa marche par les tirailleurs; les généraux de division auront soin de faire tenir l'ordre dans la marche. Arrivés au champ de bataille dit Croix-de-Bataille, les officiers d'infanterie mettront pied à terre et enverront leurs chevaux à la queue de l'armée. Arrivé au champ de bataille, on enverra un parti pour reconnaître la position de l'ennemi. »

En lisant cet ordre, tous les généraux s'indignèrent à haute voix. Kléber[1] rugissait de rage : « C'est un ordre marqué au coin de la plus crasse ignorance; quoi! 20 000 hommes filant sur une colonne pour attaquer un poste accessible par plusieurs grandes routes, sans fausse attaque, sans diversion... c'est une folie criminelle! » Nous voulions bien mourir, mais commandés par des généraux et non par des pèlerins. Il fallait obéir! Quelle journée!

Les Mayençais eux-mêmes plient sous la furieuse attaque des Vendéens que conduit M. Henri aux cris de : « Vive le Roi! vive Monsieur Henri! » Léchelle, le premier, prend la fuite. Nos généraux veulent mourir. Beaupuy s'est mis à la tête de notre bataillon renforcé de ceux du 82ᵉ et de la Haute-Saône; il reçoit une balle dans la poitrine, et s'écrie : « Je n'ai pu vaincre pour la République; je meurs pour elle. » On l'emporte, et il nous envoie sa chemise trouée de balles et teinte de sang. En recevant

---

1. Lui dont Cafarelli disait en Égypte : « Voyez-vous cet Hercule, son génie le dévore. »

ce drapeau d'une nouvelle espèce, notre courage abattu se ranime ; d'un furieux élan nous perçons la ligne des brigands qui allaient nous entourer, et d'un choc si violent que plusieurs soldats périssent étouffés. A minuit, on se battait encore ; puis la retraite commença.

Des bataillons de 20, 30 ou 50 hommes entouraient les drapeaux ; nous étions mouillés jusqu'aux os, sans tentes, sans paille, sans souliers, sans culottes, quelques-uns sans habits, dans la boue jusqu'à mi-jambes, grelottant de froid, et n'ayant pas un ustensile pour faire la soupe. Voici dans quel état nous avaient mis l'ineptie d'un révolutionnaire de club, mais aussi le génie de La Rochejaquelein et l'audace de ses soldats. Westermann, dans son exaspération, s'écriait : « Je n'obéirai plus à un pareil coquin. Je suis un insubordonné. J'aime mieux servir avec les brigands qu'avec un pareil homme. » Près du pont d'Entrames, Léchelle, fanfaron comme tous les lâches, ose dire à un Mayençais : « Qu'ai-je donc fait pour commander à de pareils lâches ? » Et le Mayençais, blessé à mort, lui a répondu : « Qu'avons-nous fait, nous, pour être commandés par un pareil Jean-F...? »

Merlin de Thionville a forcé Léchelle à se démettre du commandement, et, quelques jours après, il mourait à Nantes de honte et de remords, dans les bras de son digne ami Carrier[1].

Douze jours après cette déroute, Kléber avait reconstitué son armée dans Angers ; malgré cela, son civisme et celui des Mayençais étaient toujours suspectés ; par haine et envie, par crainte aussi, le Comité de Salut public nous tenait en défiance, et, le 30 octobre, un arrêté ordonnait la dissolution de l'armée de Mayence et son amalgame avec les autres corps.

Le 5 novembre, Kléber nous passe en revue à Angers et fait la désignation, pour chaque bataillon, du nouveau rang de bataille[2]. Dans la suite de la campagne, il se montre toujours le même, patriote sincère et soldat dévoué. Il ne se laisse effrayer ni par Prieur (de la Marne), qui le menace de la guillotine, ni par Robespierre, qui demande sa destitution, et il déconcerte ses ennemis par son sang-froid.

Marceau a été mis, le 23 novembre, à la tête d'une petite armée indépendante de celle de Rossignol ; mais il n'a voulu en accepter le commandement que si Kléber consentait à diriger les opérations de la campagne :

---

1. Kléber avait obéi aux ordres, même absurdes, de Léchelle. Par subordination, il les avait exécutés jusqu'au moment où cet homme, qui n'avait du général que le nom, avait déserté le champ de bataille.
2. Le 32ᵉ fait partie de la 2ᵉ brigade (Canuel) de la division Kléber.

« Je garde pour moi toute la responsabilité, et je ne demande que le commandement de l'avant-garde, au moment du danger. Je te laisserai à toi le commandement véritable et les moyens pour sauver l'armée. — Sois tranquille, répondit Kléber, nous nous battrons et nous nous ferons guillotiner ensemble. »

Nous avons battu les brigands au Mans le 12 décembre. Ils ont cherché

Habits blancs et bleus (Vendée).
(Dessin de Maurice Orange.)

à repasser la Loire à Ancenis. La Rochejaquelein et Stofflet, ayant traversé le fleuve pour chercher des barques, ne purent revenir sur la rive droite et rejoindre leur armée désemparée. Nous l'avons jetée dans la Loire à Savenay, et, le 24 décembre, nous faisions à Nantes une entrée triomphale. Marceau et Kléber furent l'objet d'une ovation dont s'effaroucha le sans-culottisme du représentant Turreau. Lorsqu'une couronne civique leur fut présentée, celui-ci s'écria : « Les couronnes ne sont pas dues aux généraux, mais aux soldats qui, seuls, gagnent les batailles; ces honneurs qu'on vous rend *puent à plein nez* l'ancien régime. » Kléber répondit vivement :

« Les généraux républicains qui, comme moi, ont commencé par être grenadiers, n'ignorent pas que ce sont les soldats qui gagnent les batailles; mais ces soldats de la République, parmi lesquels il en est tant qui peuvent aspirer au commandement, savent que des milliers de bras ne triomphent que quand ils sont dirigés par une seule tête. Nous avons tous vaincu; je prends cette couronne pour la suspendre aux drapeaux de l'armée[1]. »

Deuxième partie de la guerre.
Chouannerie. — Pacification de la Vendée. — Hoche.

(Fin de 1794-1795.)

Il n'y avait plus en Vendée que quelques rassemblements sans importance, dont on serait venu facilement à bout, si le commandement était resté dans les mêmes mains. Mais cela n'eût pas fait le compte de ces rigides politiques, qui refusèrent d'accepter le plan que Kléber leur proposait et qui lui répondirent que leur but n'était pas de pacifier la Vendée, mais de la détruire. Turreau prit en conséquence le commandement de l'armée; il la divisa en douze colonnes qui, parcourant le pays dans tous les sens, brûlèrent tout sur leur passage. Cette habile politique réussit à provoquer un nouveau soulèvement et à rallumer une guerre qui pouvait être considérée comme éteinte.

Elle prit naissance dans la partie du Bas-Maine et du département de la Mayenne qui avoisine la Bretagne. Quatre frères contrebandiers ou, comme on disait alors, *faux-sauniers* (parce qu'ils faisaient la contrebande du sel), en furent les premiers promoteurs. Ces quatre frères, nommés

---

1. Ici se termine le récit de l'habit blanc.

Cottereau, étaient surnommés *chouans* par le peuple, parce que eux et les autres contrebandiers de leur troupe imitaient le cri des oiseaux[1] de ce nom, comme signe de ralliement. Ces chouans exploitèrent une tourmente politique pour mieux étendre leur atroce brigandage.

Partout et nulle part, telle était leur devise. Hoche écrivait : « Je fais ce qu'on appelle la guerre aux chouans; les drôles de gueux, on ne les voit jamais! Soit connivence, soit terreur, leur marche est infiniment secrète, aucun paysan ne voulant ou n'osant la révéler. L'armée est obligée d'être partout; elle se trouve distribuée en une infinité de fractions, sur un territoire d'une immense étendue, et hors les places qui ont garnison. Une division contient douze arrondissements, divisés en plus de cent vingt cantonnements qui font une battue générale, tous les quatre jours, pendant quarante-huit heures, et, en sus, au premier renseignement qu'on a contre les chouans; après quoi, ils rentrent dans leurs postes respectifs. Il ne se passe pas de jour qu'il n'y ait plusieurs hommes de tués. Tout le pays insurgé, de 4 000 lieues carrées environ, est couvert, rempli de forêts et coupé par des défilés. Une poignée d'hommes arrête la plus forte colonne en marche, lui détruit du monde, et met le militaire le plus consommé en défaut. »

Pendant toute cette période, le 1er bataillon du 52e fait ainsi la guerre; il appartient successivement aux brigades Danican et Klinger de la division Chabot. La première situation d'effectif, à la date du 1er janvier 1794, porte :

Composition du corps telle qu'elle devrait être : 1 076 hommes; effectif réel : 531 hommes. — Pas de chevaux. — Cantonnement : Port-Malo. Le corps n'est pas encore embrigadé. Dans l'effectif des hommes compris dans la présente situation, comptent aussi tous les soldats revenus de la Martinique, lesquels, jusqu'au 12 octobre dernier, n'avaient été considérés que comme dépôt du 2e bataillon. Mais, à cette époque, ils ont été formés en 2e bataillon par ordre des représentants du peuple Merlin, Rewbell et du général Kléber. Cette organisation n'est point encore terminée : les places de capitaines sont les seules auxquelles il ait été pourvu; toutes les autres sont encore à remplir.

Nous trouvons le 2e bataillon à Redon en septembre 1794; il fait partie de la 3e division (Canuel).

Par le décret du 18 nivôse an IV (1er février 1796), le 52e subit l'amal-

---

1. Chat-huant.

game et entre dans la composition de la 84ᵉ demi-brigade de deuxième formation. Elle était composée ainsi :

12ᵉ demi-brigade de bataille (1ʳᵉ formation).
32ᵉ régiment d'infanterie (Bassigny).
57ᵉ   »   (Turenne).
82ᵉ   »   (Saintonge).
1ᵉʳ bataillon de la Seine-Inférieure.

Le 32ᵉ avait contribué à terminer cette guerre de Vendée qui coûta au moins 200 000 hommes à la République, et faillit la balayer.

Hoche accusa dans son rapport 600 000 hommes de part et d'autre. Plein d'horreur pour tant de sang versé, il pacifia la Vendée en homme de grand cœur, qui était aussi un grand génie militaire : « Ce peuple est bon de sa nature, disait-il ; il est égaré par le fanatisme religieux contrarié ; il faut le plaindre, s'attacher à le guérir, le traiter avec douceur et l'éclairer. »

CHAPITRE II

La 32ᵉ demi-brigade de ligne.

(14 Mars 1796. — 24 Septembre 1803.)

UNE CAMPAGNE (ITALIE, 1796-1797[1]).

C'est sous ce titre qu'un des chefs illustres de la 32ᵉ, le général de division d'Armagnac, dédie à S. A. I. Louis-Napoléon, président de la République, une des plus belles pages de notre passé.

« Monseigneur,

« A la fin de l'immortelle campagne d'Italie, le général en chef Bonaparte dit un jour à la 32ᵉ demi-brigade : « *Vous êtes tous des braves; le dernier de vous qui vivra racontera les hauts faits de ses camarades; on aura peine à le croire!* »

« Aujourd'hui, dernier vivant du corps d'officiers de la 32ᵉ, qui a successivement disparu sous les balles ennemies, ou sous la faux plus lente, mais plus sûre, du temps, je viens offrir à Votre Altesse Impériale le journal des opérations de la 32ᵉ pendant la campagne d'Italie.

« Ce sera un dernier hommage rendu par le dernier vivant à ses compagnons d'armes; ce sera un dernier salut du dernier de ces hommes qui servirent de jalons à leur général pour monter sur le trône, adressé au digne héritier de son nom.

« Entré dans la 32ᵉ lors de sa formation, devenu son chef sur le champ de bataille des Pyramides, je ne l'ai quittée qu'après la bataille d'Alexandrie, où je fus fait général.

« En Égypte, comme en Italie, la 32ᵉ fut toujours la même; elle n'a jamais été surpassée par aucune légion romaine, par aucun régiment moderne.

---

1. Succession Merle (colonel du Régiment, 1866-1871).

« Aux Pyramides, au mont Thabor, à Saint-Jean-d'Acre, à Aboukir, à Lisbé et à Alexandrie, elle se couvrit de gloire et me valut, comme son chef, un sabre d'honneur qui me fut décerné par le Premier Consul, à mon retour en France, avec le décret suivant :

« Au nom du peuple français :

« Bonaparte, Premier Consul de la République, d'après le compte qui
« lui a été rendu de la conduite distinguée et de la bravoure éclatante du
« citoyen Toussaint Darmagnac, général de brigade, à l'affaire du 10 bru-
« maire an VIII, contre les troupes ottomanes débarquées près l'embou-
« chure du Nil de la branche de Damiette, étant chef de la 32ᵉ demi-
« brigade de ligne;

« Lui décerne, à titre de récompense nationale, dans le grade de chef
« de brigade, un brevet de sabre d'honneur, qui lui a été accordé par
« le général en chef de l'armée d'Orient, le 17 frimaire suivant.

« Il jouira des prérogatives attachées à ladite récompense[1] par l'arrêté
« du 4 nivôse an VIII, indépendamment du traitement de général de bri-
« gade.

« Donné à Paris, le 18ᵉ jour du mois de floréal an X.

« Le Premier Consul : BONAPARTE.
« Le Secrétaire d'État : B. MARET.
« Le Ministre de la guerre : A. BERTHIER.

« C'est donc comme dernier membre de cette famille militaire qu'on appelait la 32ᵉ, c'est comme son chef, comme son dernier officier vivant, qu'obéissant aux ordres du général en chef Bonaparte, j'offre à Votre Altesse Impériale le journal de ses triomphes d'Italie, et que je vous acclame, comme ils vous acclameraient tous!

« *Mortui et morituri, Cæsar, te salutant.*

« Le général de division en retraite, ancien chef de la 32ᵉ,

« Vicomte D'ARMAGNAC.

« Bordeaux, 7 octobre 1852. »

Nous avons préféré à cette relation de caractère officiel les souvenirs intimes d'un volontaire qui, parti à vingt et un ans comme capi-

---

1. *Pièces justificatives*, n° 6.

taine de grenadiers dans le 2ᵉ bataillon de volontaires de la Drôme, fut tué chef de bataillon à la 52ᵉ demi-brigade, le 25 juillet 1799, à la bataille d'Aboukir.

Nugues (Pierre-Claude), né à Romans le 27 octobre 1770, entra au collège de Navarre, à Paris, le 15 octobre 1780. Il y fit de solides études et remporta le 7 août 1788, à l'Université, le prix d'honneur, un prix de grec, et un accessit d'amplification française. Il passa encore une année à Paris pour y perfectionner son éducation en apprenant les armes, la

En-tête du papier à lettres de Berthier. — Armée d'Italie.

danse, l'équitation. Il était bon musicien et chantait agréablement. Grand et robuste, il avait le visage régulier, le teint brun, les yeux bleus. Son habileté dans les exercices du corps et son agilité à la course lui avaient fait une réputation dans les collèges de Paris. Il embrassa avec ardeur les principes de la Révolution, et se lie d'amitié, à Paris, avec de chauds patriotes. A Romans, il était membre du Club des amis de la Constitution.

Ses sentiments généreux et patriotiques, la maturité de son jugement et l'estime générale que son caractère inspirait à ses concitoyens lui valurent, au mois d'octobre 1791, d'être élu capitaine de la compagnie de grenadiers du bataillon de Romans.

Avant de transcrire fidèlement sa pensée, nous avons voulu contrôler l'exactitude de ses assertions. C'est un sincère qu'il faut croire. Les documents officiels et les mémoires de la même période corroborent son récit. Seuls, quelques détails d'organisation lui ont échappé. N'est-ce pas excusable, quand il se bat tous les jours?

C'est ainsi qu'il écrit : « La 118ᵉ demi-brigade prend en février 1796 le numéro 21 », et plus loin : « Nous devenons enfin la 32ᵉ (22 juin 1796). » C'est une erreur qu'expliquent, mieux encore, les violentes polémiques engagées, au sujet de l'épisode de la redoute de Montelegino, entre les généraux Rampon et Despinois. Nous en avons trouvé les traces dans des lettres adressées à Bonaparte. Rampon eut gain de cause, et c'était justice.

L'acte de naissance officiel de la 32ᵉ coupera court à toute discussion et permettra au lecteur de rétablir la vérité[1].

Comment expliquer cette ignorance de témoins et la passion de leurs discussions? Par ce fait, que ce fut seulement après le tirage au sort de Soncino (mai 1796) que les divers éléments qui composent notre demi-brigade forment un tout sous ce nom : la 32ᵉ. Mais notre existence remonte au début même de la campagne, car le décret d'organisation est de mars, et l'héroïque défense de la redoute de Montelegino par Rampon eut lieu le 11 avril.

Aussi, bien que dans certaines relations, les unités qui concourent à la formation de la 32ᵉ figurent sous leurs anciennes dénominations, la campagne d'Italie appartient, en son entier, à notre histoire.

Les rapports officiels établis sur l'ordre d'Alexandre Berthier, général de division, chef de l'état-major général de l'armée d'Italie, en font foi. En voici la conclusion, qui résume toute la campagne :

« Du 11 avril 1796 au 7 avril 1797 (un an moins quatre jours) la 32ᵉ a pris part à 15 batailles, 18 combats.

Tués { 23 officiers / 340 s.-officiers et soldats.   *Blessés* { 226 officiers / 1280 s.-officiers et soldats.

Prisonniers de guerre { 26 officiers / 415 s.-officiers et soldats.

ce qui suppose que 2115 des individus qui l'ont composée (nombre supérieur à sa formation) ont subi les chances de la guerre.

« Elle a fait 11 604 prisonniers, pris 36 canons et 6 drapeaux.

« Au premier cri de la patrie en danger, tous les hommes qui y comptent seront prêts à voler à son secours : La liberté ou la mort, voilà

---

1. *Pièces justificatives*, nº 4.

leur vœu. Haine à tous les oppresseurs, voilà leurs sentiments inébranlables. »

Notre dernier argument est tiré de l'histoire régimentaire et divisionnaire de l'armée d'Italie¹. De l'étude de ce document il ressort combien valaient ces premiers volontaires, les seuls qui méritèrent ce titre, et qu'il ne faut pas confondre avec les réquisitionnaires de juillet 1792 et ceux de la levée de 300 000 hommes (février 1793). Toute l'explication de la valeur de la 32ᵉ est là.

« Animés par un profond sentiment du devoir, écrit Gouvion Saint-Cyr, ces volontaires communiquèrent à leurs camarades une grande force morale. » De ceux-là on peut dire ce que pense Albert Duruy de l'armée royale en 1789 : « En la connaissant, on se sent un peu plus Français. »

Claude Nugues est des leurs, et des meilleurs. C'est un véritable chef, parce qu'il a l'instruction et l'éducation.

Souvenirs intimes d'un volontaire de 1791².

LE 2ᵉ BATAILLON DE LA DRÔME ; LA 118ᵉ, LA 21ᵉ ET LA 32ᵉ DEMI-BRIGADE (1791-1799).

Romans, 12 octobre 1791.

O sublime élan de 1791, que ne puis-je te célébrer dignement ! O spectacle le plus magnifique que jamais aucune nation ait offert au monde ! O jours de patriotisme et de gloire, échauffez et nous et nos générations de vos feux immortels !

Hier, un père de famille s'est présenté à notre lieutenant-colonel :

1. *Pièces justificatives* n° 5.
2. Nous avons respecté scrupuleusement la pensée de l'auteur de ces Mémoires. Mais le cadre restreint de notre ouvrage nous a obligé à un choix. Puisse-t-il montrer au lecteur la physionomie et l'allure des hommes de cette époque !

« Voici mes trois fils, dit-il, mais je n'en puis armer que deux ; donnez un fusil au troisième. » — Une mère amène son fils tout équipé. — Un garçon tailleur apporte un uniforme complet : « Le jour, dit-il, je travaille pour vivre ; mais j'ai fait cet habillement la nuit : on ne dort point quand la patrie est en danger. »

Le bataillon a été béni aujourd'hui à l'église paroissiale. Tous les hommes ont prêté le serment de fidélité devant le drapeau. Sur ce drapeau est inscrit : « Drôme, 2ᵉ bataillon ». C'est un sergent-major qui le porte. Chaque compagnie a un fanion sur lequel est son numéro.

Notre bataillon comprend neuf compagnies, dont une de grenadiers, composée des huit hommes les plus grands et les plus forts de chacune des huit autres compagnies. C'est moi qui la commande. Mon lieutenant s'appelle Batisse ; il est armurier de son état, et joyeux compagnon. Il a fait la guerre d'Amérique sous Lafayette, et raconte volontiers ses campagnes. Le sous-lieutenant se nomme Gonthier, et mon sergent-major Jullien. La compagnie est partagée en deux pelotons et quatre sections. Un sergent est affecté à chaque peloton, et un caporal à chaque section. Voilà mes auxiliaires pour instruire un tambour et 52 grenadiers. De beaux hommes, ma foi, jeunes et bien taillés : 5 pieds 5 pouces en moyenne[1]. Nous apprenons l'exercice tous les jours, de deux à quatre heures, afin d'être en état de le montrer bientôt nous-mêmes aux soldats. (*Pièces justificatives*, n° 5.)

Notre lieutenant-colonel, M. Boreton, ne mène, non plus que nous, une vie de chanoine. Il ne cesse de courir du district à la municipalité, de la municipalité aux casernes. Il a eu grand'peine à obtenir des armes, en partie mauvaises[2]. Les habits et les autres fournitures dont le Département s'est chargé ne seront peut-être pas prêts de deux mois. Heureusement Boreton ne manque ni d'énergie, ni d'activité, ni de connaissances. C'est un capitaine en premier d'un régiment d'artillerie. Le commandant en second, M. Guédj, ancien officier retraité, a également le grade de lieutenant-colonel. Notre adjudant-major et l'adjudant appartenaient aussi à l'armée active.

Il n'y a encore que vingt-cinq habits pour tout le bataillon. Notre uniforme se compose d'un habit en drap bleu, d'une culotte et d'une veste, ou gilet en drap blanc, avec boutons d'uniforme (les boutons ont pour

---

1. Environ 1 m. 70.
2. Du modèle 1777. Poids moyen, 5 kilogrammes environ. Portée, 560 mètres. C'est avec cette arme que nos soldats ont fait toutes les guerres de la Révolution et de l'Empire. C'est seulement le 15 octobre 1830 que le 52ᵉ échange ses fusils modèle 1777 contre des armes du modèle 1822.

légende ces mots : « République française »; au milieu est un faisceau surmonté du bonnet de la Liberté), de bas blancs et de souliers, et d'un chapeau avec pompon. Les officiers portent des épaulettes et le sabre; les grenades des officiers de la compagnie sont, comme celles de la troupe, en drap rouge.

21 décembre 1791, Cavaillon. — (Lettre à son père.)

Notre arrivée dans le Comtat n'est guère brillante. Nous sommes envoyés pour rétablir l'ordre. Les habitants nous regardent avec mépris et nous appellent les « héros en guenilles ». C'est cela sans doute qui aigrit le caractère, un peu raide déjà, de notre commandant. La pension devient impossible : 70 livres par mois, et des discussions perpétuelles; notre cuisinier nous vole; et Cany de Saint-Vallier vit, à côté, pour 36 livres par mois.

Envoyez-moi : un ceinturon, une paire de gants de daim, un couvert d'argent, du drap pour une paire de culottes, la *Nouvelle Héloïse*, *Emile* et le *Contrat Social*, la valeur d'un assignat de 50 livres en argent.

La cherté des vivres augmente chaque jour; le pain blanc vaut trois sous et demi la livre du Comtat, dont le poids est inférieur à celui de la livre française. Les assignats, même ceux de 5 livres, ne passent qu'avec la plus grande difficulté. J'ai dû payer, en papier, avec une perte de 32 pour 100, quelques emplettes d'effets d'habillement.

Avignon, 28 mai 1792.

Les conséquences de la déclaration de guerre à l'Autriche se font déjà sentir. L'attitude du roi Victor-Amédée devient menaçante. Nous avons fait aujourd'hui l'exercice à feu pour la troisième fois. L'effectif de ma compagnie va être porté à 89; nos volontaires brûlent du désir d'entrer en campagne. Notre organisation et notre instruction sont assez avancées pour nous permettre de recevoir nos recrues de complément. J'ai reçu 450 livres de gratification pour entrer en campagne. Et il me faut acheter : un cheval, un mulet, une tente. Il me faudrait en outre un domestique. Tout cela est bien lourd pour ma bourse.

Camp de Barraux, 27 septembre 1792.

Nous sommes campés à un quart de lieue de Fort-Barraux. La neige couvre les montagnes voisines, la pluie a détrempé le sol; nous couchons dans la boue. Chacun est impatient de rejoindre le corps principal de l'armée du général Montesquiou-Fezensac, qui vient d'occuper Chambéry sans coup férir.

Mon père m'a envoyé une bonne grosse jument, qu'on appelait la Catau, et qui lui servait pour ses voyages de commerce.

Anot, 20 mars 1793.

Je ne trouve autour de moi que des objets aussi monotones que déplaisants, une ville ou plutôt un amas gothique de bicoques noires et enfumées, des rues sales et jonchées de fumier, des habitants peu nombreux, sauvages et insociables, des montagnes blanches de tous côtés.

On ne trouve à Anot ni billard, ni café, ni auberge. Les officiers font eux-mêmes leur ordinaire.

Pour occuper utilement les volontaires, on les fait tirer à la cible. Le meilleur tireur a reçu en prix une paire de souliers. Je charme mon ennui en apprenant au chef de musique des romances, que celui-ci arrange pour les faire jouer par la musique du bataillon.

Colmars, 5 juin 1793. — (Lettre à son père.)

Un de mes grenadiers, Serve, a reçu, il y a deux mois environ, par l'imprudence d'un de ses camarades, un coup de fusil au bras gauche, qui lui a brisé l'os. Je l'aime beaucoup, et comme l'hôpital d'Entrevaux est envahi par la fièvre, je vous l'envoie à Romans avec un billet d'hôpital. Il vous remettra mes lettres et 400 livres en assignats que je destine à mes sœurs, comme à-compte sur le prix d'un piano. Je suis riche; ma solde vient d'être portée à 2 200 livres, sans compter le traitement de campagne et quelques autres menus frais.

Dites aux Petit que je viens de nommer leur fils caporal-fourrier. On a créé cet emploi dans chaque compagnie, et c'est le capitaine qui nomme.

Clignon, près Colmars, 5 octobre 1793.

Le bataillon est disséminé sur toute la frontière. Notre service dans la montagne est très pénible. J'ai la fièvre et la dysenterie; mais ma place est à la tête de mes grenadiers. On vient de nous donner le casque en remplacement du chapeau.

Entrevaux, 12 décembre 1793. — (Lettre à son père.)

Je viens de faire l'étape à pied, sous l'escorte de la garde de police. On me garde à vue, par ordre du général et sur la plainte de Borcton. Voici l'affaire :

Le 9 décembre, nous avons reçu l'ordre de nous rendre sous les murs de Toulon. Notre colonel, d'après les instructions du général de division,

« L'ennemi ne se doute pas que nous sommes là; il est sept heures, nous le surprendrons demain à quatre heures du matin. »
(D'après une lithographie de Raffet.)

devait laisser à Colmars un capitaine de son bataillon pour commander la place, instruire un bataillon de nouvelle formation et former la garnison. Il eut l'idée singulière de me désigner, bien que le règlement interdît d'enlever leurs officiers aux compagnies d'élite, et que la mienne fût en ce moment privée de son lieutenant Batisse et de son sergent-major Jullien.

Je refusai net, et donnai ma démission, qui ne fut pas acceptée.

Le lendemain, à la revue de départ passée par le Commissaire des guerres, j'étais dans le rang avec le fusil, le sabre et la giberne. Borcton me donna l'ordre de me rendre chez moi. Là, de concert avec le Commissaire des guerres, il voulut me persuader de reprendre ma démission et d'accepter le commandement de Colmars; je répondis :

« Ma nomination est illégale, 1° parce que les officiers de grenadiers, d'après les règlements, marchent toujours avec leurs compagnies; 2° parce qu'il n'y a que les généraux en chef qui aient le droit de nommer à des commandements temporaires. — Mais, dit le Commissaire, pour l'exemple et la discipline, il faut obéir provisoirement, et nous vous promettons de vous faire remplacer dans peu de jours. — D'abord, je ne viole pas la discipline. J'ai cru ne pouvoir me dispenser d'obéir comme officier; aussi, ai-je donné ma démission, parce que je sais qu'on ne peut confier ce commandement à un simple grenadier. — Mais il existe une loi qui défend de donner et de recevoir des démissions en temps de guerre. — La loi défend les démissions, c'est-à-dire qu'elle ne permet à personne de quitter le service et d'abandonner la patrie en danger; mais, moi, je ne veux pas me retirer dans mes foyers. Je reste au bataillon, peu importe dans quel grade. Ainsi, la loi dont vous parlez n'est pas applicable ici. Vous dites que je serai relevé dans huit jours; mais, dans huit jours, mes camarades seront sous les murs de Toulon. Peut-être trouveront-ils bientôt l'occasion de se battre et de se signaler; et moi, j'arriverai le lendemain... pour les féliciter, apparemment! Non, j'aime mieux partir avec eux, simple grenadier. Je me dois à mon pays, et je ne refuserai jamais de payer cette dette; mais la patrie n'a pas besoin que je me fasse un grand nom, et les vertus d'un soldat la servent aussi bien que la renommée des grands hommes. »

Quand ils virent que j'avais pris mon parti, ils me quittèrent assez peu satisfaits.

Il est probable que j'avais raison, car on vient de me remettre en liberté. Boreton a retiré sa plainte et jugé à propos de quitter le commandement du bataillon. Il retourne comme commandant de place à Colmars et je rejoins mes grenadiers.

Lorgues, près Draguignan, 25 décembre 1793.

Il me faut me séparer de la Catau. Un décret récent interdit aux capitaines d'être montés. J'y étais préparé, ayant l'habitude de faire à pied une partie des étapes. Je vais cheminer philosophiquement, sac au dos, en tête de ma compagnie.

Scarenna, près Nice, février 1794.

Le décret de novembre 1793 vient de recevoir son exécution. Les blancs et les bleus sont confondus et mélangés de manière à effacer toute distinction entre eux. Notre bataillon est amalgamé avec le 3ᵉ bataillon de volontaires de l'Isère et le 2ᵉ bataillon du 59ᵉ régiment, ci-devant Bourgogne. La demi-brigade, ainsi constituée à 3 bataillons, prend le numéro 118. Chaque bataillon a un drapeau porté par le plus ancien sergent-major. Les drapeaux portent au centre le chiffre R. F. entouré de deux branches de laurier en or, avec le numéro de la demi-brigade placé en diagonale aux quatre coins.

On attache à notre demi-brigade six pièces de canon du calibre de quatre avec tous les attirails nécessaires, et pour le service de ces pièces il est créé une compagnie de canonniers volontaires, composée comme celle des grenadiers, mais à l'effectif de 64 hommes, non compris les officiers et les sous-officiers.

Au moment où il cessait d'exister, le 2ᵉ bataillon de la Drôme était un bataillon modèle par son instruction, sa tenue, sa discipline et la bonne composition de ses cadres.

Il nous arrive de la ligne un certain nombre de vieilles *mâchoires* qui, grâce à l'ancienneté[1], arrivent à des grades au-dessus de leurs forces et de leur capacité. C'est sacrifier l'intérêt général à des intérêts particuliers. Les soldats de ligne ont de trente-deux à trente-sept ans, tandis que nos volontaires ont en moyenne vingt-cinq ans; la taille moyenne est de 1 m. 65.

Les troupes qui occupent Nice sont fort mal installées. Malgré la réunion de cette ville à la France, la municipalité est restée piémontaise de tendances et de sympathies, et se montre fort peu disposée à faire des sacrifices pour le bien-être de nos soldats. La gale infecte des bataillons entiers. Les vivres et les logements sont hors de prix. Je paye, de moitié avec Cany, un petit logement 80 livres par mois, ou un louis en numéraire.

Belvéder, 11 juillet 1794.

Ma compagnie n'a pas encore subi l'amalgame.

Elle fait partie d'un bataillon de grenadiers de la division Garnier, et

---

[1]. La loi accordait l'avancement dans la proportion : un tiers à l'ancienneté, deux tiers au choix.

elle concourt à l'attaque des redoutes de Belvéder et de Roccabigliere. Nous avons eu cinq tués et plusieurs blessés. La campagne a été extrêmement pénible; je ne me soutiens qu'avec un peu d'eau-de-vie.

Le général Masséna est venu prendre le commandement de la division dans laquelle compte la 118°. Tous les officiers supérieurs lui ont offert un dîner avec le prix de la vente des boucles d'argent de leurs souliers.

Je ne m'explique pas l'inaction qui succède à la réussite de notre campagne. Bientôt les neiges nous obligeront à évacuer le terrain conquis. Ce sera une besogne à recommencer l'année suivante.

Feligno, près Finale, 4 novembre 1794. — (Lettre à son père.)

Je commande, par ancienneté, cinq compagnies du bataillon de grenadiers, établies dans les vieux retranchements de Feligno. Nous couchons sur la paille et nous avons des poux. Je m'en console, pourvu que je ne prenne pas la gale dont la moitié de l'armée est infectée, sans excepter les officiers.

Les magasins sont vides, les soldats à peine vêtus et nu-pieds. Mes chemises et mes habits sont en lambeaux, et mes souliers percés. Je suis affublé d'une grosse roupe, espèce de capote ou de pardessus, mais je ne trouve à acheter ni linge, ni bas. Les hôpitaux sont encombrés; les maladies épidémiques y font grand ravage. Je me porte à merveille et le moral est bon. Je déchiffre de la musique et j'apprends des airs patriotiques.

Besse (au nord de Toulon), 24 décembre 1794.

Accablé de fatigues et d'infirmités, le vieux Dumerbion quitte le commandement de l'armée d'Italie et le remet à Schérer. Le bataillon de grenadiers est dissous, et je rejoins la 118° demi-brigade. Tous les vieux Romanais s'en vont blessés ou infirmes. Vinay, mon sergent-major, se retire à Romans, avec une pension de trois décimes par jour. Chevillon est plus heureux; sa retraite est de six décimes.

Les jeunes seuls restent.

Je jouis avec bonheur d'une installation paisible; j'ai retrouvé une chambre, un lit, des cheminées, des chaises, une bonne table, toutes choses dont j'avais perdu l'habitude depuis longtemps. Les habitants sont hospitaliers, quoique entachés d'un peu d'aristocratie; ils se disent *mon-*

sieur et madame, et ils n'ont pas tort, car il se trouve fort peu de vrais citoyens parmi eux.

Besse, 6 février 1795.

On prépare une expédition maritime sur les côtes de la Corse; la demi-brigade en fera partie. En attendant, chaque jour la vie devient plus chère. Si cela dure, mes appointements d'un mois ne me suffiront pas pour acheter un chapeau et une paire de souliers. Et, cependant, la

« De quoi vous plaignez-vous? Le drapeau tricolore couvre de ses plis généreux les capitales conquises par vous! Et vous vous plaignez, quand il n'est pas un mortel qui ne vous porte envie. »
(D'après une lithographie de Raffet.)

Convention vient de doubler modestement ses honoraires et ceux des fonctionnaires civils!

A bord du *Guerrier*, 18 mars 1795.

L'embarquement des troupes a eu lieu le 24 février. Notre escadre comprend quinze vaisseaux de ligne, six frégates et trois corvettes. L'amiral Martin, assisté du représentant Letourneur, commande l'expédition. Le 10 mars au matin, l'escadre anglaise nous apparut à la hauteur et près du cap Corse; elle comptait vingt-quatre voiles, dont quinze vaisseaux de ligne et sept frégates, tant anglais que napolitains. Elle naviguait péniblement par une grosse mer.

Dans la nuit du 11 au 12, le *Mercure* de 74 et le *Ça-Ira* de 80 s'abordèrent et se firent réciproquement de graves avaries. Le second, qui avait été démâté, tomba à la queue de la ligne. Le *Censeur* se porta à son secours.

Le lendemain 13, à la pointe du jour, le *Censeur* et le *Ça-Ira* se trouvaient fort en arrière. Ils furent bientôt entourés par toute l'avant-garde anglaise, forte de six vaisseaux, dont trois à trois ponts. L'amiral Martin manœuvra pour se porter à leur secours, mais il fut surpris par un calme plat. Le *Censeur*, qui portait quatre compagnies du 2ᵉ bataillon de la 118ᵉ, et le *Ça-Ira* firent une résistance désespérée; ils parvinrent à démâter les deux vaisseaux anglais qui les serraient de plus près.

A bord du *Guerrier*, spectateurs impuissants de cette courageuse défense, nous criions : « Vive la République! » en voyant les mâts des anglais tomber avec fracas sur le pont, et nous frémissions de rage de ne pouvoir porter secours à nos frères. Nous eûmes la douleur de voir nos deux vaisseaux, démâtés et écrasés l'un après l'autre, devenir la proie des Anglais.

J'ai jugé, dans ce combat naval, que nous nous battions aussi bien et peut-être mieux que les Anglais, mais il s'en faut de beaucoup que nous manœuvrions aussi bien qu'eux; et, sur mer, la promptitude et la précision des mouvements font encore plus que le courage.

Loano, 9 avril 1795.

Nous voici débarqués et la demi-brigade est réduite à 1 200 hommes. Par nos fatigues, nos pertes et notre délabrement nous méritions un peu de repos et la garnison de Nice. C'est la 117ᵉ qui a été désignée : l'esprit politique de cette demi-brigade est plus en rapport avec les idées du jour.

Et la 118ᵉ est dispersée dans la rivière de Gênes. Notre misère est à son comble. Les Génois refusent absolument les assignats. Une bouteille de vin coûte 4 livres; une feuille de papier, 4 sous; le blanchissage d'une chemise, 20 sous, et le soldat n'en a que 11 de solde journalière!

Ce que nous savons des séances de la Convention ne nous satisfait guère. Il est bien dur pour nous, qui exposons notre vie et sacrifions nos plus belles années pour défendre et affermir la constitution de notre patrie, de la voir sans cesse ébranlée par les secousses de ceux qui devaient en être les fondateurs et les pères. Je le dis sans vanité : de tous les Français qui ont concouru au succès de la République, ce sont les armées qui ont le mieux rempli leur tâche.

Camp de Carline, 11 juillet 1795.

L'affaire de Melogne (25 et 26 juin) est la plus chaude de celles auxquelles j'aie jusque-là assisté. En tués, blessés ou disparus, ma compagnie a perdu 25 hommes. C'est miracle que je n'aie pas été atteint. Masséna, avec son ardeur habituelle qui ne connaît pas d'obstacles, nous ordonna d'attaquer l'ennemi, sans voir la montagne de Melogne, sans connaître la force des Autrichiens, ni les préparatifs qu'ils avaient faits pour s'y défendre. Trois attaques infructueuses en deux jours, et la retraite comme résultat.

Cany m'a conté un épisode qui prouve l'antipathie de nos soldats pour les Représentants : dans l'une des attaques, un grenadier fumait sa pipe, assis sur un escarpement de la montagne. Un Représentant du peuple sans uniforme vint à passer : « Que fais-tu là ? dit-il au soldat. — Qu'est-ce que cela te fait ? — Lève-toi et rejoins ton bataillon, ou je te fais fusiller. — Je ne reçois d'ordre que de mes chefs. — Je suis ton chef; tu ne peux pas ne pas me reconnaître. Je suis le Représentant du peuple attaché à ton armée. — Toi ! Eh bien, si tu es mon chef, va mettre ta pelure. Autrement je ne te connais pas. » Le Représentant, furieux, va chercher un officier qui demande au grenadier pourquoi il n'est pas au feu.

Le soldat se lève alors en saluant avec respect : « Parce que j'en viens », et, ouvrant son habit, il montre sa poitrine trouée par une balle. « J'attends le chirurgien, et je me suis placé ici pour voir si les camarades travaillent bien. »

J'ai perdu mon sac dans la marche, et il me faut emprunter à l'ami Alizon les effets les plus indispensables.

L'évacuation précipitée qu'il a fallu faire des magasins avait jeté de la perturbation et des retards dans le service des distributions. Les corps recevaient leurs rations moitié en pain, moitié en biscuit, et encore d'une manière si irrégulière, que l'on jeûnait quelquefois pendant plus d'un jour.

Savone, 15 décembre 1795. — (Lettre à son père.)

La victoire de Loano a nettoyé la rivière de Gênes. Nous goûtons un peu de repos dans Savone. J'avais espéré que notre brillant succès me permettrait, enfin, d'obtenir le congé que je sollicite depuis si longtemps. J'allai trouver le Représentant du peuple. Il me reçut la pipe à la bouche, et, après m'avoir entendu, m'assura qu'il était impossible de donner aucun congé ni permission. Comme je lui faisais observer que la suspension n'en avait été annoncée que jusqu'après l'expédition, il me demanda si le général en chef m'avait instruit que l'expédition fût terminée, et si je pouvais lui garantir que nous ne serions pas attaqués demain.

Décidément, la bravoure n'est pas une qualité militaire suffisante; plusieurs sortes de courage sont nécessaires au soldat : la patience et la résignation pour supporter les fatigues et les privations. La maladie et la faim n'ont pas peur de nos fusils.

Notre dénuement est tel, qu'il est impossible d'obtenir même *la paire de bottes ou de souliers accordée, après la victoire de Loano, à chaque officier, par la Patrie reconnaissante*[1].

Nous n'avons pas encore touché un sou des 8 livres en espèces que nous assurait la Convention, en octobre. Il paraît qu'un député a fait à l'armée la mauvaise plaisanterie de dire à l'Assemblée que les soldats faisaient don d'un mois de solde à la République : on ne nous a jamais consultés!

Et j'ai pour 1 500 livres d'assignats, avec lesquels je ne trouverais pas à acheter une paire de bottes. Je n'ai plus ni chemises, ni mouchoirs, ni bas. Je suis obligé d'emprunter des épaulettes pour faire mon service. Tristes conséquences de la perte de mon sac dans la retraite de Melogne. J'ai pris à Loano, à un bel officier autrichien tué par un boulet, un magnifique pantalon de nankin tout neuf. Le drap de mon habit est cousu à la doublure des manches, pour que les morceaux tiennent ensemble. Les semelles de mes souliers sont en morceaux de chapeau pris également sur le champ de bataille. Ces semelles improvisées tiennent au-dessus des souliers par des ficelles fort visibles; et j'ai pourtant tâché de teindre en noir, avec de l'encre, ces malheureuses ficelles. On peut penser combien les habitants se montrent pleins de dédain pour nous, dont la misère contraste avec le luxe et les dépenses des officiers autrichiens qui nous ont précédés.

Jugez de ma honte, hier, quand le majordome de la belle marquise dans le palais de laquelle je suis logé, s'est présenté dans ma chambre pour m'inviter à dîner. J'entre dans une salle à manger toute de marbre. La marquise et sa sœur étaient seules. Elles pensaient peut-être que j'allais

---

[1]. Arrêté du Directoire du 17 brumaire.

leur faire peur, et moi j'étais plus tremblant qu'elles. J'osai leur adresser quelques mots de compliments. Tout en tournant mes phrases, je voyais douze laquais et des valets de chambre dont les regards stupides étaient fixés sur mon habit, et peut-être aussi sur mes souliers, ce qui me perçait le cœur. Figurez-vous que ces coquins avaient non seulement de bons souliers, mais encore des boucles d'argent.

Je faisais assez sotte figure, quand une idée descendue du ciel vint

« Le représentant a dit : Avec du fer et du pain, on peut aller en Chine... il n'a pas parlé de chaussures. »
(D'après une lithographie de Raffet.)

m'illuminer. Je me mis à raconter à ces dames ma misère et ce que nous avions souffert dans les montagnes du pays de Gênes. Là, disais-je, les officiers allaient eux-mêmes chercher leur viande de distribution et faisaient la soupe de leurs propres mains. Nous avions trois onces[1] de pain par jour. Je n'avais pas parlé deux minutes, que la bonne marquise avait les larmes aux yeux et sa jeune sœur était devenue sérieuse.

1. 91 gr. 78.

« Quoi! monsieur le capitaine, me disait celle-ci, trois onces de pain?

— Oui, mademoiselle; et la distribution manquait trois fois la semaine. Comme les paysans chez lesquels nous logions étaient encore plus misérables que nous, nous leur donnions un peu de notre pain. »

En sortant de table, j'offris mon bras à la marquise jusqu'à la porte du salon, puis, revenant rapidement sur mes pas, je donnai au domestique qui m'avait servi à table l'unique écu de six livres que je possédais, et sur l'emploi duquel j'avais fait tant de châteaux en Espagne.

De la Madone de Savone, 26 mars 1796. — (Lettre à son père.)

Un décret vient de supprimer beaucoup de demi-brigades. Cette réorganisation était nécessaire, par suite de l'amoindrissement d'un grand nombre de corps, dont l'effectif ne comprenait presque plus que les cadres. Notre demi-brigade compte 5 000 hommes environ. Les officiers et les sous-officiers sont l'objet d'une épuration ou d'une élimination. On donne des retraites, on reçoit des démissions, et on renvoie dans leurs foyers tous ceux que leur santé, leurs blessures ou leur insuffisance rendent incapables d'un bon service. Ce me semble l'indice d'une prochaine entrée en campagne. On dit que notre nouveau général en chef, le citoyen Bonaparte, est arrivé au quartier général de Nice. Il sera mal reçu par Masséna et Augereau, qui ne dissimulent pas leur mécontentement d'être placés sous les ordres de ce jeune homme.

Chanaud, de Moras, a été tué hier par un factionnaire dont il essayait de forcer la consigne.

Savone, 27 mars 1796.

Je suis tout triste. Le nouvel embrigadement me sépare de la plupart des anciens camarades du 2ᵉ bataillon de la Drôme. Antoine Roux passe au 3ᵉ bataillon, Jullien au 1ᵉʳ; je reste dans le 2ᵉ ainsi que Pouchelon, qui est quartier-maître-trésorier. Ferlin est mis à la suite.

Notre chef de demi-brigade s'appelle Rampon. Il a trente-sept ans. Il commandait la 21ᵉ depuis 1793.

Nous avons reçu notre nouveau drapeau. Il est à fond blanc avec angles bleus et rouges.

D'un côté, au centre, deux branches de laurier vertes encadrent le numéro de la demi-brigade; au revers, deux mêmes branches entourent un faisceau de licteur surmonté d'un bonnet phrygien.

Bivouac de Dégo, 25 avril 1796.

La campagne commence bien ; j'en avais mal auguré et blâmais fort notre extension du côté de Gênes. Ce n'était, paraît-il, qu'une démonstration destinée à inquiéter Beaulieu, et à lui faire dégarnir son centre que notre général en chef voulait percer. Une colonne autrichienne de 12 000 hommes a bien tenté de nous couper en deux et d'enlever Savone; mais Rampon a sauvé l'armée et l'exécution des plans du général Bonaparte. Il avait sous ses ordres notre 2ᵉ bataillon et la 1ʳᵉ demi-brigade d'infanterie légère : « C'est ici, mes camarades, nous a dit Rampon, qu'il faut vaincre ou mourir. » Enfermés dans la redoute de Montelegino, nous avons combattu tout le jour, un contre dix. Un caporal, enflammé par la mâle contenance de notre chef, monte sur le parapet, tire à découvert et s'écrie : « Je vais vous montrer comment meurt un brave soldat. » J'ai reçu une balle qui a traversé mon habit et mon gilet et m'a fait une forte contusion. La nuit seule mit fin au combat. Les Autrichiens se retirèrent en emportant de nombreux blessés et laissant les abords de la redoute jonchés de leurs morts.

Le lendemain, 12 avril, à la bataille de Montenotte, le chef de demi-brigade[1] Rondeau, dit le Brave, s'est particulièrement distingué à la tête des 1ᵉʳ et 3ᵉ bataillons qui faisaient partie de la colonne Masséna.

Le 14, Laharpe et Masséna ont enlevé Dégo et pris 4 000 hommes, tant Autrichiens que Piémontais, avec 18 pièces de canon.

Nos généraux commirent une imprudence qui faillit nous faire perdre tout le fruit de la victoire. Enivrés d'un succès aussi complet, ils s'en furent à Cairo se reposer et se féliciter les uns les autres, pendant toute la nuit. Cependant Beaulieu faisait marcher de nombreux renforts pour soutenir ou reprendre Dégo, dont il sentait l'importance.

Le 15, au point du jour, par un brouillard épais mêlé de pluie, nous sommes attaqués, tout à coup, par des troupes fraîches. Nos bataillons n'étaient pas même ralliés depuis la veille; aucun général n'était au camp, et nous étions diminués de deux demi-brigades reportées en arrière à Cairo. Nous résistâmes quelque temps, mais nous finîmes par évacuer le poste en désordre. L'ennemi, qui s'en empara, nous fit environ 300 ou 400 prisonniers. De ce nombre se trouvent Antoine Roux, adjudant-major,

---

1. Chef de demi-brigade à la suite. A cause des suppressions de demi-brigades, beaucoup d'officiers étaient à la suite des corps.

et le chef de notre 3ᵉ bataillon, Vauquet, avec 252 hommes et 17 officiers. Notre chef de demi-brigade, Dupuy, le successeur de Rampon, fait général de brigade, fut blessé. Il s'est battu comme un grenadier. Il est chef de demi-brigade depuis le mois de mars 1794 et comptait à la 21ᵉ. Il a vingt-neuf ans.

Les grenadiers agissaient séparément, sous les ordres du chef de demi-brigade Rondeau. Masséna et les renforts n'arrivèrent que pour nous rallier. Il était au désespoir. Cependant il fallait prendre un parti. Il se décida à remonter à Dégo avant que l'ennemi y fût bien établi. Les Autrichiens avaient là leurs meilleures troupes, 6000 grenadiers commandés par Wu-Kassovich. Elles résistèrent avec opiniâtreté. Enfin l'ardeur française l'emporta; nous reprîmes le poste à la baïonnette. La cavalerie acheva leur déroute. Cette seconde défaite a fait passer aux Autrichiens l'envie de nous attaquer davantage. Nous leur avons pris dans ces différentes affaires onze drapeaux. Trois grenadiers de ma compagnie en ont enlevé chacun un. Le général en chef leur a accordé une gratification sur les quelques centaines de louis qu'il avait emportées de Paris, pour la caisse complètement vide de l'armée. Je leur ai fait fournir le certificat suivant : « Nous, soussignés, sergent et volontaires aux grenadiers du 2ᵉ bataillon de la 21ᵉ demi-brigade[1], certifions avoir reçu du chef d'état-major de l'armée la somme de 144 livres, en récompense de trois drapeaux que nous avons apportés, pris sur l'ennemi à la journée d'hier. »

Nous avons enfin vu Bonaparte. Il est venu au bivouac. L'impression première des soldats a été mauvaise. Il nous est apparu chétif, pâle, peu soigné dans sa tenue; de longs cheveux plats retombent en tire-bouchons de chaque côté des oreilles : « C'est Masséna qui a gagné la bataille, disent les soldats; ce n'est pas cet avorton. » On avait l'habitude de voir aux armées de beaux hommes. Dans le choix de ses généraux, la Convention tenait grand compte de leurs qualités physiques.

Cependant Bonaparte, qui nous commande depuis près d'un mois, a apporté un plan et une méthode nouvelle de faire la guerre. Il marche en conquérant, avance toujours en pays ennemi, sans s'inquiéter du transport des subsistances, qui seul avait toujours retardé nos progrès dans cette armée. Il est vrai que les habitants souffrent sur notre passage : bœufs, vaches, moutons, rien n'est épargné. Outre cela, le général exige des contributions proportionnelles à la richesse de l'endroit. On croit que cette manière d'agir décidera plus vite l'ennemi à faire la paix.

---

1. Les *Pièces justificatives* prouvent que c'est la 32ᵉ qu'il faut lire.

LA 52ᵉ DEMI-BRIGADE.

Malgré ce système, nous n'avons pas perdu l'habitude de jeûner quelquefois. Tous les matins, on bat *la breloque* pour le pain et la viande. Même si la distribution doit se réduire à rien, le tambour bat à l'heure dite. C'est la distribution... à blanc. Le général Flavigny s'en est plaint dernièrement

Le général Bonaparte. — D'après un dessin de J. Guérin, gravé par G. Fiesinger.
(Extrait de *Napoléon Iᵉʳ*. Firmin Didot et Cⁱᵉ éditeurs.)

à notre général en chef, dans une lettre écrite à l'ancienne mode républicaine, toujours en faveur à l'armée d'Italie.

Citoyen général,

Tes lapins manquent de pain;
Pas de pain, pas de lapins,
Pas de lapins, pas de victoires.
Ainsi donc veille au grain.
Et nini,
C'est fini!
Trou du c.. Flavigny

Qu'en penseraient les muscadins de Paris?

Le Directoire fait des prodigalités. Dans un arrêté, il fixe ainsi notre solde en numéraire. Par mois :

Général en chef, 50 livres; généraux de division, 45 livres; généraux de brigade et ordonnateur en chef, 40 livres; chefs de brigades et commissaires ordonnateurs, 35 livres; chefs de bataillon, 30 livres; capitaines, 25 livres; lieutenants, 20 livres; sous-lieutenants, 15 livres; sergents-majors, 7 livres; sergents, 6 livres; caporaux, 5 livres; soldats, 4 livres.

Pizzighettone, 18 mai 1796.

Les grenadiers quittent la demi-brigade à Salo, après le passage de la Bormida, et forment l'avant-garde pour marcher sur Plaisance, jolie ville située sur le bord du Pô. Ce fut là que le passage s'effectua avec une admirable célérité. L'ennemi n'avait encore sur l'autre rive qu'un piquet de cavalerie qui s'enfuit aussitôt que la première barque eut abordé. J'étais dans la seconde. Aussitôt que nous eûmes pris possession du rivage, on se hâta d'y transporter de la cavalerie et de l'artillerie. Alors arriva l'ennemi, mais il était trop tard. La journée se termina par une canonnade et quelques charges de cavalerie.

Le lendemain, 7 mai, nous avions déjà 20 000 hommes au delà du Pô. L'ennemi se rallia dans un village à une lieue du fleuve. Nous fûmes l'attaquer de suite. Il fut mis en déroute. Cette journée aurait été des plus heureuses sans le malheur qui nous arriva le soir, la mort funeste du général Laharpe. Il était à Codogno, à une lieue de notre avant-garde. L'obscurité et le délire de la victoire avaient empêché de veiller assez exactement sur les prisonniers faits dans la journée. Tout à coup, à la faveur de la nuit, ils se réunissent en assez grand nombre, enlèvent une ou deux pièces de canon et se font jour sur la route de Milan. Aussitôt Laharpe monte à cheval et court assembler la 99ᵉ demi-brigade, pour les arrêter et les poursuivre. Malheureusement l'alarme avait déjà pénétré dans le camp. Le général, avec son escorte, fut pris pour la cavalerie ennemie, et reçut une décharge de mousqueterie qui le coucha mort sur la place. Ainsi cet homme chéri de toute l'armée, dont chaque soldat aurait défendu la vie au péril de la sienne, périt sous les coups de ses amis et de ses frères.

Cependant Bonaparte, dont l'activité est au-dessus de tous les éloges, sentant la difficulté de passer l'Adda devant Pizzighettone, partit avec l'avant-garde et quelques demi-brigades pour Lodi, place fortifiée où l'ennemi s'était retiré. Là se passa une des affaires les plus chaudes et les plus brillantes qui aient illustré l'armée d'Italie. La ville fut emportée en une heure. Cinq grenadiers, dont trois de ma compagnie, Sulpice, Cabrol, Léon, Galthier et Brachenet, grimpèrent les premiers sur le rempart, quoique l'ennemi fût encore dans la ville. Ils enfoncèrent la porte et ouvrirent le passage à leurs camarades. La ville était à nous; ce n'était encore rien. Nous la traversâmes rapidement ; mais, à l'autre porte, nous trouvâmes l'Adda et 16 000 hommes retranchés sur la rive opposée, avec 20 pièces de canon, dont deux enfilaient un pont long et étroit, seul passage pour arriver jusqu'à l'ennemi. On se canonna deux heures assez vivement, sans rien avancer. Enfin, le général en chef, perdant patience, vint aux grenadiers en disant : « Voilà les canonniers qu'il me faut pour forcer le passage! » Aussitôt, notre colonne s'assemble, sort de la ville et se précipite sur le pont. Les deux pièces ennemies n'eurent que le temps de tirer chacune un coup; encore ne tuèrent-elles que trois hommes et n'en blessèrent-elles qu'une douzaine. Bonaparte, témoin de l'intrépidité des grenadiers, cria : « Vive la République! » et passa lui-même le pont. L'ennemi résista encore quelque temps, mais le passage du pont l'avait intimidé ; il ne tarda pas à tourner le dos. Notre artillerie légère se mit à ses trousses et changea sa retraite en déroute.

Le lieutenant de grenadiers Thoiré a combattu seul à seul, pendant cinq minutes, un uhlan, et l'a tué d'un coup de sabre. Il fut fait capitaine sur le champ de bataille. Notre demi-brigade n'a pas tiré un coup de fusil : ce sont les grenadiers qui ont tout fait.

Nous avons tiré de grands avantages de notre formation en colonne :

1° La tête seule de l'attaque est offensée.

2° Les premières divisions forment un parapet mobile, qui permet aux divisions subséquentes d'arriver fraîches au point et au moment du choc.

3° On établit une succession d'efforts sur un même but avec des troupes qui n'ont pu juger ni l'obstacle ni la perte.

4° Enfin on a la possibilité, sur une épaisseur médiocre, de se déployer sans tumulte après la charge. Ce qui est impossible lorsque le soldat, en trop grande masse, est dans un état de compression, de serrement, qui lui ôte toute action de feu et de choc.

Nous goûtons quelque repos. Combien cela durera-t-il? Nous ignorons quelles sont les vues du général en chef, car une de ses plus grandes qualités est de ne se laisser pénétrer par personne. Son courage et sa capacité lui ont mérité la confiance de toute l'armée. Il se trouve ordinairement à l'avant-garde et quelquefois avec les tirailleurs. Le jour où nous passâmes le pont sur l'Adda, il resta deux heures avec nous au milieu des boulets et des obus qui tuaient du monde à ses côtés, et les grenadiers finirent presque par lui ordonner de se retirer pour se mettre en sûreté.

Les habitants ne se moquent plus de notre misère, ils en ont pitié ; comment ne pas aimer ces soldats qui rient et chantent toute la journée ? Leurs moines leur avaient dit que chaque régiment marchait avec la guillotine en tête, et ils voyaient sur la porte des maisons le grenadier occupé à bercer le petit enfant de la maîtresse du logis. Presque chaque soir quelque tambour, jouant du violon, improvisait un bal. Les femmes montraient à nos soldats la *Monférine*, la *Sauteuse* et autres danses italiennes.

Vérone, 10 juillet 1796.

Nous sommes campés aux portes de Vérone, de l'autre côté de l'Adige. Hier, Bonaparte est venu nous passer en revue.

Après la visite des camps, il partit du nôtre pour faire une reconnaissance, et me prit pour guide, parce que les découvertes fréquentes que j'avais faites m'avaient familiarisé avec les routes voisines. Je ne m'attendais nullement à cette course, et je venais justement de mettre, pour la première fois, une culotte neuve et des bas blancs. Il n'en fallut pas moins monter à cheval, salir mes bas, gâter ma culotte, et, après une promenade de quatre heures, venir souper en grande cérémonie chez M. le gouverneur. Bonaparte est tellement économe de son temps, qu'il n'en accorde que très peu à ses repas. Il resta environ un quart d'heure à table, et fit un signe à son chef d'état-major, Alexandre Berthier. Ils se levèrent ensemble et disparurent. Aujourd'hui, il est en marche pour visiter quelque autre point.

Vérone, 12 août 1796.

Wurmser et Bonaparte ont entamé une partie de piquet dans laquelle ce dernier a fait son adversaire capot.

Au début pourtant, Sérurier dut abandonner le siège de Mantoue, brûler ses affûts, enclouer ses canons et noyer ses poudres. Nous évacuons Vérone et toute la ligne de l'Adige.

Notre division[1] attendait à Lonato la colonne de Quasdanovitch. Il fallait qu'elle nous passât sur le corps pour s'en retourner, comme, elle aussi, nous fermait la retraite. Nous fûmes attaqués le 31 juillet ; nous nous y attendions.

1. Division Masséna.

Cependant notre première ligne est enlevée par les Autrichiens. Ils se croient vainqueurs et envoient la cavalerie pour poursuivre.

Mais l'heureuse disposition d'une réserve, que Masséna avait dissimulée derrière un pli de terrain, rétablit le combat. Cette deuxième

« Le moral est affecté chez l'Autrichien. »
(D'après une lithographie de Raffet.)

ligne arrête la cavalerie par une brusque décharge, et la première ligne renforcée fait un retour offensif et reprend ses positions[1].

Dans son rapport sur cette première affaire, Bonaparte écrivait au Directoire : « J'étais tranquille, la brave 32ᵉ était là. » Un tel éloge dans la bouche d'un pareil juge est la récompense la plus flatteuse de nos efforts, et l'aiguillon le plus puissant pour le mériter davantage.

1. Cet exemple est favorable aux partisans des avant-lignes dans la défensive.

Le lendemain, 1ᵉʳ août, nous marchons sur Brescia, que l'ennemi évacue en hâte. Nous en partons le 2, à neuf heures du soir, et arrivons à temps, le 3, pour reprendre Lonato aux Autrichiens qui s'en étaient emparés pendant notre absence.

Le premier choc n'avait pas été favorable. On nous prit deux pièces de canon et le général Pigeon avec 500 ou 400 hommes. Ce fut alors qu'arriva la 52ᵉ demi-brigade. Elle défila devant Bonaparte, qui dit aux grenadiers en passant : « Grenadiers, soutenez votre gloire. » A quelques pas, on rencontre des canonniers qui revenaient tristement sans leurs pièces. Un de mes grenadiers s'écrie : « Ces bougres-là vous ont pris vos pièces! Eh bien ! nous vous les rendrons ; elles n'iront pas loin. » Une pièce est braquée. Elle tire un coup. Musique en tête, au pas de charge, en masse par bataillons, nous courons dessus pour l'atteindre plus tôt, avant qu'elle en tire un second. En un quart d'heure nous étions maîtres de la hauteur et de nos canons. Mon brave Cany, qui était chef de bataillon de la veille, a été tué en se précipitant sur une pièce. Un autre chef de bataillon, Darmagnac, a été blessé.

A l'entrée de la nuit, la brigade Rampon, la nôtre, part pour Salo. Elle s'y bat toute la matinée du 4. A quatre heures de l'après-midi, elle reçoit l'ordre de revenir à Lonato. Cette nuit était la troisième que la 52ᵉ passait sans dormir : on ne lui en donnait pas le temps le jour, et elle ne recevait presque pas de subsistances.

Dans son rapport à Bonaparte, le général Rampon nous rendit ainsi justice : « Pour vous donner le nom des braves qui se sont distingués dans les combats depuis le 11 thermidor, j'aurais à vous envoyer le contrôle de la demi-brigade. Les officiers, sous-officiers et soldats se sont conduits avec un courage mâle. Heureux les généraux qui ont à les commander! Que la République s'honore de pareils soldats! »

Nouvelle bataille entre Castiglione et Borghetto le 5 août; nouvelle victoire. Le 6, notre division se porte sur Peschiera et débloque la place.

Huit jours de combat, huit jours de gloire. On assure que les Autrichiens ont perdu 20 000 hommes. Pour moi, j'ai vu passer sous mes yeux au moins 8 000 prisonniers.

<small>Roverbella, près Mantoue, 21 septembre 1796. — (Lettre à son père.)</small>

Vous ne me saurez pas mauvais gré de mon long silence quand vous saurez que, depuis un mois, nous sommes en marche presque sans nous arrêter, et que les pays que j'ai parcourus n'offraient aucune communication avec la France, tandis que la rapidité de nos courses ne permettait pas d'établir des courriers. Après ce préambule, pour ma justification, je viens à notre brillante expédition. Nous avons pris Trente et Bassano, et gagné trois grandes batailles à Roveredo, Bassano et sous Mantoue. L'armée ennemie n'existe plus; ses débris, coupés et sans retraite, se sont réfugiés dans Mantoue avec Wurmser. A Roveredo, notre chirurgien-major Saint-Ours chargeait à cheval avec nos chasseurs. Dix hommes faisaient poser les armes à des bataillons. Ah! le moral est affecté chez l'Autrichien, comme dit un grenadier de ma compagnie.

Au premier combat de Saint-Georges, le 14 septembre, nos volontaires, retranchés derrière des fossés, ont attendu les uhlans et les ont foudroyés à quatre pas. La journée du lendemain nous a coûté cher. La 52e était en réserve. Prise en flanc par une colonne de 6 000 Autrichiens, elle a lutté jusqu'à la nuit; on se battait corps à corps. Nous avons eu 4 officiers tués et 6 blessés; 61 morts et 248 blessés dans la troupe.

Vérone, 24 novembre 1796.

Notre effectif est réduit à 1 820 hommes. Le 6 novembre, au combat sur la Brenta, le feld-maréchal Alvinzi a pénétré jusqu'aux réserves de Masséna. La cavalerie et l'artillerie qui encombrent la route vont être faites prisonnières.

Six compagnies de la 52e se trouvent en bataille dans un champ voisin de la route, sous les ordres du chef de bataillon Mas. Elles font une décharge, et, sans recharger, courent sur l'ennemi. Cet effort, combiné avec les autres, amène la retraite des Autrichiens. Le lieutenant Campoura a été tué. Cet officier était assez malade pour se dispenser de paraître sur le terrain.

Je n'ai pas le temps d'écrire longuement. Jamais peut-être on n'a fait une guerre si active et si meurtrière que celle que nous faisons actuellement. Nous avons livré à l'ennemi sept combats des plus sanglants en quinze jours. Le dernier a duré trois jours, les 15, 16 et 17 novembre, au pont d'Arcole et à Ronco. Le 16, le général Gardanne, voyant qu'on s'amuse trop à fusiller, met son chapeau au bout de son épée et s'élance à notre tête. Un canon est à trente pas, la mèche est allumée. Nous mettons ventre à terre; le coup part, on saute sur la pièce et l'Autrichien fuit. Les hommes ne se servent que de la baïonnette.

Vérone, 14 décembre 1796.

Bonaparte est content de nous, et il nous récompense après Arcole.

Bien que notre cadre d'officiers supérieurs soit au complet, il nomme deux chefs de bataillon, dont votre Claude.

J'ai été reconnu ce matin, à dix heures, dans mon nouveau grade. Mon ancien sergent-major Petit a été élu sous-lieutenant par ses camarades. Voici la composition de l'état-major de notre demi-brigade :

Charlot, chef de brigade commandant.
Mas, chef de brigade en 2ᵉ.
Vauquet, chef de bataillon commandant, 1ᵉʳ bataillon.
Nugues,   »   en 2ᵉ.   id.
Darmagnac,   »   commandant, 2ᵉ bataillon.
Court,   »   »   3ᵉ bataillon.
Duranteau   »   chargé de l'administration.

Le brave Dupuy avait été nommé général de brigade. Il refuse ce grade pour rester à notre tête. Bonaparte l'a maintenu à la tête de la 32ᵉ, et a placé Charlot dans un autre corps.

Vérone, 18 janvier 1797.

Encore une victoire plus grande que toutes les précédentes ; et ce que j'y trouve de plus agréable, c'est de pouvoir la raconter.

Nous arrivâmes à Rivoli, près de la Corona, le 14 janvier au matin, à la suite d'une marche forcée très pénible. L'affaire s'engagea avant le jour, et l'issue en était encore douteuse à trois heures de l'après-midi. Nos soldats n'ont presque pas tiré ; la baïonnette est toujours leur arme favorite.

Le 16 janvier, nous arrivons devant Mantoue. Nous détruisons complètement les débris de la colonne que nous avons entamée le 14. La division Masséna fit 7 000 prisonniers et repoussa dans Mantoue, au combat de la Favorite, la garnison qui avait fait une sortie. Nous prîmes toute la cavalerie. Les chevaux étaient à si bon compte que j'en eus un joli pour quatre louis et demi. Adieu. Je vais au conseil de guerre, dont je suis membre.

Bassano, 4 février 1797.

On nous a communiqué le rapport de Bonaparte au Directoire. Il nous juge ainsi : « La 32ᵉ demi-brigade s'est spécialement couverte de gloire. En trois jours, elle a battu l'ennemi à San Michele, près Vérone, à Rivoli et sous Mantoue. Les légions romaines faisaient, dit-on, 24 milles par jour ; les soldats français en font 30 et se battent dans l'intervalle. »

Et, plus loin, il ajoute : « A Rivoli, Masséna, enfant gâté de la victoire, s'élance à la tête des braves de la 32ᵉ.... »

Je vous envoie la copie de l'ordre du jour de Masséna, qu'on vient de nous lire :

Drapeau de 1796.

« Les troupes sont prévenues que l'orgueilleuse Mantoue, le dernier espoir de l'Empire dans ces contrées, ouvrit hier ses portes à l'armée républicaine. Toute la garnison reste prisonnière de guerre. Vive la République! »

Bassano, 1ᵉʳ mars 1797. — (Lettre à son frère.)

J'ai passé à Venise les trois derniers jours du carnaval. L'affluence y était si grande que ses rues et ses places publiques ressemblaient au Palais-Égalité[1] dans les soirées d'été. Le nombre des masques égale celui des habitants. Partout où nous passons, la foule accourt au-devant de nous et nous ferme presque le passage. Jamais les badauds de Paris n'ont fait voir une pareille curiosité pour les ambassadeurs de Tippo-Saïb. Les masques qui parlaient français s'approchaient volontiers pour lier conversation avec nous. Ainsi, nous avons causé avec beaucoup d'émigrés, et surtout d'émigrées. Il était facile de les reconnaître à la pureté de l'accent. Quelques-uns nous témoignaient un vif désir de revoir la France; la plupart n'osaient s'avouer Français; quelques autres affectaient de la morgue. Mal leur en prit avec nos jeunes gens, qui les remirent vertement à leur place.

Venise est une ville moins belle que curieuse. On y trouve quelques palais épars, mais non des rues entières de palais comme à Gênes. Le grand canal qui la traverse en forme d'S est à peu près de la largeur de la Seine. Une multitude de petits canaux la coupent en différents sens. Les fiacres sont des gondoles toutes numérotées et parfaitement semblables, c'est-à-dire absolument noires; tel est l'ordre des magistrats. Elles sont longues et pointues, et les gondoliers les manœuvrent avec tant d'adresse que, malgré la multitude de celles qui se croisent dans leur route, elles ne se heurtent presque jamais. Venise a aussi quelques rues, mais elles sont si étroites qu'on peut à peine y passer trois ou quatre de front; elles sont pavées en pierres de taille, aussi n'y voit-on jamais ni chevaux ni voitures. La place Saint-Marc est une des plus belles que j'aie vues par sa grandeur et la beauté des édifices qui la décorent.

Nous visitâmes en entier le palais du doge. J'ai surtout admiré la grandeur et la magnificence des appartements. Les salles sont ornées de deux cents tableaux des plus grands maîtres; il faudrait plusieurs mois pour les examiner en détail. Il me reste à te dire deux mots des spectacles. Il y en a sept ou huit, mais nous n'avons eu le temps d'en voir que trois : *la Fenice*, *San Benedetto* et *San Moyse*. Les deux premiers sont les principaux : on y joue le grand opéra. Les salles sont belles et la musique excellente,

---

1. Palais-Royal.

mais les acteurs en général sont froids. Pourvu qu'ils chantent bien, ils sont sûrs d'être applaudis. Les danses sont très ordinaires, et les Italiens eux-mêmes reconnaissent qu'ils ne peuvent, dans ce genre, se mesurer avec les Français. Je ne te parlerai pas de la corruption qui règne dans cette ville ; il faudrait te faire la peinture de Babylone que tu trouveras dans Quinte-Curce. Cela n'est pas étonnant, il n'y a ici que des mendiants ou des Crésus. Les uns sont esclaves-nés des autres et vendus à toutes leurs passions ; les autres sont corrompus par leurs richesses mêmes. Je sais qu'à Paris les moindres services se paient, mais Paris n'est rien auprès de Venise. Les gens de ce pays se font payer pour vous enseigner la rue. Si vous laissez tomber quelque chose et qu'un passant le ramasse avant vous pour vous le rendre, il vous demande son salaire; enfin, quand vous éternuez, ils ne vous diraient pas gratis : Dieu vous assiste ! Je suis bien aise d'avoir vu cette ville célèbre, mais pour un empire je ne m'y fixerais pas.

Brück, 17 avril 1797. — (Lettre à ses parents.)

Je n'ai le temps que de vous dire quatre mots, mais ils en valent mille : La paix est signée. Pour moi, qui me retire sans être mutilé ni estropié, je suis le plus heureux des hommes. J'ai bien souffert cinq ans ; mais, à présent, mes souffrances passées me sont chères ; le seul moment où je vous embrasserai me payera de tout. Mes sœurs, quand je les retrouverai, verront un soldat rembruni comme un Africain, mais sans moustaches depuis la paix, laissant quelquefois échapper un juron par habitude, galant comme un grenadier, mais conservant toujours pour elles, malgré ces dehors, le cœur et l'amitié d'un frère.

Padoue, 16 juillet 1797.

Bonaparte vient de provoquer dans son armée une imposante manifestation qui console des divisions politiques dont chaque lettre de Paris nous apporte l'écho.

Le 14 juillet, jour anniversaire de la prise de la Bastille, il fit distribuer aux demi-brigades de nouveaux drapeaux, sur lesquels étaient inscrits les noms des victoires et des combats auxquels chacune d'elles avait pris part. Le citoyen Dupuy, que tout le monde aime et admire, a obtenu que cette épigraphe fût inscrite au milieu des nôtres : « J'étais tranquille, la brave 52ᵉ était là ». Cette solennité eut lieu dans toutes les divisions avec la plus grande pompe. On y célébra la mémoire des braves qui étaient morts au champ d'honneur, et on y lut une proclamation énergique du général en chef en faveur du maintien de la République et de la Constitution de l'an III. Généraux, officiers et soldats, tous partageaient ces opinions et répondirent à cet appel avec enthousiasme.

Milan, 16 août.

J'ai enfin obtenu un congé de cinq décades. Je pars demain avec le général Motte, qui m'offre la moitié de sa voiture.

Campagne de Suisse.
(1798.)

Grenoble, 20 février 1798.

Le général Bon, dont je suis toujours chef d'état-major sans commission et sans autorisation régulière, vient d'être mis à la disposition du général Bonaparte, pour être employé à l'armée d'Angleterre. Les divisions d'Italie repassent les Alpes. Je me fais une joie de rejoindre la 32e et mes camarades. Jullien m'écrit qu'ils sont partis de Plaisance le 31 décembre, passant par Pavie, Abbiate Grasso, Verceil, Chivasso, Suse, le Mont-Cenis, la Maurienne, Montmeillan, Chambéry, Aix, Annecy, Carouge et Versoix, près Genève, où ils ont dû arriver le 25 janvier. Notre division commandée, en l'absence de Masséna, par le général Meynard, est appelée à intervenir en Suisse dans la querelle entre les Vaudois et le canton de Berne. Roux est à Lyon, avec la mission de commander des bonnets à poil pour les grenadiers.

Payerne, 1er mars 1798.

Le quartier général du général Brune est à Lausanne et la 32e près de Fribourg, à Payerne. On m'a donné le commandement d'un bataillon de grenadiers. Les Vaudois sont dans l'enthousiasme et on danse tous les soirs.

Berne, 9 mars 1798.

La prise de Berne n'est plus une nouvelle pour vous. Elle nous a coûté deux ou trois combats et quelques hommes.

Rien ne nous retient plus que la perception des contributions imposées aux Suisses et l'établissement de la nouvelle Constitution helvétique. La 52° a un bataillon dans Berne et deux autres dans un village aux environs. Elle n'a pas brûlé une amorce dans cette campagne.

Expédition d'Égypte.
(19 Mai 1798. — 29 Août 1801.)

Toulon, 9 mai 1798.

Bonaparte est arrivé aujourd'hui. Il a passé la revue de la brigade Rampon, composée de la 18° et de la 52°. Après avoir parcouru les rangs, il a fait rassembler en cercle les officiers et sous-officiers au centre du bataillon carré, et leur a dit :

« Soldats! quand je vins, il y a deux ans, vous trouver dans la rivière de Gènes, vous étiez dépourvus de tout, vous n'aviez ni souliers, ni vêtements, ni vivres. Les officiers vendaient leurs montres pour subsister. Je vous promis de vous conduire dans un pays où vous trouveriez en abondance tout ce qui vous manquait. Ai-je tenu parole? (Oui, oui! s'est-on écrié de toutes parts.) Eh bien! a-t-il repris, aujourd'hui, nous partons pour une expédition nouvelle, et je promets à chacun de vous au moins six arpents de terre. Jusqu'à présent vous avez combattu avec des cavaliers et des canonniers; vous allez vous trouver avec une nouvelle classe d'hommes, ce sont les matelots. Si notre marine n'a pas encore égalé la gloire des armées de terre, c'est à vous de lui inspirer ce feu, cette énergie qui furent jusqu'à ce jour le gage de vos succès. Les Romains que nous avons quelquefois imités, mais pas encore égalés, étaient tous soldats et matelots[1]. »

Ce discours, et surtout la présence de Bonaparte, a électrisé toutes les âmes ; on a joué *Ça ira*, et l'on s'est embarqué en chantant. Le *Caporal* est avec nous, et chacun augure favorablement des affaires publiques.

Nous comptons 1657 hommes à l'effectif. Le 1ᵉʳ bataillon est sur le *Mercure* de 74 canons, le 2ᵉ sur le *Timoléon* de 74, le 3ᵉ sur le *Généreux* de 74, et moi, avec 8 officiers et 286 grenadiers, sur le *Guillaume-Tell*, vaisseau neuf de 80 canons. Rampon, Dupuy et l'état-major de la demi-brigade sont à bord du *Mercure*. Bon, notre général de division, a pris passage sur le *Timoléon*.

A bord du *Guillaume-Tell*, 21 mai 1798.

La flotte mit à la voile le 19. Le but de notre expédition est encore couvert du voile du mystère ; mais l'amour du changement et des entreprises extraordinaires inspire à tous une gaieté bruyante.

Entassés sur des vaisseaux, abandonnés aux caprices des vents, à la fureur des flots, aux hasards d'un combat inégal contre l'Anglais, nous devrions avoir le regret de nous éloigner de France, cette terre heureuse où chacun croit voir couler les larmes d'une mère, d'une amante ou d'un ami. Foin des soucis ! au diable la tristesse ! Nous sommes tout à l'amour de la gloire, à la haine contre l'Angleterre, à l'enchantement de courir des aventures romantiques. Tous nos généraux sont illustres : Bonaparte, Desaix, Kléber, Reynier, Baraguey d'Hilliers. Ce sont les troupes qui ont le plus de gloire qui composent cette expédition. On croit que le Directoire, renonçant à une descente en Angleterre, a conçu le projet de porter une armée dans l'Inde par l'Asie ou la mer Rouge.

J'y vais réfléchir sur le gaillard d'avant en fumant ma pipe, soigneusement recouverte d'un capuchon, car il est interdit de fumer dans l'entrepont et les cigares sont prohibés partout.

A bord du *Guillaume-Tell*, 10 juin 1798.

« Morbleu ! nous sommes heureux qu'il y ait eu quelqu'un dans Malte pour nous en ouvrir les portes ! » s'est écrié un de mes grena-

---

[1]. Il y a un rapprochement assez curieux à faire entre les termes de cette allocution improvisée devant les troupes, et ceux de la proclamation imprimée qui leur fut distribuée par ordre de Bonaparte.

diers en entrant dans la Cité-Valette, après la capitulation. Une partie seulement de la division Bon, la 4ᵉ légère et les compagnies de grenadiers de la 18ᵉ et de la 52ᵉ ont concouru à la prise de l'île.

L'Ordre est anéanti et le Grand Maître renvoyé en Allemagne avec de belles promesses. Il ne fallait pas perdre de temps, ni s'occuper trop à contempler et raisonner l'avantage que nous tirions de l'occupation de Malte : une escadre anglaise, forte de treize grosses voiles, commandée par Nelson, mouillait dans les eaux de Naples et épiait nos mouvements. Bonaparte donne à peine à son escadre le temps de faire de l'eau, et, le 20 juin, nous reprenons la mer.

Nous forçons de voiles pour atteindre le but de notre expédition. Le 26 juin, nous signalons l'île de Candie; enfin, le 1ᵉʳ juillet, notre escadre légère signale Alexandrie.

La flotte anglaise faillit nous atteindre au moment du débarquement. Bonaparte, dit-on, s'écria : « Fortune, m'abandonneras-tu ? Encore quatre jours, je ne te demande que quatre jours! »

El-Fiély, 6 septembre 1798. — (Lettre à son ami Jules, à Rosette.)

Si tu n'as pas une bonne carte d'Égypte tu découvriras difficilement l'endroit où je suis confiné depuis un mois et demi. C'est d'El-Fiély, capitale d'une province de la Haute-Égypte et le chef-lieu d'un département de la nouvelle République, que je vais t'envoyer le sommaire de mon histoire, depuis notre séparation.

La 52ᵉ débarqua dans la nuit du 1ᵉʳ au 2 juillet. Bonaparte se mit à la tête des premières troupes, et marcha droit sur Alexandrie à travers un désert de trois lieues, qui n'offrait pas même de l'eau pour ressource, dans un climat où la chaleur est insupportable.

Malgré toutes ces difficultés, nous arrivons sous les murs de la place; une garnison d'à peu près cinq cents janissaires les défendait. Le reste de la population de la ville se jette dans les forts, d'autres se portent sur leurs toits. Ainsi disposés, ils attendent notre attaque; elle a lieu sur trois colonnes. La charge bat. Nous formons la colonne de droite, que commande Bon. Nos soldats se précipitent avec fureur sur les remparts qu'ils escaladent, malgré la défense opiniâtre des attaqués. Ces gens-là ne savent pas broncher; ils donnent ou reçoivent la mort sur leurs ennemis. Le chef de brigade Mas, à la suite de la 52ᵉ, est tué. Les Turcs, repoussés de tous côtés, se réfugient chez leur Prophète : ils remplissent les mosquées; hommes, femmes, vieillards, enfants, tous sont massacrés. Au bout de quatre heures, nos soldats mettent fin à leur fureur, la tranquillité renaît en ville....

Il fallait bien commencer par étonner son ennemi.

Après avoir organisé à Alexandrie un pouvoir gouvernant, avoir assuré la communication sur les derrières de notre armée, Bonaparte nous fait prendre pour cinq jours de vivres, et se prépare à traverser un désert de vingt lieues pour arriver à l'embouchure du Nil, et remonter ce fleuve si célèbre jusqu'au grand Caire.

Le spectacle de ce départ a eu quelque chose de pittoresque. On y voyait des généraux montés sur des chevaux français richement équipés, et, à côté d'eux, des chameaux hideux portant d'énormes charges, des ânes, des mulets chargés d'eau, des chevreaux, des moutons conduits par des soldats pour être tués et mangés dans le désert; beaucoup d'officiers montés sur des ânes; et le soldat, éloigné de son pays, brûlé par une chaleur insupportable, et aussi patient, aussi gai qu'il l'eût été dans les plaines de la Flandre.

Et pourtant, il porte cinq jours de vivres, son sac; il est habillé de laine.

Quelques-uns, au bout d'une heure de marche, accablés par le chaud et la pesanteur des effets, se déchargent, jettent leurs vivres, ne songeant qu'au présent, sans penser au lendemain. Arrive la soif, et ils ne trouvent pas d'eau; la faim, pas de pain. J'ai vu des soldats mourir de soif, d'inanition, de chaleur; d'autres, voyant les souffrances de leurs camarades, se brûler la cervelle; d'autres se jeter, avec armes et bagages, dans le Nil.

Chaque jour de nos marches nous offrait un pareil spectacle; et, chose inouïe, et que personne ne croira facilement, c'est que l'armée entière, pendant une marche de dix-sept jours, n'a pas eu de pain. Le soldat se nourrissait de citrouilles, de melons, de poules, et de quelques légumes qu'il trouvait dans le pays. Telle a été la nourriture de tous, depuis le général jusqu'au dernier soldat. Souvent même le général a jeûné pendant dix-huit et vingt-quatre heures, parce que le soldat, arrivant le premier dans les villages, faisait main basse sur tout ce qu'il trouvait.

Il est inutile de te parler de notre boisson. Nous vivons sous la loi de Mahomet : elle défend le vin; mais, par contre, elle nous fournit abondamment l'eau du Nil.

J'ai vu à Rahmanié, où il y avait peu d'eau, tout le régiment, en un instant, dans le fleuve : les soldats buvaient comme les animaux.

A Damanhour, le cuisinier de Bonaparte vint à l'état-major de Desaix demander un interprète pour aller avec lui chercher une broche à la municipalité. Savary, en nous contant le fait, riait à se tenir les côtes.

Un jour, un aigle a attaqué un mouton de la caravane; un volontaire l'attaqua à son tour. Il s'est vu bientôt environné par beaucoup d'autres aigles. Des soldats ont accouru, et il s'est engagé un combat réel entre eux et les oiseaux; ceux-ci n'ont lâché prise qu'après des décharges de mousqueterie.

Bonaparte général en chef de l'armée d'Égypte (Campagne de Syrie.)
(D'après une lithographie de Raffet.)

Les nuits, très humides, sont extraordinairement cruelles. Trempés de sueur et dévorés par les moucherons, nous dormons très peu : le sang s'embrase; nous sommes couverts de pustules et de boutons, particulièrement sur les bras, ce qui cause une démangeaison violente.

Huit jours durant j'ai couché sur le sable, enveloppé dans mon manteau.

Les colonnes bivouaquent comme elles marchent et combattent, en carré de division ouvert d'un côté (celui du Nil).

Nous rencontrons quelques partis d'Arabes Bédouins, voleurs par profession et par institution, qui fuient successivement à notre approche. Leur troupe est toujours en désordre : chaque homme à pied porte un long bâton ferré aux deux bouts, chaque homme à cheval est armé d'une carabine à longue portée qu'il tire en caracolant, tous poussant des cris effroyables. Ils manient leurs chevaux, leurs carabines et leurs sabres avec une grande habileté. Cette agilité est telle que le même soldat qui était atteint d'un coup de carabine, recevait sur-le-champ un coup de sabre de la même main. Ils nous tuaient des hommes et des officiers à vingt-cinq pas de la colonne. L'aide de camp du général Dugua a été assassiné de cette manière, en allant porter un ordre à un peloton de grenadiers, à une portée de fusil du camp. Nous avons l'ennemi partout, devant, derrière et par les côtés. « Exactement la Vendée, moins le climat, » me dit un vieux sergent. Les Bédouins ne font pas de prisonniers ; ceux qui échappent à la mort sont réservés pour leur passion brutale.

Enfin, le 12 juillet, le général Bonaparte apprend que les beys ont marché sur lui avec leurs forces réunies et qu'il doit être attaqué le lendemain. Il organise sa marche en conséquence, et prend des précautions. L'adjudant-général Boyer part à la découverte sur le Nil, avec trois chaloupes canonnières.

Nous allions donc voir face à face ces célèbres mameluks, cette cavalerie d'élite, dont la bravoure est si reconnue en Égypte.

C'est le 13 juillet que je les ai vus pour la première fois. Dès la pointe du jour ils ont fait voir toutes leurs forces, qui rôdèrent autour de notre armée comme des troupeaux, marchant tantôt au galop, tantôt au pas, par tas de dix, de cinquante, de cent.... Ils lancent leurs chevaux avec la rapidité la plus étonnante, et les arrêtent court en un clin d'œil. Ils les font pirouetter à volonté, en décrivant le cercle le plus étroit. Ils sont suivis à toute course par un ou deux esclaves qui chargent leurs armes à feu. Ils ont aussi leurs chevaux de rechange que ces esclaves conduisent. Ils sont emboîtés dans des selles qui leur couvrent le corps, devant et derrière, jusqu'au-dessus des reins. Enfin, d'une manière aussi ridicule que curieuse, vingt fois ils ont tenté la charge.

Notre ligne était appuyée à deux villages dans lesquels Bonaparte jeta un grand nombre de tirailleurs. Les cinq divisions, en ordre de bataille par échelons, se flanquaient entre elles. Chaque division, en carré hérissé de baïonnettes, avait ses bagages au centre, l'artillerie aux angles et dans les intervalles.

Les cavaliers de Mourad-Bey, superbes, tout luisants d'or, caracolant sur d'admirables chevaux, trouvant partout un point qui leur offrait une résistance à laquelle ils ne s'attendaient pas, passèrent leur journée à nous tenir exposés à l'ardeur d'un soleil brûlant. Si nous eussions été plus entreprenants ce jour-là, peut-être leur sort eût été décidé; mais le général Bonaparte temporisa pour connaître son ennemi et se mettre au fait de son genre de guerre. La journée se décida par la retraite des mameluks, qui perdirent à peine vingt-cinq des leurs.

Nous remontâmes le Nil jusqu'au 21 juillet, qui fut pour nous une journée décisive.

Dans la nuit du 20 au 21, nous partîmes à deux heures du matin, et, lorsque le jour parut, nous arrivâmes en présence de l'armée ennemie, à une demi-lieue du village d'Embabeh.

L'armée est formée en cinq carrés et en demi-cercle. Chacun des carrés est établi sur six hommes de profondeur, ayant l'artillerie aux angles : les deux premiers rangs croisent la baïonnette. Il existe entre les carrés l'intervalle d'un bataillon.

Bonaparte parcourt au galop le front de chacun des carrés. Il enflamme le courage des soldats par une très courte harangue : « Soldats, leur dit-il, en se tournant vers les Pyramides, songez que du haut de ces monuments, quarante siècles ont les yeux fixés sur vous! »

Il nous semblait être au pied de ces masses énormes sur lesquelles les soldats avaient les yeux continuellement fixés. La ligne du rocher, aujourd'hui couvert de monticules de sable, sur lequel elles sont assises, s'élève à 30 et 40 pieds[1] au-dessus du niveau de la plaine. On donne à la plus grande des trois, qui se trouve en vue du Caire et à environ 2 lieues au sud-ouest de Giseh, 800 pieds[2] sur chaque face. La hauteur est de 600 pieds[3], découverts des côtés ouest et nord; les amoncellements de sable et les dégradations, qui datent de plus de vingt siècles, en ont recouvert les faces, jusqu'à une élévation de près de 150 pieds[4]. Ces Pyramides se voient de 15 à 20 lieues. Elles semblent s'éloigner à mesure qu'on s'approche. On est encore à une lieue que déjà on croit être au pied, et le cœur et l'esprit sont saisis d'étonnement, d'humiliation, d'admiration et de respect.

1. 9 m. 75 ou 13 mètres.
2. 259 m. 87.
3. 195 mètres environ.
4. 49 mètres.

Tout à coup nous entendons des hurlements épouvantables; 4 000 hommes à cheval sortaient de leurs retranchements. Leur charge fut un acte de fureur, de rage et de désespoir. Ils attaquèrent Desaix et Reynier les premiers. Les soldats de ces divisions les attendirent avec assurance, à demi-

Mameluk au combat.
(D'après un dessin de Carle Vernet, gravé par Jazet.)

portée de fusil, et les accueillirent par un feu de file terrible. La charge eut tant d'impétuosité que la première colonne des mameluks faillit renverser le front de la division Reynier. Mais l'artillerie vomit la mitraille; plusieurs mameluks brûlaient dans leurs vêtements incendiés par les bourres.

Les rangs rompus tourbillonnent, fuient et reviennent à la charge.

Valeur désordonnée, efforts inutiles que brise le courage discipliné de nos soldats. Rebutés, ils se rabattent sur notre aile gauche.

Mais le succès de notre droite encourage Bonaparte. Les mameluks avaient fortifié à la hâte le village d'Embabeh, qui est sur la rive gauche du Nil, et y avaient placé trente canons avec leurs valets et quelques janissaires pour en défendre les approches. Le général ordonne la charge sur ces retranchements. Il est cinq heures du soir.

La 52ᵉ formait le front du carré de la division Bon. Notre général ordonne aux 1ʳᵉ et 3ᵉ divisions de chaque bataillon de se ranger en colonnes d'attaque; les 2ᵉ et 4ᵉ divisions conservent leur même position,

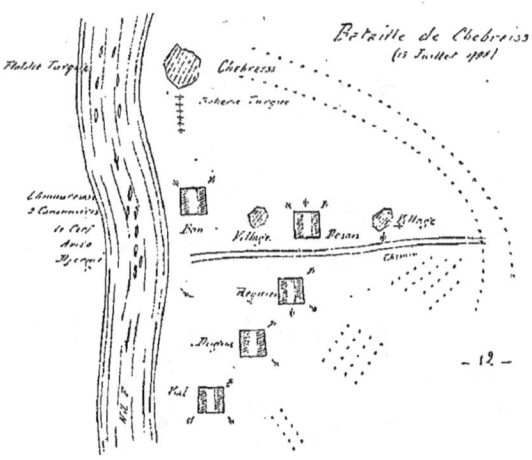

Plan de la bataille de Chebreiss (13 juillet 1798).

forment toujours le carré qui n'offre plus que trois hommes de hauteur, et s'avancent pour soutenir les colonnes d'attaque.

Celles-ci, malgré une canonnade terrible, s'élancent au pas de charge, précédées de leurs flanqueurs. C'est Rampon qui les commande. Tout à coup les mameluks sortent des ouvrages; ils sont renforcés par ceux qui fuient du champ de bataille. Ils investissent nos pelotons et tentent de nous sabrer. Nos colonnes font halte, font front de tous côtés et les reçoivent, baïonnettes au bout du fusil, par une grêle de balles. L'élan est rompu; les retranchements sont enlevés. Nos soldats ne font pas un prisonnier; ils tuent! Beaucoup de janissaires, voulant s'échapper, se précipitent dans le Nil et y périssent tous.

Ainsi finit cette journée, au désavantage d'un ennemi qui croyait nous hacher, et prétendait qu'il est plus facile de couper les têtes de mille Français que de couper une citrouille et un melon.

Nous restions maîtres de leur camp et de plus de quatre cents chameaux chargés de bagages.

Les dépouilles des mameluks sont très riches. Outre un sabre, un poignard, quatre pistolets garnis en argent, ils ont une bourse bien garnie. Nos soldats ont trouvé jusqu'à 200 louis sur plusieurs. Leurs armes, et surtout leurs sabres de Damas, sont très recherchés et se vendent fort cher. J'ai compris comment tout cavalier qui tombe de cheval est perdu, tant leur habillement est pesant. Ils portent un pantalon de drap cramoisi très épais, extrêmement large et montant jusqu'aux épaules; deux robes de soie ou de drap, dont les manches très larges dépassent le bout des doigts, enveloppent, pour ainsi dire, leur corps entier. Ajoutez à cela une cotte de mailles, des bracelets d'airain et leur armement. Parmi les morts, j'ai remarqué des figures superbes; l'audace était encore peinte dans leurs traits altérés par les douleurs ou la mort.

L'armée poussa le soir même jusqu'à Gisch, demeure de Mourad-Bey, le premier des mameluks.

A la suite de cette victoire, Dupuy, qui avait déjà été nommé général de brigade en Italie, et qui avait refusé ce grade pour ne pas se séparer de nous, dut accepter sa nomination et le commandement de la place du Caire.

Voici les instructions qu'il reçut de Bonaparte : « Vous prendrez les compagnies de grenadiers de la 32ᵉ; vous franchirez le Nil ce soir, et vous profiterez des ténèbres de la nuit pour entrer au Caire. Vous pénétrerez jusqu'au quartier dit des Francs, et vous vous y retrancherez. Darmagnac, le nouveau chef de la 52ᵉ, vous accompagnera. »

Infortuné Claude! J'avais quitté mes grenadiers ce même soir pour prendre le commandement du 5ᵉ bataillon. Avoir manqué semblable expédition! T'imagines-tu 500 soldats qui vont occuper une ville de 500 000 âmes, séparée de l'armée par un fleuve sans ponts!

Vois-tu cette poignée d'hommes parcourant en bon ordre et sans crainte les rues étroites et silencieuses? Pour éviter que les hommes de la queue de la colonne ne s'égarent, un tambour bat la marche.

Cependant l'obscurité ne permet pas aux négociants français qui guident la colonne de la mener par le chemin le plus direct au quartier où elle devait s'arrêter et passer le reste de la nuit.

Il est une heure du matin. Les soldats sont fatigués par une marche difficile sur le sol inégal, rocailleux et sablonneux des rues du Caire. La chaleur et un besoin impérieux de sommeil commandent un repos nécessaire. Le général Dupuy fait enfoncer la porte d'une grande maison, et les grenadiers y entrent pour se reposer et attendre le jour.

Tel fut le premier acte de la prise de possession du Caire.

Cette ville est abominable; les rues y respirent la peste par leurs immondices : le peuple est affreux et abruti. On marche dans le tourbillon d'une poussière suffocante qui s'élève de dessous les pieds. De distance en distance, on rencontre des cadavres infects, placés exprès par les différentes mosquées pour servir de pâture aux innombrables chiens de la paroisse qui, sans cela, risqueraient de mourir enragés. Les Européens ne sauraient les approcher de cent pas sans se boucher le nez; mais les Turcs, qui souvent ne sentent pas trop bon eux-mêmes, n'y font pas attention.

Ni voitures, ni carrosses. Des chevaux richement harnachés pour les mameluks; leurs valets, qui les précèdent armés de longs bâtons, frappent impitoyablement quiconque ne se prosterne pas devant leur maître. Des mules et des ânes sont les montures des prêtres et des dames.

Honneur et prospérité aux ânes du Caire! Grands, forts, vifs et adroits, ils nous ont rendu les plus grands services. C'est sur un âne que nos soldats allaient en ordonnance, sur un âne que les Monge, les Berthollet et l'officier courent la ville, et le savant les environs, partout où les appellent leur service et la curiosité. Ils vont toujours au galop, quoiqu'ils aient à porter un homme souvent lourd, et à traîner celui qui les loue et qui se tient à leur queue pour les suivre.

Les chameaux portent tous les fardeaux, outres pleines d'eau et bagages; ils encombrent les rues et répandent une odeur de soufre et de graisse dont ils doivent toujours être frottés.

Les seules maisons des mameluks offrent dans l'intérieur de l'aisance et même de la magnificence.

Dupuy a son quartier général dans le plus beau sérail du Caire, celui de la sultane favorite d'Ibrahim-Bey, soudan d'Égypte. Il nous disait en riant : « Me croirez-vous? Je respecte, au milieu de ces nymphes, la promesse que j'ai faite à ma bonne amie d'Europe, et j'espère que cela tiendra. »

La 52e, ainsi que les officiers, est logée à la citadelle du Caire. Je n'y suis pas resté longtemps, c'est ce qui t'expliquera que je n'aie pu encore parvenir à me reconnaître dans cette immense cité, plus grande que Paris, mais bien différente.

Le 1er août, le général Rampon a reçu l'ordre d'aller occuper et organiser la petite province d'El-Fiély, située au sud et à deux ou trois journées de marche du Caire, sur la rive droite du Nil. Il emmena mon bataillon, quarante hussards à pied du 7ᵉ régiment et quatre dragons montés. Deux avisos armés d'artillerie avaient ordre de remonter le Nil et d'appuyer les opérations de notre colonne.

Nous avons pu réquisitionner en route dix-sept chevaux.

Le 5, nous arrivions dans notre capitale. Pas une maison logeable : celle que j'habite avec le général Rampon tremble si fort que je crains,

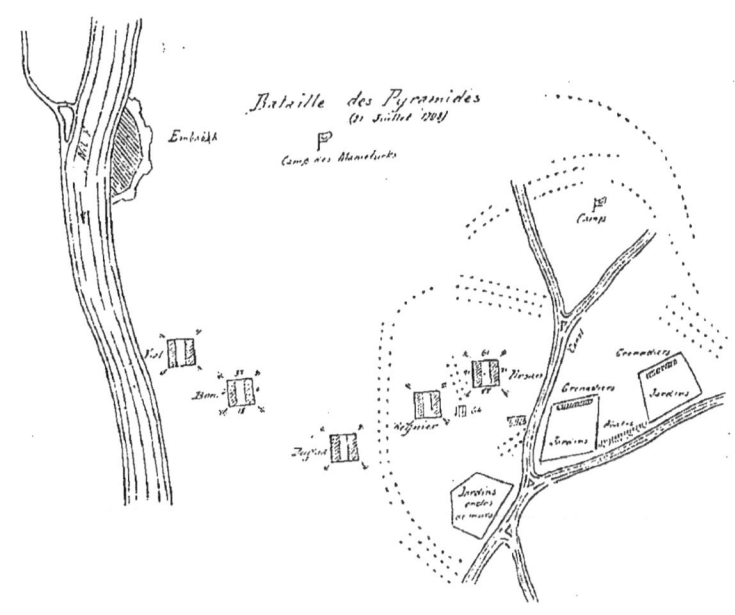

Plan de la bataille des Pyramides (21 juillet 1798).

à chaque instant, de voir le plancher s'écrouler sous mes pas. C'est là que le général a organisé un divan ou administration départementale, d'après les instructions de Bonaparte.

Admire la reconnaissance des Égyptiens pour les bienfaits de notre civilisation : trois jours après notre arrivée, ils se révoltent!

Les cheiks convoqués pour la constitution du divan ont organisé le coup. Ils nous donnent assurance de soumission et de fidélité, et sont exacts à tout fournir pour la troupe.

La veille de la révolte, ils nous avertirent que le lendemain ils avaient une fête générale, et qu'ils feraient des processions dans la campagne. En conséquence, le 9 août au matin, nos gardes virent, sans s'inquiéter d'abord, s'avancer dans la campagne quelques bandes d'habitants à pied et à cheval.

Quand on vit qu'elles étaient en armes, Rampon fit prendre les armes et on marcha à leur rencontre. Il était sept heures du matin. D'autres bandes s'étaient avancées sur les derrières du bourg où était le logement du général, gardé par la compagnie de grenadiers. Le combat s'engagea entre elles et les grenadiers. Le factionnaire est tué à la porte même de la chambre du général; tout le bourg en armes se joint aux insurgés. Nos bagages, qu'on chargeait précipitamment, sont pillés.

Nous étions 400 hommes, mais bien armés, tandis que les paysans, au nombre de 5 000 à 6 000, n'avaient la plupart que des bâtons, des lances et quelques fusils ou carabines.

Les grenadiers se rallient au commandement de Rampon, qui se retire sur la rive droite du Nil, où les deux avisos qui nous reliaient avec le Caire étaient mouillés.

Devant les habiles dispositions que nous avions prises, l'ennemi n'ose attaquer. Il nous cerne et tire de loin. Nous manquions presque de cartouches et ne leur répondîmes que faiblement. A dix heures, la colonne ne trouvant pas de vivres dans sa position, marcha en descendant le Nil pour s'en procurer. Les ennemis, qui nous suivaient dans notre marche, s'étaient jetés dans Salhadé. Nous les en chassâmes et mîmes le feu à ce village qui, le premier, avait marché sur El-Fiély. Cet exemple de sévérité fit effet, et, quelques instants après, ces bandes d'insurgés se dispersèrent. Nous bivouaquâmes à une heure et demie d'El-Fiély, et nous continuâmes ainsi notre retraite jusqu'à 6 lieues du Caire.

Quelques jours après, nous reçûmes un bataillon de renfort, avec les munitions qui nous manquaient, et l'ordre de reprendre notre première position. Nous y sommes revenus sans obstacle. Tout est rentré dans l'ordre; le divan est installé; l'arbre de la Liberté planté. Mais je n'ai retrouvé ni mon cheval, ni mes effets. Je suis à pied, et n'ai d'autres habits que ceux que j'ai fait faire depuis un mois.

Malgré cet accident, je me porte comme une pyramide. Seule la poussière commence d'affecter mes yeux. En revanche, que de privations morales!

En Italie, du moins, et même en Allemagne, nous causions avec nos hôtes; si l'on ignorait la langue, on s'entendait par signes. Mais ici, que trouve-t-on? Un peuple abruti, fanatique, ignorant, qui fuit à notre approche comme les loups des Alpes, ou qui répond à toutes nos demandes par ces horribles mots : « *Ma fich*, je n'en ai pas. » Je crois que ce mot est le fond de la langue arabe, comme, suivant Figaro, *goddam* est le fond de la langue anglaise. Voilà pourtant ce peuple célèbre jadis par ses découvertes dans les arts et les sciences les plus sublimes; tel est l'effet de son gouvernement et de sa religion nouvelle.

Mais ne va pas croire que je condamne le plan de notre expédition. L'Égypte, malgré sa misère et sa pauvreté actuelles, peut et doit devenir une admirable colonie pour la France. Outre les richesses de son sol, elle occupe une position géographique merveilleuse; ayant également des ports sur la mer Rouge et la Méditerranée, elle doit devenir l'entrepôt général des marchandises de l'Inde. Quelle source de richesses pour la France! Quelle atteinte funeste au commerce de l'Angleterre! Mais il faudra du temps et des hommes. Je me suis aperçu que ce n'est pas avec des soldats que l'on fonde des colonies, les nôtres surtout. Ils sont terribles dans les combats, terribles après la victoire, sans contredit les plus intrépides soldats du monde, mais peu faits pour les expéditions lointaines[1]. L'Angleterre est la seule puissance qui ait le génie de la colonisation. Que dis-tu de cette réponse d'un consul anglais à la réclamation d'un bey : « S'il passait ici, devant vous, un chien avec le passe-port anglais pendu à son oreille, vous devriez le respecter. » Et on le respecte. On nous craint aussi et on nous respecte; mais cela ne dure pas. Nous manquons de persévérance et d'esprit de suite.

Adieu, le courrier qui part m'oblige de briser là, sans quoi j'aurais encore babillé une heure ou deux. Je t'embrasse ainsi que ton espiègle de frère, et je suis votre ami,

Claude.

P.-S. Puissions-nous, dans un an, réunis au sein de notre patrie, lire dans les journaux les progrès de la civilisation de l'Égypte, en buvant du vin de Curson autour d'une table immense, où nous verrons rassemblées toutes les personnes qui nous sont chères!

---

1. Ces appréciations sont curieuses et prophétiques; elles méritaient une place ici, bien qu'elles fussent un peu en dehors de notre sujet. Nous avons voulu montrer notre héros tel qu'il était : un esprit fin et distingué.

Malheureusement pour la patrie, le commandant Claude Nugues ne devait pas revoir la France. Il repose en cette terre d'Égypte qu'il rêvait française et qui est anglaise aujourd'hui. Il fut tué à la bataille d'Aboukir; il avait vingt-neuf ans. Bonaparte, qui se connaissait en hommes, écrivit à son père une lettre de condoléances.

Nous lui devions dans ce livre une place d'honneur, car il fut grand par le caractère, la pensée et ses qualités précoces de commandement[1].

. . . .

Révolte du Caire (21 octobre 1798). — Le 3ᵉ bataillon de la 32ᵉ rentra au Caire dans les premiers jours d'octobre, et rejoignit dans la citadelle le reste de la demi-brigade.

Il arrivait pour prendre part à la sanglante répression de la révolte du Caire et venger un chef aimé, le général Dupuy.

Depuis deux mois, l'armée française occupait la capitale de l'Égypte, et sa population avait paru indifférente et étrangère à toutes les trames ourdies par les agents secrets des beys, des Turcs et des Anglais. Quelques fanatiques ministres des mosquées, prenant prétexte d'une mesure administrative qu'ils présentèrent comme vexatoire, réussirent à égarer toutes les têtes. Ils comptaient sur la faiblesse numérique de la garnison et l'éloignement des différents postes.

Le 21 octobre, à la pointe du jour, des rassemblements se forment dans les divers quartiers du Caire. Le général Dupuy, moins alarmé qu'il n'aurait dû l'être, se contente d'ordonner quelques patrouilles. Il apprend bientôt le massacre des deux ingénieurs Thévenot et Duval. Alors il donne l'ordre à la 32ᵉ de prendre les armes. Mais, emporté par son bouillant courage, il ne veut pas attendre l'arrivée de l'infanterie dont le feu eût été nécessaire pour ébranler, au préalable, la masse qu'il veut charger. Suivi de son aide de camp, le capitaine Maury, du négociant Baudeuf, son interprète, et d'un piquet de dragons, il s'élance. Le premier choc fait reculer les assaillants, mais, dans ces rues étroites, le groupe en retraite ne peut s'écouler. Dupuy est bientôt entouré et couvert de blessures. Un coup de lance l'atteint au-dessous de l'aisselle gauche et lui coupe l'artère. Le capitaine Maury cherche à parer les coups portés à son général; il est renversé de cheval. Dupuy, quoique blessé à mort, voit le danger de son

---

1. Le récit de Claude a été complété avec les documents de la correspondance intime de l'armée d'Égypte, interceptée par la croisière anglaise, et les notes prises aux archives du Dépôt de la guerre.

aide de camp et se baisse pour lui tendre la main et l'aider à se remettre en selle; ce mouvement fait sortir à gros bouillons le sang de la plaie, et le général tombe évanoui. Les dragons le dégagent, mais ce héros expire entre leurs bras.

La nouvelle de cette mort se répand en un instant dans toute la ville. Le canon d'alarme se fait entendre; le général Bon prend le commandement des troupes qui se rassemblent de toutes parts, et la répression commence, terrible, impitoyable. Elle dura deux jours. Des batteries d'obusiers enfilaient les rues principales. Dans la grande rue, dite du Petit-Thouars[1], nos grenadiers enfoncent à coups de hache les portes d'une mosquée, chassent dans la rue les rebelles qu'elle renferme, et, à coups de fusil et de baïonnette, les maintiennent sous le feu des canons qui balayent la rue.

Plus de 15 000 insurgés s'étaient réfugiés dans la grande mosquée et refusaient de se rendre. Bonaparte les fait bombarder du haut de la citadelle et cerner par des colonnes d'infanterie qui bouchent toutes les rues. Aux envoyés qui apportent la soumission, Bonaparte répond : « L'heure de la vengeance est sonnée; vous avez commencé, c'est à moi de finir. » Et le massacre continue jusqu'à huit heures du soir. La leçon fut dure, mais profitable. 4 000 cadavres jonchaient les rues de la ville.

Le 4 janvier 1800 parut le décret suivant : « Les Consuls de la République, considérant que le chef de brigade Dupuy, mort les armes à la main, au Caire, a commandé pendant cinq campagnes la 32ᵉ demi-brigade qui, dans chaque bataille où elle a donné, a décidé la victoire par sa bravoure, arrêtent ce qui suit : le Ministre de l'Intérieur fera élever une des colonnes de granit, qui ont été apportées de la Grèce, au milieu de la grande place de la commune de Toulouse, lieu de la naissance du chef de brigade Dupuy. La colonne portera cette inscription : « *A Dupuy et aux braves de la 32ᵉ demi-brigade morts au champ d'honneur.* »

Occupation de Suez. — Il restait à reconnaître et à occuper un poste essentiel encore inconnu de l'armée. C'était le port de Suez, à la pointe de la mer Rouge. Un désert d'environ trente lieues le séparait du Caire. Une colonne dont fait partie la 32ᵉ est mise en route le 1ᵉʳ décembre. Le général Bon et Eugène de Beauharnais, aide de camp de Bonaparte, conduisent les troupes et occupent la ville, après quatre jours d'une marche très pénible. Bonaparte vint visiter le poste avec les principaux ingénieurs

---

1. En mémoire du brave capitaine du *Tonnant*, tué à Aboukir.

et géomètres, et fit faire la reconnaissance de l'ancien canal de jonction des deux mers.

Le 10 janvier 1799, le 3ᵉ bataillon retourne à El-Fiély. La demi-brigade revient au Caire.

Le 2 février, deux grenadiers de la 32ᵉ sont fusillés; tous les officiers, sous-officiers et grenadiers de la 5ᵉ compagnie sont cassés, les grenadiers sont incorporés dans d'autres demi-brigades comme fusiliers, et l'objet d'une surveillance spéciale.

Cette compagnie étant de service au quartier général, des grenadiers s'étaient introduits dans la maison du cheik El-Bakry, très dévoué aux Français, avaient violé et égorgé trois de ses femmes.

La 32ᵉ, ajoutait l'ordre d'exécution, avait trop de gloire pour garder des hommes qui la déshonoraient.

Expédition de Syrie.

(Février-Juin 1799.)

A l'envoyé de Kléber, qui lui annonça le désastre d'Aboukir, Bonaparte répondit avec une apparente impassibilité : « Nous n'avons plus de flotte : eh bien! il faut rester en ces contrées, ou en sortir grands comme les anciens. »

La campagne de Syrie justifie ce propos. Jamais campagne plus étonnante fut-elle entreprise?

Enfermée dans sa conquête, l'armée française, réduite à 31 000 hommes, ne se défend pas, elle attaque.

La division Desaix reste dans la Haute-Égypte; tous les 3ᵉˢ bataillons fournissent les garnisons des places et assurent la tranquillité et l'obéissance; le régiment de dromadaires[1] fait la police du désert; l'Institut

[1] Pour former ce régiment, Bonaparte avait choisi, dans tous les corps, des volontaires pris parmi les plus intrépides. Cette gendarmerie mobile du désert devint la terreur des Arabes, qui se croyaient

d'Égypte continue paisiblement ses études, et Bonaparte va porter la guerre en Asie.

Nos soldats pouvaient se croire aguerris. Familiarisés avec les démonstrations fougueuses mais désordonnées de la cavalerie turque et arabe, ils l'attendaient avec calme dans leurs carrés fortifiés. Ils étaient faits à l'idée de se battre tous les jours, de lutter contre la faim, la soif et la privation de sommeil, de marcher pieds nus sur un sable brûlant.

Cependant, d'autres souffrances les attendent et de nouveaux dangers les guettent : 60 lieues de désert à dos, et la flotte anglaise qui tient la mer; des villes bien défendues à emporter d'assaut, et ni poudre, ni boulets, ni plomb; une armée de secours à battre; la guerre souterraine, la nuit, sans pitié ni merci; des tranchées à creuser que la mort comblera, des épaulements élevés avec des cadavres; et la peste, qui frappera d'effroi les cœurs les plus fermes. Telle fut cette expédition de quatre mois, durant laquelle nos soldats vont manœuvrer avec le même ordre et la même précision que dans une revue en France. Partis 13 000, ils reviendront au Caire réduits de moitié.

Opérations de la 32ᵉ jusqu'au siège de Saint-Jean-d'Acre (17 février-18 mars 1799). — Le commandant Duranteau reste à El-Fiély avec le 3ᵉ bataillon. Il déploya dans ce poste des qualités telles qu'il fut fait chef de brigade au retour de l'expédition.

Les deux premiers bataillons faisaient partie de la division Bon et de la brigade Rampon. On peut dire que la gloire de la 32ᵉ est inséparable de celle du général qui l'a commandée si longtemps. Les compagnies avaient été dégagées de tous les hommes auxquels leur âge, leurs blessures ou leur mauvaise santé auraient rendu la campagne trop pénible. Les bataillons comptaient 400 hommes environ et les compagnies 45.

Claude nous a vanté la richesse de l'Égypte; mais, pour arriver aux plaines fertiles, que de déserts il fallait traverser, d'Alexandrie à Rahmanieh, et du Caire à Gaza!

Le 17 février, la division Bon arrive devant El-Arich et assiste à la capitulation du château.

---

en sûreté grâce à la vitesse de leurs chevaux. Quand une bande de pillards était signalée, un détachement était formé; on chargeait les dromadaires de munitions et de vivres pour plusieurs jours; deux cavaliers, placés dos à dos, montaient le même dromadaire, et la chasse commençait, toujours heureuse. Les Bédouins renoncèrent à leurs incursions dans les villes, et implorèrent une trêve qu'ils rompirent rarement par la suite. Nous avons relevé sur les registres de la 32ᵉ quelques passages d'hommes dans ce régiment original.

Le 22, la 32ᵉ est d'avant-garde avec Kléber. Égarée par un guide ignorant ou perfide, elle erre pendant quarante-huit heures dans ces contrées désertes où on ne rencontre plus de puits, si l'on s'écarte de la route ordinaire des caravanes. Kléber fit fusiller le guide.

Le 25, on aperçut les sommets des montagnes boisées de la Syrie, et les hymnes républicains retentirent dans les mêmes vallons où les Croisés européens faisaient entendre jadis les cantiques de la foi chrétienne. Dans la soirée, l'armée entrait à Gaza.

Le 28, la marche reprit sur Jaffa. Elle fut particulièrement pénible. Les chameaux eux-mêmes, habitués à la marche du désert, traversaient avec effort cette masse de poussière. Pendant trois lieues il fallut tripler les attelages de l'artillerie, et souvent les soldats durent pousser à la roue pour dégager les pièces et les caissons.

Le 3 mars, l'armée était sous les murs de Jaffa. Le 7, l'assaut est livré. La 32ᵉ est chargée de la fausse attaque. C'est elle qui décide la victoire, car l'attaque de front menaçait d'échouer devant la furieuse ténacité des défenseurs, ramassis de Maugrabins, d'Albanais, de Kurdes et de nègres qui se battaient bien. Voici comment l'action fut engagée si vivement de ce côté. Quelques soldats de la division Bon, en rôdant le matin autour de la fausse attaque, avaient découvert une espèce de brèche sur le bord de la mer. Ils pénétrèrent audacieusement dans la place, et furent égorgés. Quelques survivants accoururent au camp de la division et demandèrent à grands cris qu'on tirât vengeance du massacre de leurs camarades. Bonaparte venait d'ordonner l'assaut. Le général Bon reconnaît la brèche, et donne l'ordre d'attaquer de ce côté. En un instant les remparts sont escaladés à l'aide d'échelles; la 32ᵉ s'empare du port et tourne les défenseurs.

La garnison cernée refuse de se rendre. Commence alors l'épouvantable massacre de Jaffa. Horrible guerre de rue en rue, de maison en maison. Dans leur fureur vengeresse, les soldats tuent tout : hommes, femmes et enfants. Ils ne s'arrêtent qu'épuisés de fatigue. Les atrocités commises sur nos blessés ne sauraient excuser cette rage aveugle, indigne des vainqueurs.

La guerre exige qu'on tue, mais l'ennemi qui se défend. Ne donnons jamais la mort inutilement. Il est assez de circonstances dans lesquelles il faut appliquer la terrible maxime : *Dura lex belli, sed lex*. Le sauvage épisode suivant en est la preuve.

Trois mille Turcs, prisonniers de Gaza et de Jaffa, avaient été mis à part; la plupart dans la fleur de l'âge, ils étaient presque tous blessés. Dix Guides à pied les gardaient. Qu'en faire? Les incorporer? A la première affaire, ils auraient trahi. Les renvoyer à Chypre? Ils eussent été le noyau du rassemblement que la Porte préparait. Les envoyer en Égypte? leur escorte eût affaibli l'armée, et les approvisionnements manquaient. Il fallait partir pour Saint-Jean-d'Acre et se décider. Le massacre fut résolu. Mais la poudre était

Soldat du régiment de dromadaires. — D'après une aquarelle de Detaille.
(Collection Auguste Cain.)

un article précieux. La 32ᵉ et une partie de la 18ᵉ, aux ordres de l'adjudant général Grézieux, eurent la triste besogne de les tuer à coups de baïonnette. On les enferma dans une presqu'île; ces malheureux poussaient des cris terribles et se jetaient à l'eau pour éviter la mort. Le flux rejeta leurs cadavres sur le rivage. La punition ne se fit pas attendre.

Le lendemain, le cri effrayant : la peste! se répandit dans l'armée.

L'adjudant général Grézieux s'abandonna tellement à ce sentiment d'effroi, qu'il sortit de sa tente pour aller s'enfermer dans une maison, d'où il ne voulut communiquer à l'extérieur que par une espèce de guichet. Précaution inutile! Il mourut le lendemain.

Cette mort guérit la terreur du soldat. Il comprit que la peur aggrave la

Les Pestiférés de Jaffa. — D'après une lithographie de Raffet.
(Bibliothèque Nationale.)

maladie, devint fataliste et retrouva son énergie. Il allait en avoir grand besoin.

Siège de Saint-Jean-d'Acre (19 mars-20 mai 1799). — *Bataille du Mont-Thabor* (16 avril 1799). — De Jaffa, l'armée se dirigea sur Saint-Jean-d'Acre, dont le général en chef avait hâte de s'emparer. Cette place prise, tout accès dans le pays était interdit aux Anglais, et Bonaparte devenait libre de marcher sur les Indes : « C'est en Orient, disait-il, que se font les grandes renommées. » Les Anglais, les ennemis tenaces et heureux de toute sa vie, en décidèrent autrement. Sir Sidney Smith captura les équipages de siège expédiés par mer, ravitailla constamment la garnison en matériel, munitions, vivres et renforts, et lui donna un émigré, Phélippeaux, ancien officier d'artillerie, camarade de Bonaparte à l'École Militaire de Paris.

Cet ingénieur de talent, au lieu d'assister passivement du haut des remparts aux travaux de cheminement de l'assiégeant, marcha au-devant par des travaux de contre-approche, et, plus d'une fois, l'assiégeant se trouva ainsi assiégé à son tour, pris de revers ou d'enfilade dans ses tranchées et dans ses batteries.

Grâce à lui, grâce à la féroce énergie de Djezzar-Pacha, malgré des prodiges d'audace, Bonaparte dut lever le siège, après soixante et un jours de tranchée ouverte.

L'ouverture de la tranchée fut commencée, le 20 mars, à environ 150 toises[1] de la place. Les soldats de tranchée étaient obligés de marcher courbés pour n'être pas vus des assiégés. On comprit, aux difficultés du début, que le siège serait long. Aussi les troupes s'occupèrent de leurs logements avec cette active industrie qui leur est familière. Elles pratiquèrent dans le sol des cavités qui leur servirent de baraques ; elles les tapissèrent et les couvrirent de branchages d'arbres.

Le 28 mars, les batteries de brèche ouvrent le feu, et, à trois heures du soir, l'ouverture parut satisfaisante. Excités par le souvenir glorieux de l'assaut de Jaffa, nos grenadiers veulent monter à l'assaut. Ils sollicitent comme une grâce l'ordre d'attaque. Bonaparte le donne à quatre heures.

La 32ᵉ avait 450 hommes à la tranchée. Son chef, Darmagnac, se couvre de gloire. Le sous-lieutenant Valat, dangereusement blessé d'un coup de feu, se refuse à quitter son poste. Le sergent Taberly, resté seul au milieu de son peloton, dont les soldats étaient tués ou renversés, continue de se battre en héros. Valat, sur la demande du général Bon, fut fait lieutenant, et Taberly sous-lieutenant. Nos pertes furent sérieuses : 15 tués dont le capitaine de grenadiers Guillet, et 49 blessés grièvement. Sir Sidney Smith, avec deux vaisseaux, mouille au sud et à l'ouest de la place. Ses salves d'artillerie fournissent des boulets sans faire beaucoup de mal. Il était curieux de voir, au plus fort du feu, les soldats courir à la recherche des boulets et les porter aux batteries. Chaque boulet de 36 ou 33 était payé 24 sols; ceux de 12, 15 sols, et ceux de 8, 10 sols.

Au cours du siège, Kléber est envoyé, avec 2 500 hommes, pour combattre l'armée de Damas qui tente une diversion, dans l'espoir de délivrer Saint-Jean-d'Acre. Il est enveloppé, au pied du mont Thabor, par plus de

---

[1]. 292 m. 55.

50 000 hommes dont 20 000 cavaliers. Son effectif ne lui permet pas de former des carrés : il forme deux triangles et repousse plusieurs charges. Il va succomber, quand une salve de coups de canon annonce l'arrivée de Bonaparte. L'instinct militaire du grand homme de guerre lui avait fait deviner le danger de son lieutenant. Rampon, à la tête de la 52ᵉ, au pas de charge, prend l'ennemi en flanc et à dos, et opère sa jonction avec Kléber.

Le 7 mai, un renfort considérable, envoyé de Rhodes par mer, entre dans Acre. Un morne silence règne dans le camp. L'ordre d'une attaque générale ranime tous les courages. On vit chacun aiguiser les baïonnettes et affiler les sabres. Une rage folle s'empara de tous, officiers et soldats ; elle ne les quitta qu'après trois journées entières de combat.

Les 18ᵉ et 52ᵉ, dirigées par les généraux Vial et Rampon, comblent de cadavres les boyaux et les places d'armes. Toutes les tranchées sont enlevées jusqu'au pied des remparts. Les fossés sont escaladés et voilà nos braves dans la place. Le combat dure toute la nuit ; c'est un affreux corps à corps. Le capitaine Sudrié sauve un sergent de sa compagnie en parant les coups qui lui étaient portés de tous côtés. Il rallie sa compagnie et bat en retraite ; il a deux blessures ; son chapeau et ses vêtements sont criblés de balles.

C'est le septième assaut depuis trois jours. Plus de 5 000 Turcs jonchent les glacis, les tranchées et les fossés ; l'armée française compte 1 850 tués et 1 400 blessés ; 10 généraux et 2 chefs de demi-brigade sont du nombre. Et on ne peut songer à enterrer les cadavres. La peste redouble d'intensité. Acre, fût-elle prise, n'offrait plus qu'un tombeau.

Bonaparte ordonne la retraite, qui s'opère de nuit, et que protège la division Kléber. Elle fut pénible, avec les Arabes en queue qui massacraient les traînards. Chaque division emporte ses blessés comme elle peut, sur les chevaux d'officiers, sur des brancards ; dans chaque corps, on voit des files de blessés portés sur des fusils : autant de convois funèbres semés sur la route. A Jaffa, on ne peut enlever 60 pestiférés qui vont tomber au pouvoir des Turcs ; un employé du lazaret met fin à leurs souffrances avec de l'opium. L'armée comprit cette horrible nécessité ; elle connaissait les Turcs.

Et la traversée du désert commence avec un convoi de 600 blessés, transportés sur les chameaux, les chevaux, les ânes et les bestiaux. La cavalerie de Murat et le détachement de soldats du régiment de dromadaires font une active police sur les derrières de l'armée. Le 14 juin, les 6 000 hommes, débris glorieux du corps expéditionnaire de Syrie, défilent, dans un ordre imposant, à travers les rues du Caire. Des feuilles de palmier ornent les têtes. Presque tous sont sans chaussures. Il est permis de dire qu'il est « des défaites triomphantes à l'égal des plus belles victoires ».

Fin de la campagne d'Egypte.
(25 Juillet 1799. — Novembre 1801.)

Bataille d'Aboukir (25 juillet 1799). — La 32ᵉ était rentrée dans la citadelle du Caire.

Le général Bon était mort des suites de la blessure qu'il avait reçue à l'assaut du 10 mai ; sa division passa sous les ordres de Rampon, et eut à peine le temps de se reposer.

25 000 hommes dont 7 000 janissaires d'élite, commandés par le grand vizir Mustapha, venaient de débarquer dans la rade d'Aboukir. Au lieu de marcher rapidement à leur ennemi, ils se fortifient dans une langue de terre, comme s'ils n'étaient venus en Égypte que pour se faire assiéger. Bonaparte les tenait enfermés dans une souricière : il prend ses dispositions pour les jeter à la mer. Il part précipitamment du Caire et concentre son armée.

La 32ᵉ fait partie de l'aile gauche, composée des 18ᵉ, 32ᵉ et 69ᵉ demi-brigades, et commandée provisoirement par le général Lanusse.

L'armée turque est formée sur deux lignes, dont la droite et la gauche étaient appuyées à la mer ; une forte réserve, commandée par Mustapha-Pacha, occupait le village d'Aboukir.

Le général Berthier vint demander à Bonaparte : « Quel corps voulez-vous que je désigne comme réserve ? — Une réserve ! Me prenez-vous pour Moreau ? Il faut, aujourd'hui, que chacun de ces braves gens combatte pour vaincre ou mourir. »

La première ligne turque fut abordée par Lannes et Destaing, tandis que Murat la tournait avec sa cavalerie. Ainsi serrés entre la cavalerie et l'infanterie, ils se jetèrent à la mer pour éviter d'être pris. En une heure

8 000 hommes avaient disparu ; 18 pièces de canon et 50 drapeaux étaient aux mains des vainqueurs.

La seconde ligne, appuyée au centre sur une redoute, coûta plus de peine à enlever. Une première attaque fut repoussée. Mais les Turcs sortent de leurs retranchements pour aller couper la tête des blessés aban-

Marche à travers le désert.
(D'après une lithographie de Géricault.)

donnés sur le terrain. Ce spectacle indigne nos soldats, qu'un vigoureux retour offensif ramène dans la redoute. C'est une mêlée sanglante. La seconde ligne éprouve le sort de la première. Reste le village d'Aboukir. A la 32ᵉ revient l'honneur de l'aborder. Elle y perdit encore bien des braves, parmi lesquels le commandant Nugues.

Le capitaine Sudrié et le sergent Vigo-Roussillon[1] entrent les pre-

---

1. François Vigo-Roussillon, soldat au 1ᵉʳ bataillon de l'Hérault le 1ᵉʳ mars 1792, reste au 32ᵉ jusqu'au 11 septembre 1808, date à laquelle il est fait chef de bataillon au 8ᵉ de ligne. Son amour pour le Régiment est tel, qu'il y reste comme capitaine adjudant-major pour attendre une place. A une revue aux Tuileries, Napoléon l'aperçoit et le reconnaît : « Que fais-tu là ? Je t'ai nommé chef de bataillon. — Oui, sire, mais j'attends une place au 32ᵉ. — Tous mes régiments se valent, tu rejoindras demain ton nouveau corps. » Cet acte de désintéressement fait honneur à l'officier qui aimait ainsi son régiment, et au régiment qui méritait semblable attachement.

miers dans la maison où s'était enfermé le Pacha. Ils le font prisonnier, sous les yeux de Murat, qui venait de lui couper deux doigts d'un coup de sabre. La victoire était complète, et de toute l'armée turque il restait à peine 4 000 hommes, qui se réfugièrent dans le fort. « Général, s'écria Kléber après la bataille, vous êtes grand comme le monde ! »

Dans les pourparlers qui suivirent, au sujet des blessés et des prisonniers, Sidney Smith fit parvenir à Bonaparte une liasse de journaux d'Europe. Le général en chef de l'armée d'Égypte apprit ainsi l'abaissement auquel le Directoire avait réduit la France.

Le commodore anglais espérait bien que ces nouvelles détermineraient le départ de Bonaparte, et il comptait le faire prisonnier.

Il se trompa de moitié dans ses calculs. Bonaparte débarqua dans le golfe de Fréjus le 9 octobre 1799.

Il avait laissé le commandement à Kléber, dont il estimait le caractère et les talents, et que les soldats appelaient déjà le général en chef en second, et quelquefois le Mars français.

Le premier soin de celui-ci fut de réorganiser l'armée, réduite à 19 000 hommes environ, après l'expédition de Syrie. Il ramène à quatre le nombre des compagnies de fusiliers de chaque bataillon, et complète à 80 hommes celles de grenadiers. Il donne en même temps à chaque corps deux pièces de canon avec leurs approvisionnements.

Bataille de Lesbeh (2 novembre 1799). — Les Turcs espèrent qu'il leur sera facile de détruire cette poignée d'hommes abandonnés par le chef qui faisait leur force.

8 000 janissaires débarquent au Bogaz de Lesbeh. Le général Verdier, qui commande à Damiette, rassemble 1 000 hommes de la 2ᵉ légère, de la 32ᵉ et du 18ᵉ dragons. Il tue aux janissaires près de 3 000 hommes, fait 800 prisonniers, s'empare de 5 canons et de 32 drapeaux. C'est à la suite de ce combat que le chef de brigade Darmagnac reçut un sabre d'honneur. Le sergent-major Bésiès fut mis à l'ordre de l'armée pour avoir tué, à coups de sabre, deux Turcs qui voulaient enlever le drapeau de son bataillon. Autour du drapeau, en effet, il faut vaincre ou mourir. Si une main défaillante le laisse échapper, un autre bras doit le lever. S'il tombe aux mains de l'ennemi, ce doit être teint du sang de ceux qui sont morts pour le défendre.

Le 25 novembre, une sédition éclata, à Damiette, dans une demi-brigade qui réclamait l'arriéré de sa solde. Les grenadiers de la 32ᵉ, écrit le général Belliard dans ses notes, vinrent alors offrir au général Verdier d'abandonner leur part aux mécontents.

Nouvelle révolte du Caire (20 mars 1800). — Le 20 mars 1800, une révolte éclate au Caire pendant la bataille d'Héliopolis. 6 000 des vaincus de l'armée turque viennent se joindre aux rebelles. L'adjudant général Duranteau, bloqué dans le quartier général, le défend, pendant plus de deux jours, avec 200 hommes de la 32ᵉ et des Guides à pied, contre une multitude fanatisée. Il fait construire la nuit, avec des rondins de palmiers, une batterie qu'il arme de pièces de campagne. Le 21, au matin, les défenseurs sont en mesure de vendre chèrement leur vie. Le 22, à midi, la colonne du général Lagrange, forte de quatre bataillons, paraît; elle entre au quartier général à deux heures. Ces renforts permirent d'attendre l'arrivée de Kléber. Ce ne fut que le 27 mars. Il fallut, pour rentrer en possession de la capitale de l'Égypte, un siège long et meurtrier. La reddition de Boulacq était nécessaire pour amener celle du Caire. Deux compagnies de grenadiers de la 32ᵉ y concourent le 15 avril. Comme toujours avec ce peuple, ce fut une guerre de rues sanglante, à la lueur des incendies. Mais voici un trait qui marquera bien le caractère de notre soldat. Un habitant défendait avec acharnement l'entrée de sa maison; un de nos grenadiers lui enfonce sa baïonnette dans le bas-ventre. A cet instant le rappel se fait entendre : tout est terminé; la fureur du soldat tombe. Il relève sa victime, lui fait boire quelques gouttes d'eau-de-vie, bande sa plaie, et porte lui-même son blessé à l'ambulance. La ville capitula le 22 avril.

En mai, toute l'Égypte était reconquise en une courte campagne. Mais Kléber était assassiné le 14 juin 1800, et ce meurtre était plus avantageux aux Turcs et à leurs alliés qu'une victoire remportée sur l'armée française.

Le plus ancien des généraux de division, Abdallah-Jacques Menou, prit le commandement intérimaire de l'armée[1]. Bonaparte, gagné par ses flatteries, confirma ses pouvoirs. Ce fut la perte de l'Égypte.

Les Anglais et les Turcs, qui se tenaient tranquilles depuis la bataille d'Héliopolis, reprirent bon espoir.

Bataille, blocus et siège d'Alexandrie (21 mars-2 septembre 1801). — Le 18 mars 1801, le fort d'Aboukir, dont la garnison était trop faible et l'ar-

---

1. On se rappelle qu'il s'était fait mahométan.

moment presque nul, était entouré par un corps de débarquement de 12 000 Anglais que commandait Sir Ralph Abercromby. Il dut capituler.

Menou, qui était resté sept jours immobile au Caire, malgré l'avertissement de Friant qui commandait à Alexandrie, arriva au camp sous Alexandrie le 18 au soir, avec les divisions Reynier et Rampon. Les Anglais nous attaquèrent le 21.

La division Rampon formait le centre. Voici son effectif :

Carabiniers de la 2ᵉ légère.	180	
Grenadiers de la 52ᵉ.	150	1 030 hommes.
52ᵉ demi-brigade.	700	

9 710 hommes allaient combattre 17 500 Anglais! La lutte fut acharnée et le résultat incertain. Si l'armée française avait été commandée, c'était une victoire. Mais son chef fit fautes sur fautes. Il fit écraser sa cavalerie dans une charge intempestive : « Mes amis, dit le général Roize à ses cavaliers, on nous envoie à la gloire et à la mort, marchons! » Il fut tué.

Le chef de la 52ᵉ, Darmagnac, fut fait général pour sa brillante conduite. Le commandant Darricau le remplaça.

Cependant Menou s'enferma dans Alexandrie et voulut résister jusqu'au dernier homme. C'était folie et presque crime quand, sur un effectif de 4 000 soldats, glorieux débris de la plus vaillante armée, 1 800 étaient dans les hôpitaux, malades et blessés, quand, en dix jours on en perdait 800.

Le général Rampon pensait qu'il fallait réclamer une capitulation honorable; c'était un devoir. Il chargea Darmagnac d'aller dire à Menou son sentiment : « Quoi! vous aussi, lui dit Menou, vous que j'ai fait général! — Reprenez votre brevet, si vous avez cru par là m'isoler de l'intérêt et de l'honneur de l'armée. »

La convention d'Alexandrie fut signée le 2 septembre[1].

L'armée d'Égypte, réduite à 14 000 hommes, en grande partie blessés, sans avoir éprouvé aucune défaite qui ait affecté son organisation, ni subi aucune capitulation qui ait attaqué son honneur et sa gloire, rentra, enseignes déployées, sur le sol de la République (novembre 1801).

Conclusions de la campagne. — Bonaparte avait raison : quand on lit

---

[1]. Nous avons mis aux *Pièces justificatives* un document qui caractérise admirablement l'esprit anglais et qui résume toute la campagne. (Voir n° 7.)

cette épopée, on a peine à la croire vraie. Quels étaient donc ces hommes qui ont fait de si grandes choses en Italie et en Égypte? Nous avons soigneusement dépouillé les registres matricules de l'époque, et voici sous quel aspect physique la 52e s'est révélée.

Drapeau du 26 Ventôse an II.

Ses chefs, Rampon, Charlot, Dupuy, Darmagnac et Darricau, sont tous très jeunes[1] quand ils en prennent le commandement.

Ils seront ces généraux, lieutenants de Napoléon, auxquels Necker disait, au début de la campagne de 1800 : « Vous êtes bien jeunes, messieurs, pour tant de gloire. »

1. Le plus âgé, Charlot, a trente-neuf ans, et le plus jeune, Dupuy, vingt-sept ans.

Les chefs de bataillon ont trente-deux ans en moyenne. Un seul fait exception, c'est le commandant Duranteau, fait chef de brigade à cinquante-deux ans. La guerre en consomme dix en cinq ans. L'âge moyen des capitaines est de trente-cinq ans. Le plus âgé a quarante-sept ans.

Quant aux lieutenants et sous-lieutenants, ils ont presque tous de trente-trois à trente-cinq ans. Le lieutenant Villebrun est tué à la bataille des Pyramides; il a cinquante ans.

Sur 30 sous-officiers tués en Égypte, 9 ont au-dessus de quarante ans : le plus âgé a quarante-cinq ans. Un sergent, nommé Bouvaret, dit la Fierté[1], passe aux vétérans en Égypte; il a cinquante et un ans; 4 ont plus de trente-cinq ans; 11 ont au-dessus de trente ans. Sur cet ensemble, 10 ont huit ans de services, 11 de dix à quinze ans, 6 de quinze à vingt ans. 2 ont vingt-six ans et 2 autres vingt-neuf ans de services.

La 32ᵉ a perdu environ 300 hommes par le feu; 87 sont morts de la peste. Au moment de la rentrée en France, son effectif était réduit à 850 hommes. 800 environ étaient aux hôpitaux ou rentrés dans leurs foyers, infirmes ou aveugles. Ces soldats-là se plaignirent quelquefois, mais ce ne fut jamais qu'après avoir battu l'ennemi. Le tableau ci-dessous donnera une idée de leur ancienneté de services[2]. Il a été relevé sur les actes de décès.

1 a	32	ans de services.	75 ont	9	ans de services.
1 »	18	»	69 »	8	»
2 »	17	»	98 »	7	»
1 »	14	»	20 »	6	»
1 »	13	»	10 »	5	»
5 »	12	»	10 »	4	»
2 »	11	»	1 »	3	»
5 »	10	»	14 »	2	»
16			297		
			16		
			513		

50 hommes de troupe obtiennent des armes d'honneur, fusils, sabres ou baguettes.

---

1. Notre habit blanc de Mayence et de Vendée.
2. Ne pas perdre de vue que la guerre a commencé en 1792, et que chaque année, depuis cette date, est une campagne.

6 officiers méritent la même récompense.

Tous ces chiffres ont leur éloquence; nous les livrons aux méditations de nos lecteurs.

5ᵉ BATAILLON BIS COMPLÉMENTAIRE DE LA 52ᵉ DEMI-BRIGADE

La formation du corps expéditionnaire d'Égypte avait désorganisé l'armée d'Italie. Il ne restait guère que des cadres, excellents à vrai dire. La situation était plus grave qu'en 1792 : l'ennemi à nos portes; l'anarchie au dedans. Le Directoire était usé, la nation fatiguée; l'enthousiasme révolutionnaire avait disparu. Il n'existait plus que des bataillons auxiliaires de recrues, dépôts de l'armée d'Orient. Le dépôt de la 52ᵉ était à Toulon, à l'effectif de 120 hommes environ.

Un bataillon *bis*, portant le numéro 5, est constitué à Lyon en janvier 1799. Il concourt à la formation de la 4ᵉ demi-brigade d'infanterie d'Orient, composée des bataillons complémentaires des 25ᵉ, 52ᵉ et 64ᵉ demi-brigades de ligne. Sa constitution est réglementaire, mais sa composition est bien différente de celle des autres.

Dans ce bataillon, pas de soldats de l'armée royale, ni de volontaires de 1791. Tous appartiennent aux levées forcées[1]. Ce sont les réquisitionnaires ou *carmagnoles*; c'est une masse informe, sans cohésion ni discipline. Les désertions y sont nombreuses. A la formation, l'effectif est de 671 hommes. En trois ans, sans grandes pertes par le feu, il y passe 1265 hommes.

Grâce à l'intelligente activité de Bernadotte, ministre de la guerre, grâce à la loi sur la conscription[2], due à l'initiative de Jourdan et votée le 5 septembre 1798, quelques bons éléments renforcent les dépôts. Masséna s'illustre à Zurich. En douze jours il livre douze combats, depuis le confluent de l'Aar jusqu'aux Alpes centrales. Le Rhin est délivré, l'Helvétie libre, la France sauvée[3].

Ce fut la campagne des grisons, à laquelle le bataillon complémentaire prit part avec honneur.

« Il ne faut plus de bavards, mais une tête et une épée », disait Sieyès.

---

1. Voir *Pièces justificatives*, n° 8.
2. *Pièces justificatives*, n° 8 *bis*.
3. Pendant ce temps, Brune était victorieux à Bergen et à Castricum.

116   HISTOIRE D'UN RÉGIMENT.

Bonaparte, débarquant d'Égypte le 9 octobre 1799, fut l'une et l'autre.

Par la loi du 8 mars 1800, le remplacement est autorisé. La conscription acquiert une efficacité qu'elle n'avait pas eue à son début. Quatre mois après le vote de la loi, la bataille de Marengo est gagnée.

Champignons républicains (caricature du temps).
1. Le roi de Prusse : « Dieu, comme ça pousse!... c'est effrayant. »
2. L'empereur de Russie : « Ça serait bien agréable à manger. »
3. L'empereur d'Autriche . « N'y touchez pas, compère, c'est vénéneux. »

Le 3ᵉ bataillon *bis* fit la campagne dans la division Chabran, qui entra en Italie par le Petit Saint-Bernard. Ses grenadiers sont à l'avant-garde, le 18 mai; soutenus par 100 hussards du 12ᵉ régiment, ils débusquent, à Châtillon, 2 000 Autrichiens et leur prennent 300 hommes et 3 canons.

En 1802, le bataillon complémentaire, aux ordres du commandant Vauquet, est à Tarente et fait partie de l'armée d'observation du Midi.

TROISIÈME PÉRIODE. — EMPIRE

32ᵉ Régiment d'infanterie de ligne.

(25 Septembre 1805. — 3 Août 1815.)

CHAPITRE I

Journal d'un engagé volontaire pendant les campagnes de 1805, 1806 et 1807[1].

LE CAMP DE MONTREUIL

Saint-Denis, 25 décembre 1802.

J'avais trois façons d'entrer au service : en me faisant admettre élève à l'École militaire de Fontainebleau (j'étais trop paresseux et ma famille pas assez riche); en m'enrôlant dans les vélites (c'était un stage en attendant une place à Fontainebleau). Je me suis engagé comme soldat; c'était plus simple et moins cher. Il faut avoir été militaire, à cette époque, pour imaginer ce que l'uniforme contenait de magie. Une chose m'inquiétait : Diable, disais-je, si Bonaparte allait s'aviser de faire la paix, adieu mon fusil d'argent! Heureusement mes craintes ne se sont pas réalisées, car il nous a taillé de la besogne.

---

[1]. Ravy (Dominique), né à Paris le 9 avril 1784. Enrôlé volontaire le 25 avril 1802, sous-lieutenant le 24 juin 1807, chef de bataillon le 16 décembre 1815.

Le choix de mon régiment fut l'objet d'un conciliabule de famille. « Entrerais-je dans la terrible 57ᵉ ou l'invincible 106ᵉ? » L'arrivée de la brave 32ᵉ à Saint-Denis décida mon père. Il connaissait le chef de brigade Darricau et me conduisit à lui : « Voici un gamin de dix-huit ans auquel les bulletins d'Égypte et d'Italie ont tourné la tête; il veut s'engager. — J'ai fait comme lui, répondit M. Darricau que je dévorais des yeux; mais, plus heureux, j'étais capitaine à dix-huit ans[1]. Il le deviendra à son tour, et je l'y aiderai. » Par attachement pour ma famille, ajouta-t-il, il pourrait m'éviter tous les ennuis du métier, et me prendre comme secrétaire; ce serait mal comprendre mon intérêt. Il fallait apprendre à connaître ceux qu'on était destiné à commander un jour, et le plus sûr moyen d'y parvenir était de vivre avec eux. *En vivant avec les soldats, on apprend à connaître leurs vertus; ailleurs, on ne connaît que leurs vices.*

Je l'assurai de ma soumission et je partis m'engager. Une fois toisé et numéroté, je fus me présenter à mon capitaine. Il s'appelle Fournier. Le sergent-major me dit que c'est, après M. Darricau et le chef de bataillon Sudrié, le plus brave officier de la demi-brigade. Il a obtenu un sabre d'honneur pour sa conduite au siège d'Acre. Une longue balafre lui coupe le visage en travers; c'est le certificat de son action d'éclat. Il se montra très bienveillant, et eut la complaisance de me conduire au magasin pour me faire habiller. Je recommandai au maître tailleur de m'envoyer mes effets le plus tôt possible. Il ne me répondit que par un sourire : « Vous ignorez que nous avons ici une habitude, me dit le capitaine; on ne porte point les habits aux soldats, ce sont eux qui vont les chercher. »

Il me laissa assez penaud aux mains du sergent-major, beau et grand garçon, nommé Étienne Béguin. Enrôlé en l'an VIII, à vingt ans, au bataillon complémentaire de la 32ᵉ, il avait fait les campagnes des Grisons avec Masséna et la campagne d'Italie de l'an IX. Il avait été nommé sergent-major à vingt-trois ans, à la 4ᵉ du 2, ma compagnie. Il m'expliqua qu'il avait eu beaucoup de chance d'arriver si jeune, mais qu'il avait fallu boucher les trous fort nombreux à la rentrée de la demi-brigade en France. « Je vous mettrai dans le peloton de Besson, me dit-il. C'est un vieux dur-à-cuire qui a dix campagnes; il vous contera tous les hauts faits qui ont illustré son nom; écoutez bouche béante, et témoignez de l'étonnement qu'il ne soit pas encore devenu

---

[1]. Au 1ᵉʳ bataillon des Landes. Il fut nommé à l'élection le 17 octobre 1791.

général. Vous trouverez aussi dans votre chambrée un ancien qui a tout vu et qui ne perd jamais l'occasion de raconter ses prouesses. »

Je le remerciai beaucoup, et j'arrivai dans la chambre pour me coucher, un peu fatigué de toutes mes allées et venues. Elle était presque déserte. Tout dépaysé, je me couchai et m'endormis profondément.

Je fus désagréablement réveillé par une douche d'eau fraîche. Un voisin de lit m'expliqua que Pradier, le tambour, et le conteur de la chambrée, qui se sacrifiait au plaisir de tous, voulait être écouté. Pour s'en assurer, dans le cours de sa narration, il glissait de temps en temps le mot « Sabot ; » il fallait que les auditeurs répondissent, en criant de toute la force de leurs poumons : « Cuiller à pot ! » Je n'avais pas crié, et mon voisin m'avait baptisé.

A neuf heures, un roulement de tambour vint imposer silence à tout le monde.

Le lendemain matin, je fus bientôt entouré de mes nouveaux camarades : Pradier, petit homme noiraud de 1 m. 45, me demanda en riant si j'avais bien dormi : « Tu t'es mouillé l'extérieur hier soir ; m'est avis qu'il serait convenable de nous humecter l'intérieur ce matin. J'ai le gosier sec d'avoir parlé. »

Le colonel m'avait dit qu'il serait de bonne grâce de payer ma bienvenue, mais il avait ajouté qu'il ne fallait pas me le laisser imposer. Je répondis, assez fermement, que nous verrions cela plus tard, et le lendemain, au moment où l'on y pensait le moins, je donnai un grand repas. Il se composait de quelques plats de grosse viande, d'une salade, d'un plat de pommes de terre, de la bière à discrétion et de mauvais vin d'ordinaire. Un verre d'eau-de-vie termina le repas. Nous étions quatorze, et j'en fus quitte pour 24 francs.

Le quatrième jour après mon arrivée, j'essayai mon uniforme. Combien j'étais joyeux, mais aussi guindé ; et comme mes bras et mes jambes m'embarrassaient !

D'abord, la grande tenue : un habit bleu à revers blancs et passepoils rouges, coupé à la française : longue veste blanche à basques, culotte blanche à long pont, sans bretelles, serrant le jarret et empêchant de marcher librement. Le genou, recouvert par une grande guêtre noire[1], était encore serré par une nouvelle jarretière serrant la jarretière de la culotte. Au-dessous, un caleçon, lié par un cordon, venait encore embarrasser les jarrets. Tout compte fait, trois épaisseurs d'étoffe, deux rangées

---

1. Les officiers remplaçaient les grandes guêtres par des bottes à revers.

de boutons superposées, et trois jarretières, destinées à paralyser les efforts des plus intrépides marcheurs[1]. Sur la tête, un chapeau à trois cornes coiffé droit : les cheveux coupés en brosse, avec une queue sans poudre.

J'avais l'air tout à fait godiche; mes guêtres, qui n'étaient point retenues par des mollets, tombaient sur mes talons.

Je mis ensuite la petite tenue : une mauvaise capote de drap, un bonnet de police, un pantalon de gros drap attaché par des bretelles, des guêtres de toile grise. On me donna pour l'été : un sarrau de toile, un pantalon de toile et des guêtres blanches. Le sergent-major me dit qu'on tolérait hors du service quelques effets de fantaisie, et même des bottes à ceux qui pouvaient s'en procurer.

J'eus par la suite occasion de juger que la tenue était assez irrégulière; on était à une époque de transition. La tenue du plus élégant sergent-major d'alors ferait honte au dernier soldat d'aujourd'hui[2].

Une fois habillé, je commençai à apprendre l'exercice, pour lequel j'éprouvai quelques difficultés, le fusil me semblant lourd par manque d'habitude. Je fus employé à balayer la cour de la caserne, à nettoyer les chambres et à faire la cuisine, et quelle cuisine! Je prenais plus de plaisir à faire l'exercice, démonter et remonter mon fusil, en connaître toutes les pièces, apprendre la théorie.

Un jour, il fallut transporter des pierres et s'atteler aux petites charrettes préparées pour ce transport. J'étais dispensé de cette corvée; je la fis de bonne grâce. Lorsqu'on est condamné par sa position à mener une vie dure, ce qu'il y a de mieux à faire est de s'imposer volontairement quelque chose de plus dur encore; alors, ce qui devrait fatiguer repose; et ce que l'on appelait un sacrifice devient un dédommagement. En cette occasion, j'ai recueilli l'avantage de prouver à mes camarades mon courage et mon zèle, de trouver la nuit ma paillasse excellente, et le lendemain mon sac très léger.

Cet exemple était nécessaire, car il y a peu d'engagés volontaires comme moi. Depuis la loi sur la conscription[3], chaque Français est déclaré soldat de droit de vingt à vingt-cinq ans. Les hommes sont partagés en cinq classes que le gouvernement peut appeler successivement. En temps de guerre, la durée du service est illimitée. Mais ceux qui ont de

---

1. Cela ne les a pas empêchés de faire leur tour d'Europe.
2. Ce journal a été écrit en 1827, et rédigé d'après des notes prises au jour le jour. Nous avons dû faire un choix et un classement conformes aux faits de notre histoire.
3. 5 septembre 1798.

l'argent peuvent payer un remplaçant. C'est très bien en temps de paix, mais je n'aimerais guère céder mon tour de feu à prix d'or.

Je fus bientôt l'orgueil du sergent Besson, qui me disait : « Tu as de

« Tu as de l'honneur, tu as des principes, tu seras un héros!... peut-être. »
(D'après une lithographie de Raffet.)

l'honneur, tu as des principes, tu seras un héros!... peut-être. » C'était un habile instructeur. Nul ne savait mieux que lui mettre un soldat au port d'armes et faire décomposer le pas oblique en maintenant la carrure des épaules, chose fort essentielle dans ce cas. D'un naturel doux, il ne permettait pas à sa bouche pudibonde ces expressions grossières, ces jurements de corps de garde que ses pareils employaient toujours. Lorsqu'il était bien en colère, il appelait ses recrues des candidats : « Voyez donc ces candidats, ils sont mous comme des chiffes; ils manœuvrent comme des couturières qui ont mangé des choux. »

En résumé, j'étais parfaitement heureux. J'ai calculé que bien des rentiers ne vivent pas à leur aise, et surtout sans soucis, comme le soldat. Est-il malade, ses médecins ordinaires, ses chirurgiens en habit brodé se font un plaisir de le soigner pour rien; l'apothicaire fournit gratis l'émétique et le quinquina; les sangsues arrivent à grands frais de la Hongrie et lui prodiguent leurs piqûres bienfaisantes. Et puis, par-dessus tous ces avantages, comptez encore les béatitudes du sou de poche. Nouveau Juif-Errant, le soldat trouve perpétuellement le sou de poche au fond de son gousset.

Camp de Montreuil, 25 septembre 1804.

Par arrêté des Consuls du 24 septembre 1803, la dénomination de demi-brigade est supprimée et celle de colonel rétablie.

Le Régiment comprend toujours trois bataillons. Deux sont ici avec le colonel Darricau. L'effectif de chaque bataillon a été complété à 800 hommes. Le 3ᵉ bataillon, sous les ordres de notre major[1], M. Chasséraux, est resté à Paris. Avant de partir de Saint-Denis, le colonel m'a nommé caporal à la même compagnie. Je suis enchanté à l'idée de faire campagne avec des officiers que je connais. Un nouvel adjudant-major est nommé à mon bataillon; c'est le lieutenant Vigo-Roussillon. Il est des vieux de la 32ᵉ; c'est un volontaire de l'Hérault, engagé en 1792. Il a trente ans et dix campagnes.

Nous faisons partie de l'armée des Côtes de l'Océan. C'est le maréchal Ney qui commande le camp. Il a trente-cinq ans; c'est le fils d'un tonnelier. Les généraux, dit-on, ont très peur de lui, car il est très violent. Mais il est bon et toujours juste, quand il n'est pas en colère. Le 32ᵉ forme la brigade Marchand avec le 96ᵉ, et appartient à la 1ʳᵉ division commandée par le général Dupont.

Notre camp devrait s'appeler le camp d'Étaples, car nos baraques sont près de cette petite ville, sur la rive droite de la Canche, à 12 kilo-

---

1. Nouvel emploi créé par l'arrêté du 24 septembre 1803.

mètres de Montreuil. Nous faisons face à la mer, vis-à-vis les côtes de cette Angleterre exécrée. C'est un vrai camp de plaisance, grâce à nos soins de tous les jours depuis huit mois.

Il y a, par compagnie, quatre baraques construites sur deux rangs, chacune pouvant contenir 16 hommes; en tout 64 hommes. C'était peu pour les 90 hommes, environ, de chacune de nos neuf compagnies. Mais, plusieurs hommes ayant la permission de travailler en ville, d'autres se trouvant absents pour différentes causes, ce nombre était suffisant.

Les cuisines, au nombre d'une par compagnie, sont placées derrière; ensuite, les baraques des sous-officiers et des cantiniers sur la même ligne, puis celles des officiers, et enfin des chefs de bataillon derrière leur bataillon respectif, et du colonel derrière le centre du régiment. Le règlement veut que les armes soient placées sur des chevalets, en avant du premier rang des baraques. On avait dérogé à cette règle en les plaçant dans les baraques mêmes, ce qui valait mieux, pour ne pas exposer les fusils à toutes les intempéries, pendant la longue durée du camp.

Le règlement veut aussi que les sous-officiers soient logés avec la troupe. On les avait logés en arrière, le sergent-major, le fourrier et les 4 sergents de chaque compagnie occupant une même baraque. Cela était convenable, car le sergent-major, dépositaire des fonds de la compagnie, avait besoin d'une grande table pour tenir les écritures. Quant à la discipline, cette disposition avait son bon et son mauvais côté. Les sergents, étant séparés des soldats, ne pouvaient pas exercer une surveillance aussi active et, dans mon apprentissage de simple soldat et de caporal, j'ai vu bien des choses leur échapper. Mais on les respectait davantage en les voyant moins souvent; et je crois, en définitive, que cela vaut mieux.

Les baraques sont creusées à un mètre sous terre, ce qui les rend fort humides. Le coucher se compose d'un grand lit de camp, sur lequel on étend de la paille; par-dessus, une couverture de laine. Chaque homme se couche sur cette couverture, enveloppé dans un sac de toile, le havresac servant d'oreiller; on étend ensuite sur eux une autre couverture de laine. C'est coucher ensemble et pourtant séparément.

Notre camp, qui n'offrait, au moment de notre arrivée, qu'une longue chaîne de dunes stériles, présente maintenant aux yeux des visiteurs étonnés l'aspect d'une magnifique promenade. Notre régiment s'était avisé d'aller couper quelques voitures d'arbres dans une forêt voisine et de les planter devant le front de bandière; le lendemain, tous les régiments de la division nous avaient imités. Chaque régiment a son jardin; chaque compagnie, son parterre et son potager, et un puits couvert de verdure pour arroser les plantes et les fleurs. Des colonnes, des obélisques, des pyramides surmontées du buste du nouvel Empereur, avec des inscriptions à la louange du vainqueur de l'Italie et de l'Orient, ornent les rues, tracées au cordeau, qui portent toutes le nom d'un guerrier illustre, mort les armes à la main. Les rues de notre quartier s'appellent : Kléber, Beaupuy, Dupuy et Nugues. Quand il a fallu travailler à cette organisation, très bon moyen pour occuper les soldats, quelques-uns se plaignirent, tant la paresse a de charmes. C'est que les soldats sont comme les enfants; il faut leur faire du bien malgré eux.

Les sergents, dans chaque compagnie, mangent entre eux. Ils reçoivent les vivres de campagne, le pain de munition et le pain blanc de soupe, la viande, les légumes secs, l'eau-de-vie et le vinaigre. Ils n'achètent au marché que les légumes frais et les pommes de terre. Ils mangent avec les caporaux dans des gamelles de 6 à 7 portions. Les sergents-majors seuls, avec les adjudants, vivent en pension chez un cantinier.

Le repas de midi se compose d'une excellente soupe grasse avec des légumes, et d'une petite portion de bœuf. Celui du soir, de pommes de terre accommodées au beurre avec des oignons et du vinaigre. Le pain de munition est noir; le seigle qui entre dans sa composition lui donne un goût acide et désagréable; l'eau-de-vie, servant à corriger l'eau ne devait pas être bue à part : défense souvent enfreinte, comme on peut le croire.

On m'a nommé caporal d'ordinaire, emploi bien pénible. Il faut, par tous les temps, aller à Étaples, à près de 2 kilomètres du camp, pour acheter des légumes. J'ai eu toutes les peines du monde à faire comprendre à mon homme de corvée que le caporal et le soldat ne doivent pas boire la goutte avec le fournisseur, aux dépens de la compagnie. Tous sont fort honnêtes, et, cependant, trouvent cela tout simple. Persuadés que chacun les vole, depuis le ministre jusqu'à leur sergent-major, depuis les fournisseurs de l'armée jusqu'aux paysans, les petits vols qu'ils peuvent faire, à leur tour, leur semblent une revanche très légitime.

« Le sergent-major connaît l'arithmétique, disent-ils : pose zéro et retiens neuf. » Ils ne songeaient pas que ce sous-officier était fort à plaindre et toujours dans la crainte d'être victime d'un vol. Il était dépositaire des fonds de la compagnie, qui eussent été plus en sûreté dans la baraque du capitaine, et exposé à des dangers d'une autre nature, au danger des tentations. On payait la solde pour tous les hommes de la compagnie censés présents, et, au dernier prêt du trimestre, on retenait la solde de toutes les journées d'absence. Ainsi, le sergent-major avait en sa possession, pendant trois mois, une somme d'argent souvent considérable pour un soldat, et dont il ne devait compte qu'à la fin du trimestre. Et, ayant de l'argent à sa disposition, souvent accablé de fatigue, par le froid, par

Drapeau du 12 Thermidor an XII.

la grande chaleur, ou après une journée de pluie, il fallait se refuser non pas une bouteille de vin, qui était un grand luxe, mais une bouteille de bière ou un petit verre d'eau-de-vie. Ceux qui n'avaient point cette vertu se trouvaient embarrassés au moment du règlement des comptes. Dans la suite, on a pris le parti de confier les fonds au capitaine, et de payer convenablement les sous-officiers. On a eu alors le droit d'être sévère.

Je fus désigné pour la garde des bateaux-canonniers qu'on renouvelait tous les mois : je m'embarquai le 1er juillet. Nous couchions dans des hamacs : la marine se chargeait de nous nourrir, et s'en acquittait avec de mauvais fromage et des pois durs fricassés dans l'huile. Les soldats, très mécontents, s'en vengeaient par des histoires plaisantes et des chansons.

A mon retour, une grande émotion m'attendait. Napoléon avait voulu se montrer à ses soldats dans tout l'appareil de sa puissance. Se dérobant aux hommages de ses nombreux courtisans, il était venu au camp et électrisait tous les cœurs par sa présence. Il avait choisi le 15 août, jour de sa naissance, pour faire la distribution des croix de la Légion d'Honneur qu'il venait de créer; la première promotion portait la date du 14 juin.

La nouvelle institution avait fait jeter les hauts cris aux républicains. Bien avant mon enrôlement, mon père nous avait conté un incident de certain dîner qui avait eu lieu aux Tuileries le 7 mai 1802. Un des convives lui en avait fait le récit : au dessert, le Premier Consul avait fait tomber la conversation sur l'ordre de Saint-Louis. « En instituant cet ordre, avait-il dit, Louis XIV[1] ne s'occupait guère de ce qui fait la force des armées, je veux dire de cette émulation qui change souvent de simples soldats en autant de héros. Il ne voyait dans ses troupes que des nobles et des officiers, comme si les officiers et les nobles remportaient seuls des victoires !

« Ne serait-il pas possible aujourd'hui d'établir une espèce d'ordre, éloigné de toute ombre de féodalité, et dont la marque distinctive ne serait accordée qu'aux actions d'éclat sur les champs de bataille, ou à de grands services rendus à la société dans l'ordre civil?

« Jusqu'à présent, je n'ai eu à donner que des sabres, des fusils et des pistolets d'honneur. Vous comprenez que toutes les manufactures d'armes ne suffiraient pas, si nous avions encore quelques campagnes à faire. Un brave qui a reçu un sabre d'honneur ne le porte guère. Il l'envoie à la maison paternelle, comme un précieux monument qui doit être religieusement conservé dans sa famille. Ses camarades savent bien qu'il a reçu un sabre ; ils ne voient pas ce sabre. Or, vous n'ignorez pas que c'est la vue qui inspire l'émulation.

---

[1]. Un sergent qui, dans une bataille, avait fait des prodiges de valeur, fut amené devant Louis XIV. « Je t'accorde une pension de 1200 livres, dit le Roi. — Sire, je préférerais la croix de Saint-Louis. — Je le crois bien, mais tu ne l'auras pas. »

« Une marque distinctive, comme une étoile suspendue à un ruban rouge, et portant la figure d'un aigle avec ces mots : *Honneur et Patrie*, attirerait les regards de tous ses camarades sur le brave qui en serait décoré; et les honneurs qui lui seraient rendus les enflammeraient tous du désir de la mériter par les mêmes moyens. » Les convives applaudirent à la pensée de Bonaparte, et l'un d'eux, comme mû par une inspiration soudaine, mais, de fait, d'accord en cela avec le Premier Consul, dit : « Il me semble que cet ordre serait bien nommé la Légion d'Honneur. » Aussitôt Masséna, se levant, ajouta : « Je vous propose de porter un toast à la Légion d'Honneur. » On remplit les verres de vin de Champagne, et Napoléon, le premier, but à la prospérité du nouvel Ordre.

Tous ceux qui avaient reçu des armes d'honneur firent, en conséquence des décrets, partie de l'Ordre, à compter du 24 septembre 1803. Il y eut une nouvelle promotion le 18 décembre 1803, et une autre le 14 juin 1804. C'était la distribution de ces croix à l'armée des Côtes de l'Océan qui motiva l'imposante cérémonie du 15 août.

Près de Boulogne, à l'extrémité du camp de droite, les falaises se courbent en pente douce et forment un cirque demi-circulaire. La baraque de l'Empereur, en bois comme les autres, était non loin de là. Au centre de cet emplacement était un tertre dans le goût antique, semblable à ceux qu'on élevait dans les camps romains aux Césars. Sur ce tertre, entouré des drapeaux pris à l'ennemi, un trône, celui de Dagobert.

A neuf heures, la générale se fit entendre dans tous les camps, et les troupes, s'avançant majestueusement en colonnes, vinrent occuper, avec une admirable précision, l'espace qui leur était destiné. Vingt colonnes d'infanterie de 60 hommes de front, sur une hauteur indéterminée, devaient figurer les spectateurs d'un théâtre antique; les intervalles des colonnes représentaient les vomitoires ou issues, et la cavalerie, qui couronnait le tout, les loges. 100 000 hommes devaient à la fois former ce spectacle extraordinaire et en jouir.

A midi, l'Empereur sortit de sa baraque. Une salve générale des batteries de la côte annonça son arrivée au lieu de la cérémonie. Lorsqu'il parut, 2 000 tambours battirent aux champs, et ne purent couvrir les acclamations enthousiastes de la masse des soldats et des citoyens.

Napoléon vint s'asseoir sur le trône. Au-dessus de sa tête, une couronne de lauriers en or laissait flotter les queues pourprées des guidons des beys d'Égypte. Aux côtés du souverain prirent place ses deux frères, les princes Joseph et Louis, son beau-frère Murat, les maréchaux de l'Empire, les grands officiers de la Couronne. Derrière, un capitaine de chaque corps de l'armée tenait un drapeau déployé. Pour le 52ᵉ, c'était mon capitaine, M. Fournier, fait officier de la Légion d'Honneur le 14 juin, à trente-deux ans : nous en étions tous fiers, dans la compagnie. Les aides de camp de Napoléon, disposés sur les seize marches du trône, étaient là pour recevoir et transmettre les ordres. Plus bas, on remarquait les légionnaires déjà décorés à Paris.

Les décorations à distribuer avaient été placées dans le casque de Du Guesclin et dans le bouclier de Bayard, portés par des adjudants-généraux[1].

Napoléon se leva et prononça la formule du serment. Tous les membres de la Légion s'écrièrent : « Nous le jurons! » et par un mouvement spontané, toute l'armée répéta ce serment de fidélité et de dévouement. Les cris de : « Vive l'empereur Napoléon! » retentirent dans tous les rangs; les soldats élevèrent leurs armes en l'air.

Les grands officiers, les commandants, les officiers et les simples légionnaires s'approchèrent successivement du trône, et reçurent individuellement, des mains de l'Empereur, la décoration de la Légion.

Que d'heureux au Régiment! Le colonel Darricau, le commandant Sudrié et le capitaine Fournier étaient faits officiers; le major, le chirurgien-major, les commandants Curnier et Bouge, chevaliers.

6 capitaines, 1 lieutenant, 3 sous-lieutenants, 1 sergent-major, le tambour-major, 8 sergents, 1 tambour-maître, 9 caporaux, 1 sapeur, 4 grenadiers, 2 tambours, 4 fusiliers reçurent la croix de chevaliers. Cinquante décorations pour le 52ᵉ! Et nous apprîmes aussi avec orgueil que le général Rampon avait été fait grand officier, le général Darmagnac et le général Duranteau commandants. Leur souvenir était encore bien vivant dans le Régiment.

Camp de Montreuil, 25 août 1805.

Chaque jour nous attendions l'ordre d'embarquement. J'ai hâte de me trouver face à face avec un Anglais. Leurs bâtiments sont continuellement à notre vue, et nos canonnières leur tirent de temps à autre et de fort loin quelques coups de canon.

Nos manœuvres sont fréquentes : chaque colonel instruit son régiment comme il le veut, et le nôtre s'y entend pour nous endurcir aux

---

1. Colonels d'état-major.

fatigues. On peut lui attribuer tout l'honneur des succès que nous avons obtenus dans les campagnes suivantes.

Drapeau de décembre 1804.

Il y a eu une nouvelle promotion dans la Légion d'Honneur le 5 novembre 1804. Le Régiment a eu trente et une croix de chevaliers. Le sergent Besson est du nombre. Ce qui porte à cinquante le nombre des hommes de troupe légionnaires[1]. Qu'il est beau de voir dans nos rangs des soldats décorés de l'aigle que ne portent pas tous nos officiers ! Il me sera difficile de me faire remarquer au milieu de cette foule de braves.

Le colonel Darricau est parti, vers le milieu de novembre, afin d'assister aux fêtes du couronnement de l'Empereur par le pape Pie VII. Une députation de seize hommes l'accompagnait pour recevoir nos nouveaux drapeaux. La distribution solennelle en eut lieu au Champ de Mars le 5 décembre, troisième jour des fêtes. Le sergent-major porte-aigle de mon bataillon m'a dit que la cérémonie avait été très imposante. Les représentants de tous les corps vinrent recevoir les aigles au pied d'un trône magnifique, élevé devant l'École militaire. « Vous jurez de sacrifier votre vie pour le défendre, s'écria Napoléon, et de le maintenir constamment par votre courage sur le chemin de la victoire ! Vous le jurez ! — Nous le jurons ! » répondirent aussitôt les colonels, les délégués des régiments en élevant ces aigles dans les airs, et en mêlant leurs acclamations à la voix du canon et au bruit des fanfares.

Ces drapeaux ont au centre un losange blanc ; un triangle bleu et un triangle rouge à la hampe, les couleurs des triangles flottants étant disposées en sens inverse. Sur la face est l'inscription : l'Empereur des Français au 52ᵉ régiment d'infanterie, et au revers la légende : Valeur et discipline, avec le numéro du bataillon. Le numéro du régiment est placé aux angles.

Chacun se promet bien de rendre son drapeau illustre. Des liens de fraternité ainsi qu'une noble émulation existent entre les divers régiments. Les uns veulent justifier leur renommée ; les autres la veulent acquérir à leur tour.

Le moment est proche, car le bruit court qu'une troisième coalition s'est formée entre l'Autriche, la Russie et l'Angleterre qui paye les soldats des deux autres.

Camp de Montreuil, 2 septembre 1805.

Je suis nommé sergent. Le capitaine Fournier m'a dit que je le devais à mon zèle et à l'affection que me portaient les officiers du bataillon. On me savait le protégé du colonel, et tous s'accordaient à reconnaître que j'avais su garder ma place et le ton qui convenait à ma situation. Aussi, en conseil de régiment, tous les officiers m'avaient porté sur la liste

---

1. Jamais, sous Napoléon, la croix ne fut prodiguée. Des généraux étaient tués, chevaliers de la Légion d'Honneur.

d'éligibilité pour le grade de sergent. Il y avait dans le bataillon une vacance à la compagnie du capitaine Gimié : il m'avait inscrit sur la liste de trois candidats qu'il devait établir, et le colonel m'avait nommé.
En route, pour la gloire! direction : la Croix[1].

Campagne de 1805.

Vienne, 24 novembre 1805.

« Il est temps que cette brave division se repose », avait dit Napoléon, en envoyant au général Dupont l'ordre de venir tenir garnison à Vienne.

Je crois rêver quand je pense que le 1er septembre nous étions encore au camp de Montreuil et que, le 20 octobre, 60 000 Autrichiens se trouvaient en notre pouvoir avec 18 généraux, 200 bouches à feu, 5 000 chevaux et 80 drapeaux. Un mois après, nous voilà dans la capitale de l'Autriche, après avoir passé sur le corps d'une division russe. Mâtin, quels soldats! Ces b...-là, quand on les a tués, il faut encore les jeter par terre.

Je puis enfin mettre en ordre les notes enfouies dans mon secrétaire de campagne; c'est la coiffe de mon chapeau qui renferme un petit cahier où j'ai noté chaque jour les faits remarquables.

Notre première étape m'a laissé quelques souvenirs. Nous partîmes du camp à l'effectif de 64 officiers et 1 620 sous-officiers et soldats répartis en deux bataillons. Le 3e bataillon, toujours à Paris, avait fourni un détachement de 100 hommes. Hesdin fut notre premier gîte, après une marche de 44 kilomètres. C'était un joli début pour nos conscrits, assez nombreux; ils se comportèrent fort bien. Ils ployaient quelque peu sous le poids du

---

1. D'après la loi du 1er thermidor an II, les vacances sont comblées : un tiers au choix, un tiers à l'ancienneté et le dernier tiers au choix du Corps législatif. En réalité, à cause de la longue suite de guerres et de la consommation énorme d'hommes, le choix fut le seul mode d'avancement sous le Consulat et l'Empire. En 1814, on dut nommer sous-lieutenants de simples caporaux, tant les cadres étaient dégarnis.

fusil, du sac et de la giberne. Ajoutez à cela 50 cartouches, le pain, la viande, une marmite ou bien une hache. Nous marchions par pelotons, par le flanc sur trois rangs, nos officiers constamment avec nous, à pied. Le capitaine Gimié était à côté de moi, en tête de la compagnie; il réglait la marche. Il m'expliqua « que le guide de tête doit avoir un pas court et réglé, car si la droite va au pas ordinaire, la gauche galopera. Les officiers sont placés au-dessous du vent, afin de ne pas incommoder les soldats par la poussière. S'il y a de la boue et des flaques d'eau, on ne balancera jamais à y faire passer le soldat : autrement on allonge la queue de la colonne et on fatigue tout le monde. Les petites causes, ajouta-t-il, produisent souvent de grands effets. Des régiments ont été battus parce que les soldats n'avaient point de sous-pieds à leurs guêtres. Veillez toujours à ce que vos hommes soient bien chaussés, qu'ils aient dans le sac des sous-pieds de rechange, une alène et du gros fil. J'ai vu des capitaines qui, prenant ces précautions, conservaient leurs compagnies plus fortes relativement d'un quart. Ne buvez jamais en route. La soif appelle la soif. Obligez vos soldats à porter à la bouche un brin de paille; les lèvres se trouvant serrées, la poussière ne peut pénétrer : on n'a point soif, on ne boit pas. »

Combien, dans la suite, j'ai apprécié ces sages conseils dictés par l'expérience !

Quand nous avions marché une heure, on s'arrêtait cinq minutes pour allumer les pipes; cela s'appelait la halte des pipes.

Nous fîmes une grande halte d'une heure et nous repartîmes gaiement. J'avais mis dans chacun de mes souliers un œuf entier avec sa coquille. Je tirais quelque peu la jambe. Mon sous-lieutenant, frais débarqué de Fontainebleau, vint me dire d'un ton dégagé, en jouant avec son épée : « Sergent, nous faisons là une belle promenade. — Oui, mon lieutenant, répondis-je en riant; mais moi qui ai mon sac et mon fusil à porter, je trouve que nous allons un peu loin! »

Et les étapes se suivirent ainsi gaiement et dans un ordre parfait. Nous traversions les pays dans lesquels le Régiment se recrutait. Les soldats, avant de combattre, voulaient jouir du plaisir de voir et d'embrasser leurs parents. Les chefs ne pouvaient accorder que des permissions tacites, en se confiant à l'honneur de chaque homme et en fixant le point où ils devaient rejoindre. Souvent le drapeau du bataillon n'était escorté que par 100 ou 150 hommes. Au jour fixé, tous avaient rejoint. La plupart, tant pour aller que pour revenir, avaient fait des marches forcées de vingt-cinq lieues. Que ne devait-on pas attendre de pareils soldats, qui allaient combattre des hommes que la crainte seule tient enchaînés à leurs drapeaux!

Le 26 septembre, nous atteignîmes le Rhin, que nous devions passer

« Rendons-leur feu pour feu. »
(D'après une lithographie de Raffet.)

au pont de Durlach. Le passage, commencé à 6 heures du matin, fut terminé à midi. Il s'effectua conformément à l'ordre suivant, qu'on nous avait lu :

« La division sera rassemblée *en colonne par régiments en ligne*, à

« distance de demi-bataillon sur la rive gauche du Rhin, en avant du
« glacis de Lauterbourg. Elle se reformera, après le passage, dans le même
« ordre de colonne par fronts de régiment, à la gauche d'Ingelsheim,
« d'où elle se remettra *en colonne par section à double distance ou par peloton,*
« pour se diriger sur Durlach. La troupe sera en tenue de parade, culotte
« blanche, guêtres noires : les grenadiers auront le bonnet en tête avec
« le plumet ainsi que l'infanterie légère. Toute l'infanterie, la cavalerie
« et l'artillerie *porteront des branches de chêne sur leurs chapeaux en signe*
« *des victoires que l'armée obtiendra sur les ennemis.* »

Ainsi s'effectua notre entrée en Allemagne.

Le 29, à deux lieues de Neubourg, le régiment qui marchait au pas de route, l'arme à volonté, serra tout à coup les rangs ; les tambours battirent aux champs, les soldats prirent le pas cadencé, les officiers saluèrent de leur épée ; nous passions près du *tombeau du brave,* La Tour d'Auvergne, premier grenadier de la République. Les régiments de toutes les nations lui rendaient toujours semblables honneurs.

Le 30, à la suite d'une journée de marche très pénible, plusieurs soldats, fatigués par les marches précédentes, restèrent en arrière. Le colonel assembla les sergents-majors et leur parla vivement sur le devoir de supporter la fatigue, le manque de nourriture et tous les genres de souffrances. « Il ne suffit pas d'être braves, ajouta-t-il ; nous le sommes tous. »

Le Régiment marchait jour et nuit ; ce qui me fatiguait le plus, c'était la marche dans l'obscurité ; le plus grand besoin de l'homme, c'est le sommeil. J'ai vu dormir en marchant, ce que je n'aurais pas cru possible. Un faux pas faisait rouler les dormeurs dans un fossé, les uns sur les autres, comme des capucins de cartes. En Bavière, il y a beaucoup d'abeilles ; on récolte par conséquent beaucoup de cire ; les soldats en trouvaient de grandes quantités chez les paysans. Dans les marches de nuit, par un temps calme, chacun allumait deux, trois, quatre bougies. Rien n'était joli comme l'aspect d'une division ainsi éclairée, lorsqu'elle gravissait une côte par un chemin sinueux. Le *lustig* de la compagnie chantait la romance sentimentale, et tout le monde faisait chorus. Plus loin, un autre racontait l'interminable histoire de la Ramée qui, après avoir eu son congé, revint du pays, et fit 200 lieues pour réclamer une ration de pain à son sergent-major.

Le mauvais temps rendit nos souffrances plus cruelles encore. Il tombait une pluie froide ou plutôt de la neige à demi fondue, dans laquelle nous enfoncions jusqu'à mi-jambes, et le vent empêchait d'allumer du feu.

Un jour, un soldat murmura. Notre capitaine lui dit : « De quoi te plains-tu ? Tu es fatigué ; je le suis aussi. Tu n'as pas mangé ; ni moi non plus. Tu as les jambes dans la neige ; regarde-moi. »

Avec un pareil langage, il n'est rien qu'on ne puisse exiger des soldats, rien qu'on ne soit en droit d'attendre d'eux. Tous ces détails sont inconnus de ceux qui lisent l'histoire de nos campagnes. On ne voit qu'une armée valeureuse, des soldats dévoués rivalisant de gloire avec

Le maréchal Ney force le pont d'Elchingen et enlève la position de l'Abbaye
(D'après un des bas-reliefs de la colonne de la place Vendôme.)

leurs officiers. On ignore au prix de quelles souffrances s'achètent souvent les plus éclatants succès.

Dans la guerre d'invasion que nous faisons, nous n'avons ni magasins, ni convois de vivres. Chacun vit sur le pays. Mais nous sommes si nombreux qu'il est bientôt épuisé. Et puis, nous arrivons toujours trop tard pour pouvoir nous procurer régulièrement les subsistances. Dans l'obscurité, on... prend.

Mais l'Empereur fut l'âme et le courage de l'armée. Le temps est-il épouvantable ? sommes-nous harassés par la marche ? affaiblis par le besoin ? L'Empereur paraît. Le ciel devient serein, la fatigue se dissipe, le besoin ne se fait plus sentir. Et quel soldat se plaindrait, quand il voit son Empereur marchant, se nourrissant, se couchant comme la troupe ! On lui amène des voitures, il veut rester à cheval dans nos rangs ; on lui prépare des palais, il dort au milieu de nous dans une grange. Où veut-il qu'on aille ? Avec lui, nous irons partout ! Et, en vérité, c'est sans risque. Il a poussé les calculs au point que, les trois quarts du temps, il n'a pas besoin de notre courage. Il se sert plus de nos jambes que de nos bras, et a moins l'air de faire la guerre que de jouer une partie d'échecs sur le terrain. J'en aurais presque de l'humeur, si j'éprouvais moins d'admiration.

Le 1er octobre, nous arrivâmes à Stuttgard et y fîmes séjour jusqu'au 4. Le 3, le maréchal Ney nous a passé une grande revue et nous avons défilé devant le prince Murat.

Le 8, nous approchions des Autrichiens. Dans notre marche de Bissingen sur Albeck, la fatigue laissa des hommes en arrière. Ils tombèrent sur un poste ennemi. Le plus ancien soldat rassembla ses camarades ; ils se défendirent avec vigueur, et, ragaillardis par le combat, ils rejoignirent le Régiment dans le meilleur ordre.

Le 9, nous prenions position à Albeck, sur la rive gauche du Danube. Tous les corps d'armée se trouvaient sur la rive droite, déployant une rapide offensive dans toutes les directions. La division Dupont seule se trouvait en face d'Ulm, à trois lieues de distance ; on nous disait qu'un grand corps autrichien, campé en avant des murs, couvrait la place.

Le maréchal Ney l'ignorait sans doute, car la marche de Napoléon sur la Bavière lui faisait croire que toute l'armée autrichienne était en pleine retraite. Il nous donna l'ordre de marcher sur Ulm et d'en préparer l'attaque.

Le 11 octobre, nous étions en présence de l'archiduc Ferdinand et de ses 60 000 hommes. La division en comptait 5 100. Ce fut le combat de Haslach.

Le colonel Darricau, avec notre bataillon, tient la position de Haslach et résiste, avec autant de fermeté que de talent, à tous les efforts de l'ennemi pour enfoncer notre gauche. Il immobilise ainsi l'aile droite autrichienne. Pendant ce temps, le 1er bataillon[1] était à la droite du bois qui se trouvait à la droite française, avec mission de parer à un mouvement tournant. Il y réussit à merveille, grâce à un feu bien dirigé et de judicieux mouvements. Il empêcha ainsi les généraux autrichiens de constater notre infériorité.

Une colonne de prisonniers d'environ 3 000 hommes était dans Haslach, que le colonel Darricau gardait avec son bataillon et le 1er hussards. Se voyant entouré de tous côtés par les bataillons et escadrons ennemis, notre

---

1. Commandant Bouge.

vaillant colonel fait mettre cette colonne de prisonniers à la queue de son régiment, et place derrière elle une compagnie de grenadiers. Par une vigoureuse offensive, il marche dans cet ordre à l'ennemi, vaillamment secondé par le 1ᵉʳ hussards, qui met en déroute un des escadrons autrichiens. L'infanterie ennemie, intimidée, soit par l'intrépidité de la nôtre, soit par l'étendue de notre ligne qu'elle croyait toute composée de Français, ne fait aucun mouvement pour venir au secours de sa cavalerie. Nous conservons ainsi notre position et nos 3 000 prisonniers. Nous restâmes sur le champ de bataille jusqu'à dix heures du soir. Le général Dupont avait

Mack à bout. — Caricature de l'époque.

voulu bien constater notre victoire. Puis nous reprîmes notre position d'Albeck. Le courage extraordinaire déployé en cette journée était le résultat de la confiance de tous dans les talents de Dupont. Par sa hardiesse il avait sauvé le plan de Napoléon, fait croire à l'archiduc Ferdinand que nous étions l'avant-garde de l'armée, et rendu possible la capitulation d'Ulm. L'Empereur avait compris qu'il faisait poursuivre, sur la rive droite du Danube, des corps isolés, et que notre division avait voulu avaler, toute seule, le gros morceau.

Cette journée du 11 put compter parmi nos plus glorieuses, mais aussi nos plus pénibles. A dix heures du soir, il fallut se remettre en route, accablés de fatigue et mourant de faim. Un de nos prisonniers tira de son sac un pain de munition et se mit à manger. Un soldat de ma compagnie, ne se croyant pas vu, lui prit son pain de force. J'allais m'interposer quand j'entendis son voisin, un vieux d'Égypte, lui faire de vifs reproches. Le premier lui répondit avec impatience : « Ce qui arrivera de là, c'est que je ne t'en donnerai pas. — *Je ne t'en demande pas, je ne mange pas de ce pain-là !* »

Le 15, l'archiduc sort d'Ulm et vient nous attaquer, avec 20 000 hommes, dans notre position d'Albeck. Nous étions exposés de front au feu des batteries autrichiennes et coupés de notre convoi depuis la veille : la pluie, la neige, la grêle ne cessaient pas de tomber en abondance; il y avait tant d'eau dans nos fusils qu'aucun ne pouvait faire feu. Le soldat enrageait ; il ne demande pas mieux d'être tué, à condition qu'il puisse tuer, lui aussi. Le colonel Darricau nous fait changer de place, pour nous occuper, ai-je supposé. Pendant notre mouvement, la cavalerie charge timidement ; fort heureusement pour nous, car notre carré, pris à la hâte, était enfoncé.

Le prince Murat arrive à point, avec la cavalerie de la Garde et deux divisions d'infanterie. Je le vois encore arrivant au galop vers le général Dupont, qui se trouvait derrière notre ligne. Il le félicite de notre résistance, et écrit un billet au crayon sur le revers de son chapeau. Les balles ennemies pleuvaient sur le groupe qui l'entourait. Il acheva son billet, en souriant à leur musique avec une grâce parfaite ; puis il dit à Dupont : « Vous avez trop bien commencé pour ne pas finir. Je vous confie le commandement en chef. »

Le 16 au matin, le prince Murat achève la victoire de la veille. Il lance ses escadrons et fait de nombreux prisonniers. Nous soutenions la poursuite. Nous étions formés en *colonne par bataillon* pour marcher plus rapidement ; le terrain, très coupé, était difficile, jonché de casques, de fusils et de caissons.

En vérité, la langue vulgaire est insuffisante pour chanter notre Empereur. La langue des Dieux seule y conviendrait. Je ne suis pas sorti de rhétorique depuis si longtemps que j'aie tout à fait oublié le métier des vers. A Boulogne, j'en faisais et j'en avais le temps.... Sous peu de mois, je ne serais pas étonné que la paix universelle fût annoncée à Paris avec le canon de la Tour de Londres prisonnier de guerre. Car je compte faire bientôt le voyage d'Angleterre. Nous avons des comptes à régler avec Messieurs de la Tamise. Les dépenses qu'ils occasionnent à notre gouvernement, depuis trois ans, nous donnent droit à quelque indemnité.

Dans la journée du 16, Murat continuait la chasse aux habits blancs et nous étions au repos à Herebrechlingen, lorsque Napoléon arriva à l'improviste. Sous ses habits, qu'il n'avait pas quittés depuis neuf jours, il était radieux de gloire; il l'était aussi de satisfaction. C'était pour nous féliciter qu'il venait à nous, pour qui sa présence était déjà une récompense. C'est par lui que nous étions vainqueurs, et il nous remerciait d'avoir vaincu!

Avec quel discernement il a distribué les éloges à tous les corps de la division! « En quinze jours, a-t-il dit, vous avez fait plus qu'on n'obtient souvent dans une campagne. En conséquence, le mois de vendémiaire an XIV vous comptera pour une campagne entière et sera porté comme tel dans vos états de services. »

Puis, il a promis des récompenses aux braves qui s'étaient distingués

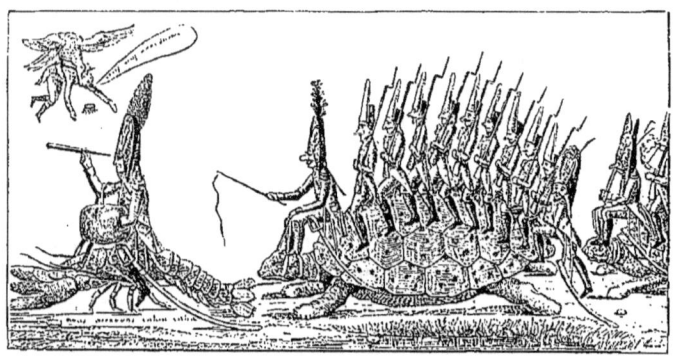

Marche précipitée de l'armée russe volant au secours des Prussiens.
(Caricature de l'époque.)

entre les braves. Je me réjouissais de ce que la croix de commandeur venait d'être donnée au colonel Darricau, lorsque je me suis entendu nommer moi-même parmi ceux auxquels la croix de chevalier était accordée sur la désignation du colonel. Il y en avait dix pour le 52e. C'est que Napoléon n'oubliait pas les humbles dans la répartition de ses grâces.

Moi, de la Légion d'Honneur, à vingt ans! moi, porter la même décoration que le plus grand homme du siècle!

L'Empereur, en quittant le général Dupont, lui annonça qu'il attachait sa division à la cavalerie du prince Murat, chargé de la poursuite des débris de l'armée autrichienne. Et nos courses recommencèrent. La bobine qui tourne en déroulant son fil ne demande point au mécanicien la raison des mouvements qu'elle subit; elle tourne, voilà tout! Nous faisions comme la bobine. D'ailleurs, lorsqu'on s'arrêtait, les soldats, tout étonnés, s'en demandaient réciproquement le motif : « C'est drôle, disaient-ils, la pendule ne va plus. »

Le 18, un poste de quinze hommes du 32ᵉ, commandé par le caporal Watellier, en prenant la traverse pour rejoindre le Régiment, a fait mettre bas les armes à trois cents hommes et pris un drapeau qu'il a remis au général Dupont.

Tous les jours suivants la poursuite continue. Notre infanterie s'est distinguée par la rapidité de sa marche. Le prince Murat, dans son compte rendu à l'Empereur, a dit qu'elle avait tué les chevaux de sa cavalerie.

Le 24, après une marche ou plutôt une course de 48 kilomètres, la distribution comprend : un morceau de pain et un verre de vin. Cela suffit ; le soldat repart pour Nuremberg en chantant.

Le 27, le prince Murat a un autre commandement et nous recevons des ordres directs du Major-Général[1]. Chaque jour, ce sont des marches de 40 kilomètres au moins par des chemins affreux, sous la pluie et la neige.

Le 5 novembre, nous arrivons à Passau.

Le 6, marche de 15 lieues et arrivée au gîte à la nuit close. Nous cantonnons, mais de manière à pouvoir nous rassembler, à la générale, prêts à partir ou à combattre, en six minutes. On accordait dix minutes aux équipages.

Le 7, notre division passe sous les ordres du maréchal Mortier. Elle reçoit l'ordre de rejoindre la division Gazan. Malgré nos marches forcées, nous ne pouvons la joindre.

Le 9, un Russe égaré tombe au milieu de la colonne du Régiment. Cette rencontre fait le plus grand plaisir aux soldats, qui sont tout étonnés de voir qu'un Russe ait la tournure d'un jeune conscrit ; ils se le passent de main en main jusqu'à la queue de la colonne. Nous devions faire bientôt plus ample connaissance avec ces rudes soldats, adversaires dignes de nous.

Un corps de 30 000 hommes cherchait à prendre et à tourner la division Gazan. 6 000 Russes sont envoyés pour la couper de la division Dupont, qui suivait une direction à une journée de marche du maréchal Mortier. Le choc eut lieu à Diernstein, le 11. Nous avons sauvé la division Gazan.

Il était quatre heures du soir. Nos grand'gardes furent attaquées. Le 32ᵉ s'avança pour soutenir le brave 9ᵉ, qui avait épuisé toutes ses cartouches, et comptait déjà beaucoup de blessés. Le 32ᵉ bat la charge et marche en avant à toute course. Les Russes s'avancent avec une pareille audace. Il

---

[1]. Berthier.

était nuit; on se mêle. Les soldats luttent corps à corps. On reste dans cette position extraordinaire pendant près d'une heure.

Chaque parti croyait que l'autre voulait se rendre. Le Russe posait son arme à terre pour indiquer au Français ce qu'il avait à faire. Le Français, le croyant prisonnier, voulait le faire filer sur les derrières. Le Russe ramas-

Le maréchal Berthier. — Tableau de Gros, photographie de Braun.
(Extrait de *Napoléon Ier*, Firmin Didot et Cie, éditeurs.)

sait aussitôt son arme et cherchait à en frapper son adversaire. Les officiers, chacun de leur côté, s'efforçaient de faire cesser cette mêlée, qui n'occasionnait qu'un massacre inutile.

Mais l'acharnement, la confusion, l'obscurité, les cris empêchaient qu'on pût s'entendre. Il fallut arracher nos soldats du milieu des rangs, homme par homme, et les rassembler. Enfin, le colonel Darricau peut reformer le Régiment. A ce moment éclate l'incendie du village de Loiben. Ce sont les Russes qui ont mis le feu pour éclairer le combat. Un roulement se fait entendre; c'est le signal convenu. La fusillade crépite à deux pas, si violente, si meurtrière, que les Russes n'ont pas le temps de riposter. Tout ce qui n'est pas tué ou pris se jette dans le Danube ou fuit dans la montagne. Aussitôt règne le plus grand silence. Nos grenadiers se portent en avant sur la route, au pas de charge, et établissent la communication avec la division Gazan.

Et alors, sur ce champ de bataille jonché de cadavres, les soldats des deux divisions se jettent dans les bras les uns des autres : « Vous nous avez sauvés, disent les soldats de la division Gazan. » Nous recueillons dans cet embrassement le plus doux fruit de notre victoire. Quel spectacle intéressant et sublime!

C'est égal, le Russe est redoutable à l'arme blanche!

Nous bivouaquons sur le champ de bataille, parmi les morts, abrités sous de petits brise-vent en branchages, et couchés autour d'un grand feu. On se grille d'un côté tandis qu'on gèle de l'autre : on a bien la ressource de se retourner comme saint Laurent, mais ce n'est pas du tout commode. C'est surtout le moment du réveil qui n'est pas amusant : on a dormi parce qu'on était fatigué; mais, en se levant, les membres sont engourdis; les moustaches, semblables à des touffes de luzerne, portent à chaque poil des gouttes de rosée. Voilà pourquoi les héros ont la goutte et des rhumatismes.

Je ne dormis pas cette nuit-là : assis auprès du feu, je fumais ma pipe à côté du soldat chargé de faire la soupe. En regardant la marmite bouillir à grosses ondes, je remarquais, de temps en temps, quelque chose de noir qui passait au-dessus et disparaissait aussitôt dans les profondeurs de l'énorme pot-au-feu. D'un coup de baïonnette je pique le point noir au passage. C'était une souris, deux souris, trois souris, quatre souris. Je réveille le cuisinier.

« Eh bien! camarade, il paraît qu'aujourd'hui ta soupe est singulièrement assaisonnée! — Comme tous les jours, sergent : pommes de terre et choux, je ne sors pas de là. — Et le tout, cuit dans une décoction de souris. Tiens, regarde les beaux légumes que j'ai pêchés dans la marmite. Où diable as-tu pris ton eau? — Dans une cuve au village voisin, et à tâtons! — Il faut jeter ta soupe et tâcher d'en faire une autre. — Impossible, je n'aurais pas le temps. Tous ces gaillards qui ronflent vont se réveiller : ils auront l'appétit ouvert avant les yeux; et, si par malheur la soupe n'était pas prête, ils me donneraient encore mon décompte du trimestre, en

Allemagne, 1805. — D'après une lithographie de Raffet.
(Bibliothèque nationale.)

m'appliquant cinquante coups de savate où vous savez. La soupe sera bonne tout de même, allez, n'en dites rien. »

La soupe fut mangée, et déclarée excellente.

Le 14, nous étions à Krems. On nous lut l'ordre du jour suivant : « L'Empereur témoigne sa satisfaction au 9ᵉ et au 32ᵉ de ligne, pour l'intrépidité qu'ils ont montrée au combat de Diernstein. Sa Majesté, dans la tournée qu'elle a faite le matin aux avant-postes, a remarqué beaucoup de négligence dans le service, et s'est aperçue qu'il ne se faisait pas avec cette exactitude rigoureuse qu'exigent les ordonnances et les règlements militaires. Avant la pointe du jour, les généraux et les colonels doivent se trouver à leurs avant-postes, et la ligne doit se tenir sous les armes jusqu'à la rentrée des reconnaissances. On doit toujours supposer que l'ennemi a manœuvré pendant la nuit pour attaquer à la pointe du jour. L'Empereur rappelle donc aux soldats que cette trop grande confiance, en donnant lieu à des surprises, leur a été souvent funeste. Plus on obtient de succès, moins on doit se livrer à une dangereuse sécurité. »

Le 19, nous entrions dans Vienne. La milice bourgeoise était sous les armes, les habitants bordaient les rues et semblaient avides de contempler ces soldats français qui, depuis douze ans, triomphaient de l'Europe coalisée. On eût dit un corps de troupes auxiliaires entrant dans une ville alliée.

La situation des présents portait à cette date : 53 officiers, 996 hommes de troupe[1].

Campagne de Prusse.

(1806.)

Mayence, 27 septembre 1806.

Nous quittâmes Vienne le 29 décembre 1805. Après dix-sept jours de marche, pendant lesquels nous fîmes quatre séjours, à Saint-Pœlten, Lintz,

[1] Comparer avec l'effectif au départ du camp de Montreuil.

Braunau, Landshut, nous arrivâmes à Munich, où nous devions attendre de nouveaux ordres. Notre division faisait toujours partie du 6e corps[1].

Le 23 février, la division Dupont passa sous le commandement du maréchal Augereau; ce fut à Francfort. Le 12 mars, nous séjournions à Wesel, et le 2 avril à Dusseldorf. Le 26 juillet, nous entrions dans Liège.

Le 22 août, la division Dupont est détachée à la Grande Armée. Le quartier général est à Cologne. Nous venons d'arriver à Mayence. Je suis

Louise-Augustine-Wilhelmine-Amélie de Mecklembourg-Strélitz, reine de Prusse.
(D'après un dessin de Swebach.)
(Extrait de *Napoléon Ier*, Firmin Didot et Cie, éditeurs.)

enchanté de ce petit tour d'Europe, du midi au nord, et de l'est à l'ouest. Je connais la capitale de l'Allemagne méridionale, c'est le tour de la capitale du nord, Berlin. Il paraît que, cette année, les Anglais ont choisi la Prusse comme notre victime. La Reine, qui est fort belle, passe les revues à cheval et enflamme tous les cœurs. Ah! si les femmes s'en mêlent! Heureusement, nous dit-on, les Allemandes sont fort aimables pour les Français. Si c'est comme à Vienne.... la victoire est à nous.

1. Maréchal Ney

Le Régiment compte un effectif de 56 officiers et 2410 hommes. Le 5ᵉ bataillon est toujours à Paris. Une décision du 26 mars 1806 vient de recevoir son exécution ; elle donne le shako à toute l'infanterie. Les grenadiers conservent le bonnet à poil, garni d'une plaque en cuivre, d'une guirlande blanche et d'un plumet rouge. C'est ma nouvelle coiffure depuis le 26 juillet dernier, date à laquelle je suis passé, avec mon grade, à la compagnie de grenadiers du bataillon. Les habits ont été un peu raccourcis pour la troupe. Les parements sont rouges, à pattes blanches, pour tout le monde, grenadiers, fusiliers et voltigeurs.

Car nous avons aussi notre compagnie de voltigeurs dans chaque bataillon. Ces petits hommes d'élite avaient été créés, dès 1803, dans les régiments d'infanterie légère. Pourquoi d'élite? les hommes des compagnies du centre marchaient, combattaient et se faisaient tuer aussi bien que les autres. Les voltigeurs avaient un shako à tresse blanche avec plumet jaune et vert; le collet de leur habit était jonquille, tandis que le nôtre était rouge. Là était toute la différence.

Les officiers avaient conservé l'habit long.

Halle, 18 octobre 1806.

Le magnifique triomphe d'Iéna et d'Auerstædt a été couronné par le combat et la prise de Halle, trois jours après. Nous avons travaillé comme il faut; nous sommes harassés de fatigue, mais, au moins, nous n'aurons pas à rougir devant les vainqueurs du 14, qui nous accusaient de n'avoir pas marché au canon. Le 32ᵉ n'y marche pas : il y court.

Nous avons quitté Mayence pour Wurtzbourg, où nous étions le 2 octobre. Par ordre du jour de l'Empereur, il est ordonné à MM. les maréchaux de faire passser par les généraux une revue, à l'effet de s'assurer que chaque soldat a cinquante cartouches et son épinglette; les caporaux leurs tire-bourres; que chaque soldat a deux paires de souliers dans le sac, que les capotes, marmites, gamelles, outils de campement sont distribués, qu'il ne manque pas de baïonnettes et qu'elles sont en état. Nous recevons quatre jours de biscuit et quatre jours de pain. Comme dit Besson, mon premier instructeur, « m'est avis que nous allons encore faire la guerre avec nos jambes ».

Le 7, nous quittons Bamberg pour rejoindre le maréchal Bernadotte. La division Dupont devient la 3ᵉ du 1ᵉʳ corps. J'imagine que les Prussiens vont jouer des jambes devant nous, car Bernadotte, qui n'a pas froid aux yeux, lui non plus, est de plus un malin. Il avait expérimenté nos jambes;

il a voulu voir ce que valaient nos bras. Nous avons mis les premières au service des seconds, et, en moins de trois quarts d'heure, trois ponts, deux grands défilés et deux portes de ville furent enlevés. J'estime d'ailleurs que nous n'avons dû notre succès qu'à notre impétueuse attaque. Le point le plus difficile était un pont long et étroit qui traverse la Saale et conduit à Halle, petite ville à flancs de coteau. La division Dupont occupait la rive gauche; l'armée du prince de Wurtemberg, forte de 25 000 hommes, le dernier espoir de la Prusse, défendait Halle.

Le maréchal Bernadotte arriva au galop pour donner à notre division l'ordre d'emporter le pont. A ce moment, un clairon de voltigeurs qui se tenait en tête de sa compagnie, auprès de Bernadotte, tourne sur lui-même, se cramponne au portemanteau du prince, l'arrache dans une crispation, et tombe comme un sac de blé, traversé par une balle. Bernadotte se contenta de sourire. Dupont forme le 32e en colonnes d'attaque, se met à notre tête, à côté du colonel Darricau, et nous suivons une digue, longue d'un kilomètre, qui aboutit au pont.

Plusieurs batteries ennemies couvrent le passage : « Soldats, s'écrie Dupont, en avant, et que ces pièces ne tirent pas deux fois! » La mitraille vole, les rangs éclaircis se resserrent; les blessés tombent en criant : « Vive l'Empereur! » et les canonniers wurtembergeois sont tués sur leurs pièces avant d'avoir eu le temps de recharger. Quel joli combat! On n'y voyait pas beaucoup, la fumée nous enveloppait; je me croyais dans une cave. Mais combien toutes ces détonations vous grisent! On a des envies de crier, de mordre la cartouche et de se battre. Aux lueurs du canon, dans la fumée rougie, on aperçoit, comme des ombres chinoises dans un brouillard, les canonniers droits à leur poste, et les servants penchés sur les pièces; c'est superbe! Le cheval du colonel Darricau est percé de plusieurs coups de baïonnette. Ce vaillant chef conduit les colonnes d'assaut, à pied, à côté du capitaine Castagné. L'ennemi garnissait les maisons d'un seul côté de chaque rue, et nous accueille par des feux plongeants. Comme si nous étions capables de nous arrêter! La charge battait, à vous faire danser le cœur dans la poitrine. Ce ne fut pas long. Les rues sont balayées; nous entrons dans les maisons, clouons les Prussiens au mur, les flanquons par les fenêtres et les poursuivons jusque sur les toits. On se tiraillait derrière les cheminées: c'était un plaisir.

Bientôt la ville est prise. L'ennemi tente un retour offensif. Dupont fait rompre les barricades que nous avions établies aux portes opposées à notre attaque, et nous lance au-devant des Wurtembergeois surpris. Le combat ne finit qu'avec la nuit. Nous nous battions depuis neuf heures du matin, après avoir marché toute la nuit précédente.

Napoléon, visitant le champ de bataille aujourd'hui, a été étonné de la hardiesse d'une telle attaque : « Quoi ! dit-il, c'est sur ce pont qu'on a passé pour emporter la ville ? J'aurais hésité à l'attaquer avec 50 000 hommes ! »

« On ne passe pas. » — D'après Charlet.

puis il continua avec émotion, en voyant les cadavres des soldats du Régiment : « *Il y en a donc encore du 52e?* »

Lübeck, 12 novembre 1806.

Il paraît que le Blücher aurait dû se jeter vers l'Oder et rejoindre son roi. Il s'est figuré qu'il suffisait de s'enfermer dans une ville pour nous y tenir tête et nous arrêter net dans notre élan. Il s'est fait pincer dans Lübeck par Bernadotte. Nous sommes arrivés trop tard pour l'assaut, et aussi, heureusement pour notre honneur, pour le pillage. Il dura trente-six heures.

Qu'on se figure une ville envahie, à la fois, par trois corps d'armée différents, le tout formant une masse de 50 000 hommes, auxquels il faut joindre près de 10 000 prisonniers prussiens qui, négligés au milieu de cette bagarre par les vainqueurs, se joignirent à eux pour piller les maisons et se livrer à tous les excès. Pauvres bourgeois de Lübeck! Ils n'avaient jamais tiré un coup de fusil sur personne. Ils ne demandaient qu'à vendre leurs marchandises, expédier leurs ballots et faire leurs affaires. Après tout, c'est la guerre, et l'on ne fait pas d'omelettes sans casser des œufs.

Pendant ce temps, nous marchions. Depuis Halle, nous appuyions la cavalerie de Murat. Depuis Ulm, le prince avait, au moins, changé de chevaux, mais nous de souliers seulement.

Le combat de Wahren nous avait un peu retardés. Encore des ponts et des bois à enlever : cela coûte cher.

Quand nous arrivâmes dans Lübeck, il en sortait un bruit d'enfer. Nous voyions les habitants qui couraient çà et là, comme des âmes en peine, et des nôtres qui couraient plus fort en les poursuivant.

Le colonel Darricau fronçait le sourcil. Il nous masse sur une grande place et nous tient là, l'arme au pied : « Ah çà! dit une mauvaise tête, est-ce que Bernadotte va nous passer en revue, qu'on nous laisse ici comme en faction? » Le colonel le regarda d'un œil chargé à balle, et le bavard se masqua prudemment au troisième rang.

Cependant, grâce à Bernadotte, la tranquillité reparut. Il avait parcouru lui-même, avec son état-major, pendant la nuit, les rues désolées, et rétabli le calme. Il fit fusiller un hussard qui, étant ivre, l'avait menacé dans l'obscurité : d'un coup de cravache il l'avait marqué au visage, reconnu le lendemain et condamné.

Notre discipline et notre bel ordre, dus à l'énergie de notre colonel, nous valurent l'honneur d'être désignés par le maréchal comme sauvegarde de Lübeck. Nos patrouilles sillonnèrent la ville, et nous arrêtâmes les pillards et les ivrognes de tous les corps.

Campagne de Pologne.

(1807.)

Braunsberg, 15 mai 1807.

J'ai vu Berlin trois jours; j'aime mieux Vienne. Trop de pipes et trop de bière. Les Romains donnaient aux jeunes gens la robe virile; les Prussiens leur donnent la pipe. Partagez leurs goûts, fumez, buvez de la bière, les Allemands vous aimeront. Pour se faire bien servir, les soldats avaient une singulière méthode. Logeant plusieurs ensemble, un d'eux faisait le méchant : il jurait, tempêtait, tirait son sabre et menaçait tout le monde. Le maître de la maison arirvait. Alors les autres camarades, faisant les bons apôtres, lui disaient que le tapageur était le meilleur garçon du monde, mais qu'il fallait savoir le prendre : aussitôt ils indiquaient le côté faible : « Il aime la bonne chère, le bon vin; que voulez-vous? C'est sa manie. Quand on le sert à sa fantaisie, il est doux comme un mouton, comme un enfant qui vient de naître; mais lorsqu'on ne lui donne que des pommes de terre à manger, ou de mauvaise bière à boire, il devient terrible. Tenez, avant-hier encore, à huit lieues d'ici, ce vrai démon a mis le feu chez un paysan qui poussa la malhonnêteté jusqu'à mettre de l'eau dans le vin qu'il nous donna. » Ces discours, amplifiés, paraphrasés par l'escouade, faisaient ordinairement grande impression. L'hôte s'exécutait de bonne grâce, et tout se passait fort bien.

Nous avons franchi l'Oder à Francfort le 1er décembre, et nous voici en Pologne. Quel fichu pays! Indigence et luxe, voilà ce qu'on y rencontre à chaque pas. Inutile de dire que le luxe n'est pas pour nous. Nous ne trouvons que des villages déserts et entièrement ravagés : à notre approche, le son d'une cloche se fait entendre, et les habitants courent se terrer dans les bois. Les villages sont d'une effroyable saleté; dans chaque maison on trouve une chambre, ou, pour mieux dire, une écurie où couchent la vache, les chevaux, les poules, etc...; le quart de la pièce est occupé par un énorme poêle qui sert de lit à toute la famille. Le père, la mère, la fille, le gendre y couchent ensemble, sur de la paille placée au-dessus, et tout s'y passe à peu près comme dans un troupeau de cochons.

Qu'on juge de l'excès de misère des paysans polonais. Une nuit, je fus réveillé par le bruit de ma porte que l'on ouvrait avec précaution, et, à la lueur du feu presque éteint, je vis la figure barbue d'un paysan. J'étendis doucement la main, et je saisis mon sabre. Mais le pauvre diable n'en voulait pas à mes jours. Un paquet de chandelles, destiné à m'éclairer et à me graisser les pieds, était le but de cette expédition nocturne. Était-ce pour l'éclairage de sa cabane enfumée qu'il volait? C'eût été un luxe inusité, car ils se servent, à la veillée, de lattes de sapin. Il avait risqué sa vie pour nourrir sa famille. On fit frire mes chandelles avec des pommes de terre; et toute la joie de ces pauvres gens me consola de la perte que j'avais faite.

Au contraire, allez au château; vous y trouvez tous les raffinements de la civilisation,... mais un knout suspendu à un clou dans l'antichambre. Il est destiné à rendre régulier le service des domestiques.

Voilà pour nos gîtes d'étapes. Décrivons les routes ou plutôt les boues.

La nature marécageuse du terrain, la saison pluvieuse et les nombreux convois de l'artillerie et des bagages de l'armée avaient rendu les chemins absolument impraticables. On racontait que plusieurs soldats de la Garde impériale y avaient péri; quelques-uns, épuisés de force et de courage, s'étaient eux-mêmes donné la mort.

La plus mauvaise nuit que je me souvienne d'avoir passée fut celle qui précéda le combat de Mohrungen. Ce fut une étape de seize lieues, dans la nuit du 23 au 24 janvier. Un vent des plus violents nous fouettait la figure d'une pluie mêlée de grêle; l'obscurité était si profonde que notre guide lui-même avait bien de la peine à reconnaître le chemin. Il menait par la bride le cheval de mon capitaine qui était tête de colonne. Le premier qui venait après tenait la queue du cheval, et nous nous tenions tous ensemble par le pan de l'habit, culbutant par grappes dans de profondes ornières ou des fossés pleins d'eau. Accablés de faim et de fatigue, mouillés jusqu'aux os, beaucoup ayant perdu leurs chaussures, il fallut se battre au jour. Le colonel et le 1ᵉʳ bataillon prirent seuls part à l'action. Les deux autres bataillons du 52ᵉ restèrent en réserve. Un vieux sergent[1] des voltigeurs de mon bataillon, Pradal, a tué un commandant russe, qui chargeait avec son escadron un détachement de volti-

---

1. Quarante et un ans.

geurs qu'il commandait; il a rallié la réserve dans le plus grand ordre. Le colonel a demandé la croix pour lui[1].

Il paraît que, par cette victoire, nous avions empêché les Russes de surprendre l'armée française.

Nous eûmes le chagrin de voir partir le colonel Darricau, nommé

Le bouillon du passage. « Aimable enfant, timide et sans art, tu es l'orgueil de ton escouade. »
(D'après une lithographie de Raffet. Collection Auguste Cain.)

général de brigade, le 15 février 1807. Il avait trente-quatre ans. Quel chef! Il était ferme et bon. Il savait soumettre les caractères sans les blesser, les dominer sans les avilir. Il nous avait donné la mesure de son énergie dans la marche en retraite que nous exécutâmes après Mohrungen[2]. L'ennemi était sur nos talons. Nous passâmes une nuit et

1. Il ne l'obtint que le 8 décembre 1808.
2. Le corps de Bernadotte avait ordre de se rapprocher du maréchal Ney. Napoléon opérait la concentration de l'armée pour la campagne de 1807. C'est ce qui explique la marche rétrograde après un succès.

un jour presque continuellement sous les armes, avec la neige jusqu'à mi-jambes. Nous eûmes à passer un défilé, et nous employâmes douze heures de nuit pour faire deux lieues. Nous étions accablés à la fois par la fatigue, la faim et surtout par le sommeil. On dormait en marchant, et, à chaque pas, il fallait s'arrêter pendant des quarts d'heure. Et personne ne grognait, parce que chacun en sentait la nécessité. Ce que le soldat blâme, ce sont les ordres mal donnés, mal transmis ou mal compris; et les meil-

« Après vous, Sire! » — D'après Charlet.

leurs ne valent plus rien lorsqu'*ils droguent* ou qu'*ils marchent pour les capucins*.

Aussi, dans cette retraite, le courage ne les abandonna jamais; mais, quelquefois, leurs forces les trahirent. Le colonel Darricau forma une forte arrière-garde composée d'officiers et de sous-officiers. Il en prit le commandement, et leur donna mission de réveiller et de faire marcher les hommes qui, succombant au sommeil, se jetaient dans la neige sur les côtés de la route. Combien il en sauva ainsi!

Notre nouveau chef, le colonel Aymard, venait du 8e de ligne. Il était jeune aussi[1], actif et brave. Il avait quatorze campagnes et trois blessures.

[1]. Trente-quatre ans

Sa prise de possession de commandement fut une citation à l'ordre de l'armée, pour la bravoure qu'il déploya dans le combat de Braunsberg. Le commandant Bouge fut également cité, et, par décret du 14 avril, l'Empereur accorda dix-huit aigles de la Légion d'Honneur, onze pour les officiers et sept pour les sous-officiers et soldats.

Aussi, combien nous aimons notre Empereur! Les nuées de Cosaques qui patrouillent aux environs de notre camp ont répandu contre lui d'indignes pamphlets; le mépris est le seul effet qu'ils aient produit. Les soldats qui les ont ramassés les ont portés à leurs chefs. Je rougis d'en transcrire un ; mais je veux montrer les armes infâmes dont se servent nos ennemis :

« Soldats, nous disaient-ils, lorsque jadis des armées étrangères méditèrent la conquête de votre Patrie, et qu'elles vinrent même vous attaquer dans vos foyers, vous les repoussâtes avec une valeur, une persévérance que le monde entier admira. Le bruit de vos brillants exploits parvint jusqu'à nous. Il nous fit connaître votre courage, votre loyauté, et le soldat français devint l'objet de notre estime.

« Mais ce n'est plus la Patrie qui réclame vos efforts. Une guerre, étrangère à vos intérêts, vous arrache à vos foyers, à vos familles, à vos amis. Un tyran, dont l'ambition insatiable ne connaît pas de bornes, vous entraîne dans des climats lointains. Il fait couler le sang français pour donner des couronnes à ses parents. Il vous oblige à combattre une nation qui est prête à vous donner des gages de son ancienne affection, mais qui versera aussi jusqu'à la dernière goutte de son sang pour la cause sacrée de la Patrie. »

Et nous aussi nous la verserons.

Berlin, 15 octobre 1807.

Je l'ai conquise enfin cette magique épaulette dont je rêvais. Je suis sous-lieutenant depuis le 24 juin, au tour du choix des officiers, par suite d'une loi républicaine qui n'est pas encore abolie. J'avais toujours souhaité être nommé de cette manière; c'est la plus flatteuse, selon moi. Les sous-lieutenants désignaient au scrutin trois candidats parmi les sous-officiers et les lieutenants choisissaient un des trois.

Mais il fallait la confirmation de l'Empereur, et, jusque-là, je devais continuer mon service de sergent. Je la reçus le 16 août à Spandau, et je fus reconnu le jour même, à la tête du Régiment. Endosser un frac, porter l'épaulette, ceindre une épée, oh! les belles choses!

Nous étions restés jusqu'au 25 juin dans nos cantonnements de

Braunsberg. Tous les corps étaient campés; la division seule était logée. Mais quel service! De deux nuits, l'une aux avant-postes; et, tous les matins, à deux heures, le Régiment entier était sous les armes. Malgré tout, c'était un repos relatif, et la plus grande partie de nos malades et de nos blessés était rentrée dans les rangs. Il s'était établi avec les Russes une espèce de trêve tacite. Beaucoup de postes communiquaient et s'entr'aidaient dans leurs mutuels besoins. Le retard des convois de subsistances forçait souvent les soldats à s'écarter des cantonnements pour aller chercher des vivres au loin. Quelques voltigeurs du 1er bataillon rencontrèrent un jour des Cosaques qui erraient dans le même dessein. La chasse aux pommes de terre fut faite en commun et le partage effectué strictement et fraternellement. Ce qui n'empêcha pas de s'égorger au premier signal. Ce furent les Russes qui le donnèrent le 4 juin. Le maréchal Bernadotte fut blessé et dut laisser le commandement du 1er corps au général Victor.

Nous manœuvrions sur la Basse-Passarge lorsque, le 13, nous reçûmes l'ordre de rejoindre l'armée.

Le 14, à huit heures du matin, Napoléon passa au milieu de nos rangs. Il avait sa capote grise : « Oudinot et Lannes, nous dit-il, ont toute l'armée russe sur les bras. Vous serez là pour la bataille, je compte sur vous. C'est aujourd'hui l'anniversaire de Marengo. » Puis, s'adressant au général d'artillerie : « Combien de pièces avez-vous, Sénarmont? — Trente-six, Sire. — C'est bien ; il faudra chauffer : le Russe aime les boulets. »

Notre empressement d'arriver était tel qu'il amena une querelle au passage d'un pont. Quand Dupont, qui avait accompagné l'Empereur quelque temps, revint à la tête de sa division, il la trouva cul sur tête, morcelée par bataillons, par compagnies, entre lesquels était mêlée la Garde impériale qui prétendait passer la première. Il entra dans une colère épouvantable, fit jeter à l'eau diverses voitures dont le pont était encombré, et laissa filer la Garde la première.

Vers deux heures, nous entendîmes le canon et rencontrâmes un grand nombre de blessés. Ils nous apprirent qu'on se battait depuis le matin. Oudinot, nous dit l'un deux, aurait bien voulu mettre aux Russes le c.. à l'eau, mais il avait usé tous ses grenadiers. On nous fit doubler le pas ; le nombre toujours croissant des blessés montrait que l'affaire était chaude. J'en vis plusieurs entièrement nus et noircis de la tête aux pieds; ils étaient aveugles et marchaient les bras étendus, en poussant des cris lamentables : c'étaient des canonniers et des soldats du train d'artillerie dont les caissons avaient sauté. Il fallait voir la tête des conscrits : « Quel malheur, disait l'un, en voyant passer un pauvre diable avec la tête fendue et son bras cassé; deux blessures! et que de chemin à faire sans être pansé! — Tu es un imbécile, repartit le blessé; tu en auras bien d'autres tout à l'heure; je connais mon sort et tu ne connais pas le tien. »

« Tiens, regarde celui-là, disait un autre, n'a-t-il pas l'air d'un mort? — Il l'est, répliqua son voisin, un des vieux; hier, il oublia de se faire enterrer ». Etc., etc....

Bientôt ce fut des cadavres qu'on rencontra. Les pauvres conscrits décrivaient d'abord un cercle de vingt pas tout autour, de peur de les toucher; bientôt ils se rapprochaient, plus tard ils marchaient dessus sans façon.

On nous arrêta enfin, pour nous préparer au combat et donner le temps aux traînards de rejoindre. J'avais grand'faim, et pas de vivres, comme il arrive d'ordinaire la veille des grandes batailles, alors que de nombreuses armées se réunissent sur un même point.

Mon capitaine tira de ses fontes une bouteille d'eau-de-vie qu'il gardait précieusement pour une bonne occasion. Il me la tendit en disant : « Ravy, vous allez voir ce que c'est qu'une bataille rangée. » Puis il m'expliqua l'ordre de bataille qu'on avait communiqué aux officiers : « Ney, à droite, devait appuyer la position actuelle du général Oudinot. Son point de direction était le clocher de Friedland. Lannes au centre et Mortier à gauche. Le mouvement devait être fait par notre droite et pivoter sur la gauche. Notre corps d'armée formait la réserve avec la Garde.

« C'était le maréchal Ney qui devait avoir l'initiative du mouvement; il ne commencerait que sur l'ordre de l'Empereur. A ce moment, tous les canons de la ligne devraient doubler le feu et dans la direction de protéger son attaque. »

Toutes les montres avaient été réglées sur celle de l'Empereur. A cinq heures précises, un premier coup donna le signal, répété par trois salves d'une batterie de vingt canons.

Nous débouchâmes des bois vers cinq heures et demie. Une plaine assez étendue et couverte de masses innombrables s'offrit à mes regards; je n'avais jamais vu tant de troupes réunies. La canonnade faisait fureur. A notre droite, Friedland en flammes. Bientôt nous entrâmes, pour n'en plus sortir qu'à la fin de la journée, dans la région des boulets. Nous passâmes près d'une forte batterie d'artillerie; les canonniers étaient pleins d'ardeur; ils avaient mis habits bas et retroussé leurs manches de chemise pour mieux servir leurs pièces.

Cependant la ligne de Ney pliait devant l'effort de la Garde impériale russe et la charge soudaine d'une nombreuse cavalerie. Napoléon donna l'ordre à la division Dupont de se porter à droite et en avant.

Déjà la division Bisson reculait en désordre, à plus de huit cents pas. Cinq minutes de plus, et les Russes perçaient notre aile droite. Dupont fit battre la charge et en avant notre première ligne. Les six bataillons de seconde ligne, en colonne, suivirent le mouvement.

Nous obliquâmes à droite, et les renforts vinrent à notre gauche boucher cet espace libre[1].

A notre droite, à notre gauche et par nos intervalles, nous vîmes

« Attention ! l'Empereur a l'œil sur nous. »
(D'après une lithographie de Raffet. Collection Auguste Cain.)

s'écouler en tumulte la foule des soldats du général Bisson, entraînant avec elle, et à pied, ce général connu par sa forte stature et son courage. L'aigle du 68ᵉ, pour échapper au danger d'être prise, se réfugia dans les rangs du 32ᵉ. Le colonel Aymard en confia la garde aux grenadiers du 1ᵉʳ bataillon.

Nous avons vu le maréchal Ney se multipliant avec cette prodigieuse activité qui lui faisait mettre, en une heure, un cheval sur les dents; sa bouillante énergie avait quelque chose d'effrayant; l'écume ruisselait des

---

1. Le duc de Rovigo dit dans ses Mémoires. « J'ai entendu l'Empereur louer d'une manière toute particulière, le mouvement de Dupont obliquant à droite et dire hautement qu'il avait beaucoup avancé la bataille. »

deux côtés de sa bouche. Il arrêta ses troupes, les reforma et attaqua de nouveau, si rapidement que l'on s'aperçut à peine de son accident.

Mon bataillon fut détaché comme soutien des batteries Sénarmont. Cet intrépide général avait formé deux batteries de 15 pièces chacune, avec 6 bouches à feu en réserve. Ce formidable train d'artillerie, roulant à grand bruit, se porta rapidement, pour première position, à 200 toises[1] de l'ennemi. Après cinq à six salves, elle s'en approcha à 100 toises, et commença un feu roulant. En vain les Russes ripostaient avec leurs batteries partielles dispersées sur toute leur ligne.

Napoléon avait envoyé le général Mouton dire à Sénarmont qu'il s'aventurait trop loin : « Laissez-moi faire avec mes canonniers; je réponds de tout[2]. »

En avançant, nous occupions le terrain où la Garde russe avait combattu; les morts et les blessés marquaient ses lignes. Quels soldats! quel inflexible courage! L'un de leurs blessés gisait à une centaine de pas de notre carré; il avait une cuisse emportée, ce qui ne l'empêchait pas de charger son fusil et de le décharger sur nous sans relâche. On envoya vers lui un adjudant pour le faire cesser. Il refusa de se rendre, et, couché sur le dos, avec la baïonnette de son fusil qu'il n'avait pas eu le temps de recharger, et dont il appuyait la crosse sur son ventre, il menaçait l'adjudant. Celui-ci en eut pitié et le laissa dans cette position. Mais, à peine l'avait-il quitté, qu'il recommença à tirer. Un soldat dut le tuer d'un coup de fusil à bout portant.

Nos conscrits aussi avaient un courage stoïque. J'en vis un qui, assis par terre au milieu de notre carré, mangeait tranquillement un morceau de pain : je m'approchai de lui, pour lui ordonner de se lever et de rejoindre son rang. Pour toute réponse, il souleva le coin de sa capote et me montra une de ses jambes à moitié emportée par un boulet de canon; puis, sans proférer une parole, le visage calme et nullement altéré, il continua à manger son pain.

Je fus blessé d'un des derniers coups de canon qui se tirèrent à Friedland. Je me reposais, assis sur un sac, et mon bras gauche appuyé sur ma cuisse, lorsqu'un éclat d'obus me frisa les deux cuisses, à chacune desquelles il fit une contusion, et me frappa rudement l'avant-bras gauche dont il m'enleva toute la peau de dessus.

---

1. 589 m. 80.
2. Quand Mouton revint, Napoléon avait déjà jugé l'effet de la batterie. Il lui dit en souriant : « Ce sont de mauvaises têtes; laissons-les faire. »

Le feu ne cessa que vers dix heures du soir, et nous bivaquâmes au milieu des morts.

Friedland nous a valu la paix et la perte de notre général de division. Dupont était fait grand-croix de la Légion d'Honneur et nommé au commandement d'un corps d'armée en Espagne. Combien nous l'avons regretté et que de gloire nous lui devions depuis deux ans[1] ! » Le général Ruffin l'a remplacé, et le maréchal Victor a définitivement pris le commandement du 1er corps.

Par décret du 1er octobre, 11 officiers, 8 sous-officiers, 6 caporaux et soldats reçurent la croix. C'étaient les récompenses de Friedland.

Je suis guéri de ma blessure, et dans nos cantonnements des environs de Berlin nous dansons et nous chassons la grosse bête. Les filles sont passables, et les forêts d'alentour très giboyeuses. Nos hôtes payent les bals, et tâchent, à l'affût, de nous placer dans de mauvais postes[2].

OPÉRATIONS DU 3e BATAILLON A L'ARMÉE DE PORTUGAL.

Au cours de la campagne de Pologne, le 7 avril 1807, le dépôt de Paris avait reçu l'ordre de fournir le nombre d'hommes nécessaire pour compléter à 150 les 6 compagnies du 3e bataillon, en station au camp de Saint-Lô[3]. Il devait en outre constituer 2 compagnies de 150 hommes pour porter à 1200 l'effectif du bataillon.

Ce 3e bataillon, aux ordres du commandant Perrin, fait partie du 3e régiment provisoire organisé avec le 1er bataillon du 32e et un bataillon du 58e. M. Bertrand, major du 58e, le commande. Il appartient à la brigade Thomières, de la 2e division (général Loison) de l'armée de Portugal, commandée par le général de division Junot, sous la dénomination : premier corps d'observation de la Gironde.

Jusqu'au 17 octobre il est aux environs de Bayonne; il s'organise et complète son effectif.

A cette date, le général Junot met son armée en mouvement, et entre sur le territoire espagnol. Le corps d'armée français eut beaucoup à souf-

---

1. Peut-on croire que ce brillant divisionnaire soit l'homme de Baylen ? Remarquable dans l'exécution des ordres, il était incapable d'en donner et de commander en chef.
2. Ici prend fin le journal du sous-lieutenant Ravy.
3. Les compagnies d'élite étaient parties pour l'Allemagne le 2 novembre 1806, et avaient formé, avec les compagnies de grenadiers et de voltigeurs des 3e bataillons des 96e et 9e de ligne, le 2e bataillon, dit d'élite, des grenadiers de la réserve.

frir dans le trajet de Salamanque à Alcantara, par San Mugnos, Ciudad-Rodrigo, Fuente Guinaldo et Moraleja. De nouvelles privations, de nouvelles souffrances l'attendaient encore dans le trajet de Castello-Branco à Sobreira. Pas de vivres; des chemins affreux, défoncés par le mauvais temps; et les deux tiers des soldats étaient de jeunes conscrits sortant des dépôts ! Un certain nombre périrent en route de fatigue et de misère : « Ces troupes, écrit le lieutenant général Thiébault, dans sa relation de l'expédition de Portugal en 1807 et 1808, venaient de faire la marche la plus pénible et la plus affreuse que jamais une armée s'avançant pour combattre ait osé entreprendre. »

Notre bataillon est à Abrantès le 2 décembre. Il arrive à Lisbonne le 8, mais dans un misérable état. Les compagnies étaient presque désorganisées[1]. Beaucoup de soldats descendaient le Tage sur des bateaux, d'autres arrivaient à Lisbonne transportés sur des ânes, n'ayant plus ni armes, ni vêtements, ni chaussures, méconnaissables et presque moribonds. Les situations du bataillon le portent à Péniche, le 7 février 1808. Son effectif est de 1 453 hommes ainsi répartis : Présents sous les armes : 19 officiers, 950 hommes. Hôpitaux : 344 hommes; détachés, 60; venant de Paris, en route : 100 hommes. Le Portugal avait été occupé sans coup férir, mais au prix de quelles fatigues et de quelles souffrances !

Le début de 1808 fut calme. Mais les premiers événements de la guerre d'Espagne avaient secondé les efforts incessamment faits par les Anglais pour exciter les habitants à l'insurrection. L'armée de Portugal allait avoir ses communications coupées avec la France.

Le 3ᵉ bataillon est, au 5 juin, à une lieue d'Almeïda, sous les ordres du général Loison, vis-à-vis le fort espagnol de la Conception. Deux compagnies prennent possession de ce fort, évacué la nuit, et y tiennent garnison jusqu'au 1ᵉʳ juillet. Les six autres forment la garnison d'Almeïda, commandée par le général Charlot.

Pendant ce temps, 10 000 Anglais débarquaient à l'embouchure du Mondégo.

Le 26 juillet, le commandant Perrin, avec 12 officiers, 784 hommes, 2 pièces de canon et 50 dragons, occupe Abrantès, aux ordres du général Charlot.

Le 9 août, le général Loison entre dans Abrantès. Il en repart avec toute sa division, le 11. Le 18, il lui fait prendre position à Torrès-Vedras.

---

1. On comptait à peine 500 hommes sous chaque aigle.

Junot y arrive le 20, et réorganise ses 9 200 hommes[1] en deux divisions d'infanterie, une de cavalerie et une de réserve. Il fallait sauver l'honneur de l'armée qu'il commandait et offrir la bataille à 20 000 Anglais. Ce fut la bataille de Vimeiro. Échec honorable. A 2 heures de l'après-midi, l'armée française était en retraite sur Lisbonne, dans un ordre parfait. « Les plus jeunes ont mérité le titre de vieux soldats[2]. »

Le 24 août, l'armée anglaise était forte de 52 000 hommes.

Toutes les subsistances sont au moment de manquer : on ne peut presque plus donner de viande en nature, et on est obligé de la donner en argent à plusieurs corps. Les estropiés, un grand nombre de convalescents et tous les ouvriers sont portés dans les présents sous les armes ; ils dépassent de plus d'un cinquième le nombre des combattants. Ce qui réduit, pour le bataillon, à 850 le chiffre des hommes valides.

Junot est résolu à obtenir un traité honorable ou à s'ensevelir sous les ruines de Lisbonne.

La convention de Cintra, ratifiée le 1ᵉʳ septembre, arrête que « l'armée sera transportée par mer en France, avec ses armes, ses chevaux, ses munitions et ses bagages, et par les moyens de l'armée anglaise ; qu'à aucun titre elle ne sera considérée comme prisonnière de guerre ». L'honneur était sauf. C'est ainsi que doivent se faire respecter les vaincus. En France, tout peut être perdu, fors l'honneur !

1. 26 187 hommes au départ de Bayonne.
2. Rapport du général Loison.

CHAPITRE II

Traits principaux d'organisation.

(18 Février 1808. — 30 Avril 1814.)

Le sous-lieutenant Ravy a laissé le 52ᵉ aux environs de Berlin, au camp de Napoléonbourg. Le Régiment y séjourne pendant tout le printemps de 1808. Il en part le 10 juillet, arrive à Wesel le 12 août, et à Paris le 6 septembre.

Dans les récits d'Allemagne, nous avons montré une des façons de prendre la guerre. Il en est une autre qui n'exclut pas l'héroïsme et le sentiment du devoir. Un jeune sceptique de Fontainebleau nous la fera connaître. Il envisage la guerre « au point de vue des coups à donner et des femmes à recevoir » : il professe un profond dédain pour les questions d'organisation et pour tous les détails administratifs.

Les transformations que subit le Régiment, à cette époque, sont trop profondes pour être négligées ou reléguées aux pièces justificatives. Il a donc fallu consacrer un chapitre aux modifications que des décrets successifs apportent à sa constitution. Ce chapitre mettra en lumière le merveilleux génie de Napoléon, que tous les événements trouvent prêt, et qui fait face partout à la fois.

Par décret du 18 février 1808, les régiments à 3 bataillons sont portés à 5 : 4 de guerre et 1 de dépôt. Les bataillons de guerre sont à 6 compagnies : 1 de grenadiers, 4 de fusiliers, 1 de voltigeurs.

Le bataillon de dépôt compte 4 compagnies. Un capitaine, désigné par le Ministre sur la présentation de trois candidats faite par le colonel, commande le dépôt sous les ordres du major, et, en même temps, une des 4 compagnies. Il y a en outre au dépôt : 1 adjudant-major et 2 adjudants sous-officiers[1].

---

[1]. Chargés d'instruire les recrues, et elles seront nombreuses jusqu'à la fin de l'Empire. De 1805 à 1814, le 52ᵉ a incorporé 17 717 hommes, soit 1 610 par an, en moyenne. Il en a reçu 3 700 en 1813.

Un cadre de recruteurs est toujours en route. Il parcourt les régions qui fournissent les conscrits au Régiment, et les amène au dépôt, tambour en tête.

L'effectif de toutes les compagnies est de 140 hommes : 1 capitaine, 1 lieutenant, 1 sous-lieutenant; 1 sergent-major, 4 sergents, 1 caporal-fourrier, 8 caporaux, 2 tambours, 121 grenadiers, voltigeurs ou fusiliers.

Quand les six compagnies d'un bataillon sont présentes, on agit toujours par division ou groupe de deux compagnies. Il y a quatre sapeurs par bataillon, pris dans la compagnie de grenadiers, ainsi que le caporal.

Il entre dans la composition de l'état-major du Régiment : 1 chirurgien-major, 4 aides-chirurgiens, 5 sous-aides chirurgiens[1].

Il n'y a plus qu'un drapeau par régiment. Il est confié à un porte-drapeau ayant le grade d'officier.

Le premier porte-aigle, du grade de lieutenant, a 12 ans de services, et a fait les quatre campagnes d'Ulm, Austerlitz, Iéna et Friedland : il reçoit la solde de lieutenant de 1re classe. Il lui est adjoint « deux braves, pris parmi les anciens soldats non lettrés, et qui ont 12 et 15 ans de services » avec le titre de 2e et 3e porte-aigles. Ils ont le rang de sergent, touchent la solde de sergent-major et en portent les galons. Ils portent les épaulettes de grenadiers, c'est-à-dire écarlates, et un casque de carabiniers ; la chenille du casque du 2e porte-aigle est rouge, et celle du 3e blanche[2]. Ils sont armés d'un esponton formant une espèce de lance de cinq pieds de haut, auquel est attachée une banderole rouge pour le 2e porte-aigle, et blanche pour le 3e. D'un côté était : Napoléon, de l'autre le N° 52[3]. Les trois porte-aigles, nommés par l'Empereur sur la présentation de trois candidats par corps, faisaient partie de l'état-major du Régiment.

L'aigle était là où il y avait le plus de bataillons réunis. La nôtre sera en Espagne jusqu'en 1814.

Chacun des quatre bataillons de guerre a une enseigne confiée à un sous-officier choisi par le chef de bataillon. Elle porte d'un côté : L'Empereur des Français au 52e Régiment d'Infanterie de ligne, et au revers : Valeur et discipline, tel bataillon.

On mettait l'aigle à droite et l'enseigne à gauche du bataillon où était l'aigle.

L'aigle n'a plus de destination tactique en analogie avec celle des

---

1. Ce nombre de médecins est significatif.
2. Décret du 25 décembre 1811.
3. Ordre impérial du 28 juin 1809.

anciens drapeaux de l'infanterie de ligne, et au lieu d'être un jalon et un pivot de manœuvres, ce ne fut plus qu'un point de ralliement militaire.

Par décret du 25 décembre 1811, l'aigle est affectée au 1ᵉʳ bataillon; les autres bataillons n'ont que des fanions de couleur distinctive : blanc

« Serrez les rangs ! » — D'après une lithographie de Raffet.

pour le 2ᵉ, rouge pour le 3ᵉ, bleu pour le 4ᵉ, vert pour le 5ᵉ, jaune pour le 6ᵉ et violet pour le 7ᵉ.

Lorsque l'Empereur prescrivit de renouveler les draperies des aigles, sa première idée fut d'adopter le vert, semé d'abeilles d'or, tout en maintenant les cravates tricolores. Il se prononça pour le drapeau aux *trois couleurs placées verticalement*. Aux angles supérieurs était la couronne impériale; aux angles inférieurs l'image d'un aigle; les uns et les autres étaient séparés par une couronne de chêne contenant l'initiale de l'Empereur. La hampe avait 8 pieds de hauteur[1].

D'un côté était brodée l'inscription : l'Empereur Napoléon au 52ᵉ Régiment d'Infanterie, et, de l'autre, les noms des batailles où le corps avait assisté (celles seulement où l'Empereur commanda en personne[2].) Les aigles ne seront pas renouvelées, disait l'ordre du jour du 12 février 1812,

La Veille. — D'après Raffet. Collection Auguste Cain.

et elles seront le *point de ralliement auquel sera attaché l'honneur d'un corps.* »

Le 52ᵉ n'a jamais perdu la sienne.

Voici comment le Régiment fut constitué à Paris avant de partir pour l'Espagne.

Le 1ᵉʳ bataillon fut formé des grenadiers, voltigeurs, 1ᵉʳ, 3ᵉ, 4ᵉ, 5ᵉ compagnies de fusiliers du 1ᵉʳ bataillon (ancien);

Le 2ᵉ bataillon, des mêmes unités de l'ancien 2ᵉ bataillon;

Le 3ᵉ bataillon, des 6ᵉ, 7ᵉ, 8ᵉ compagnies du 1ᵉʳ bataillon (ancien); 6ᵉ, 7ᵉ, 8ᵉ du 2ᵉ bataillon (ancien).

1. 2 m. 59.
2. Nous n'avons pu retrouver les inscriptions faites sur le drapeau du Régiment. Eut-il même jamais ce drapeau? Les communications n'étaient guère faciles en Espagne, et la sollicitude de Napoléon s'étendait surtout à la Grande Armée.

Le 4ᵉ bataillon, des grenadiers, voltigeurs, 1ᵉʳ, 3ᵉ, 4ᵉ, 5ᵉ compagnies de fusiliers du 3ᵉ bataillon (ancien) ;

Le 5ᵉ bataillon, des 6ᵉ, 7ᵉ, 8ᵉ compagnies du 3ᵉ bataillon (ancien), plus une compagnie de nouvelle formation.

Le 5ᵉ bataillon fut toujours dépôt et resta à Paris.

Lorsque la première armée de Portugal fut dissoute (décembre 1808), le 4ᵉ bataillon fit un instant partie du 8ᵉ corps de l'armée d'Espagne, dissous, à son tour, presque aussitôt.

C'est vers cette époque que trois bataillons furent mis en route, destinés à l'armée d'Espagne.

Ils font partie de la brigade Roguet (première division, général Sébastiani, du 4ᵉ corps, général Sébastiani[1]). Le petit dépôt est à Bayonne.

Après la dissolution du 8ᵉ corps, le 4ᵉ bataillon vint rejoindre les trois autres à Madrid, le 8 mars 1809. Il assista aux batailles de Talavera et d'Almonacid, versa ses hommes dans les autres, le 31 août, à Guadalajara ; puis, ses cadres partirent pour Paris, où un nouveau 4ᵉ bataillon était en formation.

Le 12 janvier 1810, ce bataillon entrera dans la composition du 8ᵉ corps réorganisé (général Junot, duc d'Abrantès) et réuni à Logrono, dans les dix premiers jours de février, pour faire partie de la 2ᵉ armée de Portugal. Cette armée est constituée le 15 mai 1810. Elle est commandée par le maréchal de l'Empire Masséna, duc de Rivoli, prince d'Essling. Le 4ᵉ bataillon (commandant Stagliano), à l'effectif de 13 officiers, 580 hommes de troupe et 4 chevaux, forme, avec le 12ᵉ léger, le 5ᵉ régiment de marche de la brigade Corsin de la 2ᵉ division (Lagrange).

Le 1ᵉʳ juillet 1810, ce bataillon, à l'effectif de 845 hommes, passe dans la division d'arrière-garde Séras, indépendante sur les derrières de l'armée de Portugal, dont elle assure les communications. Il appartient toujours à la brigade Corsin, dont la composition mérite d'être notée : 1 bataillon du 12ᵉ léger ; 1 bataillon du 32ᵉ ; 9ᵉ compagnie du 6ᵉ d'artillerie à pied ; 5ᵉ compagnie du 9ᵉ bataillon principal du train[2].

Emplacement : col de Baños.

Dès 1811 ce bataillon revient au 4ᵉ corps d'armée du midi de l'Espagne. Il arrive à Cordoue le 15 mai, et appartient au 5ᵉ régiment de marche.

---

1. Le général Sebastiani commande à la fois la 1ʳᵉ division et le 4ᵉ corps.
2. Une compagnie du train et une compagnie d'artillerie à pied ou à cheval forment une batterie mixte.

Voici la situation d'effectif au 16 avril 1812 :

BATAILLONS.	AFFECTATION. — EMPLACEMENTS.	OFFICIERS.	HOMMES.	HOPITAUX
	Espagne. — Armée du Midi.			
1er	4e division[1].	34	703	42
2e	»	17	694	29
3e	»	17	692	59
4e	»	16	682	46
	Total.	84	2771	176
5e	Détachement en Espagne	4	90	119
	4 compagnies dépôt à Paris.	12	225	23
Petit dépôt	Bayonne.	1	1	9
1 détachement.	Mayence		60	
	Total.	101	3147	327
	Effectif. — 3575.			

Le 22 février 1813, les hommes du 4e bataillon sont incorporés dans les trois premiers. Le cadre du 4e bataillon doit partir pour Bayonne, où il recevra de nouveaux ordres du Ministre de la guerre ; il est ainsi composé : 19 officiers, 90 sous-officiers, caporaux et tambours. Il rejoint le dépôt, y incorpore environ 840 conscrits et part pour l'Allemagne.

Dès le 14 février, un 6e bataillon, constitué au dépôt, avait été mis en route sur Mayence. Le commandant Marioge était son chef ; il avait pour le seconder : 1 adjudant-major, 1 chirurgien sous-aide-major, 2 capitaines, 5 lieutenants, 6 sous-lieutenants. Tels étaient les cadres des 6 compagnies de fusiliers (ni grenadiers, ni voltigeurs).

Le 18 avril 1813, tous les hommes du 3e bataillon sont versés dans les deux premiers. Au lieu d'envoyer intégralement les cadres en France, on compléta en officiers et sous-officiers les cadres amoindris des 1er et 2e bataillons. Le reste gagna Paris à l'effectif de 10 officiers et 82 sous-officiers, caporaux et tambours. Dès que ce 3e bataillon (commandant Per-

---

1. Le duc de Dalmatie organise l'armée du Midi en divisions, et supprime la dénomination de corps d'armée. C'est afin d'obtenir plus d'ensemble dans les opérations, car ainsi l'action du commandant en chef est plus directe.

rossier) fut reformé, il fut dirigé sur Mayence, où il constitua le 52e régiment provisoire avec le 2e bataillon du 59e. Il comprenait 6 compagnies, dont une de grenadiers et une de voltigeurs. Il resta en garnison à Mayence au début de la campagne de 1813. Il entrait dans la composition de la 51e division du 4e corps de la Grande Armée.

Le 28 novembre, par ordre de Sa Majesté l'Empereur, les hommes disponibles du 2e bataillon sont incorporés dans le 1er. L'opération se fit au bivouac, en avant de Bayonne. Les cadres du 2e bataillon (19 officiers, 58 sous-officiers, caporaux, tambours ou cornets[1]) se rendirent à Nîmes, et y reçurent des conscrits destinés à former une armée de réserve. 18 officiers, y compris l'état-major du régiment, restaient à la 4e division de l'armée d'Espagne, pour encadrer 1901 sous-officiers, caporaux et soldats, dont 740 étaient aux hôpitaux. Le 1er bataillon comprenait toujours 6 compagnies dont une de grenadiers et une de voltigeurs, ce qui donnait un effectif moyen de 315 hommes par compagnie et de 190 présents.

Telle était la situation du Régiment au 1er décembre 1813.

L'acte d'organisation du 7e bataillon, à Toulouse, en date du 1er janvier 1814, marquera nettement l'état militaire de l'époque et la situation des unités créées pour faire face à la coalition de toute l'Europe :

18 officiers dont 1 chef de bataillon (commandant André).

Compagnies d'élite 2	1 sergent-major	présents	1	à l'hôpital.
	4 sergents	»	4	»
	1 fourrier	»		
	10 caporaux	»	5	»
	3 tambours et cornets	»		
	1 gren. ou voltigeur	»		
Compagnies du centre 4	3 sergents-majors	présents		
	10 sergents	»	4	à l'hôpital.
	3 fourriers	»	1	»
	20 caporaux	»	9	»
	2 tambours	»	2	»
	47 fusiliers	»		

Les officiers ont été reconnus à la tête de leurs unités respectives.

Il sera pourvu au manque au complet qui est de 233[2], au fur et à mesure de l'arrivée des nouvelles levées.

Le sous-inspecteur aux revues, employé dans la première division militaire (Place de Paris).

Marc Teste.
Contresigné :
Comte Hullin.

1. Les cornets étaient affectés aux compagnies de voltigeurs.
2. L'effectif des bataillons devait être de 825 hommes.

Le 27 décembre 1813, un 6ᵉ bataillon *bis* avait été créé. Voici le procès-verbal d'organisation. L'opération eut lieu à la caserne Popincourt, à Paris :

« Le 5ᵉ bataillon de dépôt comprend :

« 25 officiers, 942 hommes de troupe. 466 hommes sont détachés; et 156 sont aux hôpitaux.

« Le conseil d'administration ayant reçu de Son Excellence le Ministre de la guerre des brevets provisoires pour les officiers qui doivent entrer dans la composition des cadres des compagnies du 6ᵉ bataillon *bis*, ces officiers ont été reconnus, en notre présence, dans leur nouveau grade,

Le Lendemain. — D'après Raffet.

de même que les sujets susceptibles d'avancement, comme sous-officiers et caporaux, nécessaires pour le complément. Sont également entrés dans la composition dudit bataillon, les sous-officiers, fusiliers et tambours du 5ᵉ bataillon en état de faire campagne et au nombre desquels se trouvent 486 soldats, *conscrits de la levée des sept classes.* »

Le commandant Gérard était à la tête de ce bataillon qui fit la campagne de France (1814). L'effectif était de 20 officiers, 33 sous-officiers, 12 tambours, 499 soldats répartis en six compagnies. Il importe de signaler, dès maintenant, que le 20 avril 1814, le capitaine Bunal commande le bataillon, en station à Nevers, et réduit à 6 officiers et 24 hommes!

En résumé, voici quels étaient les emplacements du 32°, au début de 1814.

1ᵉʳ bataillon	}	Armée d'Espagne.
2ᵉ »		
3ᵉ »		Mayence.
4ᵉ »		Dresde (jusqu'au 11 novembre 1813, date de la capitulation).
5ᵉ »		(Dépôt) Paris.
6ᵉ »		Dresde (jusqu'au 11 novembre 1813, date de la capitulation).
7ᵉ »		Toulouse (2ᵉ division de réserve de l'armée d'Espagne).
6ᵉ *bis* »		Paris (2ᵉ corps).

CHAPITRE III

Campagnes d'Espagne

(1808-1812.)

SOUVENIRS D'UN SOUS-LIEUTENANT[1].

Novembre 1808.

Mon départ de l'École militaire de Fontainebleau. — « Levez les têtes, levez les têtes, immobiles! l'immobilité, c'est le plus beau mouvement de l'exercice! » Brave Kuhman, le général Bellavenne ne devait pas être loin. Il arriva, passa la revue et fit former le carré. Il tenait une liste à la main. Il en commença la lecture. Mon cœur battait à briser ma poitrine. Serais-je des heureux qui devaient partir demain pour l'Espagne? Quand j'entendis mon nom, je faillis crier : « Vive l'Empereur! » Il paraît que j'avais bougé, car je rencontrai le regard foudroyant du brave Kuhman. (Cette épithète de brave lui fut donnée par un homme qui s'y connaissait, par Napoléon lui-même.) Excellent Kuhman, je ne verrai donc plus les larmes s'échapper de tes yeux et couvrir ta figure noircie par la poudre à canon, à la vue d'un mouvement bien exécuté ou d'une conversion précise? Je n'enverrai plus à tous les diables le tambour qui nous bat, chaque jour, la diane à cinq heures. Adieu, héros de la Grèce et de Rome, Vauban, Malte-Brun et Guibert; je vous dois de bons moments de sommeil. J'allais oublier de te donner une pensée, attachant règlement de 1791. Je ne mangerai plus de pâtés de giberne, délicieux mets de contrebande, qu'un garçon pâtissier bien dressé confectionne à la grandeur voulue, et glisse adroitement, en pleine forêt de Fontainebleau, dans cette boîte de cuir destinée

---

1. Maignal (Bernard-Hippolyte), né en 1789. — Sous-lieutenant 5 novembre 1808. — Lieutenant 1ᵉʳ septembre 1811. — Capitaine 7 mars 1814.

aux cartouches. Que voulez-vous, ma gamelle[1], et mes trois livres de pain tous les deux jours ne me suffisaient pas. Oh! mon fusil! le plus rouillé et le plus délabré de l'École! Il faut nous séparer. Je suis sous-lieutenant! et je pense être quelque chose. Je n'ai rien fait, ni rien appris pendant mon séjour à l'École. Mais j'y ai pris tout à fait l'esprit du métier. Demain, les sentinelles me porteront les armes, et je saluerai gravement, avec indifférence. Puis, je rejoindrai mon régiment, le 32º, en Espagne. Quel heureux début! J'y ferai tranquillement mon apprentissage de la guerre. Si les Espagnols sont taciturnes et peu causeurs, les femmes, dit-on, sont vives et pétillantes; elles possèdent à fond le vocabulaire galant, et ne vous font pas languir trop longtemps. Je passerai agréablement l'hiver dans le Midi, et, au printemps, après avoir vengé le guet-apens de Baylen, Napoléon nous conduira dans quelque capitale de l'Europe. J'hésite entre Vienne ou Moscou.

Décembre 1808-janvier et février 1809.

Mon entrée en Espagne et mon arrivée à Madrid. — Un capitaine de l'École était chargé de nous conduire au quartier général de l'Empereur. Nous allions en poste, à ce qu'on disait; le fait est qu'on nous entassait par douzaines dans des charrettes à échelles garnies de quelques bottes de paille, et qu'en marchant au pas, depuis le matin jusqu'au soir, nous faisions deux étapes par jour. Nous passâmes la Loire à Saumur; bon vin! et la Garonne à Bordeaux; jolies filles! Nous traversâmes ensuite les landes incultes qui sont entre Bordeaux et Bayonne. Nous voyions de loin en loin des bergers, vêtus de peaux de moutons noirs, montés sur des échasses de six ou sept pieds de haut, et appuyés sur une longue perche, immobiles à la même place, sans jamais perdre de vue leurs troupeaux, qui paissaient autour d'eux dans la bruyère.

A quelques lieues par delà Bayonne, nous atteignîmes la Bidassoa, ruisseau qui borde la France dans les Pyrénées. Dès que j'eus mis le pied sur le territoire espagnol, j'aperçus un changement sensible dans l'aspect du pays et dans les mœurs des hommes. Les rues étroites et tortueuses des villes, les fenêtres grillées, les portes des maisons toujours étroitement fermées, l'air sévère et réservé des habitants de toutes les classes, la défiance qu'ils nous montraient, tout cela faillit me rendre triste.

1. Panier d'osier dans lequel étaient : la soupe grasse, du bouilli et un plat de légumes. Cela ne changeait jamais. Le soir, c'était une soupe maigre et un haricot de mouton avec des pommes de terre ou des carottes.

A Vittoria, le commandant de place nous conseilla d'attendre, pour aller à Burgos, le départ d'un détachement. Le Directeur des postes du premier corps d'armée avait été massacré la veille, sur la route, pour avoir

Infanterie légère française.
(D'après une lithographie de Charlet.)

devancé de quelques minutes seulement son escorte. Massacré par qui? pensais-je à part moi. Je n'osai le demander, de peur de paraître ignorant. J'aurais été seul que je serais parti.

Nous quittâmes Vittoria le lendemain, avec un convoi de munitions, sous l'escorte de 75 hommes du 16ᵉ léger commandés par un capitaine. Nous formions un peloton d'officiers.

Le sous-lieutenant du détachement du 16ᵉ était un de mes amis, Cailliez, sorti de Fontainebleau en 1807, un échappé de Baylen. Il avait la croix et vingt et un ans! Mon enthousiasme et ma belle confiance le divertirent fort, et il me prédit que j'en rabattrais. N'eût été son ruban rouge, je l'aurais provoqué. Je lui parlais batailles, combats singuliers, rendez-vous galants, excursions dans un pays riche et pittoresque, visites aux églises ornées de magnifiques tableaux, de saints d'or et d'argent. Il me répondait : « En Espagne, point de grands champs de bataille sur lesquels on succombe avec honneur. Mais, partout, le poignard d'un assassin ou la trahison de quelque ennemi caché qui, presque toujours, nous trouve trop confiants. D'un côté, l'amour ardent de l'indépendance, l'exaltation politique, le fanatisme religieux et l'orgueil national blessé; une nation levée en masse, animée et soutenue par l'argent et les meilleurs bataillons de l'Angleterre. De l'autre, les soldats vainqueurs de toutes les armées de l'Europe coalisée. Malgré des prodiges de valeur et de dévouement, constamment en proie à tous les besoins, harcelés, détruits en détail, nous avons contre nous dans ce pays damné : hommes, vieillards, femmes et enfants. Je te donnerai à lire leur catéchisme, et tu sauras ce qui t'attend[1].

« En fuyant, chaque habitant doit détruire tous les moyens de subsistance qu'il ne peut emporter.

« Malheur aux soldats que la faim force à sortir des rangs! Malheur à tous ceux qu'une grave maladie ou des blessures empêchent de suivre leur régiment! Ils sont impitoyablement massacrés, et leur mort n'est le plus souvent qu'une horrible mutilation, qu'une longue et affreuse agonie. Les laboureurs tiennent d'une main la corne de la charrue, et de l'autre une arme toujours prête, qu'ils enterrent à l'approche des Français, s'ils ne se croient pas assez forts pour se réunir et les combattre. Quelquefois aussi, ils fêtent nos soldats et tâchent de les enivrer. Ils appellent alors les partisans, et ils leur indiquent, pendant la nuit, les maisons où nos soldats se sont imprudemment dispersés. Si tu veux vivre vieux, ajouta-t-il, et sortir d'Espagne, ni vin ni femmes! »

Les moines avaient décidément déteint sur le pauvre garçon. Il me prêchait là l'abstinence, à moi qui ne rêvais que coups à donner et femmes à recevoir. Quel esprit chagrin! pensais-je. Il a mal dormi sans

1. *Pièces justificatives*, n° 9.

doute, et il est furieux d'être détaché au service des escortes. Mais moi, c'est à la bataille que je marche, et sous Napoléon.

Nous trouvions sur la route de petites citadelles, vieux châteaux ruinés, placées sur des hauteurs. Dans les plaines, les postes de correspondance fortifiaient une ou deux maisons à l'entrée des villages, afin d'être tranquilles pendant les nuits, où de s'enfermer lorsqu'ils étaient menacés. Une sentinelle était placée au sommet du clocher de chaque village, pour sonner les cloches dès qu'elle apercevait un parti de guérillas. Les factionnaires n'osaient pas toujours rester au dehors de l'enceinte fortifiée, dans la crainte d'être enlevés; ils se plaçaient sur des échafaudages en planches construits sur le toit, auprès de la cheminée, pour observer de là ce qui se passait au loin dans la campagne.

Quel luxe de précautions, et pour ne jamais rencontrer d'ennemis! Cependant, en sortant de Miranda, un paysan fut atteint par nos éclaireurs; il était armé d'un fusil seulement, et il chassait devant lui un âne qui portait des vivres pour plusieurs mois. Le chef du détachement en eut pitié et ordonna qu'on le mît en liberté. On lui fit signe de gagner la montagne pour s'échapper. Le paysan eut d'abord l'air de comprendre. Laissé à lui-même, il chargea son fusil, et revint bientôt après dans nos rangs mettre en joue son libérateur. Le coup fut heureusement détourné. Un geste que fit un de nos soldats lui ayant montré qu'on allait le fusiller, il se mit aussitôt fièrement à genoux, pria Dieu, la Vierge Marie, et attendit ainsi la mort. Si ces hommes se battent comme ils savent mourir!...

Mon entrée à Burgos ne fut pas brillante. Nous y arrivâmes à la nuit, après une pénible marche dans des défilés, à travers des chemins détestables et par un temps affreux. Je perdis mes chaussures dans la boue et fis une partie du chemin pieds nus. A la dernière halte, mon ami me trouva, dans le sac d'un soldat, une paire de guêtres qui me chaussèrent à peu près.

Burgos n'était plus qu'une vaste solitude. Dans le quartier où nous entrâmes, on entendait de toutes parts le bourdonnement et les voix confuses de soldats qui allaient et venaient dans tous les sens, cherchant des vivres et des ustensiles dans les maisons désertes. Ils portaient, pour s'éclairer, d'énormes cierges.

Nous repartîmes le lendemain, avec une nouvelle escorte. En approchant des villes et des bourgades désertes de la Castille, on ne voyait pas ces vapeurs de fumées qui s'élèvent au-dessus des cités habitées et populeuses. On n'entendait, dans l'enceinte des murs, que les heures mortes dont notre arrivée n'avait pu suspendre le cours, ou bien les croassements des corneilles qui planaient autour des clochers élevés; de temps en temps, les sons éclatants des tambours et des trompettes.

A deux lieues au sud de Sepulveda, notre avant-garde fut très étonnée de rencontrer un village palissadé. Le drapeau tricolore flottait sur le clocher, les sentinelles portaient l'uniforme français. Le chef de l'avant-garde s'avança, fut reconnu, et apprit que le village était occupé par 150 soldats, traînards et blessés, coupés dans leur retraite depuis le 29 novembre, après le passage du défilé de Somo-Sierra. Ils s'étaient établis dans ce poste et l'avaient fortifié. Souvent attaqués, toujours ils avaient repoussé l'ennemi. Leur général en chef était un caporal du 9ᵉ d'infanterie. Souverain de cette colonie, on obéissait à ses ordres comme à ceux de l'Empereur. Ce caporal, avec sa vieille expérience routinière avait fortifié ce village aussi bien qu'un officier du génie, et, chose remarquable, il avait su parfaitement se concilier l'amitié des habitants.

Nous arrivâmes à Madrid le 20 décembre. Les rues par où nous entrâmes étaient désertes. Je lisais au passage des inscriptions de ce genre : Quartier des dragons, Rue de telle compagnie, Maison du général, place du rassemblement, etc...; et sur les murs d'un couvent ces mots écrits avec du charbon : Caserne de tel bataillon. Je vis sortir d'une des cellules d'un cloître une enseigne rédigée en français et portant le nom d'un des premiers restaurateurs de Paris. C'était un vivandier qui avait établi en ce saint lieu son auberge ambulante[1].

Je dus me présenter au colonel Aymard. Son accueil me parut bienveillant, quoique brusque : « Vous êtes jeune, monsieur, me dit-il; il faudra vous faire pardonner à force de bonne volonté et de modestie. Vous aurez à commander de vieux sous-officiers auxquels leurs anciens et bons services donnent les plus grands droits. Forcez leur estime en leur montrant que vous êtes digne de les commander. Vous débutez par une rude campagne. En Allemagne, il suffisait de payer de sa personne. Dans les armées d'Espagne, presque toujours disséminées au milieu de corps nombreux de partisans, chaque officier, depuis le colonel jusqu'au plus

---

1. La peinture de cette entrée en Espagne donnera au lecteur l'impression de ce qu'ont enduré les nombreux détachements du 52ᵉ qui arrivaient, comme renforts, ou rentraient en France, malades, blessés, ou cadres destinés à fournir en Allemagne de nouveaux bataillons. Combien n'ont pas rejoint le Régiment; combien n'ont pas revu la France!

jeune sous-lieutenant, est un général en chef. Il en a tous les devoirs. Commandant un détachement souvent composé de soldats de différentes armes, il a à étudier le terrain qu'il va parcourir, il a à dresser son plan de campagne, et à prendre des informations exactes sur les mouvements d'un ennemi toujours prêt à profiter de ses plus légères fautes. Obligé de pourvoir seul à la subsistance de sa petite troupe, il a à prévenir l'excès dans l'abondance et tout désordre dans les privations.

« Il demeure chargé du transport de ses malades et de ses blessés. Il lui importe de savoir bien choisir ses guides et même ses espions. Il doit éviter

L'inspection. — D'après une lithographie de Raffet.

soigneusement les pièges que ne cesse de tendre à son inexpérience ou à sa trop grande confiance une population ennemie. Souvent livré à vous-même, il vous faudra l'initiative, ajouter ou retrancher aux instructions reçues, vous battre tous les jours et garder votre sang-froid et votre présence d'esprit.

« Je vous affecte à la compagnie du capitaine Gémiré. C'est un excellent officier, qui vous apprendra votre métier. »

Dès le début, mon enthousiasme en avait dans l'aile. Je commençai à comprendre que la guerre pouvait bien ne pas être la plus belle chose du monde.... Bah! je m'étais promis de la faire en riant....

Je rejoignis le Régiment. Il était tout entier entassé dans une des 600 églises de Madrid. Les officiers s'étaient réservé le chœur et la sacristie; faute de paille, ils avaient étendu par terre, en plusieurs doubles, une grande quantité d'ornements sacerdotaux, sur lesquels ils couchaient comme sur des matelas.

Je fus très bien reçu par mon capitaine: « Vous arrivez à point, jeune homme (il avait 26 ans, mais la croix et 6 campagnes). Le Régiment n'a encore rien fait ou à peu près; il a assisté, l'arme au pied, aux combats de Durango et de Guenès. Mais cela promet: l'Espagnol ne parle, ne mange, ni ne boit: avec ce que consomment à Paris cent bourgeois, on nourrirait mille Espagnols; mais cent Espagnols tueraient très malproprement mille bourgeois. Quant à l'Anglais, il faut qu'il boive et qu'il mange pour se battre. Il paraît qu'ils sont bien nourris!

« Demain, nous passons la revue de l'Empereur qui repart pour la France.

« Tant pis pour nous. Quand il n'est pas là, on se bat bien, mais à l'œil... et sans récompenses. Napoléon est très avare pour ceux qui ne se font pas tuer sous ses yeux.

« Vous verrez qu'en partant il nous dira que la guerre d'Espagne n'est pas une guerre sérieuse. Observez encore ce point: la revue est à midi. Eh bien! les généraux passeront l'inspection à 11 heures; les colonels feront prendre les armes à leur régiment à 10 heures. Les chefs de bataillon voudront auparavant s'assurer si tout est bien, et commenceront à 9 heures; ainsi de suite, dans une proportion décroissante, jusqu'au caporal, qui mettra son escouade sur pied à 5 heures du matin. Toutes ces prises d'armes successives fatiguent plus le soldat français qu'un jour de combat. Il sait que la bataille est nécessaire, il y va de bon cœur; quant au reste, il voit bien qu'il serait possible de l'en dispenser. »

Le lendemain, toute la première division du 4ᵉ corps, la nôtre, était massée pour la revue. Que d'alignements pris et repris avant que l'Empereur arrive!

« Sa Majesté va venir, disait notre colonel aux capitaines; j'espère que vos soldats crieront : Vive l'Empereur! C'est à vous, messieurs, que je m'en prendrai si tout le monde ne crie pas franchement. » Les capitaines revinrent et paraphrasèrent la harangue du colonel. Voici ce que j'entendis murmurer dans les rangs en attendant l'arrivée de Napoléon : « Qu'il me donne mon congé, je crierai tant qu'on voudra. — J'étais parti pour six mois, et voilà quinze ans que je suis à l'armée; je crierai quand on me renverra. — Il nous est dû six mois de solde; pourquoi ne nous paye-t-il pas? — Tu ne le sais point? je vais te le dire : c'est qu'en attendant, tous ceux qui sont tués sont payés. »

J'ai remarqué, dans la suite, que ces conversations m'avaient bien montré les soldats français tels qu'ils sont : essentiellement frondeurs. Ce sont ces mêmes hommes qui donnaient la *savate* au camarade qui ne faisait pas franchement son devoir un jour de bataille, ou qui restait en arrière, sans que sa maladie fût bien constatée. Ils ne croyaient pas à la maladie qui survenait la veille d'une bataille. Pour que chacun en fût bien persuadé, le meilleur moyen était de mourir à l'hôpital; alors, tous les camarades, qui depuis longtemps s'apprêtaient à donner la correction, s'écriaient : « Il était malade tout de même! »

Enfin, les tambours battent aux champs sur toute la ligne : le voilà! Son petit chapeau, son frac vert de chasseur à cheval le distinguent au milieu de son état-major brodé sur toutes les coutures. Il s'arrête à cent pas en avant du centre du Régiment, et le colonel Aymard reçoit de ses mains la croix de commandeur de la Légion d'Honneur. Deux capitaines, deux sergents et un voltigeur sont faits chevaliers.

Puis il passa devant le front des troupes et s'arrêta devant mon capitaine :

« Combien d'hommes présents sous les armes?

— Sire, cent quinze.

— Combien de conscrits de l'année?

— Soixante-dix.

— Combien de soldats de quatre ans?

— Dix-huit. »

Il parut fort satisfait de ces réponses faites sans hésitation.

Plus loin, un officier, jeune comme moi, répondit d'une manière diffuse. L'Empereur tourna bride sans attendre la fin du discours, et son départ fut aussi imprévu et aussi précipité que l'avait été son arrivée.

Après la revue, nous reprîmes nos cantonnements, et je pus étudier la physionomie du Régiment, ou du moins de mon bataillon et de ma compagnie. Mon capitaine m'avait dit : « Quand on va faire campagne, il est bon de connaître les hommes avec lesquels on part et de savoir ce qu'on peut attendre de chacun d'eux. » Sur un effectif de cent quarante-cinq hommes, il existait encore vingt-cinq vieux soldats d'Italie, d'Égypte et d'Allemagne, ayant presque tous deux ou trois blessures, quelques-uns quatre ou cinq. Agés de trente-cinq à quarante-cinq ans, ils servaient depuis 1791. L'un d'eux, le caporal Augier, était engagé depuis 1776. Il avait cédé son congé au retour d'Égypte en 1801; il était décoré de 1805. C'était le petit noyau des grognards, mes bavards de la revue et les distributeurs généreux de la savate. La compagnie avait reçu soixante-dix conscrits environ de toutes les classes, conscrits de 1806, 1807, 1809, de la réserve de ces différentes classes, et même des conscrits de 1810, appelés par anticipation. Ces tout jeunes gens encombraient les hôpitaux avant même de rejoindre. Le commandant Beausset nous a lu la situation d'effectif du Régiment à la date du 5 février; je l'ai copiée : elle est édifiante, si elle est juste; car oncques ne vis, en ma carrière bien remplie, situation d'effectif juste.

Présents sous les armes : 75 officiers; 1 981 hommes de troupe. Hôpitaux : 2 officiers, 855 hommes de troupe. Détachement du 5ᵉ bataillon à Vittoria : 9 officiers; 428 hommes. Effectif : 86 officiers; 3 264 hommes.

Pour compléter ma compagnie qui fournissait 30 hommes aux hôpitaux, il me restait une vingtaine de soldats qui avaient fait les campagnes d'Allemagne depuis 1805, et comptaient au moins quatre années de service.

J'étais le plus jeune de la compagnie, et je cherchais à inspirer à mes hommes une confiance telle que, dans toutes les circonstances, même les plus critiques, je fusse certain d'être obéi aveuglément. Le colonel ne m'avait-il pas dit qu'il existe de nombreux devoirs, en dehors du champ de manœuvre et après la théorie ? Je savais que l'influence morale est la base de tout commandement. Je la voulais acquérir. Je voyais quelques vieux officiers dont les bouches sérieuses ne laissaient jamais tomber qu'un commandement ou un juron. A chacun suivant son âge et son caractère ; à chacun aussi, suivant ses mérites. J'avais vingt ans, pas un poil de barbe, de la gaieté. Ce serait ma manière de commander, à moi. Elle réussit toujours avec le Français, je l'ai souvent constaté par la suite.

OPÉRATIONS DU 4ᵉ CORPS EN CASTILLE (1809)
BATAILLES DE TALAVERA (28 JUILLET) ET D'ALMONACID (9 AOUT).

Le général Sébastiani a pris, le 20 février, le commandement en chef du 4ᵉ corps; il conserve le commandement de la 1ʳᵉ division. Le 32ᵉ fait partie de la brigade du général Roguet. Nous allons prendre nos cantonnements dans la Manche.

Nous traversâmes la patrie de don Quichotte pour arriver à la Solana, le 15 avril. Le Toboso ressemble parfaitement à la description qu'en a faite Michel Cervantès. Si son héros imaginaire ne fut pas, pendant sa vie, d'un grand secours aux veuves et aux orphelins, au moins son souvenir protégea-t-il contre les désastres de la guerre la patrie supposée de sa Dulcinée. Dès que nos soldats entrevoyaient une femme aux fenêtres, ils s'écriaient

« Nous avons la victoire! Fanfan. » — D'après une lithographie de Raffet.
(Bibliothèque nationale.)

en riant : « Voilà Dulcinée ! » Leur gaieté rassura les habitants; loin de s'enfuir à la première vue de nos avant-gardes, ils se rassemblèrent pour nous voir passer; les plaisanteries sur Dulcinée et don Quichotte furent un lien commun entre nos soldats et les habitants du Toboso. Les Français, bien accueillis, traitèrent à leur tour leurs hôtes avec douceur.

Nous restâmes plus d'un mois cantonnés dans la Manche, tantôt dans des maisons, tantôt au bivouac dans les champs. On voyait autour de grands feux, allumés de distance en distance, tout l'appareil de la cuisine militaire. Ici, on construisait à la hâte des baraques en planches, recouvertes de feuillage à défaut de paille; ailleurs on faisait des tentes, en étendant sur quatre pieux des pièces d'étoffe qui avaient été prises dans les maisons abandonnées. Çà et là gisaient épars sur la terre, les peaux de moutons qu'on venait d'égorger, des guitares, des cruches, des outres de vin, des frocs de moines, des vêtements de toutes les formes et de toutes les couleurs; ici, des cavaliers dormaient tout armés à côté de leurs chevaux; plus loin, des soldats d'infanterie, déguisés en femmes, dansaient entre les faisceaux d'armes, au son d'une musique discordante. Là, nous passions les longues nuits à boire et à parler des événements présents de la guerre, ou bien à entendre le récit des campagnes passées. Pour moi, j'aimais mieux un bon bivouac que les maisons. Les trois quarts des habitants prenaient les poux à pincée et les jetaient par terre en disant : « Celui qui t'a créé, qu'il te nourrisse! » Voilà ce sale peuple.

La vie, tout à la fois simple et agitée que nous menions, avait ses maux et ses charmes. On voyait, presque à toutes les heures du jour, des détachements partir, et d'autres rentrer, apportant des nouvelles, après de longues absences, de diverses parties de l'Espagne fort éloignées. Il nous est arrivé ainsi un officier du Régiment que je n'avais pas encore vu, M. Riche, vieux sous-lieutenant de trente-sept ans qui, comme Rantzau, n'avait rien d'entier que le cœur. Cinq blessures, quinze campagnes, sabre d'honneur en Italie, la croix, chevalier de la Couronne-de-Fer. Il était allé chercher des conscrits au petit dépôt, à Bayonne. Au retour, son détachement de 70 recrues fut attaqué à l'improviste, dans la ville de Cerberá, par 500 Espagnols. Riche s'enferma avec sa troupe dans un couvent, et s'y défendit pendant vingt-quatre heures, dédaignant sommations et menaces. Une colonne française l'avait dégagé. Une autre aventure lui arriva à Baza en 1811; ce fut sa dernière : il y fut tué. L'habitude du danger m'a fait regarder, par la suite, la mort comme une des circonstances les plus ordinaires de la vie.

Nous étions souvent dans un dénûment absolu des choses les plus nécessaires. Nous vivions sur le pays, au moyen de réquisitions faites par les alcades, sous la surveillance du commissaire ordonnateur en chef. On donnait aux communes des bons de tout ce qu'elles nous fournissaient.

Quand je me retrouvais dans l'abondance, je me pressais d'en jouir, je me hâtais de vivre, je faisais tout vite, parce qu'on m'avait dit que rien ne devait durer.

Le 32ᵉ rentra dans Madrid au commencement de juin. Seul, mon bataillon fut détaché pour protéger une réquisition d'orge et de bestiaux.

En juillet, l'armée anglo-espagnole de Wellesley tente de nous jeter à la porte de Madrid. 75 000 hommes contre nos 47 000. C'était ma première bataille. Je n'y ai rien compris, sinon que j'ai eu très peur au début, quand la canonnade commença. Mais, quand je vis l'ardeur de mes hommes qui attendaient avec impatience l'ordre de combattre, j'eus peur d'avoir peur. Le cantinier passait; je l'appelai. Les gens du monde qui n'ont jamais manqué de choses indispensables à la vie, ne peuvent pas se figurer de quelle importance est une bouteille de vin, un verre d'eau-de-vie, dans certains moments.

Après moi, ce fut le tour de mon philistin[1]. Il n'en avait pas besoin, lui; c'était un vieux routier, au zèle et à la ruse duquel j'avais dû bien souvent mon dîner, et je lui rendais de temps à autre, en liquide, tout ce qu'il m'avait procuré de solide. Comme il allait boire, un boulet de canon coupa en deux le cantinier : « Oh! oh! s'écria-t-il, c'est l'ennemi qui paye la goutte! A sa santé! »

Quelques instants après, une balle brisait le bras d'un soldat : « Adieu la gloire, dit-il, je ne bats plus que d'une aile. »

Nous attendîmes jusqu'à 4 heures l'ordre de marcher en avant. Le roi Joseph était un timide qui, plusieurs fois dans la journée, laissa, paraît-il, échapper la victoire. Nous avançâmes dans un terrain coupé, raboteux, inégal, qui nous força souvent à rompre notre ligne. Nous marchions à l'assaut de positions fortifiées. Tout à coup, un temps d'arrêt se produisit et nous formâmes le carré. Je vis avec étonnement un régiment de dragons anglais en ligne passer devant nous à la charge, dans la direction de nos réserves. « Ils désertent », disait-on. Sur leur chemin se trouvait le 27ᵉ léger, marchant en colonne tout près d'une maison isolée. N'ayant pas le temps de se former en carré, il se jeta autour de cette maison, s'appuyant le dos contre les murailles des quatre faces. Le carré se trouvait ainsi tout naturellement formé. La charge arriva; les ailes continuèrent leur course folle, mais une partie du front vint se heurter contre les baïonnettes des soldats et en écraser quelques-uns contre la muraille. La charge des dragons continuait; elle traversa une ligne de cavalerie française qu'elle culbuta, et ne s'arrêta que dans les eaux de l'Alberche.

1. Ordonnance.

Ils furent tous faits prisonniers. Leurs chevaux étaient de fort belles bêtes qui les avaient emballés, pas dans notre direction heureusement. Le général Sébastiani nous a dit le lendemain que le 32ᵉ avait essuyé seul la charge du centre de l'armée anglaise, et que nous avions soutenu notre belle et ancienne réputation. Le colonel Aymard avait été blessé; 12 officiers étaient hors de combat; ajoutons 40 tués et 200 blessés, et nous aurons le bilan de la journée. Le capitaine Perrossier, le plus ancien et un des plus braves officiers du Régiment[1], avait reçu un coup de feu qui lui avait traversé la langue et enlevé six dents; les camarades m'ont dit que ce serait là une blessure qui me gênerait fort; serais-je bavard?

Le 9 août, nous opérions aux environs de Tolède qu'une armée espagnole menaçait. Le choc eut lieu au village d'Almonacid. Au début de l'action, un obus tomba à quelques pas du détachement que je dirigeais pour le passage du Tage. Je commandai : « Couchez-vous! » et restai debout. L'obus éclata; personne ne fut atteint, et je m'aperçus que ma petite prouesse avait fait assez bon effet.

Je m'en récompensai en appelant Mme Fromageot. Monsieur avait été coupé en deux à Talavera. Mais sa veuve, Thérèse, nous restait. Terriblement laide, notre cantinière; mais peu de femmes, à ce que j'ai pu voir, ont eu la jambe aussi bien faite. Robe de velours (trouvée et vendue par un soldat moyennant quelques verres d'eau-de-vie), bottes à la hussarde et bonnet de police; tel était le costume de Mme Fromageot, à califourchon sur un cheval flanqué de deux énormes paniers. Elle avait de la bravoure comme un grenadier, et portait à boire aux soldats au milieu des balles et des boulets. Elle avait deux blessures. Ne croyez pas que l'espoir du gain lui fît affronter les dangers. C'était un sentiment plus noble. Sa tendresse pour l'armée française était extrême; elle la portait toute dans son cœur. Je l'ai vue, à la fin de la bataille, donnant à boire à un vieux grenadier moribond auquel elle disait : « Nous avons la victoire, Fanfan; bois, c'est Catin qui régale. »

Almonacid fut, en effet, une victoire qui sauva Madrid, et Madrid nous le dut bien un peu.

Le général Rey nous forma en colonnes d'attaque. Le commandant la Martinière, qui remplaçait le colonel blessé, l'avait été à son tour, et

---

1. Perrossier (Joseph), volontaire au 2ᵉ bataillon de la Drôme (le bataillon de Claude Nugues), fit toute sa carrière à la 32ᵉ demi-brigade et au 32ᵉ de ligne. Il commandera le 5ᵉ bataillon pendant la campagne d'Allemagne (1813), et sera fait officier de la Légion d'Honneur le 10 novembre 1813, à trente-sept ans. A la suite d'une blessure reçue à Halle, il avait deux doigts amputés et un troisième ankylosé.

ce fut notre commandant, M. Beausset, qui nous entraîna à l'assaut du château que défendaient 6 000 Espagnols. Nous gravîmes les pentes, l'arme au bras, sous un petit feu d'enfer et le regard implacable d'un soleil ardent. Souvarof eût été content, et Napoléon aussi. La sage baïonnette

En Espagne, 1809.
(Peint par Raffet, lithographié par Llanta.)

fit merveille. Je crois bien que j'ai piqué aussi. La lame de mon épée était rouge.

Nous fûmes nous reposer à Guadalajara. Le Régiment, réduit à 52 officiers et 1 513 hommes, avait aux hôpitaux : 20 officiers et 1 435 hommes de troupe.

Au 31 août, on nous versa les hommes du 4ᵉ bataillon, et tous les cadres partirent pour former une nouvelle unité destinée au 8ᵉ corps de l'armée de Portugal.

CONQUÊTE DE L'ANDALOUSIE ET COLONNES MOBILES CONTRE LES INSURGÉS DU ROYAUME DE GRENADE (1810, 1811 ET 1812).

J'étais ravi de quitter la Castille : il y faisait trop froid l'hiver ; ni parquet, ni tapis, ni cheminées. Toujours des Castillans superbes, à la mine renfrognée, ou des señoras, tremblantes de frayeur, qui décrivaient des milliers de signes de croix pour empêcher le diable, qui sans doute était en nous, de s'introduire en elles.

Sur le revers méridional de la Sierra Morena, sauvage et stérile, nous poussâmes le cri joyeux de Christophe Colomb apercevant la mer. Un magnifique panorama se déroulait sous nos yeux. Les campagnes de l'Andalousie avaient cet aspect riant et animé qu'on remarque, plus au nord, pendant le temps de la moisson. Une douce chaleur nous pénétrait. Je couchais, à la fin de mars, sous les portiques des maisons mauresques, au doux bruissement des jets d'eau, sous un ciel pur et clément, à l'ombre des citronniers et des cyprès. Plus de poux ! Nous devenions sybarites.

Certain jour, notre compagnie fut cantonnée dans une riche abbaye. Faute de paille, et à cause de la dalle aussi dure que froide, nous nous fîmes des lits avec les feuilles arrachées aux gros et rares in-folio qui garnissaient les rayons de leur bibliothèque. Le soldat n'aime pas les livres en campagne ; et puis, la guerre a ses nécessités !

Nous marchions, sur l'une ou l'autre rive du Guadalquivir, entre les blés, les vignes, de longues plantations d'oliviers et des vergers touffus plantés d'orangers et de palmiers. Le vin coûtait trois sous la bouteille, et nos ivrognes en buvaient comme du petit-lait. Le colonel Aymard fit fusiller un pauvre diable pour avoir mangé une grappe de raisin. C'était juste. La dysenterie désolait le Régiment, les soldats mouraient par douzaines. Il fut défendu, sous peine de mort, de cueillir du raisin, ce fruit étant seul la cause de la maladie. Le premier soldat qui fut surpris en flagrant délit paya pour les autres. Le conseil de guerre s'assembla sur la route ; un quart d'heure après, le mangeur de raisins avait vécu. On n'en mangea plus, et la santé revint.

Le capitaine Toutant, qui a fait la campagne d'Égypte, nous disait qu'il trouvait dans les mœurs, dans l'aspect général du pays et des habitants, une grande analogie avec les bords du Nil. Il nous fit remarquer, par la suite, combien les Andalous ressemblaient aux Arabes dans leur façon de combattre : mêmes cris, même désordre, même impétuosité dans l'attaque en rase campagne, même furie mêlée de désespoir et de fanatisme, même facilité à lâcher pied, même fermeté inébranlable derrière des murs et des retranchements, même férocité envers les prisonniers, les malades et les blessés.

Nous avions d'abord été frappés de la tranquillité profonde qui régnait dans les plaines de l'Andalousie. Mais cette tranquillité n'était qu'apparente et n'existait que dans la plaine, là où les Français avaient des troupes nombreuses : les habitants des royaumes de Murcie, de Grenade, de la province de Ronda, avaient tous pris simultanément les armes et gardaient les montagnes.

Nous crûmes avoir conquis l'Andalousie en une simple promenade militaire. Il fallait maintenant détruire les guérillas, et le jeu des colonnes mobiles commença sans trêve ni merci, ni pour les bandes ni pour nos jambes.

On organisa, à distance convenable, des blockhaus avec de petites garnisons, afin que les escortes d'infanterie pussent, sans trop de fatigue, aller et revenir le même jour.

En mai 1810, à Grenade; en juillet, à Jaën; en août, à Cadix; en octobre, dans le royaume de Cordoue. Nos bataillons agissent isolément, et ce n'est que par les ordres que j'apprends les événements. L'ordre du jour daté du 30 mars 1810 était ainsi conçu : « Le général gouverneur de la Navarre (armée d'Espagne) s'empresse d'informer l'armée française que le fameux chef de bande Mina a été battu par la colonne du brave major *Schmitz*, commandant le 2⁰ régiment de marche. Les soldats de Mina ont été mis en déroute, et le chef Mina a été blessé et pris. » Le major Schmitz avait accompli ce beau fait d'armes avec un détachement de 170 hommes du 52⁰ qu'il conduisait à l'armée, et avec lesquels il n'avait pas craint d'attaquer 500 Espagnols et 60 cavaliers.

Deux compagnies du 1ᵉʳ bataillon se sont distinguées dans une sortie du fort de Marbeilla, près Malaga (juillet). Le 2 novembre, les 1ᵉʳ et 5ᵉ bataillons prennent part au combat de Baza ou de Rio-Almanzor. Le colonel Aymard y fut cité.

Pendant ce temps, le 2ᵉ bataillon courait les défilés, à la suite d'insaisissables quadrilles que commandaient des curés, des laboureurs, des étudiants, de simples pâtres, devenus chefs hardis et entreprenants. Ils se retiraient devant nous de position en position, de rocher en rocher, sans cesser de faire feu même en fuyant. Les traînards, les malades et les blessés qui restaient en arrière étaient aussitôt égorgés. Dans tous les lieux où nous laissâmes des postes de correspondance, composés de neuf ou quinze hommes seulement, ces postes furent massacrés. Nous rencontrions à chaque pas les corps mutilés des soldats assassinés les jours précédents, et des lambeaux de vêtements ensanglantés semés çà et là. Les plaques en cuivre de leurs schakos pouvaient seules faire reconnaître qu'ils étaient des soldats et à quels régiments ils appartenaient. Beaucoup avaient les yeux crevés. Ai-je besoin d'ajouter qu'en manière de représailles, nous ne faisions jamais de prisonniers.

Le capitaine Gémiré commanda le bataillon avec beaucoup de fermeté, de sang-froid et d'habileté jusqu'à la fin de septembre. Une nuit, nous nous crûmes cernés par des forces considérables dont les feux nous entouraient. Nous étions engagés dans une gorge. Nous fîmes coucher nos hommes avec le fusil entre les jambes; les rayons de la lune, se réfléchissant sur nos armes, auraient pu signaler notre présence. Toute la nuit se passa ainsi dans un silence profond et de tristes réflexions. La mort de Roland à Roncevaux nous attendait : c'était fort beau de son temps, mais ridicule au nôtre.

Au jour, les masses espagnoles avaient disparu. Je respirai; j'avais rêvé toute la nuit que j'avais un rocher sur l'estomac. Fausse digestion, sans doute!

Une autre nuit (nous en passâmes quelques-unes dehors), un soldat qui était somnambule rêva que l'ennemi attaquait notre bivouac. Il se leva et, d'une voix sourde : « Aux armes, aux armes; voilà l'ennemi! » La compagnie dormait profondément. Éveillés en sursaut, les hommes se mirent sur pied en désordre, et de proche en proche la panique gagna le bataillon. Les officiers, surpris dans leur premier sommeil, ne comprirent rien à tout ce mouvement et crurent à une surprise. A grand' peine nous ralliâmes notre monde. On courut aux avant-postes. Chacun veillait, et tout était calme. Nous y gagnâmes de rester sous les armes jusqu'au jour : avec des troupes aguerries, et pour un somnambule!

A la fin de décembre, le commandant Dupart vint prendre le commandement du 2ᵉ bataillon, et se révéla un brillant et actif chef de colonne mobile.

Et nous recommençâmes en 1811 ce que nous avions fait en 1810, avec des hommes nouveaux, par exemple, car chaque jour nous perdions des soldats d'élite, difficiles à remplacer. Nos effectifs fondaient dans le service très pénible des escortes de tous genres. Quand nos hommes échappaient à la mort, la faim et les privations les guettaient : de tous côtés on les repoussait. Personne ne voulait ni les payer, ni les habiller, ni les chausser. Tout détachement nous revenait réduit du quart ou de moitié.

Le 15 juin, il nous arriva à Cadix 1 502 conscrits du dépôt. Le 52ᵉ me fait assez l'effet du tonneau des Danaïdes. Napoléon y verse des hommes,

En faction. — Dessin de Maurice Orange.

mais il ne parvient pas à le remplir. Celui-là n'était certainement pas un sot qui le premier imagina de mettre la gloire dans le métier des armes; sans ce véhicule, personne au monde n'en voudrait; c'est même assez étonnant qu'on en veuille à ce prix.

En voyant tant de braves soldats s'échiner mutuellement pour rien, je me disais quelquefois : « C'est cependant une chose bien singulière chez l'homme, que ce mépris de la vie dans certaines circonstances. Pourquoi donc ces gens-là, qui hier ont grogné, pesté, juré, en exécutant un ordre fort simple, dont les conséquences étaient, tout au plus, de faire une ou deux lieues mal à propos, ne grognent-ils pas aujourd'hui qu'il s'agit de jouer sa vie à pair ou non ? Parce qu'on a placé le déshonneur fort loin de la grognerie et tout près de la lâcheté. »

A toute cette campagne j'ai gagné de faire passer à gauche l'épaulette que j'avais à droite ; j'ai appris aussi le service des reconnaissances sous toutes ses formes ; il n'a plus de mystères pour moi.

Le 16 juillet, le colonel Aymard fut chargé d'étudier les positions de l'ennemi, sa force et son emplacement. Il partit avec 1000 hommes d'infanterie et 100 chevaux. Il avait reçu l'ordre de ne pas s'engager. Il évita, avec beaucoup d'habileté et de bonheur, les détachements ennemis, et nous nous retirâmes dès que nous eûmes vu, sans combat.

Il s'agissait ensuite de nettoyer l'arrondissement de Velez Malaga et d'en tirer toutes les ressources en grain et en argent. Le colonel Grouvel du 16ᵉ dragons partit, dans la nuit du 19, avec 4 compagnies de mon bataillon, 200 dragons et 2 pièces de montagne. Il attaque franchement 700 à 800 insurgés, les disperse, et revient le 20, à Grenade, avec 500 bourriques chargées de 589 fanègues de blé et 14 000 piécettes provenant des contributions d'Alhama.

Le 9 août, ce fut un autre genre. Il fallait combattre pour voir et être renseigné. Le 32ᵉ était d'avant-garde. Nous arrivâmes devant la belle position de la Venta-del-Baül. Le général Leval ordonna sur plusieurs points des démonstrations et des fausses attaques qui maintinrent l'ennemi en position toute la journée. Nos conscrits témoignèrent d'une grande ardeur ; ils étaient d'une impatience extrême d'en venir aux mains. Toutes ces feintes les agaçaient. Dans la nuit du 10, le capitaine Sarrant, commandant la compagnie de voltigeurs du 2ᵉ bataillon, eut l'ordre d'inquiéter le camp ennemi pendant la nuit. Il pénétra, à trois heures du matin, jusqu'à l'un des ouvrages : le feu qu'il essuya ne l'arrêta pas. Il s'élança avec sa compagnie dans une redoute gardée par 20 hommes et 1 officier qui furent passés au fil de l'épée. Il reconnut que le camp était évacué ; il en donna aussitôt avis, et la poursuite de la cavalerie commença[1].

Le 15 septembre, les administrations françaises ont pris, à Grenade, le service des subsistances, assuré jusqu'ici au moyen des réquisitions. L'insurrection et le brigandage font fureur. Il n'y a plus que des coups à récolter.

---

1. Voilà un exemple à méditer : une surprise couronnée de succès et qui donne le renseignement, si précieux dans une opération de ce genre.

Les colonnes mobiles sont multipliées ; et, s'il y avait encore en Andalousie des honnêtes gens, ils nous prendraient, bien plutôt que les guérilleros, pour des bandes de brigands. Les remplacements pour la troupe ont lieu un ou deux ans après l'échéance. Nos hommes sont pieds nus; on ne peut leur donner de souliers. Imaginez la tenue! Tout ce qui est envoyé de France en hommes, chevaux, effets, se consomme en route : des convois mettent un an à nous parvenir. Quant à la solde, sept mois de retard, et la livre de pain se vend 1 franc. Un mauvais chapeau vaut 150 francs. Chacun se fait, tour à tour, tailleur et cordonnier; les plus adroits taillent et coupent; les autres confectionnent. Nous portons beaucoup le pantalon de bure brune fait avec le drap trouvé dans les couvents ; c'est très à la mode dans l'armée du Midi.

Le 20 septembre, un détachement de 40 hommes, envoyé en reconnaissance en avant du fort de Xiquena, est tombé dans une embuscade. Pas un seul homme n'a échappé. 1 officier, 1 sergent, 2 caporaux et 36 soldats se sont fait tuer jusqu'au dernier. C'est plus propre que d'être pendu ou déchiqueté à coups de couteau, fin plus enviable déjà que les pontons ou *Cabrera*. C'est plus court au moins.

Puis, la fièvre jaune est venue se mettre de la partie. Nous avons employé la fin de 1811 à former un cordon sanitaire destiné à protéger la province de Grenade.

Entre temps, nous faisons le métier de courriers : c'est M. le commissaire des guerres et son fils qu'il faut conduire à Grenade; c'est la correspondance qu'un détachement de 40 hommes va prendre au poste voisin.

1812 n'apporte guère de changements à mon existence. Je m'ennuyais ferme dans Baza depuis deux mois, lorsque j'appris que le colonel allait détacher le capitaine Gémiré, mon ancien et mon premier capitaine, avec mission de prendre des renseignements sur l'ennemi, qu'on disait fort de 1000 hommes et 50 chevaux, sous le commandement du chef de bande Morenos. C'était le 6 juin. J'obtins de faire partie de la découverte. Nous étions renforcés de la compagnie franche espagnole des Alpujarras : notre petite troupe comptait 250 hommes environ. Je partis à l'avant-garde, avec 18 hommes.

Nous arrivâmes devant une hauteur; là, mon guide refuse de marcher. Je le fais coucher en joue, et il consent à me conduire. Malgré un : *Quien vive!* accompagné de deux ou trois coups de feu, nous poussons de l'avant, et nous voici sur le plateau, près de quatre maisons isolées. Un feu encore allumé nous signale qu'un poste était là. L'ennemi était dans les maisons, c'était évident. Je lance quatre éclaireurs en avant; ils ne reviennent pas.

Je partage alors ma troupe en deux et nous faisons irruption, à toute course, dans la cour intérieure du groupe habité. Des coups de feu pleuvent par les fenêtres. Notre attaque est si brusque que personne n'est touché. Je fouille la plus grande maison, tandis que mon sergent visite les deux autres. Je me trouve dans une cuisine à peine éclairée : un vieillard et deux jolies filles tremblantes sont au coin du feu. Un escalier en bois à découvert conduit au premier.

Un de mes hommes y grimpe ; au dernier échelon, il dégringole en bas, la poitrine trouée d'un coup de poignard. Les oiseaux avaient fait leur nid au grenier. Ils gardaient le haut de l'échelle. Je jugeais inutile de nous faire tuer l'un après l'autre, et j'allais faire mettre le feu à la maison, quand une idée me vint. Je fis monter le vieux paysan, une lampe à la main, et, suivi de mes hommes bien groupés, je gravis derrière lui. Les brigands n'osèrent tirer ; mal leur en prit : il n'en resta pas un. Ce fut fait sans bruit, à la baïonnette ; puis, tous, cadavres et blessés, furent jetés par les fenêtres. C'était horrible ; mais nos hommes vengeaient leurs cinq camarades. Dans la lutte, la lampe s'était éteinte. Tout à coup la lueur d'une amorce éclaira la chambre et nous vîmes un gamin de quinze ans, blotti dans un coin, qui me tenait en joue. Le coup rate, et l'enfant est cloué au mur.

Que de hasards dans ce monde !... J'aurais dû être tué ce jour-là, et je l'avais mérité. Le lendemain, je ne fis rien pour cela, et je fus blessé. Mais c'est comme cela à la guerre. Les uns sont blessés toutes les fois qu'ils vont au feu ; j'avais, dans ma compagnie, de braves soldats qui portaient en eux du plomb en suffisante quantité pour aller à la chasse, un jour d'ouverture. D'autres revenaient toujours sains et saufs. C'était mon cas jusqu'au jour où....

Le lendemain 7, nous étions à Langor. L'ennemi, prévenu de notre faible effectif, nous vint attaquer sur quatre colonnes. Nous l'attendions, et il fut bien reçu. Il pénètre cependant dans plusieurs rues et se dirige sur la place. Le capitaine laisse la moitié de son monde à son lieutenant, Ligié. Avec l'autre, dont je suis, en avant, à la baïonnette ! La bande est chassée dans la campagne, et je reste sur le carreau. Deux balles m'avaient atteint : la première me traversa la cuisse gauche ; l'autre m'entra dans le corps ; elle en sortit heureusement.

Le 15 juillet, je me levai pour la première fois depuis ma blessure, et dus faire le triste apprentissage de marcher avec des béquilles. Je partis le 19 de Baza, sur un char de munitions fortement escorté. J'allais à Madrid solliciter un congé des conseils de santé. Ils n'en accordaient qu'à ceux des officiers et des soldats blessés qui n'avaient plus aucun espoir de guérison. Je fus du nombre de ceux qui furent ainsi renvoyés en France. La Faculté s'est trompée.... une fois de plus.... Je guéris.

Je restai près d'un mois à Madrid, attendant l'occasion d'en partir. Il était plus facile d'y arriver lorsqu'on venait de Bayonne, parce qu'on voyageait sous l'escorte des nombreux détachements envoyés par les dépôts pour renforcer les armées.

Je quittai la capitale du roi Joseph avec une caravane nombreuse

Retraite des Français vers la frontière espagnole.
(D'après une gravure anglaise du temps.)

d'officiers réformés, sous une escorte de 80 soldats d'infanterie. Nous formions un peloton d'officiers, commandé par le plus ancien blessé, afin de mourir armés si l'on nous attaquait; car nous étions hors d'état de nous défendre, beaucoup d'entre nous étant obligés de se faire attacher sur leurs chevaux pour se soutenir.

Il y avait quatre ans, j'arrivais avec un peloton d'enfants; je rentrais en France avec un peloton d'invalides[1].

---

1. Ici prend fin le récit de ce philosophe de vingt-trois ans.

FIN DES OPÉRATIONS DE L'ARMÉE DU MIDI DANS LA PÉNINSULE[1].
(JUILLET 1812. — 1ᵉʳ AOUT 1813.)

Dans le chapitre II, consacré à l'organisation, nous avons étudié les transformations diverses qu'a subies le Régiment. Nous poursuivrons le récit des opérations de l'armée d'Espagne, nous bornant à en résumer les phases, jusqu'à la bataille de Toulouse qui termine cette terrible guerre, stérile comme résultats, mais féconde, par sa variété, en enseignements de toutes sortes.

Le maréchal Soult occupait, avec l'armée du Midi, 200 lieues d'étendue; il maintenait dans l'ordre et le devoir le tiers de l'Espagne, avec 48 619 hommes, dont il faut déduire un dixième de non-valeurs. Les évêques lisaient en pleine chaire des pastorales qui réglaient la constitution des insurgés et recommandaient aux fidèles du diocèse de la reconnaître, de jurer de l'observer, et de maudire tous les Français.

Aucun courrier ne parvenait; les malades encombraient les hôpitaux.

Le 20 juillet 1812, le colonel Aymard, avec un bataillon du 32ᵉ et deux escadrons de dragons, attaque et enlève la ville de Cazorla, où se trouvaient les magasins et l'hôpital de l'ennemi. Cette opération fut l'objet d'un ordre du jour de l'armée.

Le 25, le lieutenant-colonel d'état-major Beauvais était dans Ossuna avec deux compagnies du 32ᵉ, petit détachement de 170 hommes à peine.

Vers deux heures du matin, Ballesteros, à la tête d'une colonne de 5 000 hommes, dont 500 de cavalerie, arrive, par une marche forcée de nuit, sous les murs de la ville, qui n'a pour enceinte que les clôtures des jardins de ses dernières maisons. Pour ne pas donner l'alarme, Ballesteros évite les faibles postes établis aux issues de la ville. Favorisés par les habitants, les Espagnols s'introduisent en silence au travers des jardins, et y attendent la petite pointe du jour pour se répandre à travers Ossuna et enlever les Français dans leurs logements.

Le colonel Beauvais avait le sien dans une maison dont les derrières donnaient sur la place d'armes, presque en face d'un couvent qui servait de caserne à sa troupe. Deux compagnies de grenadiers espagnols s'avancent vers le quartier du commandant français. La sentinelle, placée

---

1. D'après la correspondance d'Espagne du maréchal Soult, duc de Dalmatie.

à la porte, fait feu et donne l'éveil à la garde, qui, voyant le grand nombre de ses adversaires, se barricade dans l'intérieur. L'alarme se répand en ville, et les officiers, logés chez l'habitant, peuvent gagner la caserne, où les deux compagnies étaient déjà sous les armes. Par une des fenêtres élevées qui s'ouvraient sur la place d'armes, le colonel Beauvais crie ses ordres. Puis, il fait ouvrir la porte de sa maison et, à la tête des cinq hommes de garde chez lui, il se jette, sabre haut, sur les assaillants ébahis de tant d'audace. Il en tue deux de sa main, et rejoint le détachement avec une balle dans le bras et un coup de baïonnette à la cuisse.

Un bâtiment, situé sur une éminence près des murs de la ville, avait été hâtivement retranché, pour servir de réduit à la petite garnison, en cas d'attaque sérieuse : ce poste était gardé par 30 hommes, et muni de vivres pour quinze jours. Le colonel Beauvais forme sa petite troupe en colonne serrée et, baïonnette en avant, il gagne le réduit, dans lequel s'étaient déjà ralliés les postes extérieurs. Jusqu'à six heures du soir il repousse toutes les attaques, recueille plusieurs détachements venant des environs d'Ossuna, et notamment une reconnaissance envoyée par lui la veille, mais dont Ballesteros avait su éviter la rencontre. Une forte colonne française, qui arrivait de la frontière de Grenade, détermina la retraite des Espagnols.

En septembre, l'armée française dut évacuer l'Andalousie et se retira dans la direction de Valence d'abord, puis sur le Tage (novembre), aux environs de Tolède.

La situation resta la même jusque vers le milieu de mai 1813.

Le 5 avril, le colonel Aymard partit pour la France avec un congé. Un décret du 12 du même mois le nommait général de brigade. Il marchait avec un convoi de prisonniers, dirigés sur Bayonne, et escortés par les différents cadres qui rentraient en France sous son commandement, lorsqu'il fut attaqué, près du pont d'Armiñon, par le chef de bande Longa, embusqué sur la route avec une guérilla très nombreuse. La présence d'esprit et le courage du colonel Aymard sauvèrent le convoi ; mais son frère, capitaine de grenadiers du 4ᵉ bataillon du 52ᵉ, s'étant trop témérairement exposé, tomba aux mains des insurgés. Le premier acte de commandement du colonel Aymard lui avait valu une citation au combat de Braunsberg (1807) ; son dernier atteste quel chef valeureux et remarquable perdait le 52ᵉ.

Il est remplacé par le major Conscience.

La France est envahie.

(DÉCEMBRE 1813. — BATAILLE DE TOULOUSE 10 AVRIL 1814.)

Une vigoureuse offensive de l'armée anglo-portugaise, qui tourne la ligne du Douro, oblige les armées du Midi, de Portugal, et du Centre, commandées par le roi Joseph, à se retirer sur l'Èbre. La bataille de Vittoria (21 juin), dans laquelle le major Conscience fut tué, nous fit perdre l'Espagne, et l'armée battue rentra sur le territoire français presque désorganisée et sans point d'appui.

Le maréchal duc de Dalmatie, alors employé à l'armée d'Allemagne, fut investi du commandement de l'armée d'Espagne, avec un pouvoir illimité. Il arriva à Bayonne le 12 juillet, et réorganisa promptement les débris des armées du Midi, du Portugal, du Centre et du Nord. Il put opposer encore 70 000 combattants.

Les deux bataillons du 32e, commandés par le colonel Branger, major du 47e, promu par décret impérial du 2 juillet, ont l'effectif ci-dessous :

1er bataillon (C^t Dupart)	12 officiers	492 hommes.	
2e bataillon (C^t André)	4 »	481	»
TOTAUX. . . .	16 »	973	»
Aux hôpitaux.	11 officiers	451 hommes.	
	11 »	478	»
TOTAUX. . . .	22 »	929	»

Ils sont au camp de Sarre et font partie de la brigade Rey (4e division, général Conroux de Pépinville; aile gauche).

L'armée reconstituée, Soult lance le bel ordre suivant, que nous livrons à vos méditations et à vos commentaires :

« Si l'ennemi a la témérité de franchir les frontières de l'Empire, il sera donné ordre à toutes les gardes nationales, et à la totalité des hommes susceptibles de porter les armes, qui occupent les vallées depuis le col de Jacca jusqu'au col de Roncevaux, de se porter sur les crêtes des montagnes, de s'emparer des défilés, d'intercepter les communications, et d'arrêter partout l'ennemi, soit en attaquant ses détachements, ses convois et équipages, soit en lui enlevant isolément du monde, soient multipliant les obstacles, barrant les routes, encombrant les défilés et faisant rouler du haut des montagnes des masses de rocher pour écraser tout ce qui serait engagé dans les vallées....

« Les habitants feront refluer dans l'intérieur leurs troupeaux, tous les moyens de subsistance et ce qu'ils ont de précieux.

« Un Français qui a le sentiment qu'il défend sa propriété, et qu'il protège sa famille, qui a de plus la pensée que son action sera connue de l'Empereur, et qui rapporte tout à l'intérêt national et à l'honneur de nos armes impériales, est capable des choses les plus surnaturelles. »

Puis, en exécution des ordres de l'Empereur, il prend l'offensive et tente de débloquer Pampelune. Il attaque, le 28 juillet, les formidables positions des alliés. Le général Conroux cite le 52e dans cette sanglante bataille où 2 généraux de division sur 3, 4 généraux de brigade sur 6, sont blessés. Plusieurs colonels et lieutenants-colonels avaient été tués. Le colonel Branger fut blessé. Le capitaine Frangin, qui avait quarante-cinq ans et vingt-deux campagnes, y reçut sa sixième blessure. Les pertes en officiers de tous grades sont hors de proportion avec celles en soldats ; en voici les causes :

Il existait, à l'armée anglaise, un bataillon du 60e régiment, composé de dix compagnies. Ce bataillon fournissait une compagnie à chaque division d'infanterie. Les hommes, armés de carabines, avaient été choisis parmi les meilleurs tireurs. Ils faisaient le service d'éclaireurs, et, au combat, il leur était expressément recommandé de tirer sur les officiers, et surtout sur les généraux. Le maréchal Soult avait remarqué que lorsqu'un officier se portait en avant pour observer ou diriger sa troupe, il était atteint. Au mois de septembre, il dit dans un de ses rapports : « J'ai vu des bataillons réduits à deux ou trois officiers, bien qu'ils n'eussent pas le sixième de leurs hommes hors de combat. »

Il se plaint, en outre, que les petites opérations de la guerre d'Espagne ont gâté les officiers de tous grades et désappris la grande guerre. On apporte peu de soin dans les formations ; les colonnes s'engagent avec irréflexion ; on se disperse en tirailleurs, sans se ménager ni réserves, ni points d'appui : les cadres subalternes sont incomplets et peu instruits. On a dû faire venir des soldats de la Garde de Paris. Nous avons relevé les âges de quelques sous-officiers de cette provenance ; ils ont de trente-cinq à cinquante et un ans. Un caporal est âgé de cinquante-trois ans. La gendarmerie à pied de l'armée a fourni au Régiment quelques bons sous-officiers.

Soult conduit cependant les opérations avec une habileté que n'eût pas désavouée Napoléon ; mais un temps horrible contrarie le dévouement et l'intrépidité de ses troupes. Les rivières débordées rompent les ponts, défoncent les routes et coupent les communications.

Les lignes de Sarre sont attaquées, vaillamment défendues, mais perdues (10 novembre).

La moitié de l'effectif emplit les hôpitaux : ceux de 1re et de 2e ligne sont insuffisants. Les conscrits de trois mois sont un embarras ; dans leurs six premiers mois d'activité, ils payent le tribut de leur changement d'habitudes. Le 16 janvier 1814, sur 1 905 hommes à l'effectif du Régiment, il y a 826 hommes aux hôpitaux.

Malgré tout, la bataille d'Orthez (27 février) est honorable pour nos armes : les troupes ne cèdent qu'à la grande supériorité numérique, et exécutent une retraite par échelons très remarquable. Nulle part la ligne n'a été entamée, et la nuit seule met fin au combat. Le colonel Branger est blessé de nouveau.

Nos soldats reprennent les traditions de la Révolution ; ils se battent pieds nus, à jeûn ; un ordre du jour leur tient lieu de distribution : « Quant à nous, notre devoir est tracé : Honneur et fidélité, voilà notre devise. Combattre jusqu'au dernier les ennemis de notre auguste Empereur et de notre chère France. Respect aux personnes et aux propriétés. Plaindre l'infortune de ceux qui sont momentanément assujettis, et hâter l'instant de leur délivrance. Obéissance et discipline. Haine implacable aux traîtres et aux ennemis du **nom** français. Guerre à mort à ceux qui tenteraient de nous diviser pour nous détruire, ainsi qu'aux lâches qui déserteraient les aigles impériales pour se ranger sous une autre bannière. Ayons toujours dans notre pensée quinze siècles de gloire, et les triomphes innombrables qui ont illustré notre Patrie. Contemplons les efforts prodigieux de notre grand Empereur, et ses victoires signalées qui éterniseront le nom français. Soyons dignes de lui, et alors nous pourrons léguer sans tache à nos neveux l'héritage que nous tenons de nos pères. Soyons Français, et mourons tous les armes à la main, plutôt que de survivre à notre déshonneur. »

Mort enviable ! Il en mourut beaucoup, le 10 avril, à la bataille de Toulouse : « Tant mieux, disait un jour un brave frappé à mort ; je ne verrai pas la défaite des Français. »

CHAPITRE IV

Campagne de 1813 (3ᵉ, 4ᵉ, 6ᵉ bataillons).

1813! l'année la plus tragique du siècle! Napoléon a mis le droit contre la France ; les peuples d'Europe, écrasés, foulés par l'abus de la force, se devaient de recourir à la force pour s'affranchir ; la patriotique insurrection de l'Allemagne était le plus sacré des droits et le plus indispensable des devoirs.

D'une armée de 610 058 hommes, qui était entrée en Russie, il restait 90 000 hommes déjà en ligne et 70 000 pouvant aller les renforcer sous deux mois, à condition, pourtant, que Prussiens et Autrichiens continueraient de combattre pour la France et que l'Allemagne pourrait être abandonnée à elle-même. Napoléon comptait sans la défection d'York et la volte-face prochaine de la Prusse, de l'Autriche et de la Confédération du Rhin.

Mais déjà l'Empereur était à Paris et exigeait de la France une nouvelle armée. Depuis six ans, il appelait les conscrits à dix-neuf ans; en 1813, il les appelle à dix-huit. « Avec une présence d'esprit imperturbable, une fécondité d'imagination inépuisable, une activité sans relâche, il presse ses ministres, ses lieutenants, ses administrateurs et les populations de toute la force de son impatience et de son despotisme. Il crée, il organise tout pour la guerre....

« Quatre-vingt mille hommes sont levés sur les classes de 1807 à 1812, déjà frappées de tant de recrutements, en suivant la liste primitive du tirage au sort, et en maintenant au riche la faculté de se faire remplacer. 150 000 conscrits de 1814 sont appelés : au commencement d'avril 1813, ils sont en marche sur les dépôts. Dans le principe, on avait eu l'intention de les y laisser, au moins pendant quelques mois : excessivement jeunes, ils avaient grand besoin, avant d'aller figurer sur des champs de bataille lointains, de se rompre aux habitudes, aux exercices du métier. Mais, en face des nécessités de la situation, on considéra ces jeunes gens imberbes comme disponibles pour la guerre, dès leur arrivée aux dépôts. Une fois dans les camps, ces jeunes gens furent des soldats alertes et du plus intrépide courage[1]. »

Les cadres nécessaires à l'organisation des nouveaux bataillons arrivaient chaque jour d'Espagne, où, comme nous l'avons dit, on avait réduit les cadres au strict nécessaire ; et dès leur entrée en France, ils voyageaient en poste, c'est-à-dire sur des voitures de réquisition qui leur faisaient parcourir deux ou trois étapes par jour.

Cadres excellents, soldats d'un jour, destinés à apprendre le métier, à recevoir leur instruction en face même de l'ennemi, tels étaient les éléments avec lesquels Napoléon allait combattre la Russie et la Prusse tout entière, son Roi, ses nobles, ses prêtres, ses bourgeois, ses paysans.

Il faut lire, dès ce moment, sa correspondance, celle du Major Général[2], de l'Intendant en chef de l'armée, pour se faire une idée de l'activité de Napoléon ; et rien mieux que cette lecture ne peut donner l'intelligence de la multiplicité infinie des objets que doit embrasser la pensée du général en chef.

Napoléon arrive à Mayence le 18 avril.

La plupart des régiments provisoires avaient des cadres fort incomplets. Pour combler ces vides, les chefs des corps d'armée avaient adressé au ministre de la guerre des mémoires de proposition d'avancement : ils étaient restés enfouis dans les bureaux de Clarke[3]. Informé du fait, Napoléon, à peine descendu de voiture, demande de prompts rapports sur ce qui manque en officiers, en soldats, en habillement, en équipement, en matériel, et sur les nouvelles qui parvenaient de l'ennemi. Il signe toutes les promotions, tous les changements de régiment proposés ; et comme, après cela, il manquait encore beaucoup d'officiers, comme il en arrivait journellement d'Espagne par les voitures publiques, il changeait leur destination ou la confirmait, suivant les besoins des régiments ; souvent même il examinait d'un trait ces officiers, leurs états de service, à une parade, à une audience, et leur donnait de l'avancement. En quelques jours les vacances furent remplies, les cadres complétés.

Les régiments provisoires manquaient d'ustensiles de campement et n'auraient pu, par conséquent, faire la soupe au bivouac ; Napoléon ordonna d'en acheter, d'en faire fabriquer sur-le-champ, partout où l'on pourrait, à Mayence, à Francfort, à Hanau, etc., Ils n'avaient pas de sapeurs ; il

---

1. Histoire de la guerre de 1813 en Allemagne (lieutenant-colonel Charras).
2. Le fidèle Berthier, âgé de soixante ans.
3. Ministre de la guerre.

ordonna de leur en donner. A ces sapeurs il fallait des haches, de bonnes haches, comme il avait soin de l'écrire lui-même; il prescrivit encore de s'en procurer immédiatement par les mêmes moyens. Ils manquaient aussi de chevaux de bât, indispensables pour le transport de leur comptabilité et des médicaments, des appareils, des linges, nécessaires aux officiers de santé; il prescrivit d'en acheter, et de faire confectionner leur équipement.

Dans quelques bataillons, les soldats n'avaient qu'une veste; dans d'autres, qu'une capote; c'était insuffisant pour la saison, pour le climat. Il

Ils grognaient et le suivaient toujours.
(D'après une lithographie de Raffet.)

fit acheter le drap d'habillement dans le pays et confectionner sur place, par les ouvriers civils, les vêtements nécessaires. Et pendant qu'on travaillait ainsi à le vêtir, le soldat continuait de marcher : ses vêtements rapidement transportés, le rejoignaient en route.

Beaucoup de bataillons n'avaient pas formé leurs compagnies d'élite : Napoléon les fit former. Aux grenadiers, aux voltigeurs ainsi improvisés, il fallait des sabres. Il leur en fit expédier des arsenaux de Mayence et de Strasbourg. Il leur fallait aussi des épaulettes; et l'argent manquait pour leur en procurer. Il avança l'argent et on trouva des épaulettes.

Il s'occupa aussi de la solde, que naguère, à l'étranger, il laissait volontiers arriérée; et il la fit aligner partout jusqu'au 1er mai. Il fallait, écrivait-il, *éviter de fouler le pays*. La précaution n'était pas dans ses habitudes, et indiquait qu'il tenait quelque compte de l'exaspération de l'opinion publique en Allemagne.

Pour que les mouvements pussent être subits et prompts dans toutes les directions, il voulait que les soldats eussent toujours quatre jours de pain sur le sac, et que leurs caissons d'équipages fussent constamment chargés de farine.

Malgré tout cela, son armée avait les défauts des troupes jeunes et de nouvelle formation : ses régiments, ses bataillons, composés d'éléments amalgamés à la hâte et inconnus les uns aux autres, manquaient de cohésion; ils n'étaient pas manœuvriers et ne pouvaient pas l'être encore; on ne pouvait pas leur demander ces marches multipliées, rapides, précipitées, des campagnes de 1805 et 1806, sous peine de couvrir les routes de traînards et de remplir les hôpitaux de malades. Il fallait ménager ces adolescents dont la croissance n'était pas achevée, mais dont la bonne humeur et l'ardeur étaient admirables.

Entraînés dans le tourbillon des instructions, des exercices, des marches, les conscrits avaient séché leurs larmes, oublié le clocher du village, la famille éplorée, restée souvent sans ressources, sans pain; ils avaient pris le pas des anciens, se sentaient au cœur le courage inné dans la nation française, et marchaient gaiement à la rencontre des batailles.

Le 6ᵉ bataillon du 32ᵉ, commandant Marioge, faisait partie du 19ᵉ de ligne provisoire (première brigade Chemineau ; 8ᵉ division, comte Souham ; 3ᵉ corps de la Grande Armée, maréchal prince de la Moskowa). Le 15 avril, l'état d'effectif donne : 16 officiers, 673 hommes disponibles et 108 aux hôpitaux. Le bataillon s'achemine, vers la mi-mars, par Aschaffenbourg sur Weimar, où il est le 25 avril. L'étape faite, quelque repos pris, on exerçait les soldats, on les faisait manœuvrer, tirer à la cible; on leur faisait répéter, à satiété, le ploiement et le déploiement de bataillon, le reploiement en colonne d'attaque, et surtout la formation rapide, sans hésitation, du carré : « Le ploiement en carré par bataillon, écrivait Napoléon à Marmont, est la manœuvre la plus importante... c'est le seul moyen de se mettre à l'abri des charges de cavalerie, et de sauver tout un régiment. »

Le 26, la division Souham force le passage de la Saale ; le 30, elle est à Weissenfels. Le 1ᵉʳ mai, elle franchit brillamment, au pas de charge, le défilé de Poserna dont le débouché était gardé par une division de cavalerie. La formation est curieuse à relater. Souham avait formé sa division en 4 carrés de 4 bataillons chacun, chaque carré à 500 toises[1]

---

[1]. 974 m. 51.

l'un de l'autre et ayant 4 pièces de canon. Le 2, c'est la bataille de Lützen, et Napoléon put dire, le soir même de la bataille, aux généraux qui l'entouraient : « *Depuis dix-sept ans que je commande les armées françaises, je n'ai jamais vu plus de bravoure et de dévouement.* » Des bataillons de conscrits, sans cavalerie et avec une artillerie à peine suffisante, venaient de triompher, en bataille rangée, d'une armée numériquement supérieure, composée en grande partie de vieux soldats que soutenaient une cavalerie et une artillerie formidables.

Nouvelles batailles, nouveaux succès à Bautzen et Wurschen, les 20 et 21 mai. Mais la victoire coûtait cher. Le 1ᵉʳ juin, le 6ᵉ bataillon comptait : 11 officiers et 251 hommes présents. Aux hôpitaux : 8 officiers et 455 hommes. Il est au camp de Parchwitz jusqu'à la mi-août. « On n'est pas plus brave que cette jeunesse, écrivait l'Empereur, mais, sans force, elle peuple les hôpitaux et meurt. »

Dans ces premières batailles de la campagne, Napoléon avait été frappé du grand nombre d'hommes entrant aux ambulances pour blessures à la main, et, prenant ces blessures pour des mutilations volontaires, il avait prescrit, à cet égard, les mesures les plus sévères. Mais, en assistant aux exercices de tir exécutés pendant l'armistice du 4 juin au 12 août, les maréchaux purent en constater la véritable cause, qui était la maladresse des hommes du 3ᵉ rang. Le 1ᵉʳ rang devait mettre le genou à terre dans les feux sur 3 rangs, et, dans les feux de file, le 3ᵉ rang ne devait pas tirer, mais passer ses armes aux hommes du 2ᵉ : « La vérité, écrit Gouvion-Saint-Cyr, c'est qu'à la guerre les soldats tirent comme ils se trouvent, qu'ils soient sur 3, 4 ou 6 rangs ; ils tirent tous ensemble, dès que les balles de l'ennemi sifflent à leurs oreilles. » Cette considération décida Napoléon à prescrire la formation sur 2 rangs, à la veille de la bataille de Leipzig : « Cela avait en outre le grand avantage, disait l'Empereur, qu'un bataillon de 500 hommes paraissait à l'ennemi être de 750 hommes. »

Cependant l'armistice n'avait servi qu'à permettre aux Russes et aux Prussiens de compléter leurs armées ; l'Autriche venait de faire défection, et la lutte dernière allait commencer.

Notre 4ᵉ bataillon, qui faisait partie de la 45ᵉ division (général Razout), était à Bamberg le 2 août, à l'effectif de 750 hommes. Il vient joindre le 6ᵉ bataillon, et les deux unités réunies vont suivre la fortune du 14ᵉ corps (maréchal d'Empire comte Gouvion-Saint-Cyr), chargé de couvrir Dresde mise, par quelques travaux, à l'abri d'un coup de main. Quoi qu'il en soit, la position du maréchal Saint-Cyr était critique. Les 26 et 27 août, le prince de Schwarzemberg, qui a 150 000 hommes sur le terrain, croit livrer bataille au seul 14ᵉ corps, fort de 17 000 hommes environ. Napoléon était arrivé, le 26 au matin, avec sa Garde et le 1ᵉʳ corps de cavalerie. Le 27, les 2ᵉ et 7ᵉ corps renforcent encore l'armée de l'Empereur. Malgré tout, le général en chef ennemi avait une supériorité numérique de 70 000 hommes. Le temps était affreux, la pluie tombait par torrents. La bataille dura toute la journée, et, à l'entrée de la nuit, l'armée alliée se mit en pleine retraite. La perte de l'ennemi montait à plus de 40 000 hommes, dont 18 000 prisonniers, presque tous Autrichiens, 26 pièces de canon, 150 caissons, et 18 drapeaux. Le général Moreau, qui avait quitté

« Vive l'Empereur! » — Lutzen 1813.
(D'après une lithographie de Raffet.)

l'Amérique pour venir offrir ses services à l'Empereur de Russie, et combattre ces mêmes soldats qu'il avait tant de fois conduits au combat, eut les deux jambes emportées par un boulet français.

En septembre, Napoléon s'efforce en vain d'engager Blücher à une bataille rangée. Il voit approcher le moment critique où les alliés vont menacer Dresde avec des forces supérieures aux siennes de près de 200 000 hommes. Il réunit alors tout ce qu'il a de disponible sur la rive droite du Rhin. En conséquence, le corps du duc de Castiglione, formant en tout 16 000 hommes, reçut l'ordre de quitter Wurtzbourg et de s'avancer à Iéna. Le 3ᵉ bataillon du 52ᵉ, commandant Perrossier, était arrivé à Mayence, le 3 août, avec le 2ᵉ bataillon du 59ᵉ. Il entrait dans la composition de la 54ᵉ division, qui faisait partie du corps du duc de Castiglione.

Il est à Iéna le 6 octobre, et le 12 à Leipzig. Le 16, il prend part au combat de Wachau, et le 18 à cette bataille fameuse, où 158 000 Français luttèrent toute la journée contre 500 000 hommes, sans être soutenus. Depuis huit jours, on avait consommé plus de 250 000 coups de canon ; le 18, on en tira 95 000 ; il n'en restait plus que 16 000 dans les parcs. La perte de l'armée française, dans les journées des 16, 17, 18 et 19 octobre,

Campagne de Saxe. — Les conscrits de 1815.
(Peint par Raffet, lithographié par Llanta.)

s'éleva à 20 000 morts et 50 000 prisonniers (y compris environ 22 000 malades ou blessés non transportables, qui se trouvaient dans les hôpitaux de Leipzig) ; 150 pièces de canon et plus de 500 chariots tombèrent au pouvoir de l'ennemi ; 4 généraux avaient été tués, 6 blessés et 17, presque tous blessés, faits prisonniers. La perte des alliés peut être évaluée à 80 000 hommes hors de combat ; ils eurent 8 généraux tués et 14 blessés.

Ce fut la plus sanglante bataille du siècle.

Le 11 novembre, le maréchal Saint-Cyr, qui était bloqué dans Dresde, cédant à des considérations d'humanité[1], offrit une capitulation qui fut acceptée, puis violée. La garnison devait déposer les armes et se rendre en France. Les différentes colonnes furent arrêtées en route, sous prétexte que le prince de Schwarzemberg avait refusé de ratifier la capitulation. N'est-il donc que ceux qui sont habitués à vaincre qui sachent user noblement de la victoire?

Durant cette campagne, la valeur des soldats et le génie du chef avaient succombé sous la trahison et le nombre. Il ne leur restait plus que ce principe sacré qu'ils appliquèrent dans une sublime résistance :

Mourir pour la Patrie envahie!

Campagne de 1814 (6ᵉ bataillon bis, Commandant Gérard, François).

« Soyez sévères, historiens, pour les fautes de cet homme. A ce jour, la France l'a reconnu, s'est retrouvée. Le peuple lui revient.

« Vivent les humbles! Ils sont plus près de la terre, ils sont plus près du sol, ils sont plus près de la Patrie! Vivent les humbles! ils ne savent pas, ils espèrent; ils ne calculent pas, ils sont émus! Ils sont désintéressés, ils sont inconséquents, ils pardonnent. Hier, ils le détestaient cet homme qui a prodigué leur sang aux quatre coins de l'Europe, qui a joué, compromis, au jeu des batailles, la grandeur de la France. Mais, aujourd'hui, le voyant faire front, avec ses débris mutilés, contre des hordes

---

1.

BATAILLONS.	PRÉSENTS.		HOPITAUX.	PRISONNIERS DE GUERRE.
4ᵉ *Bataillon*.	Officiers	21	5	15
	Troupe	424	222	
6ᵉ *Bataillon*.	Officiers	20	6	299
	Troupe	117	409	

sans nombre, marcher droit à ces ennemis, les battre le jour, s'avancer la nuit, triompher de tous l'un après l'autre, remplaçant la force par l'audace, le nombre par le génie du chef et le dévouement des soldats, ils ont tout oublié, ils lui sont revenus, trop tard sans doute pour empêcher sa chute, mais à temps pour l'entourer d'une popularité qui ne périra plus, pour en faire un dieu, le dieu des bonnes gens, soit; mais, en tout cas, le dieu des braves!

« La popularité de Napoléon, ce n'est ni le Consulat prospère, ni les grandeurs de l'Empire qui l'ont faite, c'est 1814, c'est la défense du sol envahi. Ils ont besoin d'aimer, les humbles, ils ont besoin d'admirer[1]! »

Le bataillon du 32° a pour chef le commandant Gérard, âgé de vingt-huit ans, officier de la Légion d'Honneur. A cette époque, les années comptaient double, et les hommes de trente ans étaient presque des vieillards. L'adjudant-major, le lieutenant Bonsirvin, a quarante ans et vingt et une campagnes. Un lieutenant, M. Boissière, était chirurgien aide-major en 1813. Sur sa demande, il passe lieutenant dans une compagnie, le 26 décembre 1813[2]. Napoléon a dû ramener l'effectif des bataillons à 400 hommes environ. Ces conscrits de vingt ans « fondent comme neige[3] » dans ces marches forcées, au feu de ces bivouacs continuels, dans ces combats de chaque jour. Deux hommes sur trois en moyenne étaient habillés; l'uniforme ne consistait plus qu'en une capote grise et un bonnet de police de forme féminine, d'où le nom qu'on donnait à ces braves jeunes gens : les « Marie-Louise ». Chose autrement grave, un homme sur deux était armé. Napoléon les armera sur le champ de bataille avec les fusils de l'ennemi. La plupart des pelotons étaient sans officiers et sous-officiers, et pourtant ces jeunes levées de 1814 et de 1815 sont, en tous points, dignes de leurs aînées.

Sous les ordres du maréchal de Bellune[4], puis du comte Gérard, ils luttent à Nogent, Montereau et Nangis. Le commandant Gérard y est blessé d'un coup de biscaïen au bas-ventre, mais il reste à la tête de son bataillon. Après ces victoires, Napoléon put dire : « Mon cœur est soulagé, je viens de sauver la capitale de mon Empire ». Mais au prix de quelles fatigues et de quelles pertes!

Un officier, envoyé au quartier général pour prendre les ordres du

---

1. Lettres d'un jeune officier à sa mère (1803-1814), par H. Faré.
2. Il fut décoré, le 25 février 1814, pour sa brillante conduite au combat de Nogent.
3. Napoléon à son frère.
4. 2° corps.

comte Gérard, décrit ainsi ses impressions, qui donnent bien la physionomie de la campagne.

« Ce ne fut qu'à une heure très avancée de la nuit que j'atteignis la ferme qu'occupait l'Empereur, et où devait aussi se trouver le général Gérard.

« Hormis les sentinelles qui veillaient au dehors, tout le monde dormait à l'intérieur. Je traverse une grande cour encombrée d'hommes et de chevaux, couchés pêle-mêle sur les fumiers qui la remplissaient; je pénétrai, au rez-de-chaussée, dans une petite chambre éclairée de bougies brûlant sur une petite table; des cartes étaient déployées sur cette table et même sur le plancher : un homme, que je reconnus pour le fidèle mameluk de l'Empereur, dormait, couché par terre, en travers de la porte. Au fond de la chambre étaient une petite alcôve et un lit sur lequel reposait, tout habillé, l'Empereur lui-même. Je restai un instant à regarder le saisissant et douloureux tableau, et je me retirai doucement. Je montai au premier, en passant sur le corps des gens qui dormaient sur chaque marche, et j'entrai dans une grande chambre aussi encombrée de dormeurs. Un officier veillait. Il me montra au fond de cette chambre un lit, sur lequel reposait, me dit-il, le prince de Neuchâtel. Je n'hésitai pas à le réveiller. Il me répondit de très mauvaise humeur : « Adressez-vous au général Gérard. » Je continuai mes recherches, et je trouvai enfin. »

Pendant que les officiers, trop nombreux maintenant en proportion des soldats[1], prenaient un fusil et combattaient dans le rang, à Bar-sur-Aube et Saint-Dizier, sous les ordres du capitaine Casse, l'ancien premier porte-aigle du Régiment, le commandant Gérard conservait à la France Soissons, honteusement rendue huit jours plus tôt. Il est investi par Napoléon du commandement de la place le 11 mars. Le 6 mars, l'Empereur avait écrit à Clarke : « Envoyez-moi pour commander Soissons non une ganache et un homme usé comme Moreau, mais un jeune homme, chef de bataillon ou colonel, qui *ait sa fortune militaire* à faire. » Le ministre eut la main heureuse.

Derrière des remparts accessibles de tous côtés, avec une garnison composée de convalescents, d'isolés et même de déserteurs, présentant à peine un effectif de 2 500 combattants, il va résister aux 20 000 hommes et aux cinquante pièces de Bulow.

---

1. Situation au 12 mars : 9 officiers, 125 hommes; au 6 avril : 65 hommes (officiers compris); au 20 avril, à Nevers : 6 officiers, 24 hommes.

Le 19 mars, il répond aux parlementaires qu'on lui envoie : « Je n'aurai de correspondance avec votre chef qu'à coups de canon. » Bulow, irrité, démasque des batteries, remplit la ville d'obus et de boulets rouges, et tente des attaques de vive force sur les portes. Partout il trouve les défenseurs à leur poste.

Dans la nuit du 22 au 23, il ouvre la tranchée. Gérard ordonne une sortie, détruit les ouvrages et fait de nombreux prisonniers. A la rentrée, il saisit un drapeau, et, devant la garnison réunie : « Soldats, dit-il, l'armée a les yeux sur vous; nous couvrons la capitale de l'Empire. Jurons sur ce drapeau de justifier la confiance du Souverain, en défendant jusqu'à la mort le poste d'honneur où il nous a placés. »

Le serment fut prêté avec enthousiasme. Chaque jour il y eut une sortie, et Bulow, après neuf jours de tranchée ouverte, et la perte de 800 à 900 hommes, fut obligé de convertir le siège en blocus. Soissons était sauvée. Mais, hélas! Paris était perdu!

Le 30 avril 1814, le 6° bataillon *bis* partit de Nevers pour Paris.

Pendant la première Restauration, le ci-devant 32° de ligne prend le numéro 51. Il redeviendra le 32° pendant les Cent-Jours.

Les Cent-Jours. — Campagne de 1815.

L'aigle impérial avait volé, de clochers en clochers, jusque sur les tours Notre-Dame; les cocardes tricolores avaient reparu aux chapeaux; malgré leur serment de fidélité aux Bourbons, les premiers soldats qui avaient revu leur Empereur, avec son petit chapeau et sa redingote grise, s'étaient jetés à ses pieds. Il les avait relevés, mais pour les envoyer à de nouveaux combats. A sa voix, tous les anciens soldats, laboureurs, artisans, avaient quitté leur travail, endossé leur vieil uniforme et rejoint leurs régiments. Combien différent de 1813 et 1814 était l'aspect de notre 32ᵉ réduit à deux bataillons, comptant à peine 600 ou 700 hommes pour entrer en campagne! Au lieu de conscrits, les glorieux restes des grandes guerres, ceux d'Ulm, de Friedland et d'Espagne. Les cadres des 3ᵉ, 4ᵉ et 5ᵉ bataillons sont créés pour donner des emplois à tous les officiers en demi-solde. Le colonel Branger commande toujours le Régiment, qui fait partie de la division Albert du 5ᵉ corps de la Grande Armée, aux ordres du général Rapp.

Dès le mois de juin, Rapp occupe les lignes de la Lauter, défendues vingt-trois ans auparavant par l'armée républicaine. Nulle part la résolution de défendre l'indépendance nationale ne s'était manifestée avec plus d'énergie que dans ces départements de la frontière de l'est de la France. Hommes, femmes, enfants, vieillards, tous se présentèrent pour prendre les armes ou saisir le hoyau. Les uns travaillaient aux redoutes, aux retranchements, les autres coulaient des balles, confectionnaient des cartouches, remontaient de vieux fusils.

Le comte Rapp allait prendre l'offensive le 21 juin, lorsqu'il apprit, par dépêche, le désastre de Waterloo. Pied à pied, il se défend, et, dans un ordre parfait, il rétrograde sur Strasbourg qu'une armée alliée menace. Ce fut pendant cette retraite que les soldats apprirent la défaite de l'armée du Nord et l'abdication de Napoléon, que, jusqu'à ce moment, on leur avait soigneusement cachées.

Pour comprendre et excuser les événements ultérieurs, il faut réfléchir à ce qu'était la composition de chaque régiment : de vieux officiers et de vieux soldats qui avaient voué leur vie à un homme, et ne voulaient pas croire à sa chute, eux qui, longtemps, ne crurent pas à sa mort. Trop souvent il les avait conduits à la victoire, groupés autour de ce drapeau tricolore qui avait fait le tour de l'Europe, pour qu'ils pussent, sans révolte, arborer une cocarde qui ne leur avait déjà valu qu'humiliations et mépris. Ils se souvenaient qu'au début de cette même année 1815, on avait insulté à leur gloire, représenté leurs vingt ans d'exploits comme une longue révolte, et déclaré honteuses les cicatrices des plus nobles blessures. Aussi, les uns veulent se rendre dans leurs foyers, les autres proposent de se jeter en partisans dans les Vosges.

Le général Rapp, à cette nouvelle, prend une aigle et, se plaçant au milieu des insurgés, il s'écrie : « Soldats! j'apprends que votre intention est d'abandonner l'armée. Dans une heure nous allons nous battre; voulez-vous que les Autrichiens pensent que vous avez fui devant eux? Que les braves jurent de ne quitter ni leurs aigles, ni leur général en chef!

Je permets aux lâches de s'en aller. » Il n'y a qu'un cri : « Vive Rapp ! Vive notre digne général ! » Et, les 28 juin et 9 juillet, le petit corps d'armée du Rhin et du Jura se donne de l'air sous les murs de Strasbourg ; deux brillantes reconnaissances offensives donnent la certitude que la ville va être investie par plus de 70 000 hommes. Mais l'attitude de l'armée de Rapp avait été telle, et les pertes subies par les Autrichiens si grandes, que le prince de Wurtemberg songeait à traiter au lieu de combattre.

Il fit venir devant lui le pasteur de Wendenheim, vieillard respectable et surtout excellent Français : « Connaissez-vous, lui dit-il, le général Rapp ? — Oui, Monseigneur. — Vous chargeriez-vous d'une mission auprès de lui ? — Assurément, si elle n'avait rien de contraire à l'intérêt de mon pays. — Eh bien, allez lui dire que, s'il veut m'ouvrir les portes de Strasbourg pour le roi de France, il verra pleuvoir sur lui les biens et les honneurs. — Monseigneur, le général Rapp est Alsacien, et par conséquent bon Français ; jamais il ne consentira à déshonorer sa carrière militaire. Je prie Votre Altesse de charger un autre que moi de ce message[1]. »

Quelques jours après, une convention militaire fut conclue et les hostilités cessèrent. Les Bourbons étaient rentrés dans Paris, et une dépêche parvint à Rapp, lui enjoignant de licencier tous les soldats de son armée isolément, sans armes et sans solde. Au reçu de cet ordre ministériel, le chef d'escadron Marnier, l'un des aides de camp de Rapp, est expédié en toute hâte à Paris. Il voit plusieurs fois les ministres, mais ne peut obtenir l'argent nécessaire au payement de l'arriéré. Son retour et la réponse qu'il apporte font éclater l'orage[2] le 2 septembre.

Strasbourg offrit alors, du 2 au 6 septembre, le spectacle unique d'une insurrection militaire accomplie militairement, dans l'ordre le plus parfait, en vue de l'ennemi. Une fois le but atteint, son chef se dépouille de sa toute-puissance, et revient avec calme se soumettre aux lois de la subordination.

Si nous avons fidèlement rapporté cet épisode troublé de notre

---

1. Le général Rapp était près de Louis XVIII lorsqu'il apprit la mort du captif de Sainte-Hélène ; il se prit à pleurer : « Vous me pardonnerez, Sire. C'est à lui que je dois l'honneur de servir Votre Majesté. »

2. Ces documents ont été puisés dans un ouvrage intitulé : *Précis des opérations de l'armée du Rhin et du Jura en 1815* et édité à Paris en 1819. Le général Rapp existait encore, et il ne protesta pas. M. le colonel Arvers, dans l'historique du 82e de ligne et du 7e léger, mentionne l'insurrection de Strasbourg et la conduite de Dalouzi.

histoire, c'est qu'il marque l'esprit des hommes de ce temps : il est peu connu et très caractéristique. On ne verra pas, sans une sorte de surprise admirative, des sous-officiers, naguère soldats, investis tout à coup d'une autorité supérieure, faire régner, au milieu d'une armée en émeute, la discipline la plus parfaite, prendre sans hésitation les mesures administratives les plus sages et les plus convenables à leur but, s'abstenir des

Départ du Roi, le 19 mars 1815.
(Dessiné par Heim, gravé par Couché fils.)
(Extrait de *Napoléon Ier*, Firmin Didot et Cie, éditeurs.)

excès, se garantir des pièges tendus à leur ambition et à leur inexpérience des hommes et des choses, et déposer enfin le pouvoir, sans qu'aucun cri, aucune insulte à leurs officiers en eût signalé la durée.

Le 2 septembre, à huit heures du matin, 500 sous-officiers, environ, sont en bataille dans la cour du palais du général en chef.

Une députation d'officiers est introduite chez Rapp et lui dit respectueusement : « Les soldats de l'armée du Rhin veulent être soldés de tout ce qui leur est dû. Ils veulent partir tous le même jour, avec armes, bagages et cinquante cartouches chacun. Sinon, ils refusent de subir le licenciement. »

Le général Rapp, furieux, se plante devant l'orateur : « Quoi! messieurs, vous voulez m'imposer des conditions, vous refusez d'obéir? des conditions à moi!.... » Le ton de voix, le regard du général, imposent à la députation qui se retire confuse. Chacun va rendre compte à son régiment de l'accueil fait à la démarche commune.

Le Réveil. — D'après une lithographie de Raffet.

L'effervescence est extrême. C'est alors qu'un sergent du 7ᵉ léger, nommé Dalouzi, connu par sa capacité, son audace et son babil soldatesque, harangue en ces termes ses camarades : « L'armée impériale va se déshonorer, et en présence de l'ennemi. Il sera impossible de faire entendre raison à nos hommes qui veulent être payés. Eh bien! si vous promettez de m'obéir, de vous abstenir de tout désordre, de faire respecter les propriétés, de protéger les personnes, je jure, sur ma tête, que vous serez payés avant vingt-quatre heures. »

Son discours est bien accueilli, et le voilà général. Il choisit pour son chef d'état-major le tambour-major du 58°. Il nomme un gouverneur de la place, des commandants de division, de brigade, de régiment, de bataillon, d'escadrons et de compagnie.

Un certain nombre de sous-officiers étaient retournés aux casernes, où les soldats attendaient, avec impatience, le résultat des démarches qui venaient d'être faites. La générale fut aussitôt battue, et tous les corps, infanterie, cavalerie, artillerie, se dirigèrent en ordre et au pas de course sur la place d'armes. A mesure qu'ils arrivaient, les nouveaux chefs en prenaient le commandement, et les conduisaient sur les points qu'ils avaient ordre d'occuper. Huit pièces de canon arrivent au galop et sont chargées à mitraille pour la garde de la place.

Rapp était sorti dans l'espoir de calmer les mutins. Il court au canonnier d'un obusier qui tenait une mèche : « Eh bien! que prétends-tu faire, misérable? Veux-tu me tuer? Mets le feu; me voici à l'embouchure. — Ah! mon général, s'écrie le soldat, en laissant échapper son boute-feu, j'ai été au siège de Dantzick avec vous, je vous donnerais ma vie.... Mais les camarades veulent être payés; je suis obligé de faire comme eux. »

Le général, impuissant à les détourner de leur résolution, rentre au palais. Dalouzi prend alors toutes les mesures d'ordre.

Une garde extérieure occupe les différentes avenues qui conduisent au palais. Un bataillon de grenadiers vient s'établir dans la cour, et prend la dénomination de garde intérieure. Près de soixante factionnaires sont placés, deux à deux, à toutes les portes et sur l'escalier qui conduit à l'appartement du comte Rapp, le gardant ainsi et le protégeant.

Une députation de cinq sous-officiers se présente chez le général : « Eh bien! que me voulez-vous encore, dit-il, avec l'accent de l'indignation et du mépris; vous êtes indignes de porter l'uniforme français.... Je ne crains rien, je ne vous crains pas.... Mais, au fait... que me voulez-vous? encore une fois, que me voulez-vous? » L'agitation du comte Rapp contrastait vivement avec l'air sombre de la députation. Ces sous-officiers étaient confus de tenir captif un chef qu'ils aimaient, et dont la valeur, la loyauté leur étaient si connues. L'un d'eux, prenant la parole : « Mon général, dit-il, nous avons appris que les autres corps d'armée ont été payés; nos soldats veulent également l'être. Nous ne demandons que ce qui nous est dû, le faible dédommagement de tant de sang et de blessures; nous ne demandons que ce qui nous est indispensable pour faire notre route et rentrer dans nos foyers. » Puis, ils se retirèrent.

Pendant ce temps, Dalouzi avait établi son quartier général sur la place d'armes et créé deux commissions, l'une des vivres, composée de fourriers, l'autre des finances, formée de sergents-majors.

Le tambour-major du 58ᵉ se rendit, avec un trompette, au quartier général des alliés, et leur signifia que s'ils respectaient la trêve, la garnison ne se porterait à aucun acte d'hostilité; mais que s'ils essayaient de profiter de la situation troublée de la ville, elle saurait opposer une noble résistance.

Les postes de la citadelle et ceux de l'intérieur furent doublés; on plaça même des gardes à quelques vieilles poternes qui, jusque-là, avaient été négligées; on renforça la ligne extérieure. Les troupes bivouaquèrent sur les places et dans les rues.

Il fut défendu, *sous peine de mort*, d'entrer dans aucun des lieux où l'on vendait de l'eau-de-vie, du vin et de la bière.

La même peine fut portée contre tous ceux qui se rendraient coupables de pillage, de désordre ou d'insubordination.

Dalouzi convoqua le Conseil municipal, et pria le Maire d'aviser aux moyens de faire des fonds pour acquitter l'arriéré.

Au cours de ces démarches, tous les mouvements nécessaires à la sûreté intérieure et extérieure se faisaient toujours au pas de course, sans proférer un mot, sans se permettre une menace contre les officiers. Ce silence, peu ordinaire aux militaires français, avait quelque chose de sinistre, dont les habitants étaient épouvantés.

Cependant les alarmes des bourgeois ne tardèrent pas à se calmer. La retraite fut battue longtemps avant la nuit; et, dès cet instant, les patrouilles se succédèrent sans interruption. Plusieurs ordres du jour furent lus à chaque poste. L'une de ces pièces était ainsi conçue :

« Tout va bien ; les habitants financent, et les payements sont commencés. *Signé : Garnison.* »

De là, le sobriquet de Général Garnison donné à Dalouzi.

La ville eut l'ordre d'illuminer, afin qu'il fût plus facile d'exercer une surveillance sévère. Toutes les machinations tentées par les Autrichiens pour jeter les troupes dans les excès furent vaines.

Enfin, la répartition des fonds fut achevée vers les neuf heures du matin du second jour. Aussitôt, la générale se fit entendre. L'armée se rassembla, retira ses postes, et se rendit sur la place d'armes. Le général Garnison, accompagné de tout son état-major, fit mettre les troupes en bataille, et leur adressa la proclamation suivante :

« Soldats de l'armée du Rhin,

« La démarche hardie qui vient d'être faite par vos sous-officiers, pour vous faire rendre justice, et le parfait payement de votre solde, les ont compromis envers les autorités civiles et militaires. C'est dans votre bonne conduite, votre résignation et votre excellente discipline qu'ils espèrent trouver leur salut, et celle que vous avez gardée jusqu'à ce jour en est le sûr garant : ils en espèrent la continuation.

« Soldats, les officiers-payeurs ont entre leurs mains tout ce qui vous est dû. La garnison rentrera à sa première place; les postes resteront jusqu'à ce que le général en chef ait donné des ordres en conséquence. Sitôt la rentrée, les sergents-majors et maréchaux des logis se rendront chez leurs officiers-payeurs, et prendront note, avant de solder la troupe, de MM. les colonels, afin d'exercer la retenue de qui de droit. L'infanterie doit être licenciée ; elle prendra des ordres supérieurs. La cavalerie, n'ayant encore aucun ordre, attendra son sort, afin de rendre au moins, avant de partir, chevaux, armes et tout ce qui appartient au gouvernement; afin que l'on puisse dire : Ils sont Français, ils ont servi avec honneur, ils se sont fait payer de ce qui leur était dû, et se sont soumis aux ordres du Roi, avec ce beau titre de l'armée du Rhin.

« Par ordre de l'armée du Rhin. »

Le sergent Dalouzi, après avoir prononcé ce discours que l'armée écouta en silence, fit défiler devant lui deux divisions d'infanterie, la cavalerie et l'artillerie. Les troupes se rendirent ensuite aux casernes et rentrèrent sous l'autorité de leurs officiers respectifs.

Puis, Dalouzi se constitua prisonnier. Un conseil de guerre fut réuni, et le condamna à mort. Mais, sur l'instigation du général Rapp qui avait pardonné, comprenant quels grands malheurs et quelle honte avaient été évités, Louis XVIII fit grâce.

En 1816, Dalouzi est sergent à la légion du Cher, qui devint le 9ᵉ de ligne en 1820.

Le procès-verbal de licenciement du 52ᵉ par ordonnance royale du 3 août, porte la date du 6 septembre 1815. L'opération eut lieu sur la place, devant le quartier Blanc.

La revue d'effectif a constaté : 43 officiers, 5 adjudants sous-officiers, 1 vaguemestre, 2ᵉ et 3ᵉ porte-drapeaux, 1 tambour-major, 11 sergents-majors, 45 sergents, 12 fourriers, 60 caporaux, 14 tambours, 65 grenadiers, 43 voltigeurs, 337 fusiliers[1]. —

D'où un ensemble de 639 hommes.

Il a été emporté : 596 habits, vestes, caleçons, capotes, shakos, bonnets de police, petits bidons et porte-bidons; 151 sabres.

Les détachements ont été mis en marche le 8 septembre, à 7 heures du matin.

Retour de Bonaparte, le 20 mars 1815.
(D'après un dessin de Heim, gravé par Couché fils.)
(Extrait de *Napoléon Ier*, Firmin Didot et Cie éditeurs.)

Il restait au Régiment : 490 gibernes et porte-gibernes, 250 baudriers, 14 colliers de caisse, 490 fusils, 250 sabres.

La masse d'habillement était en débet de 3 852 fr. 02. Le Régiment avait été mis en campagne habillé, équipé et armé à neuf.

La masse de linge et chaussure comptait : 10 285 fr. 97.

La masse de harnachement et ferrage : 129 fr. 30.

Il restait en caisse : 7 634 fr. 14.

1. Comparer ces effectifs avec ceux de 1805.

Le colonel Branger fut conservé en activité, comme président du conseil d'administration, jusqu'au 1ᵉʳ juillet 1816. A cette date, il fut admis à la retraite et se retira à Vierzon, son pays natal. Il avait quarante-deux ans, 5 blessures, 18 campagnes et 2 citations. Il était officier de la Légion d'Honneur.

« Aux survivants de tant de batailles, aux glorieux « brigands de la Loire », il ne restait à donner qu'un admirable exemple de patriotique résignation. Ils surent épargner à leur pays les maux qui avaient toujours accompagné le licenciement des bandes nombreuses, pratiquant ainsi les vertus civiques que les splendeurs, comme les calamités de l'Empire, avaient un moment laissées dans l'ombre[1]. »

1. Les Institutions militaires de la France. (Duc d'Aumale.)

QUATRIÈME PÉRIODE

RESTAURATION ET MONARCHIE DE JUILLET

Première Légion du Pas-de-Calais.
(5 Août 1815. — 23 Octobre 1820.)

32ᵉ régiment d'infanterie de ligne.
(23 Octobre 1820. — 2 Décembre 1852.)

CHAPITRE I

Campagne d'Espagne.
(1823.)

1ʳᵉ LÉGION DU PAS-DE-CALAIS (3 AOUT 1815. — 23 OCTOBRE 1820).

Des volontaires royaux, sortant des régiments provisoires de la Couronne, du Nord et du Pas-de-Calais, des sous-officiers et soldats de divers corps, rentrés dans le département après le licenciement de l'armée, ont été les premiers éléments dont s'est composée la Légion du Pas-de-Calais.

Le 1ᵉʳ janvier 1816, les douze compagnies provisoires, qui avaient été organisées, se dédoublent et forment trois bataillons, conformément aux articles 3 et 4 de l'ordonnance du 3 août 1815.

Par suite d'une disposition générale, la Légion fut réduite, le 1ᵉʳ février suivant, à un seul bataillon fort de 402 hommes. Tous les militaires excédant ce complet furent renvoyés dans leurs foyers en congé illimité.

Le 5 juillet 1816, en vertu d'une décision spéciale, le 2ᵉ bataillon fut organisé. Il se composa de quelques enrôlés volontaires, mais surtout d'hommes rappelés par le conseil d'examen.

Le 22 juillet 1816, la Légion reçut ses drapeaux avec solennité. Ils furent bénis par Monseigneur l'évêque d'Arras, en présence des autorités civiles et militaires et des troupes de la garnison formées en bataillon carré. Le serment de fidélité et d'obéissance au Roi fut prêté avec enthousiasme.

Le porte-drapeau, du grade de sous-lieutenant, portait le drapeau blanc aux armes de France entourées des colliers de Saint-Michel et du Saint-Esprit, et accompagnées du sceptre et de la main de justice ; au revers, l'inscription : « Le Roi à la Légion du Pas-de-Calais », entourée de deux branches de laurier vert, sous lesquelles pendaient, attachées à des cordons rouges, les décorations de Saint-Louis et de la Légion d'Honneur. Ce premier drapeau appartenait au 1ᵉʳ bataillon. Les drapeaux des 2ᵉ et 3ᵉ bataillons portaient les mêmes exergues. Ils étaient formés de deux triangles juxtaposés, le blanc attenant à la hampe ; pour le 2ᵉ bataillon, les triangles étaient blanc et ponceau ; blanc et vert pour le 3ᵉ.

Le 30 avril 1818, la Légion fut réduite à un bataillon, en vertu de l'ordonnance du 8 avril. Le 2ᵉ bataillon a été fondu dans le 1ᵉʳ ; la musique a été reformée ; les chefs de musique ont grade de sergent.

Le 1ᵉʳ juin, on a formé, à Arras, la première compagnie du dépôt.

Le dépôt s'est successivement accru pendant les mois de novembre, décembre 1818, janvier et février 1819, tant par les enrôlements volontaires que par les jeunes soldats des classes 1816 et 1817, qui devançaient l'époque de la mise en activité ; et la Légion fut organisée à trois bataillons, le 25 mai.

La loi Gouvion Saint-Cyr, « qu'on pourrait dire inspirée par le génie de la France, comme le fut par un dieu, si l'on en croit Végèce, l'institution de la légion romaine[1] », avait été adoptée par le Roi : « Spectacle unique, s'écrie Saint-Cyr à la tribune, que celui d'un gouvernement national et libre discutant sa force et son système militaire, en présence des armées de l'Europe qui résident encore sur son territoire ! »

« Dans cette loi, le mot conscription[2] n'était pas prononcé. L'engagement volontaire apparaissait comme l'élément principal du recrutement, l'appel comme le moyen subsidiaire. On complétait l'effectif de paix, fixé

---

1. Discours du général Ricard, 1824.
2. Il existait, dans la masse de la nation, une profonde antipathie pour la conscription

à 240 000 hommes, par des levées annuelles qui ne pouvaient dépasser 40 000 hommes. Le contingent était formé au moyen d'un tirage au sort

Drapeau de la Légion du Pas-de-Calais.

entre les jeunes gens de vingt ans; le minimum de la taille était de 1m. 57. Les engagements devaient être gratuits, les primes étaient proscrites, et les rengagements ne donnaient droit qu'à une haute paye. Le remplacement était autorisé sans intervention administrative, sauf pour constater l'aptitude du remplaçant; le remplacé restait responsable pendant un an pour le cas de désertion. La durée du service était de six ans.

« .... Le titre IV instituait les *vétérans*, réunissait, sous ce nom, les sous-officiers et soldats libérés, et leur imposait, en temps de guerre, un service territorial de six ans; même en cas de guerre, il fallait une loi pour qu'ils fussent requis de marcher hors de la division militaire[1]. »

« Le titre VI de la loi était consacré à l'avancement, et posait des règles fort équitables. Nul ne pouvait être officier, s'il n'avait passé dans les rangs un temps suffisant, ou traversé l'épreuve des écoles militaires, ouvertes seulement au concours; un tiers des sous-lieutenances était réservé aux sous-officiers des corps : pour les promotions aux autres grades, une limite était posée au favoritisme par la part faite aux droits de l'ancienneté.

« La Restauration, après la violente réaction des premiers jours, malgré quelques retours fâcheux et de regrettables exceptions, se montra généralement équitable dans la distribution des emplois militaires; mais elle ne put échapper à tous les embarras. Les grandes promotions de 1809 et de 1813, le retour des émigrés, les fournées de sous-lieutenants qui avaient rempli *la Maison rouge* de 1814, chargeaient les cadres d'un poids assez lourd : il existait un véritable encombrement. Le contre-coup s'en faisait ressentir encore après la Révolution de Juillet, et ce n'est qu'au bout de vingt ou de vingt-cinq ans que la France put recueillir tous les avantages de la loi de 1818 et des ordonnances subséquentes[2]. »

Le général de la Motte-Rouge écrit dans ses Mémoires : « L'historique des caractères est l'historique même des régiments qui ont eu pour origine, en 1816, l'organisation en légions départementales, et sont, par leur composition, la transition la plus vraie des armées de la République et du Premier Empire aux armées actuelles.

« Ces types ont marqué jusqu'en 1830. Passé cette époque, ils ont disparu. Tout ce que cette Révolution ramena dans les rangs de vieux cadres laissés par la Restauration dans leurs foyers, était usé et ne valait rien. »

Nous allons esquisser quelques silhouettes d'officiers et sous-officiers de la Légion du Pas-de-Calais.

Le colonel, vicomte du Tertre, est né le 24 février 1774. Ancien page de S. A. R. Madame, en 1788, il a servi dans la brigade hollandaise de 1793 à 1802; il compte neuf campagnes contre la France et trois blessures.

---

1. D'après les Institutions militaires de la France. (Duc d'Aumale.)
2. Institutions militaires de la France. (Duc d'Aumale.)

Il est chevalier de Saint-Louis, et chevalier de l'ordre royal de la Légion d'Honneur[1].

Le lieutenant-colonel avait fait les guerres de la République et de l'Empire. Il avait quarante-sept ans. C'était sur lui que roulait le service. Il était du petit nombre des officiers de ce temps qui étaient décorés de l'ordre de la Couronne-de-Fer, fondé à Milan par Napoléon, ordre dont il était extrêmement avare.

Les trois chefs de bataillon avaient quarante-sept, quarante-cinq et trente-deux ans. Le premier était un vieux soldat que ses campagnes avaient amené à ce grade. Il avait la direction de l'instruction. Le plus jeune était sorti de l'École militaire en 1806.

Le major, vieux soldat d'Austerlitz et de Wagram, avait quarante et un ans. Les capitaines avaient quarante ans en moyenne. Le plus âgé avait cinquante ans, et le plus jeune vingt-sept. Tous ces hommes, plus vieux par les services que par l'âge, représentaient fidèlement l'esprit des corps dans lesquels ils avaient servi. Réquisitionnaires, engagés volontaires ou appelés par le sort, ils étaient tous la preuve que, pendant la longue période de la tourmente révolutionnaire, l'honneur français s'était réfugié dans les camps.

Ceux qui, sous la République, avaient fait partie des armées du Nord, de Sambre-et-Meuse, de Rhin-et-Moselle, du Rhin, sous Pichegru, Custine, Jourdan, Moreau, étaient aussi fiers, aussi glorieux de leurs campagnes que ceux qui, sous Bonaparte, avaient fait les campagnes d'Italie, d'Égypte et de Marengo. Pour les premiers, Moreau, le rival de Bonaparte, était le premier général de la République. Les seconds exaltaient le génie du vainqueur de Lodi, d'Arcole, du Caire, des Pyramides.

Tous avaient un langage simple, familier, naïf, très peu orné, souvent heurté, avec des liaisons impossibles. Ils cumulaient dans leurs compagnies les emplois de capitaine, de sergent-major et de caporal d'ordinaire. Il ne se passait pas de jour qu'ils n'allassent visiter les soldats dans leur chambrée, et là, assis sur un lit, ils faisaient des récits de guerre. Droits, loyaux, honnêtes, ils étaient des modèles de tenue et de simplicité militaire en même temps.

---

1. D'après le 3e paragraphe de l'art. 32 de la loi du 11 avril 1831, les années de service et les campagnes dans les armées des États en guerre contre la France ne furent pas comptées pour la pension de retraite.
Conformément à la décision du 6 juillet 1851, on déduisit aussi le service fait hors de l'armée nationale, après le 20 mars et jusqu'au 8 juillet 1815. Le vicomte du Tertre avait fait partie de l'armée royale en Belgique (1815).

Sur 24 lieutenants, 8 seulement avaient au-dessous de vingt-cinq ans. Le chef de calotte du grade avait cinquante ans. La moyenne d'âge des sous-lieutenants était de vingt-cinq ans. Le plus jeune avait dix-neuf ans. L'un d'eux, âgé de trente-huit ans, avait servi la France de 1793 à 1801 ; blessé deux fois, il avait été licencié comme sergent. Il entra au service de l'Autriche en mars 1804, et revint le 24 décembre 1813, avec l'armée autrichienne ; il portait les cicatrices de trois blessures faites par une arme française.

Sur les contrôles ouverts le 16 novembre 1815 jusqu'au 18 juin 1821, nous avons relevé 39 sous-officiers, 9 caporaux, 27 soldats rengagés, et 9 chevaliers de la Légion d'Honneur. Quant aux soldats, 5 pour 100 environ avaient fait campagne. Chacun, à cette époque, avait, pour son régiment, cette susceptibilité d'amour-propre, d'honneur, qui en faisait toujours le premier régiment de l'armée et ne permettait pas qu'on en doutât. Le soldat fréquentait beaucoup les salles d'armes, n'entendait pas raillerie sur le point d'honneur, et ne permettait pas qu'on enfreignît les usages reçus. Ainsi, si au cabaret on vous versait du vin de côté, en renversant la main la paume en dessus, c'était considéré comme une insulte, et il fallait aller sur le terrain. Telle était à peu près la physionomie du Régiment au début de la campagne d'Espagne.

Il nous reste à décrire l'uniforme de la Légion dont les trois bataillons, à huit compagnies chaque, sont à Metz en 1820.

Habit blanc, collet bleu céleste et passepoil blanc, revers, parements et pattes de parements bleu céleste, boutons jaunes ; pantalon blanc ; shako de feutre noir, avec plaque aux armes de France, portant le numéro en jaune. Les ornements et galons de distinction pour les officiers et sous-officiers sont de la couleur du bouton.

Le 3e bataillon est un bataillon de chasseurs. L'uniforme se compose d'un habit de chasse vert, boutonné sur la poitrine, avec collet et passepoil bleu céleste ; épaulettes en laine verte ; pantalon vert ; le shako porte un cor de chasse dans l'écusson.

32e RÉGIMENT D'INFANTERIE DE LIGNE (23 OCTOBRE 1820.)

Par ordonnance royale du 23 octobre 1820, la Légion du Pas-de-Calais a été organisée à trois bataillons, sous le titre de 32e régiment.

Le 3e bataillon a été formé d'un tiers du 1er et d'un tiers du 2e.

Le bataillon de chasseurs a été versé par tiers dans les trois autres.

Le Régiment a reçu un nouveau drapeau peu différent des anciens, et portant la désignation du Régiment. Les drapeaux de bataillon sont supprimés et remplacés par des fanions dont la décision ministérielle du 1er mai 1826 fixe les couleurs : 1er bataillon, écarlate[1]; 2e, blanc ; 3e, mi-blanc, mi-écarlate.

Les régiments d'infanterie ayant été augmentés d'un bataillon, le 18 septembre 1830, le fanion de ce bataillon fut : mi-garance, mi-bleu, la garance à la partie supérieure.

L'habit bleu de roi était le nouveau vêtement adopté pour toute l'armée. Il boutonnait droit sur la poitrine et avait : passepoil écarlate le long des devants, collet écarlate et passepoil bleu de roi, parements bleu de roi et passepoil écarlate ; retroussis bleu de roi, passepoil et ornements écarlate ; les boutons étaient jaunes avec le numéro du Régiment. Le pantalon bleu de roi, avec passepoil écarlate, était large. Le shako de feutre noir portait une plaque jaune aux armes de France avec le numéro du Régiment. Une décision royale d'août 1822 fixe la couleur garance, comme distinctive du 52e[2].

Au début de 1821, le Régiment est encore à Metz. Le 1er novembre de la même année, 19 compagnies sont détachées sur la frontière en cordon sanitaire. L'état-major et les autres compagnies sont à Perpignan.

Campagne d'Espagne.

(1823.)

Le 18 avril 1823, le Régiment fait partie de la 3e brigade (baron Vasserot), de la 5e division (comte Curial), du 4e corps (maréchal duc de Conegliano). L'effectif des 3 bataillons de guerre est de : 65 officiers,

---

1. Couleur distinctive du corps.
2. Les régiments étaient classés par séries de quatre.

1 821 hommes. Chaque compagnie compte 75 hommes environ, parmi lesquels un asssez grand nombre de jeunes soldats, dont l'instruction est à peine ébauchée. Il est vrai que les hommes se forment vite en route, surtout quand cette route commence à Metz et finit à Perpignan.

Combien différente fut cette campagne de la guerre d'indépendance de 1808! « Monsieur l'officier, disait un paysan, il y a quelques années, vous ne vous seriez pas aventuré seul, impunément, où vous êtes dans ce moment. » On ne saurait méconnaître cependant l'influence morale de cette promenade militaire conduite avec habileté et faite avec entrain. Elle rendait la confiance et le prestige militaire à un peuple qui venait de subir l'invasion de toutes les armées étrangères, et l'occupation de son territoire pendant cinq ans. La France reprenait sa juste part d'influence dans les conseils de l'Europe.

Le 21 mai, le 3ᵉ bataillon, sous les ordres du commandant de Rossi, reçut l'ordre de venir former le blocus d'Hostalrich. Dans la nuit du 24 au 25 mai, il s'empara de la ville avec autant de hardiesse que de bonheur. MM. Bérard, capitaine adjudant-major, Lallart, lieutenant, et Brunel, sous-lieutenant, se sont distingués par leur bravoure et leur intelligence. Les sous-officiers Ternisien et Delattre, ainsi que les caporaux Théry, Malpean et le grenadier Petitporé se sont bien montrés.

Malgré un feu très vif d'artillerie et une fusillade continuelle, le détachement du 52ᵉ se maintint dans Hostalrich, élevant des traverses et faisant des coupures pour se mettre à couvert. Il conserva ses positions jusqu'au 29. A cette date, il reçut l'ordre d'évacuer la ville et de rejoindre le gros du Régiment.

Le Régiment entier se mit en marche, le 8 juillet, pour coopérer au blocus de Barcelone, sous les ordres du lieutenant général Donadieu.

Dans un ordre du jour du 13 septembre, le maréchal Moncey relate ainsi la part brillante que le 52ᵉ a prise au combat du 12 septembre :

« Trois colonnes ennemies, fortes d'environ 6 000 hommes d'infanterie, de 100 chevaux et de 6 pièces de canon, sortirent de Barcelone, le 12 septembre, à 5 heures et demie du matin....

« La 2ᵉ se porta vers le Clos et attaqua vivement la maison retranchée et la coupure qui se trouvent en avant de ce point. Ces postes furent défendus, avec la plus grande énergie, par le 1ᵉʳ bataillon du 6ᵉ léger et le 2ᵉ bataillon du 52ᵉ. Le capitaine Janot, grièvement blessé, tomba en criant : « Vive le Roi !.... »

« La 3ᵉ colonne, beaucoup plus considérable, vint se heurter à des compagnies du 7ᵉ, du 19ᵉ et du 32ᵉ de ligne, dont la bravoure fit échouer tous les efforts de l'ennemi.... »

M. le général comte Curial cite comme s'étant particulièrement distingués :

« MM. du Tertre, colonel, fait officier de la Légion d'Honneur; de Rossi, chef de bataillon; Bérard, adjudant-major, fait chevalier de la Légion d'Honneur; Herbault, capitaine, reçut la croix de Saint-Louis; Jacquinot, O'Keeffe, Brunel, Nouvel, de Blottesière, lieutenants (ce dernier fut fait chevalier de la Légion d'Honneur); Toucas, sous-lieutenant; Vêtu, sergent; Choteille, voltigeur. »

Le sergent de voltigeurs Delattre, le voltigeur Delahaye reçurent la croix de chevalier peu de jours après.

Barcelone capitula le 4 novembre.

En 1824 et en 1825, le Régiment tient garnison à Lyon. L'inspection générale de 1824, qui dura 15 jours, offrit une particularité assez curieuse. Le général voulut s'assurer de l'instruction pratique des officiers : à cet effet, il leur fit prendre les fusils et les gibernes des sous-officiers, et exécuter le maniement des armes au commandement d'un des adjudants-majors.

Le 23 mai 1825, le chevalier du Boulet de la Boissière, âgé de cinquante-trois ans, fut nommé colonel du 52ᵉ. Il avait servi dans la compagnie noble n° 6 de l'armée du duc de Bourbon, puis, comme sergent-gentilhomme, dans le régiment de Dillon de l'armée britannique. Il avait 22 campagnes contre la France, dont celle d'Égypte, où il avait combattu les pères de ces soldats du 52ᵉ qu'il allait commander!

En 1826 et 1827, les états militaires portent le 52ᵉ à Metz; en 1828, au camp de Saint-Omer; en 1829 et 1830, à Douai. En juillet 1830, les 1ᵉʳ et 2ᵉ bataillons sont à Rennes, le 3ᵉ à Saint-Malo. La politique était à l'ordre du jour dans toutes les conversations; on en parlait partout, dans les salons, dans les estaminets, dans les diligences. La caserne seule restait dans le silence, non que les vieux officiers n'entendissent pas, sans un certain frémissement de cœur, tous ces souvenirs du temps de leur jeunesse et de leur gloire, les poésies de Casimir Delavigne et les chansons de Béranger qui célébraient le petit Caporal ou le grand Empereur; mais ils se taisaient, ayant leur devoir pour règle. Grâce à la solidité de notre constitution militaire et aux sentiments d'honneur et de patrie qui animent chacun, jamais la propagande politique d'aucune sorte n'aura chance de réussite.

Il nous paraît intéressant d'insister un peu sur le camp de Saint-

Grenadier. — Campagne d'Espagne 1823.
(D'après une lithographie de Raffet. Collection Auguste Cain.)

Omer, ce premier camp d'instruction dont le Régiment a fait partie[1]. Au 1ᵉʳ juillet 1828, le général comte Curial réunit trois divisions d'infanterie commandées par les généraux Berthezène, Ordonneau et Meynadier, tous officiers distingués, et comptant de très bons services de guerre.

En peu de temps le camp fut orné de petits jardins et d'embellissements de toute sorte, dus à l'activité et à l'intelligence de nos soldats.

Le mois de juillet fut consacré aux exercices de détail et aux manœuvres de bataillon; celui d'août, aux manœuvres de régiment et de brigade, et au tir à la cible; la période de septembre, aux manœuvres de division et de corps d'armée. Le service en campagne reçut également son application dans toutes les parties, grand'gardes, reconnaissances, prises d'armes de nuit, etc....

Ce fut là qu'eut lieu le premier dîner de promotion de l'École militaire, dix ans après la fondation de Saint-Cyr. Excellente habitude destinée à conserver la tradition et la solidarité des corps.

---

1. Toute existence à l'extérieur de la caserne assouplit et aguerrit le soldat mieux que la vie monotone et énervante de la garnison.

CHAPITRE II

Campagnes d'Afrique.

(1842-1848.)

ORGANISATION, CONSTITUTION, HABILLEMENT, ÉQUIPEMENT ET PHYSIONOMIE DU RÉGIMENT.

(1830-1848.)

Organisation, constitution. — Le 1ᵉʳ janvier 1830, l'effectif du Régiment était de 1 765 hommes dont 587 en congé d'un an. Le nouveau gouvernement décida bientôt la création immédiate d'un 4ᵉ bataillon. Ce ne fut pas une petite besogne pour le conseil d'administration de parer, par des commandes et confections d'effets de toute nature, à l'habillement, à l'équipement et à l'armement des nombreux détachements qui, dans un très court délai, doublèrent l'effectif du corps. Le 1ᵉʳ avril 1831 il était de 2 609 hommes, et le 1ᵉʳ juillet, l'arrivée de 484 enrôlés volontaires et de remplaçants le porta à 3 250.

L'avancement prit des proportions considérables. Les vieux capitaines qui comptaient 18, 20 ans et plus de grade, furent nommés chefs de bataillon à l'ancienneté. On fit flèche de tout bois pour avoir des officiers. On dut, pour compléter les cadres, donner l'épaulette de sous-lieutenant à de vieux sous-officiers chevronnés, sachant à peine lire et écrire, mais ayant le mérite d'être de bons instructeurs, à des héros de Juillet, nommés officiers par récompense nationale.

Ce recrutement ne suffisant pas, les commandants des divisions territoriales passèrent une revue rigoureuse de tous les officiers en demi-solde, et proposèrent pour des emplois de leur grade ceux qui pouvaient encore faire un bon service. On les appela les *rentrants à la bouillotte*.

Ce fut un drôle et singulier spectacle de voir tous ces revenants de l'ancienne armée réapparaître au chef-lieu de division, avec leurs uniformes de tous les régimes, depuis 1792 jusqu'en 1815. Il y avait des habits longs, des habits à basques courtes, des pantalons larges, des pantalons collants avec bottes à revers jaunes, des shakos de toute sorte, des chapeaux à claque.

Une dizaine environ prirent leur ancienneté, c'est-à-dire la tête parmi les officiers de leurs grades. Ils dataient des dernières années de l'Empire où, pour avoir des cadres, Napoléon s'était montré peu difficile.

Le 4 septembre 1830, le colonel Duvivier prit le commandement du Régiment. Né en 1785, sorti de l'École spéciale militaire en 1803, il était chef de bataillon en 1812, à vingt-sept ans. Il venait du 41e de ligne, où il était lieutenant-colonel depuis 1825. Il avait été fait officier de la Légion d'Honneur en 1813.

Habillement, équipement, armement. — Le 15 octobre suivant, d'après les ordres de M. le lieutenant-général Dumoustier, le corps échange 1158 fusils (modèle 1777) et 162 fusils de dragons (modèle de l'an IX), contre le même nombre de fusils (modèle 1822) et de fusils de voltigeurs (modèle de la même année).

Jusqu'au règne de Louis-Philippe, les sacs n'avaient pas eu de cadre en bois; ils étaient fermés à la partie postérieure par une demi-pattelette.

Les grenadiers et les sous-officiers portaient deux baudriers en croix sur la poitrine; les fusiliers un seul. Le baudrier ne disparut qu'en 1846, à l'apparition de la tunique bleu de roi, boutonnant droit avec passepoils jonquille, boutons blancs avec cor de chasse et le numéro au milieu. Le sabre-baïonnette fut alors au côté. Le grand équipement était blanc.

Jusqu'en 1850 le pantalon fut à pont, sans poches. Le soldat mettait tout dans son shako : mouchoir, tabac, argent, pipe, etc.... quelquefois une gamelle qu'il allait manger à l'estaminet, toujours préféré à la cantine. Ce shako était solide; le porteur pouvait s'asseoir dessus.

On adopta pour l'Afrique un képi rigide spécial avec une enveloppe vernie. Pour l'Algérie également, la capote croisée en drap gris de fer bleuté avec écussons de collet jonquille.

Une ordonnance, en date du 1er août 1830, avait déclaré que la nation française reprenait ses couleurs et qu'il ne serait plus porté d'autre cocarde que la cocarde tricolore.

Les nouveaux drapeaux furent distribués au Champ de Mars le 27 mars 1831. Une distribution de croix de la Légion d'Honneur termina la cérémonie. Le sergent-major vaguemestre Eberlé, le sergent de voltigeurs Vêtu, le sergent de grenadiers Machard furent faits chevaliers.

Le drapeau portait d'un côté : « Le Roi des Français au 32e Régiment d'Infanterie, » et de l'autre la belle devise de la Légion d'Honneur : « Honneur et Patrie ». Il était au 2ᵉ bataillon. La hampe était surmontée du coq gaulois. Les autres bataillons avaient un fanion : rouge pour le 1ᵉʳ bataillon, jaune pour le 3ᵉ, vert pour le 4ᵉ. La garde du drapeau avait été, depuis le règlement du 1ᵉʳ août 1791, composée de fourriers; cet honneur fut dévolu à huit caporaux.

Répression de l'insurrection de Vendée. — Pendant les années 1831 et 1832 les quatre bataillons du Régiment tinrent garnison à Nantes. En 1833, le 4ᵉ bataillon et le dépôt allèrent à Angoulême. Une décision royale de novembre supprima quatre compagnies du 4ᵉ bataillon.

Le parti légitimiste tentait de raviver les sentiments royalistes dans les provinces de l'Ouest qui, autrefois, avaient donné tant de gages de fidélité à la famille des Bourbons. Mais l'esprit vendéen avait disparu, et la duchesse de Berry, caractère ferme et aventureux, ne put compter que sur le dévouement des gentilshommes de Vendée et de Bretagne. Elle ne put tenir contre les nombreuses troupes qui sillonnaient toute la contrée de leurs colonnes mobiles.

Il serait impossible de suivre les mouvements de toutes les compagnies du Régiment détachées sur les traces des rebelles; elles déployèrent une rare activité et comprimèrent l'insurrection, sans combat important. Le 1ᵉʳ avril 1832, le lieutenant Gâteau, qui commandait le poste de Saint-Mesme, repoussa vivement une soixantaine de Chouans qui avaient essayé de le surprendre. Le 24 mai, M. Adolphe de Coislin fit demander une entrevue au lieutenant Chardon de Chaumont[1], qui commandait le cantonnement de Guenrouët. Cet officier s'y rendit à onze heures du soir, sans autre arme que son sabre. Tous les moyens de séduction furent employés. Il repoussa avec dédain les propositions qui lui furent faites, et donna rendez-vous à M. de Coislin, les armes à la main. Pendant toutes ces expéditions, le 32ᵉ ne se fait pas seulement remarquer par sa valeur, sa discipline et sa patience à supporter les fatigues de marches forcées continuelles; tous les moyens de séduction trouvent soldats et officiers fidèles à leur devoir, toujours pénible, mais rigoureux quand il faut l'accomplir dans une guerre civile.

Insurrection dans Paris. — Le Régiment vint tenir garnison à Paris à la fin de 1833. Les compagnies de grenadiers et de voltigeurs du 4ᵉ bataillon, réduit à quatre compagnies, firent partie de la réserve des Pyrénées; les deux compagnies de fusiliers restèrent à Angoulême.

---

1. Sorti de Saint-Cyr en 1827, âgé de vingt-quatre ans.

Le dimanche 15 avril, une insurrection éclata dans Paris. A six heures du soir, le Régiment prit les armes et occupa les positions suivantes : Le colonel, avec les 1ᵉʳ, 2ᵉ bataillons et 2 pièces de canon, s'établit

sur la place de Grève; le 3ᵉ bataillon et le commandant Phélippeaux, sur la place du Châtelet, tenaient le Pont-au-Change et le Palais de Justice. Vers dix heures du soir, l'ordre fut donné de refouler les insurgés dans les petites rues et bâtiments compris entre les rues Saint-Martin et Beaubourg. Ce mouvement s'exécuta avec autant de précision que de vigueur. Le capitaine Gilbert, commandant la 4ᵉ du 5ᵉ, enleva une barricade; il fut frappé à mort à quelques pas de M. Thiers, ministre de l'Intérieur, qui était venu juger par lui-même des événements.

Le capitaine Andrieu, de la 1ʳᵉ du 2ᵉ, déboucha par la rue Saint-Merry. Il essuya un feu violent qui lui tua le sergent Demia, le fusilier Léon et blessa plusieurs autres. Le sapeur Malgorn fut tué sur la barricade qu'on venait d'enlever et qu'il était chargé de détruire.

Au cours de ces événements, les officiers de santé ont rivalisé de zèle dans leur service. M. Salleron a pansé plusieurs blessés pendant la durée de l'action, sous le feu des insurgés.

Organisation et physionomie du Régiment au moment de son départ pour l'Algérie. — Au commencement de 1855, le 52ᵉ quitte Paris pour Metz.

La loi de 1852, due au maréchal Soult, a reçu son application.

La durée du service était fixée à sept ans; tous les hommes appelés par la loi à former le contingent annuel devaient être incorporés; le pouvoir exécutif avait la faculté de fixer le nombre de ceux qui, dans l'ordre des numéros, seraient laissés dans leurs foyers, ou qui, dans l'ordre des classes, recevraient des congés provisoires; ces deux catégories formaient la réserve, qu'une ordonnance royale pouvait toujours appeler, et que le Ministre de la guerre avait le droit de faire réunir et exercer. Pour le cas d'une grande lutte, la loi donnait la garde nationale mobile; tous les citoyens âgés de vingt à trente ans pouvaient être appelés à ce service, dans l'ordre de leur âge et d'une série de catégories.

Le colonel Cavaignac vint prendre le commandement du Régiment le 1ᵉʳ août 1856. C'est lui qui le conduira en Afrique[1]. Agé de quarante-cinq ans, il était sorti de l'École militaire en 1809. Il était chef de bataillon adjoint à l'état-major général de la première division militaire le 26 février 1844, à vingt-quatre ans. Il ne fut fait lieutenant-colonel du 59ᵉ que le 21 mars 1852. Beaucoup de sang-froid et une grande bravoure en faisaient un brillant chef d'arrière-garde, et c'était tout dire en Algérie. En effet, dans nos guerres d'Afrique, on vit toujours

---

1. Tous les renseignements sur les officiers de cette époque nous ont été fournis par le général Mellinet, lieutenant-colonel du 52ᵉ en décembre 1844.

les Arabes fuir devant notre avant-garde et s'acharner contre notre arrière-garde. C'est là que se livrait le vrai combat. Il y fallait du calme et de la prudence. Nos soldats y furent souvent trop téméraires. Un jour, Bugeaud, irrité d'entendre une violente fusillade à son arrière-garde, s'y rendit seul et mit pied à terre, au milieu du sifflement des balles : « Animal, cria-t-il à un soldat qui se découvrait complètement, je me f....iche de ta peau, mais je veux la conserver; car si tu meurs ici, je ne peux pas te remplacer. Crois ton vieux chef, qui n'a jamais eu peur, mon garçon : le plus malin à la guerre, c'est celui qui tue sans se faire tuer. »

Chevalier de la Légion d'Honneur du 10 août 1813 (à vingt-trois ans), le colonel Cavaignac fut fait officier le 21 mars 1831. On peut dire qu'il était né dix ans trop tard, car il aurait pris place parmi les grands noms de l'Empire.

La situation du Régiment ne s'est guère modifiée depuis 1831. Les chefs de bataillon ont quarante-neuf, cinquante et cinquante et un ans. La moyenne d'âge des capitaines est quarante-cinq ans; le plus âgé a quarante-neuf ans et le plus jeune trente-trois.

Sur 46 lieutenants et sous-lieutenants, 16 seulement ont au-dessous de trente-cinq ans et 6 au-dessous de trente ans.

Sur un effectif de 1919 hommes, il y a 115 hommes de troupe rengagés, dont 55 caporaux et soldats, presque tous ouvriers ou musiciens.

Quel est l'esprit de ces rengagés assez peu nombreux, comme on le voit? (Nous en demandons pardon à l'imagination publique, qui ne rêve à cette époque que de vieux soldats, alors que ces vieux soldats sont de jeunes hommes.) Ils sont difficiles, exigeants, sceptiques et railleurs, prompts à la réclamation. Si on les mène à la guerre, ils la font vigoureusement, mais ils sont incapables d'éprouver les grandes émotions. Le : « Cause toujours, mon vieux, tu m'instruis! » c'est le mot du vieux soldat de l'armée d'Afrique, inspiré par une allocution pathétique de son général.

Nous estimons donc, avec de bons esprits, qu'il n'y a pas lieu de regretter les trop vieux soldats.

« Notre vieux soldat est un jeune homme; il a, dans l'ordre moral comme dans l'ordre physique, tous les ressorts de la jeunesse, et il en a les croyances et les illusions. Il est plein de force et il est plein d'honneur. Il n'entend pas donner au pays un jour au delà des années qu'il lui doit aux termes de la loi, car des devoirs antérieurs et supérieurs le rappellent dans la famille. Mais, ces années, il les lui donne tout entières, sans restriction ni calcul. C'est lui que la voix de son général fait tressaillir quand, dans le péril, il lui parle du pays. C'est lui qui, avec d'impérieux instincts d'agitation et de mouvement, se condamne à la pénible immobilité de la tranchée, où la mort vient le frapper, l'arme au pied. C'est lui qui souffre patiemment, et qui, prêt de rentrer dans ses foyers, ne demande, au terme et pour prix de ses efforts, qu'un.... certificat de bonne conduite[1] ! »

C'était ce soldat-là, âgé de vingt-trois à vingt-six ans, qui composait en grande partie les régiments d'Afrique et de Sébastopol. Ce fut notre meilleur[2].

Il a toutes les vertus civiles et militaires.

Par son ordre du jour du 20 septembre 1857, M. le lieutenant général commandant la 5ᵉ division militaire fait connaître que, lors d'un incendie qui éclata au village de Voippy (près Metz), plusieurs militaires du corps, les sieurs *Pillon*, caporal; *Raymond*, *Morineau*, *Roussignol* et *Chuen*, fusiliers, se sont particulièrement distingués. Les fusiliers *Carlier* et *François* sauvèrent le mobilier de la maison incendiée en exposant leurs jours. Le fusilier *Carlier* trouva dans une paillasse une bourse remplie d'argent et la remit, sans l'ouvrir, au curé du village.

« Tous ces militaires qui n'avaient pu rentrer au quartier pour l'heure de l'appel, se contentèrent de demander au maire de Voippy un certificat attestant qu'ils avaient été retenus. Ils ne firent, à leur rentrée, aucune mention de ce qui leur était arrivé, tant ils trouvaient leur conduite naturelle. Ce fut par le rapport des autorités civiles que M. le lieutenant général en eut connaissance. M. le préfet de la Moselle proposa une gratification aux fusiliers *Carlier* et *François*. Ils la refusèrent et prièrent le préfet de bien vouloir faire distribuer la somme aux victimes de l'incendie. »

Bel exemple de bravoure, de modestie et de générosité.

De la fin de 1837 à 1840, le 52ᵉ tint garnison à Mâcon et fournit un détachement à Auxonne. Le 15 juin 1840, il est à Lyon, en 1841 à Briançon, et le 25 juillet 1842 à Toulon.

Vu la longue durée du service, il était utile de dépayser un peu les

---

1. L'armée française en 1867.
2. Nous avons acquis cette conviction à la suite de notre travail. Jamais, selon nous, soldat ne fut plus discipliné, avec les mêmes qualités d'entrain et d'héroïsme des soldats de la Royauté, de la Révolution et de l'Empire.

régiments, qui ne gagnent jamais en discipline quand ils font un trop long séjour dans une garnison.

Pendant cette période, le 52ᵉ donne souvent des preuves de dévouement, soit dans des incendies, soit dans des inondations.

Le Roi accorde des médailles d'honneur en argent aux soldats dont les noms suivent : *Morineau*, sergent; *Carré*, caporal; *Gimet*, caporal de voltigeurs; *Aligne*, fusilier. Le sergent *Morineau* fut l'objet de citations nombreuses; il justifie l'adage si profond du maréchal Bugeaud : « Voyez-vous, ce sont toujours les mêmes qui se font tuer. »

Campagnes d'Afrique.

(1842-1848.)

Le 30 octobre 1842, les trois bataillons du Régiment, sous les ordres du colonel Cavaignac, s'embarquèrent à Toulon. Ils débarquèrent à Mers-el-Kébir les 9, 10 et 11 novembre.

Le dépôt, composé de la compagnie hors rang, des 5ᵉˢ compagnies de chaque bataillon et des 6ᵉˢ compagnies des 2ᵉ et 3ᵉ bataillons, est resté en France, à Antibes.

L'effectif est de *soixante et un officiers et* 1 919 hommes.

Situation de l'Algérie à cette époque; physionomie générale de la guerre[1]. — La période des aventures militaires, des expérimentations hasardées, des tâtonnements administratifs et politiques avait pris fin en 1857. A cette date s'ouvre une deuxième phase de paix relative; elle finit en 1859. Alors commença la grande lutte de la France contre Abd-el-Kader. Le 52ᵉ arrivait pour y prendre part.

Le général Bugeaud avait pris, en 1841, le gouvernement de la colonie.

---

1. Les Français en Afrique (Récits algériens), par E. Perret, ancien capitaine de zouaves, Documents du Dépôt de la guerre.

Ense et aratro, telle fut l'admirable devise qu'il adopta, comprenant que s'il fallait frapper d'une main, on devait organiser, coloniser de l'autre. Il s'annonça à l'armée d'Afrique par la proclamation suivante, qui résume à merveille le plan des opérations futures :

« Soldats de l'armée d'Afrique,

« Le Roi m'appelle à votre tête.

« Un pareil honneur ne se brigue pas, car on n'ose y prétendre; mais si on l'accepte avec enthousiasme pour la gloire que promettent des hommes comme vous, la crainte de rester au-dessous de cette immense tâche modère l'orgueil de vous commander.

« Vous avez vaincu les Arabes, vous les vaincrez encore; mais c'est peu de les faire fuir, il faut les soumettre. Pour la plupart, vous êtes accoutumés aux marches pénibles, aux privations inséparables de la guerre. Vous les avez supportées avec courage et persévérance, dans un pays de nomades qui, en fuyant, ne laissent rien au vainqueur. La campagne prochaine vous appelle, de nouveau, à montrer à la France les vertus guerrières dont elle s'enorgueillit.

« Je demanderai à votre ardeur, à votre dévouement au pays et au Roi tout ce qu'il faut pour atteindre le but, rien au delà.

« Soldats, à d'autres époques, j'avais su conquérir la confiance de plusieurs corps de l'armée d'Afrique; j'ai l'orgueil de croire que ce sentiment sera bientôt général, parce que je suis bien résolu à tout faire pour le mériter. Sans la confiance dans les chefs, la force morale, qui est le premier élément du succès, ne saurait exister; ayez donc confiance en moi, comme la France et votre général ont confiance en vous. »

Le nouveau gouverneur comprenait enfin la vraie, la seule guerre alors possible en Afrique.

Pour lui, l'offensive ne devait pas consister à sortir simplement des villes de la côte, dans lesquelles on se fortifiait depuis dix ans, afin d'entreprendre quelques courses ou opérer quelques ravitaillements; l'offensive pour lui, était la puissance de porter ses coups au loin, d'attaquer à fond, au lieu de riposter toujours.

Avec une merveilleuse ténacité, il résolut :

1° de ravitailler les villes et postes fortifiés, en trop petit nombre hélas! où nous avions des garnisons, et qui étaient comme des îlots disséminés dans l'immensité du pays arabe; 2° de s'emparer des points où la puissance d'Abd-el-Kader était fixe et sédentaire ; 3° enfin, de s'accrocher à lui, malgré l'extrême mobilité de ses troupes, de détruire son prestige, en lui infligeant défaite sur défaite, de détacher par là les tribus de son influence et de délier le redoutable faisceau qu'il avait noué autour de nous.

Il forma, alors, des colonnes aussi légères que les rassemblements armés d'Abd-el-Kader ; en Algérie, disait-il, c'est le plus léger qui finit par être le plus fort. Il ne voulut plus une seule voiture dans ses expéditions et créa, au moyen de mulets, un système de transports mobiles qui dure encore de nos jours. *Les ministres* passaient partout[1].

Quelle excellente école préparatoire, surtout pour les officiers subalternes et les soldats, que ces campagnes d'Afrique ! Ils s'aguerrissaient par des combats incessants, s'accoutumaient à la faim, à la soif, à la marche, sous toutes les températures, et aux privations de toute sorte, sans se laisser démoraliser. *Le difficile à la guerre n'est pas tant de savoir mourir que de savoir vivre.* Les officiers, souvent engagés avec leurs bataillons et leurs compagnies dans des actions isolées, prenaient l'habitude du commandement et de la responsabilité.

Le général Bugeaud dut substituer également le système des embuscades au système classique des grand'gardes. En effet, lorsque ce dernier était suivi, les maraudeurs n'avaient pas de peine à se glisser entre la grand'garde et le camp, et venaient exécuter souvent au milieu des hommes endormis des coups de main de la plus invraisemblable audace. Comme tous les voleurs indigènes, ils se mettaient nus, sans autre arme qu'un poignard entre les dents. Chose difficile à croire, ils se déguisaient en buisson. Le factionnaire ne comptait pas toujours le nombre des buissons qu'il avait devant lui, et ne s'apercevait pas qu'un d'eux avançait toujours vers le camp, quand la monotonie de la faction lui faisait tourner le dos, pour se promener lentement sur l'emplacement qui lui était assigné ; à un moment donné, le buisson tombait, et il en sortait un Arabe qui se glissait dans le camp, ou qui arrachait un faisceau d'armes avec lequel il bondissait dans la broussaille. Une nuit, ces maraudeurs enlevèrent le mulet à bagages du général en chef, au milieu des tentes de l'état-major général. Une autre fois, deux d'entre eux avisèrent un grand ballot enveloppé dans une couverture blanche ; ils l'enlevèrent et se mirent à détaler.

---

1. Les « trainglots » ont appelé ainsi les mulets, parce qu'ils sont chargés des *affaires de l'État*. C'est l'explication qui fut donnée à un ministre de Louis-Philippe qui, chargé d'une mission en Algérie, s'étonna, à un mauvais passage de la route, d'entendre les soldats du train crier avec force jurons : « Hue, ministre ! »

Mais quelque chose se démena vigoureusement; ils le laissèrent tomber, et il en sortit un lieutenant de grenadiers qui s'était enveloppé dans cette couverture pour dormir.

Avec le nouveau système de grand'gardes, chaque capitaine disposait sa compagnie par groupes de deux, trois ou quatre hommes, qui, blottis dans des plis de terrain, derrière des broussailles, des amas de pierres, attendaient les Arabes le doigt sur la détente du fusil, et ne tiraient qu'à bout portant. Peu à peu, les sentinelles prirent l'habitude de ne plus même faire feu; elles tuaient l'ennemi à la baïonnette, silencieusement, tant pour ne pas donner l'éveil et prévenir les paniques, que pour ne pas avertir les autres maraudeurs.

Tant de vigilance n'empêchait pas, à cette époque, qu'il n'y eût parfois des surprises. Une nuit, les réguliers d'Abd-el-Kader se glissèrent à travers les grand'gardes des zouaves, et vinrent, en rampant, tirer sur nos soldats endormis. Bugeaud, à peine vêtu, se jeta un des premiers dans la mêlée, et tua de sa propre main deux réguliers. Le combat n'eut que peu de durée, et l'ennemi fut repoussé.

Au moment où il rentrait dans sa tente, le général s'aperçut que chacun souriait en le regardant; il porta la main à sa tête, et constata qu'il était coiffé du vulgaire bonnet de coton. Il réclama alors cette casquette légendaire, qui excita si souvent l'étonnement de nos soldats, parce qu'elle avait, à leurs yeux, une forme étrange, visière en avant et visière par derrière. Aussitôt mille voix demandèrent la casquette du général.

Dès le lendemain, quand les clairons sonnèrent la marche, les zouaves accompagnèrent la sonnerie en chantant à tue-tête :

> As-tu vu
> La casquette,
> La casquette?
> As-tu vu
> La casquette
> Du père Bugeaud?

Ce refrain resta populaire. Bugeaud fut le premier à en rire. Bien des fois, on l'entendit lui-même crier au clairon de piquet : « Sonne la Casquette ».

Le père la Blancheur (Bou-Chiba)[1] avait « le bras fort, le cœur

---

1. Les Arabes appelaient ainsi Bugeaud à cause de sa belle chevelure d'argent.

miséricordieux et le conseil sage[1]. » Son esprit éminemment pratique ne veilla pas seulement à l'organisation des camps, des marches, des convois

Alger 1830. — D'après une lithographie de Raffet.
(Collection Auguste Cain.)

et du service de sûreté; il entra dans tous les détails et sa sollicitude pour le bien-être du troupier fut immense.

1. Appréciation des Arabes.

Il organisa le système des razzias, sortes de chasses à courre, dont les troupeaux et les grains des tribus étaient le gibier; en ruinant ainsi les Arabes, il les mettait dans l'impossibilité de se battre et procurait des vivres à ses soldats.

Aussi, quelle affection respectueuse et profonde chacun lui portait! Loin de le rendre responsable des fatigues et des souffrances, on attribuait aux implacables nécessités de la guerre les misères inexprimables qu'on endurait. Nous en trouvons la preuve dans cette héroïque réponse d'un pauvre soldat : « Que pouvez-vous donc faire ici, disait un jour un général, pénétrant dans la baraque[1] servant d'ambulance à sa brigade. — Nous mourons, mon général, » répondit un malade avec une calme simplicité[2].

Tel était le moral de l'armée d'Afrique. Nous l'allons présenter sous son aspect physique en campagne.

Le soldat portait une énorme giberne, soutenue par une bufflcterie se croisant sur la poitrine avec le baudrier du sabre. La grande et grosse capote grise était hermétiquement boutonnée jusqu'au col; le sac portait les effets réglementaires comme aujourd'hui, avec cette différence que la couverture était énorme et que le sac était surchargé de cinq jours de vivres.

Au moment où le 52ᵉ arriva, on y mettait jusqu'à treize jours de vivres; c'était la seule manière de suppléer à l'insuffisance des transports. La chose était devenue possible, parce qu'on avait transformé la grosse couverture en demi-couverture, et le sac de campement en tente-abri. Voici comment :

Dans la campagne de 1840, le duc d'Orléans entendit lire au rapport du Maréchal Valée une punition grave; c'était celle d'un sergent du 17ᵉ léger, auquel quinze jours de prison étaient infligés pour avoir coupé sa couverture en deux.

Le prince s'intéressait à tout : il eut la curiosité d'interroger le sous-officier. La grosse couverture, lui répondit celui-ci, avait tous les inconvénients possibles de volume et de poids, et, presque toujours, on ordonnait à la troupe de n'emporter qu'une couverture pour deux hommes; il avait partagé la sienne avec son camarade.

Le duc d'Orléans fit faire un paquetage sous ses yeux, et convainquit le maréchal Valée de ce que cette moitié seule avait d'avantageux pour

---

1. Cages construites en planches de caisses à biscuits; quelquefois même les caisses manquaient, et le service hospitalier se faisait sous la tente.
2. De 1843 à 1845, la proportion des morts aux hôpitaux par maladies (fièvre, dysenterie, méningites) fut, au Régiment, de 17 pour 100.

le soldat. On prescrivit aussitôt aux corps de verser au campement la moitié des couvertures, et de couper l'autre moitié en deux. L'intendance poussa les hauts cris et invoqua sa responsabilité. Le prince la rassura, déclarant qu'au besoin il payerait de ses deniers les couvertures coupées.

L'histoire du sac de campement est à peu près la même. Ce sac, fort lourd, était distribué avant l'ouverture d'une campagne; il servait à mille usages. L'homme s'y glissait bien la nuit, pour ne pas dormir tout à fait sur la terre nue, mais le sac servait surtout pour les distributions. Quand il était mouillé, il n'était bon à rien; le soldat ne pouvait plus s'en servir la nuit, et n'avait plus rien pour se couvrir.

Vers 1840, quelques soldats du 17ᵉ léger, plus intelligents ou plus audacieux que leurs camarades, eurent l'idée de découdre les sacs de campement, pour s'en faire des abris, en les réunissant, deux par deux, à des ficelles attachées à des bâtons. La tente-abri était inventée. Le colonel Bedeau laissa faire. Quelques généraux lui firent des observations. Il réclama, et le duc d'Orléans lui donna gain de cause. Il ordonna que chaque corps lui présenterait un modèle de tente. Celui des chasseurs à pied fut adopté.

Les améliorations qui se succèdent dans l'armée sont dues le plus souvent, comme on le voit, à l'initiative du simple soldat.

Nous empruntons à M. le duc d'Aumale, le récit vivant et charmant de la vie en campagne pendant la guerre d'Afrique :

« Voyez-les approcher du bivouac : quelques hommes sortent des rangs et courent à la source voisine, pour remplir les bidons d'escouade, avant que l'eau ait été troublée par le piétinement des chevaux et des mulets. Les fagots ont été faits d'avance et surmontent déjà les sacs. La halte sonne, le bataillon s'arrête et s'aligne sur la position qui lui est assignée, la compagnie de grand'garde est seule en avant. Tandis que les officiers supérieurs vont placer les postes eux-mêmes, les faisceaux se forment sur le front de bandière, les petites tentes se dressent, les feux s'allument comme par enchantement. Les corvées vont à la distribution des vivres, des cartouches; les hommes de cuisine sont à l'œuvre; d'autres coupent du bois, car il en faut faire provision pour la nuit; d'autres fourbissent leurs armes; d'autres encore réparent leurs effets avec cette inévitable trousse du soldat français. Cependant la soupe a été vite faite; on n'y a pas mis la viande de distribution, destinée à bouillir toute la nuit, pour ne figurer qu'au repas de la diane. La soupe du soir se fait avec des oignons, du lard, un peu de pain blanc, s'il en reste, ou, si l'ordinaire est à sec, elle se fait au café, c'est-à-dire que le café liquide est rempli de poussière de biscuit et transformé en une sorte de pâte, qui ne serait peut-être pas du goût de tout le monde, mais qui est tonique et nourrissante; ou bien encore le chasseur, le pêcheur de l'escouade ont pourvu la gamelle, qui d'un lièvre, qui d'une tortue, qui d'une brochette de poissons; nous ne parlons pas de certains mets succulents, savourés parfois en cachette, une poule, un chevreau, dont l'origine n'est pas toujours orthodoxe[1]. La soupe est mangée, on a fumé la dernière pipe, chanté le joyeux refrain. Tandis que les camarades de tente s'endorment entre les deux couvertes, la grand'garde change de place en silence, car sa position aurait pu être reconnue.... »

Voilà le beau côté du tableau, le côté pittoresque; mais la guerre d'Afrique n'a pas eu toujours l'aspect facile du récit qui précède.

Nous devons éprouver une sorte de respect attendri pour les vaillants soldats qui ont écrit avec leur sang des pages immortelles au livre de nos annales. Ceux qui ne leur accordent que l'impétueux et théâtral courage de l'attaque, ceux qui leur contestent la patience et la fermeté dans les privations et les revers, n'ont jamais lu les récits de la conquête de l'Algérie. Se battre n'était pas assez pour eux. On les employait à tout : ils faisaient tous les métiers par tous les temps, par toutes les saisons; ils déposaient leurs fusils pour prendre la truelle du maçon, la hache du bûcheron ou la pioche du terrassier. Officiers et soldats manquaient souvent de tout, excepté du sentiment du devoir. Tout fut grand chez eux : les calamités et les erreurs, les souffrances et les illusions.

Si le succès a couronné leurs efforts, il faut l'attribuer au caractère vigoureusement trempé des officiers et des soldats, à cette gaîté vraiment française, qui les portait à rire et à plaisanter dans le danger et au milieu des souffrances et des misères les plus écrasantes.

Pour compléter le tableau, il convient d'ajouter que chacun savait que, fait prisonnier, c'était pour tous la mutilation et les tortures les plus épouvantables.

L'ivresse du sang rendait les Arabes semblables aux bêtes fauves. Et puis, il faut être juste, c'était un peuple qui défendait son indépendance. Il s'était groupé autour d'un chef habile et entreprenant, qui avait réussi à réunir les tronçons épars de la race indigène. Est-il besoin de nommer Abd-el-Kader, dont « l'étoile, un moment, fit pâlir celle de la France[2] ».

---

1. C'était ce qu'on appelait *chaparder*.
2. Duc d'Orléans.

Ce serait sortir de notre cadre restreint, que de faire la peinture du caractère arabe et du fanatisme religieux des différentes tribus. Nous nous bornerons à esquisser la nature des rapports qui existaient entre les belligérants.

Au début de la conquête, les Arabes tuaient, de sang-froid, tous les Français qu'ils pouvaient atteindre. L'Emir entreprit de mettre fin à cette boucherie. Il songea à la possibilité des échanges, et, après avoir imposé

Le bataillon Bouillon dégage les chasseurs d'Afrique. — Mai 1843.

sa volonté à ses réguliers, il l'imposa à une grande majorité des tribus qui combattaient pour lui. Celles-ci, peu à peu, se mirent à faire des prisonniers. Mais il faut diviser les prisonniers en deux catégories : ceux qui consentaient à abjurer, et ceux qui refusaient de commettre cet acte de suprême hypocrisie et de lâcheté. Ces derniers étaient fort maltraités, et leur captivité chez les Arabes forme un ensemble d'épisodes les plus sombres de l'histoire de la conquête.

Un jeune soldat du 32ᵉ, qui avait réussi à s'évader d'un convoi de prisonniers avec un ouvrier français du nom de Beauprêtre, avait été contraint par la faim, ainsi que son compagnon, de se livrer aux Arabes d'un douar. Un marabout voulut leur faire prononcer le symbole de la foi musulmane[1] : « Coupez-moi la tête si vous voulez, s'écria notre brave camarade ; je suis né chrétien et les soldats français ne sont pas des hypocrites. » Il fut immédiatement décapité. Beauprêtre tendait déjà le cou, quand les Arabes se mirent à se chamailler, avec ces hurlements et ces vociférations aiguës dont ils sont coutumiers. Des injures ils en vinrent aux coups, et Beauprêtre s'évada pendant la bagarre.

L'Emir avait défendu qu'on exigeât l'apostasie des prisonniers ; il l'obtenait à grand'peine.

Sans vouloir détruire absolument la légende qui s'est formée autour du nom d'Abd-el-Kader, et qui le représente chevaleresque, généreux, véritable héros, à l'esprit vaste et au cœur grand, il convient de ramener l'imagination française à l'exacte appréciation de l'homme : elle en a besoin ; son propre est d'admirer ses ennemis avec exagération.

On peut dire qu'il fut brave, audacieux, tenace et digne dans l'adversité : il a combattu pour deux choses sacrées : *la Foi et la Patrie*, mais il a combattu en vrai barbare, et ce n'est pas lui qui fit mentir cet axiome toujours vrai : « Dans tout chef arabe, il y a l'étoffe d'un traître. »

Que de lâches assassinats et de trahisons à lui reprocher. Nos officiers ne pouvaient oublier le massacre des prisonniers de Sidi-Brahim, et ils savaient bien que pour l'Arabe qui ne connaît que la force, le mot clémence était synonyme de faiblesse. Aussi traitaient-ils ce peuple selon ses mérites. Écoutons l'un d'eux parler[2].

« Je pioche, dit-il, je me remue, je bisque, je jure, je tempête, je ris — pas souvent par exemple, — je mange — pas trop, — je bois très peu, je dors mal ; je fais trimer les uns, je rosse les autres ; j'ai fait appliquer, ces jours-ci, cent coups de bâton à quatre Arabes, en plein marché, moyen infaillible pour réduire son monde à l'obéissance. Pour dominer ce peuple, il faut rétribuer les hommes selon leurs œuvres, avec la justice la plus indépendante et la plus impartiale, et briser leurs chefs sous une verge de fer, lorsqu'ils s'écartent de la ligne de leurs devoirs.

« Ces actes d'autorité vous paraissent abjects, à vous, braves gens qui vivez en paix dans votre cité industrielle ; mais, dans ce pays-ci, où les serpents rampent sous l'herbe, où les loups-cerviers sont partout sur

---

1. « Il n'y a de Dieu que Dieu, et Mahomet est son prophète. »
2. Le brave lieutenant-colonel de Montagnac, qui souhaitait ainsi mourir : « Se faire casser la tête sur un champ de bataille est, à mon avis, pour un soldat, la façon la plus propre de quitter ce bas-monde. » Il fut exaucé.

les sentiers, la mort doit faucher sans relâche. Voilà, pourtant, comme le cœur le plus sensible peut devenir implacable, lorsqu'il est obligé d'endosser cette immense responsabilité de la tranquillité d'un pays. »

Ainsi pensaient, ainsi firent ceux à l'énergie et au dévouement desquels nous devons la plus belle de nos colonies; ils s'appelaient au Régiment : Le Flô, Mellinet, Félix Douai, Vinoy, Wolff et Logerot.

Il est temps de relater les actes de nos soldats, sous de pareils chefs.

OPÉRATIONS JUSQU'A LA BATAILLE DE L'ISLY (MARS 1843. — 14 AOUT 1844).

Le 52ᵉ était à Mostaganem depuis le 15 novembre 1842. Au mois de mars 1843, Bugeaud avait été fait Maréchal et conservait le gouvernement général de l'Algérie. Lamoricière commandait la division d'Oran comme maréchal de camp.

La division mobile de Mostaganem, pour la campagne du printemps, était aux ordres du maréchal de camp Genty. Le Régiment fit partie de ces opérations dirigées contre les Béni-Zéroual, Oulad Krelouf et autres fractions limitrophes des tribus insoumises du Sahara. Le 15 mars, la division opérait dans la vallée du Cheliff, lorsque le général Genty apprit qu'une partie des réfugiés du Khrames étaient revenus dans l'est du pays, et qu'une razzia était possible. Il rendit compte de son expédition au général Lamoricière, en ces termes :

« Je partis le 20, à minuit, de mon bivouac d'el-Sebt[1], avec l'infanterie sans sac. Nous marchâmes toute la nuit.

« Au point du jour, le goum atteignit le marabout de Sidi-Lackal, espèce de fort en forme de caravansérail, bien fermé et en partie crénelé, et qui pouvait contenir plus de 500 personnes.

« Quelques maisons, couvertes de terrasses très solides, l'entourent. Autour du marabout, des troupeaux gardés par une cinquantaine d'hommes armés. Le goum s'en empare. Il somme la petite garnison d'ouvrir ses portes. On leur répond par des injures en les appelant : *baptisés*. La discussion se termina par des coups de fusil.

« L'infanterie arrive, et je fais donner l'assaut par deux compagnies d'élite du 52ᵉ qui formait l'avant-garde. Le colonel Cavaignac se mit à leur tête. Il a fallu monter sur les terrasses du caravansérail et descendre ensuite dans la cour.

1. A environ une lieue du Cheliff.

» Le capitaine Hardouin[1], commandant la première compagnie de grenadiers, et le sergent Davin sautent les premiers dans l'intérieur. Le sergent fut grièvement blessé. Il a fallu combattre plus d'une heure pour venir à bout de ces gens qui ont fait une défense désespérée.

« Nous avons fait 680 prisonniers qui, ajoutés à ceux du goum, font 712. Les Arabes ont eu 300 tués et 55 blessés; le 52ᵉ a eu 5 morts et 6 blessés. Nous avons trouvé beaucoup de chevaux et de juments, 500 bœufs, et 3 500 moutons et chèvres.

« L'infanterie n'est rentrée au camp qu'après une marche de 18 heures presque sans repos.

« Tout le monde a fait son devoir. Cet empressement et ce dévouement sont bien dignes d'éloges après une campagne d'hiver qui dure depuis 74 jours. »

En mai, dans une expédition dirigée contre les Flittas, 50 chasseurs d'Afrique, commandés par le capitaine Daumas, furent subitement assaillis par 1500 ennemis. Le capitaine Daumas se hâta de gagner le marabout de Sidi-Rached, situé sur un petit mamelon, et là il prescrivit de mettre pied à terre et de combattre en fantassins. Les braves chasseurs résolurent de vendre chèrement leur vie. Le capitaine Favas, du même régiment, entendit le bruit de la fusillade; au lieu de se retirer sur la colonne française, comme il le pouvait, il accourut se mettre sous les ordres du capitaine Daumas, voulant partager le sort de l'escadron compromis. Il ne parvint au marabout de Sidi-Rached qu'après avoir exécuté une charge furieuse. Les deux intrépides capitaines furent blessés, ainsi que quatre des officiers sur les sept qu'ils avaient sous leurs ordres. 22 hommes furent tués et 31 mis hors de combat.

Le bataillon du commandant Bouillon entend la fusillade, il hâte sa marche, et, à la suite d'une lutte opiniâtre de sept heures, il dégage l'héroïque poignée de cavaliers. Les blessés au centre, la petite colonne se met en route dans le plus grand ordre, et rejoint le camp du général Genty harcelée sur les derrières et sur les flancs par une nuée de cavaliers. Le commandant Bouillon, le capitaine Dumontez et le sous-lieutenant Olleris furent cités à l'ordre général de l'armée d'Afrique.

En juin et juillet, le 52ᵉ fait partie des colonnes Lamoricière et Bourjolly

---

[1]. Le capitaine Hardouin avait quarante-huit ans; engagé en 1815, il était caporal le 1ᵉʳ octobre 1816, sergent le 16 février 1819, sergent-major le 21 mai 1819, sergent-major de voltigeurs le 7 septembre 1825. — Sous-lieutenant le 19 avril 1826. Il était capitaine depuis le 26 mars 1838. Il était réputé le plus brave officier du Régiment. Les anciens le montraient aux jeunes avec respect. Il mourut à Mostaganem le 24 mars 1848.

dirigées contre les Flittas. Le colonel Cavaignac a les honneurs de la journée au passage de Zamorah (4 juillet). Le commandant Bouillon, le capitaine adjudant-major Herrewyn et le sous-lieutenant Olleris sont cités à l'ordre de l'armée. Le premier est fait officier de la Légion d'Honneur, et M. Olléris, promu lieutenant, reçoit la croix de chevalier.

Le 24 juillet, le 32ᵉ rentre à Mostaganem après 110 jours d'expédition.

Colonne d'attaque. Algérie. — D'après une lithographie de Raffet.
(Collection Auguste Cain.)

La fin de l'année, et le commencement de 1844 se passent pour le Régiment en travaux d'irrigation et de routes.

Le 3ᵉ bataillon va tenir garnison à Oran, le 4 août 1843.

Opérations du corps expéditionnaire de l'Ouest, sous les ordres de M. le Maréchal Gouverneur-Général (7 juin. — 29 août 1844). — Au début de 1844, les forces régulières d'Abd-el-Kader étaient détruites, la Smala, sa capitale nomade, était dispersée, et lui-même, errant et fugitif, cherchait un refuge au Maroc. Il y jouissait d'un énorme prestige; on voyait en lui le défenseur infatigable de l'Islam.

Le maréchal Bugeaud[1] comprend toute l'importance de la campagne qui va s'ouvrir. Il veut éviter les secours occultes donnés à Abd-el-Kader pour raviver la guerre en détail, ne pas dégarnir l'Algérie pour ne pas soulever d'insurrections, et frapper un grand coup. Il écrit au maréchal Soult, le 9 janvier 1844 : « L'armée marocaine défaite, la dernière espérance des Arabes s'évanouirait, et ils se résigneraient. »

Pour laisser à ses ennemis l'entière responsabilité des événements, il fit proposer à Abd-el-Kader de renoncer à la lutte et de se retirer à la Mecque où le gouvernement français lui assurerait une grande et large existence. L'Emir répondit : « Que les Français ne méprisent pas ma faiblesse. Le sage a dit : Le moucheron remplit de sang et prive de la clarté l'œil du lion superbe.... » Avec un si fier ennemi, la négociation était humiliante. Il n'y avait plus qu'à combattre.

Le Maréchal envoya à Lamoricière l'ordre de s'établir, vers le milieu d'avril, sur la rive gauche de la Tafna, et de hâter la construction du poste de Lalla Marghnia. Un bataillon du 52ᵉ faisait partie de la colonne Lamoricière. Ce dernier obéit aux instructions du Gouverneur, mais il lui écrit le 2 juin : « Ce que je crois du plus grand intérêt pour nous, c'est de vous voir arriver de votre personne, le plus tôt possible. »

Bugeaud part d'Oran le 7, avec quatre bataillons, deux pièces de campagne, 500 chevaux des Douairs et des Sméïas. Le 5ᵉ bataillon qui tient garnison à Oran, depuis août 1843, fait partie de la colonne de marche commandée par le colonel Pélissier, commandant la réserve de la division d'Oran et sous-chef d'état-major de M. le Gouverneur-Général. Les hommes emportent soixante cartouches, cinq jours de biscuit, trois jours de pain, huit jours de sel, sucre, café, riz et légumes. Pendant la durée de cette expédition, la température moyenne fut, au mois de juin : 20 degrés à la diane, 39 degrés vers midi, 24 degrés à la retraite (7 heures du soir). Le 18 juin, il y eut un orage sans pluie, et le thermomètre marqua 30 degrés à la diane, 45 degrés vers midi et 28 degrés à la retraite. Telles étaient les conditions dans lesquelles il fallait marcher.

La diane était généralement battue à trois heures du matin ; le boute-selle l'était à trois heures un quart, le boute-charge à trois heures et demie, l'assemblée pour le départ à quatre heures. La grand'halte avait lieu vers sept heures et demie, et le départ vers huit heures. Avant l'arrivée au camp, on faisait une halte, destinée à la provision de bois. Les étapes étaient en moyenne de 30 kilomètres.

---

1. *Conquête de l'Algérie* (Camille Rousset). Documents du Dépôt de la guerre.

Le 12, la jonction était faite avec Lamoricière.

Bugeaud disait alors : « Si je reste dans une défensive timide, je m'expose à perdre l'Algérie. Quelques actes de vigueur sur les Marocains peuvent seuls, dans la situation où nous sommes, maintenir l'autorité morale que nous avons acquise par nos succès. Je me crois assuré de battre plusieurs fois l'ennemi avec mes 7000 hommes. » Et il le battit.

Le 15 juin, le général Bedeau est attiré sur la Mouila dans un guet-apens, sous prétexte de conférence. Bugeaud, averti à temps, accourt avec quatre bataillons, dont notre 3e, et change la retraite en une offensive résolue. Il forme ses huit bataillons en échelons sur le centre, place la cavalerie dans l'angle, prête à déboucher, et poursuit les Marocains qui laissent 300 morts sur la place. Les spahis de Yusuf élevèrent une pyramide de 150 têtes.

En juillet, le petit corps expéditionnaire donne la chasse à l'armée marocaine, sur les frontières du Maroc, mais elle se dérobe. La cavalerie seule suit et harcèle nos colonnes.

La situation numérique du 7 juillet attribue au 32e : 25 officiers, 774 hommes de troupe, 13 chevaux d'officiers, 26 mulets. Trois colonnes de marche comptent 664 mulets. Nous donnons un aperçu des multiples et remarquables dispositions prises par le Maréchal pendant toute cette période.

« Chaque jour, la cavalerie est sellée à dix heures du soir et prête à monter à cheval, les mulets du train sont débâtés, car, en cas d'attaque, ils ne doivent pas changer de place. Les mulets d'équipages des corps sont bâtés à dix heures également, et les cantines faites, prêtes à être chargées en cas d'attaque à la ligne. L'infanterie prendra vivement les armes, et attendra des ordres.

« Si, cependant, l'ennemi s'avançait pour pénétrer dans le camp, les chefs de corps ou de bataillons, sur le point attaqué, prendraient immédiatement l'offensive, et seraient soutenus par les bataillons voisins, sans attendre des ordres; ils s'échelonneraient selon le cas.

« Les grand'gardes et les postes changeront de place à la nuit.

« Les chemins et les sentiers seront gardés, très au loin, par de petits postes cachés derrière les broussailles. Ne pas faire feu sur un homme isolé; ne tirer que sur une réunion de plusieurs hommes, et répéter le feu, si l'ennemi continue à s'avancer. »

Le 3 juillet, les deux bataillons du 32e, le 10e bataillon de chasseurs et le 1er bataillon du 48e, aux ordres du général Bedeau, partent sans sacs, pour soutenir la poursuite de notre cavalerie. Les hommes ont mis toutes leurs cartouches et une forte ration de biscuit dans le sac de campement qu'ils portent en sautoir. Il est défendu de fumer, et le plus grand silence est recommandé.

Le 22 juillet, le Maréchal constitue le corps d'opérations de l'Ouest :
Commandant en chef : Lieutenant-général de Lamoricière ;

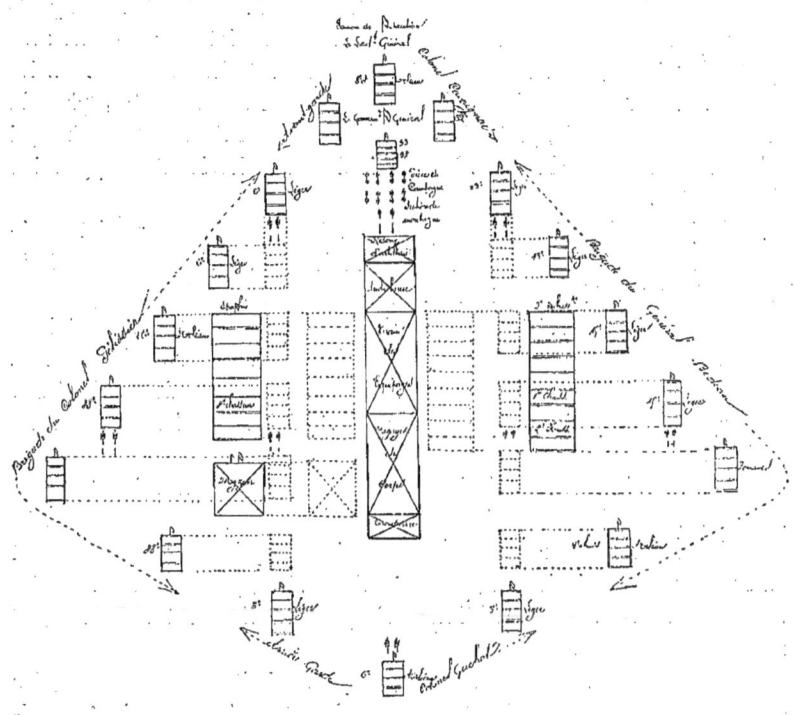

Plan de la bataille d'Isly.

1re brigade ou colonne de droite (Général Bedeau) ;
2e brigade ou colonne de gauche (Colonel Pélissier).

Le 32e fait partie des corps non embrigadés. Il forme la tête de la colonne du centre[1], dans les marches en avant, et l'arrière-garde dans les marches en arrière.

Le 19, le thermomètre a marqué : à la diane, 24 degrés; à midi, 48 degrés; à la retraite, 25 degrés.

1. Artillerie (10 pièces), ambulances, équipages.

Cependant, le Maréchal Bugeaud était bouillant d'impatience. Le 11 août, il apprend le bombardement de Tanger. Ce fut un cri de joie qui sortit de sa poitrine : « Le 14 au plus tard, écrivait-il au prince de

Isly. — 14 août 1844.

Joinville, j'ai la confiance que nous aurons acquitté la lettre de change que la flotte vient de tirer sur nous. »

La petite armée comprenait alors 8 500 baïonnettes, 400 chevaux réguliers, 400 irréguliers et 16 bouches à feu dont 4 de campagne.

D'après les espions, l'armée marocaine comprenait 30 000 cavaliers et 10 000 fantassins, avec 11 bouches à feu. Voici, d'après les Mémoires du Général de Martimprey, une esquisse de cette troupe qui passait pour redoutable : « Une large culotte ou zéroual, un burnous de drap bleu, un grand bonnet rouge pointu, un sabre et un long fusil armé d'une baïonnette. Dans le combat, chacun, muni de balles à sa convenance et d'une poire à poudre, chargeait son arme comme on le fait à la chasse, méthode délicate et lente dans la chaleur de l'action. »

La masse énorme et plus redoutable de la cavalerie marocaine n'en imposait pas au Maréchal qui écrivait : « Mon armée compte sur la victoire tout comme son Général; si nous l'obtenons, ce sera un nouvel exemple que le succès n'est pas toujours du côté des gros bataillons, et l'on ne sera plus autorisé à dire que la guerre n'est qu'un jeu du hasard....

« Passé un certain chiffre, comme quatre ou cinq mille, le nombre des cavaliers ne fait rien à l'affaire. Il suffit de marcher à eux en bon ordre et résolument, puis, de les accueillir, s'ils viennent à vous, par un feu de deux rangs bien dirigé; mais il faut préalablement avoir bien convaincu les soldats que le nombre ne fait rien. Vous y parviendrez facilement, en leur représentant que, même en Europe, la cavalerie régulière est impuissante contre la bonne infanterie, que la cavalerie arabe, n'ayant ni organisation, ni discipline, ni tactique, ne peut pas faire des charges successives, qu'elle n'a aucune force d'ensemble. C'est une cavalerie absolument sans consistance pour attaquer les carrés d'infanterie. »

Le 12 août, dans la soirée, les officiers du 2ᵉ chasseurs d'Afrique et du 2ᵉ spahis, régiments des Colonels Morris et Yusuf, avaient invité tous leurs camarades du camp, non retenus par le service, à un punch donné en l'honneur des camarades, nouveaux venus de France. La salle de réception était une enceinte de verdure, au bord de l'Oued-Isly; des lanternes en papier de couleur se balançaient aux branches des lentisques et des lauriers-roses; le punch flambait dans les gamelles; on buvait à la gloire et à la Patrie, à l'Algérie et à la France. Cependant, il manquait à la fête quelque chose ou plutôt quelqu'un, le grand chef. L'interprète principal de l'armée, M. Léon Roches, qui vivait dans sa familiarité, fut dépêché vers lui en ambassade. Le Maréchal, accablé de fatigue, raconte M. Roches, dormait tout habillé dans sa tente. Au premier abord, le réveil fut terrible, et l'ambassadeur envoyé au diable; puis, grommelant, le grand chef se mit en route avec son guide; tous deux allaient, trébuchant dans l'obscurité contre les piquets des tentes, l'un grondant de plus en plus, l'autre de plus en plus bourré; mais quand, à la lueur des illuminations, un hurrah accueillit le Maréchal, sa mauvaise humeur tomba soudain, sa figure s'éclaira d'un joyeux sourire, et, d'une voix forte, il fit, devant cette foule d'auditeurs qui buvaient ses paroles, la prophétie de la bataille : « Après-demain, mes amis, sera une grande journée, je vous en donne ma parole. Avec notre petite armée, je vais attaquer les innombrables cavaliers du prince marocain. Je voudrais que leur nombre fût double, triple, car, plus il y en aura, plus leur désordre et leur désastre seront grands. Moi, j'ai une armée, lui, n'a qu'une cohue. Je vais vous expliquer mon ordre d'attaque. Je donne à ma petite armée la forme d'une hure de sanglier. Entendez-vous bien ! La défense de droite, c'est Bedeau ; la défense de gauche, c'est Pélissier ; le museau, c'est Lamoricière, et moi, je suis entre les deux oreilles. Qui pourra arrêter notre force de pénétration ? Ah ! mes amis, nous entrerons dans l'armée marocaine comme un couteau dans du beurre. Je n'ai qu'une crainte ; c'est que, prévoyant une défaite, elle ne se dérobe à nos coups. »

La hure de sanglier fut, en réalité, un grand losange, dont les quatre faces étaient composées de petits carrés. Pour passer de l'ordre de marche[1] à l'ordre de combat, l'avant-garde conservait sa formation. Le premier bataillon de chaque colonne restait également à sa place ; les autres s'échelonnaient successivement en dehors et à soixante pas chacun du précédent, sauf le dernier qui s'échelonnait en dedans, de manière à se relier avec les bataillons d'arrière-garde.

Le 52ᵉ était réduit à 1 bataillon avec l'état-major. Le 12, dans la journée, on avait évacué sur Tlemcen 189 malades : le convoi était escorté par le 2ᵉ bataillon du 52ᵉ, le 2ᵉ bataillon du 41ᵉ et une pièce de montagne. L'effectif des présents au 14 août était de : 18 officiers, 445 hommes, 8 chevaux, 15 mulets.

Depuis quelques jours, le Maréchal envoyait régulièrement ses fourrageurs de plus en plus près de la frontière. Le 13, à 5 heures de l'après-midi, toute l'armée se mit en mouvement, comme pour soutenir un plus grand fourrage ; mais, le soir venu, au lieu de rentrer au bivouac, elle s'arrêta sur place, et passa la nuit, sans feux allumés, dans le plus grand silence.

Le 14, à deux heures du matin, elle se remit en marche, passa l'Isly à gué, et remonta la rive gauche, n'ayant devant elle que cinq ou six cavaliers marocains, qui se retiraient lentement, en tiraillant sur les guides.

Le commandant de Martimprey marchait tout à fait en tête, ayant derrière lui le fanion connu du troupier sous le nom d'*Étoile polaire*.

---

[1]. L'ordre de marche est indiqué en pointillé dans notre croquis.

Tout à coup, il aperçut sur sa gauche le Maréchal qui lui cria : « Êtes-vous sûr de la direction, Martimprey? — Oui, monsieur le Maréchal. — Bono!... » Faite d'une voix de stentor, en prolongeant la dernière syllabe, à travers l'air sonore et calme du matin, cette réplique excita dans les premiers pelotons une bruyante hilarité, qui, de proche en proche, gagna jusqu'à l'arrière-garde. Ce fut dans cette heureuse disposition, qu'après avoir gravi allègrement une dernière hauteur, l'armée aperçut tout à coup, resplendissantes au soleil, les innombrables tentes des camps marocains.

Tous les mamelons en étaient couverts, depuis l'Oudjda jusqu'à l'Isly. Au milieu de la foule qui s'agitait en prenant les armes, on distinguait parfaitement le groupe du fils de l'Empereur, ses drapeaux, son parasol de commandement. Ce fut le point de direction donné à l'avant-garde. Tous les chefs des principales fractions de l'armée, appelés par le Maréchal, reçurent ses dernières instructions; chacun retourna diligemment à son poste, la formation de combat fut prise, et le losange, déployant ses ailes, descendit, au son des musiques de régiment, vers la rivière qu'il fallait passer encore [1].

Les gués ne furent que faiblement disputés; mais, par delà, le Maréchal et ses troupes se trouvèrent entourés de toutes parts, et disparurent dans les flots de poussière soulevés par le tumulte de la cavalerie marocaine, « *comme un navire battu par les vagues dans les embruns d'une mer démontée* ».

Chacun de nos bataillons est chargé avec furie par des groupes [2] de 2000 ou 3000 cavaliers; des vociférations étourdissantes remplissent l'air. Nos braves fantassins les laissent approcher à demi-portée de fusil, et ouvrent un feu tellement intense que les morts eurent bientôt formé devant eux un rempart d'hommes et de chevaux.

Pendant près de deux heures, les charges furieuses se renouvelèrent. A chaque moment de répit, le redoutable losange s'avançait; son lent et irrésistible mouvement avait brisé la masse compacte des assaillants et l'avait reportée vers les premières tentes.

Nos 19 escadrons de cavalerie, conduits par les Colonels Yusuf et Morris, chargent droit sur la tente du fils de l'Empereur.

L'artillerie acheva de disperser ce qui essayait de résister encore.

---

1. L'Isly, à cet endroit, était formé de plusieurs bras parallèles.
2. *Conquête de l'Algérie* (Camille Rousset). L'armée française, dit plus tard à M. Léon Roches un cavalier arabe auxiliaire, *ressemblait à un lion entouré par cent mille chacals.*

« Allons, mes enfants, dit alors, avec bonne humeur, le maréchal Bugeaud aux clairons de l'infanterie, sonnez la casquette du père Bugeaud. »

À l'arrière-garde.

A midi, la bataille était gagnée. Les troupes avaient exécuté résolument ce que le maréchal avait supérieurement conçu. Toutes ses prévisions s'étaient réalisées; grand triomphe pour un homme de guerre, et sans avoir été payées par de trop douloureux sacrifices[1]. Tout le matériel de l'armée marocaine tomba entre nos mains : ses munitions de guerre, ses bagages, la tente complète du fils de l'Empereur, encore garnie de tous les objets à son usage, toute sa correspondance. Bataille glorieuse, mais nulle comme résultats. Le colonel Cavaignac, le capitaine Chardon de Chaumont et le sergent Binker furent cités à l'ordre de l'armée. Ces deux derniers furent décorés. Le commandant Dupuis[2] fut fait officier de la Légion d'Honneur.

Le traité de Tanger, conclu le 10 septembre 1844, mit fin à la guerre avec le Maroc. C'était une simple déclaration faite par l'Empereur du désir qu'il éprouvait de ne plus être battu. On put alors prononcer cette phrase qui dépeint tout le Français : « La France n'a pas besoin qu'on lui paye ses victoires ». On dut bien rire en Angleterre!

OPÉRATIONS APRÈS ISLY (MARS 1845. — JUIN 1848).

Les espérances qu'Abd-el-Kader avait fondées sur la guerre du Maroc s'étaient évanouies. Il attendait patiemment l'occasion de paraître en scène. L'occasion désirée ne se fit pas attendre longtemps. Déjà les esprits se ranimaient au souffle des prédications fanatiques d'affiliés aux congrégations musulmanes.

Une insurrection formidable éclata dans le Dahra et la vallée du Chéliff. Un Mouley-el-Sâa (maître de l'heure), né dans le Maroc, se leva, et se proclama le véritable sauveur des croyants. Ses extases, sa manière de vivre, ses prières continuelles, la malpropreté de ses vêtements, ne tardèrent pas à lui procurer une réputation de sainteté. Une chèvre qui ne le quittait jamais, et qui savait exécuter quelques tours de jonglerie et d'adresse, lui avait valu le nom de Bou-Maza (le père de la chèvre). Ce nom fut bientôt populaire, et Bou-Maza fut un dangereux ennemi, doué d'un prestige extraordinaire, car il avait pour lui l'admiration respectueuse des Arabes. Voici par quels moyens[3] il l'acquit :

---

1. Pertes : Tués : 4 officiers, 25 hommes ; blessés : 7 officiers, 92 hommes.
2. Ce brave officier, enfant de troupe au Régiment, lui portait une vénération touchante. Chaque fois qu'il prononçait le mot : « 52e », il se découvrait.
Colonel du 57e en Crimée, il ne peut ramener au feu son régiment repoussé à l'assaut de Malakoff. Font seul, alors, il repart et se fait tuer.
3. A méditer par les philanthropes en chambre qui ont tant décrié les procédés de nos chefs de bureaux arabes.

C'était un comédien et un metteur en scène de premier ordre.

Un jour se présente devant lui un Kabyle : « Je veux savoir la vérité, dit-il; si tu viens d'en haut, ce pistolet sera sans effet sur toi; si tu as menti, la balle qu'il renferme dévoilera ton imposture. » Le Mouley-el-Sâa se leva avec calme et répondit : « Que la preuve de la vérité soit donnée ». Le Kabyle arma son pistolet, visa Bou-Maza à la poitrine, et lâcha la détente. Bien entendu, le coup ne partit point. Trois fois il renouvela sa tentative; trois fois encore le coup rata. Tous ces tours d'escamotage n'étaient même pas discutés par les Arabes, peuple crédule à l'excès.

Aussi, son pouvoir était immense. Il l'accrut encore par plusieurs exécutions du genre de celle que nous allons raconter.

Il avait surpris dans sa tente, au milieu de la nuit, un caïd, chef d'une tribu qui s'était rangée sous notre domination. Il le fit attacher et conduire devant lui :

« C'est toi, Bel-Kassem, qui as semé le mal et servi le chrétien? L'heure de ton châtiment a sonné.... Vous autres, écoutez; que mon commandement s'accomplisse. Je viens d'en haut, et je porte la volonté du Tout-Puissant. Prenez cet homme : que le fer rougi au feu entre dans sa chair, que ses yeux cessent de voir, et restent suspendus à sa joue par un lien de chair; que chacun de ses membres soit brisé un à un, et que de chacun d'eux sorte une douleur nouvelle. » Et l'épouvantable supplice commença. Bel-Kassem vivait encore, quand Bou-Maza s'approcha de lui en criant : « Vous autres, qui avez été témoins de la justice, allez. Que tous le sachent, ainsi seront punis les serviteurs des chrétiens. La douleur en ce monde, la mort pour aller souffrir dans l'autre, voilà qui les attend. » Et, armant son pistolet, il cassa la tête à Bel-Kassem.

Et, malgré cela, lorsque Bou-Maza, après s'être rendu, fut dirigé sur la France, les populations indigènes traversaient son escorte, se prosternaient à ses genoux, baisant ses pieds, ses étriers, ses vêtements, même son cheval, chacun sollicitant un mot ou un regard.

Nous ne raconterons pas en détail les nombreuses opérations militaires que nécessita l'insurrection fomentée par cet agitateur. Elle dura pendant les années 1845 et 1846. Le 32° et ses chefs y acquirent de nouveaux titres de gloire.

Le colonel Leroy de Saint-Arnaud[1] avait succédé, le 28 septembre 1844, au colonel Cavaignac nommé maréchal de camp.

Il fut presque aussitôt remplacé par le colonel Le Flô, nommé le

---

1. Maréchal de France et Ministre sous le second Empire.

29 octobre 1844. Né à Lesneven (Finistère), le 2 novembre 1804, il a déjà dix campagnes d'Afrique, trois blessures, six citations à l'ordre général de l'armée, du 6 janvier 1840 au 14 mars 1845 ; il est officier de la Légion d'Honneur depuis 1841.

« Vous ne sauriez en faire trop l'éloge, nous a écrit le général Mellinet, qui fut son lieutenant-colonel ; il avait toutes les qualités et toutes les capacités ; prêt et apte à toutes les missions, c'était un colonel complet et digne du 52°. »

Le 16 septembre 1845, il commande les bataillons Bouillon et Dupuis dans la colonne du général Bourjolly, qui opère contre les Flittas. Au cours de ces marches, une nuée de cavaliers et de Kabyles entourent et harcèlent, sans relâche, le faible corps expéditionnaire[1].

Il faut constamment flanquer les colonnes et le convoi ; derrière chaque rocher et tout accident du sol, une embuscade. Le 19, une section de grenadiers du 1ᵉʳ bataillon, commandée par le capitaine Hardouin, faisait le coup de feu depuis le matin ; elle manquait de munitions et se trouvait cernée. Le capitaine Hardouin anime ses grenadiers et charge à la baïonnette. Il est dégagé par un peloton de chasseurs, à la tête desquels chargent le général et le colonel Le Flô.

Le 22, le général Bourjolly cite la conduite remarquable du Régiment, qui flanque la colonne toute la journée. Il faut marcher et combattre sans trêve. Le capitaine Hardouin eut son cheval tué sous lui, le sous-lieutenant Henry fut blessé.

A la suite de cette journée, le colonel demanda à la compagnie de grenadiers du 1ᵉʳ bataillon de lui désigner l'homme qu'elle jugeait avoir été le plus brave, et avoir le mieux mérité une récompense. La compagnie tout entière signala le grenadier Rossi, et le colonel s'engagea à demander la croix pour cet homme. Il l'obtint, et voici dans quels termes il annonça la promotion :

« Que tous les soldats du Régiment s'élèvent par cet exemple. Qu'ils comprennent bien que l'espérance d'une semblable récompense, d'un pareil honneur, est permise à chacun d'eux, et que la décoration, quel que soit le grade des candidats, ne peut et ne doit être, à l'armée, que le prix du plus grand courage et de la plus grande énergie.

« A dater de ce jour, le grenadier Rossi sera exempt de toute corvée, hors celle du travail de guerre, et ne montera la garde qu'aux avant-postes et au Drapeau. »

---

[1]. 60 officiers, 1671 hommes, 206 chevaux, 205 mulets, 16 chevaux de compagnie.

Voici l'état qui fut fourni le 25 septembre :

État nominatif des hommes qui se sont fait remarquer le plus pendant les combats des 19 et 22 septembre.

NOMS.	GRADES.	MOTIF DE LA CITATION.
Morineau........	Sergent (remplaçant.)	Recommandable sous tous les rapports ; a été désigné par tous les grenadiers comme méritant une récompense.
Rimet...........	Sergent (engagé volontaire.)	Brave et digne de l'admiration de tout le monde.
Rossi...........	Grenadier (remplaçant.)	Ce grenadier remporte sur tous ses camarades les suffrages de bravoure, et tous les grenadiers verraient avec plaisir cet homme décoré.
Graux..........	Grenadier (jeune soldat.)	Il marche sur les traces de Rossi en bravoure et sang-froid ; les opinions sont partagées, mais Rossi l'emporte.
Ambrouil........	Grenadier (remplaçant.)	A été pour son calme, son sang-froid et sa bravoure remarqué par ses camarades.
Duret..........	»	» » »
Muller.........	»	» » »
Gazet..........	»	» » »
Raymond.......	Grenadier (jeune soldat.)	» » »

Aux mêmes affaires, un sergent-major, un caporal et deux voltigeurs du 1ᵉʳ bataillon ; un caporal, deux grenadiers, trois fusiliers, un sergent, un fourrier et un voltigeur du 2ᵉ bataillon furent également cités.

Pendant cette expédition, le lieutenant-colonel Mellinet, commandant supérieur de Mostaganem, méritait une citation à l'ordre général de l'armée d'Afrique, pour la belle conduite qu'il avait tenue le 18 octobre, lorsque l'ennemi était venu attaquer Mostaganem. Le capitaine Bouvier, le lieutenant Crépeaux[1] et le capitaine Félix Douay furent cités dans le même rapport.

---

1. Père du commandant Crépeaux, major du 32ᵉ (1887-1890). Nous devons à sa mémoire un respectueux hommage. Le général Mellinet le juge ainsi : « aussi remarquable officier de détails qu'il était intelligent et solide officier au feu ; a fini sa carrière comme major au 2ᵉ zouaves ; méritait d'arriver beaucoup plus haut. »

Le commandant Vinoy méritait une citation pour l'énergie qu'il avait montrée et les mesures vigoureuses qu'il avait prises, lorsque cinquante-huit Arabes fanatiques étaient venus, en chantant des prières, et sans armes apparentes, surprendre le poste de Sidi-bel-Abbès, simple redoute en terre, dont il était commandant supérieur.

Quinze officiers, 556 hommes de troupe, sous le commandement du capitaine Hardouin, font partie de la colonne du Dahra, aux ordres du général Pélissier (27 avril — 31 mai 1846). Il s'agissait d'opérer le désarmement des Ouled-Riah : ces derniers crurent pouvoir s'y soustraire en se retirant dans des grottes réputées inexpugnables. Pélissier se présenta devant la principale ouverture de ces cavernes; mais sa tête de colonne fut reçue à coups de fusil. Les circonstances étaient graves; l'insurrection grondait et menaçait d'éclater de nouveau. D'abord, on se contenta de bloquer les Ouled-Riah dans leur repaire, en les sommant de se rendre; mais, comme nos parlementaires furent tous massacrés, comme le temps pressait, le général donna l'ordre de couper des fascines et de les entasser entre les fissures des rochers qui surmontaient les grottes. Ensuite, à plusieurs reprises, il prévint les Arabes qu'il allait faire mettre le feu aux fascines. Ce fut en vain : nos parlementaires furent toujours reçus à coups de fusil. Pélissier, alors, exécuta sa menace, convaincu que la fumée chasserait les Ouled-Riah, et disposa sa troupe de façon à cerner les avenues qui conduisaient aux grottes. De longues heures s'écoulèrent; aucun Kabyle ne parut. Le lendemain, tout était silencieux comme un sépulcre. Nos soldats pénétrèrent dans les grottes, et y trouvèrent 800 cadavres d'hommes, de femmes et d'enfants, confondus avec des milliers de chèvres et de moutons, asphyxiés comme leurs maîtres.

« Terrible mais indispensable résolution, écrivait à son frère le colonel Saint-Arnaud. »

Cette exécution porta ses fruits. Quelques jours après, les Sbéahs, tribu voisine, se retirèrent dans leurs grottes. On les y poursuivit, et, dès la première sommation, ils se rendirent.

Grâce à ces expéditions incessantes et heureuses, sous des chefs remarquables, dans lesquelles le soldat sut obéir et souffrir, la subdivision de Mostaganem fut soumise tout entière, pour la première fois, en juin 1846; toutes les tribus payèrent intégralement les contributions.

Le 52e avait grand besoin de repos. Il tint garnison à Mostaganem, jusqu'au 7 juin 1848.

Voici en quels termes, le général Pélissier lui fit ses adieux. Après avoir relaté les épreuves, les privations et les faits d'armes du régiment, il ajouta : « Soyez toujours tels que je vous ai connus, patients, disciplinés, animés de ce dévouement, de cette abnégation, de ces sentiments d'honneur dont vos dignes chefs sont pour vous de vivants exemples, et que, d'après eux, vous avez si bien compris, si bien pratiqués. Soyez toujours unis, comme une famille dans laquelle chacun a le droit de s'enorgueillir de son frère d'armes....

« Partez, et si la fortune de la France vous conduit un jour sur ces champs de bataille que nos pères ont arrosés de leur sang, alors, soldats! rappelez-vous que c'est dans ces champs héroïques que le surnom de *brave* fut donné, dans les guerres de la Révolution, à la 52ᵉ demi-brigade, et montrez-vous dignes de ce glorieux héritage. »

Cette prédiction fut réalisée l'année suivante.

CHAPITRE III

Siège de Rome.

(Juin 1849.)

Le 29 juin 1848, deux bataillons de guerre avaient été constitués et partaient le même jour pour le département de la Nièvre : ils faisaient partie de l'armée des Alpes. La compagnie hors rang et le 5ᵉ bataillon restèrent à Aix.

Le colonel Le Flô avait été nommé général de brigade le 12 juin. Son successeur, le colonel Bosc, avait quarante-quatre ans : engagé volontaire au 20ᵉ de ligne, le 16 mars 1825, il fut nommé sous-lieutenant au 1ᵉʳ bataillon de zouaves le 5 octobre 1830, par décision du lieutenant général, commandant en chef l'armée d'Afrique. Il arrivait au 52ᵉ avec dix-neuf campagnes d'Afrique, deux blessures et deux citations : il avait été fait officier de la Légion d'Honneur, comme capitaine, à trente-six ans.

Le gouvernement provisoire, dans sa proclamation du 25 février 1848, maintint les trois couleurs comme couleurs nationales, mais en les disposant ainsi : bleu, rouge et blanc. Un auteur[1] a qualifié cette prescription de bévue : il oubliait que c'était la disposition des couleurs nationales, comme l'entendait la Constituante, à en juger par le ruban servant à soutenir le sceau des brevets de vainqueur de la Bastille (décret du 19 juin 1790).

D'ailleurs, un décret du 5 mars rectifia ces indications, et décida que le pavillon et le drapeau national seraient établis tels qu'ils avaient été fixés par le décret de la Convention du 27 pluviôse an II, sur les dessins du peintre David.

Les nouveaux drapeaux furent distribués le 20 avril 1848. Les troupes et la garde nationale étaient massées sur les boulevards, depuis la place de l'Étoile jusqu'à la Bastille, et le long des quais. Une estrade, destinée aux

---

1. Marius Sepet, *Drapeau de la France*.

membres du gouvernement, avait été construite sous l'Arc de Triomphe. La distribution, commencée à neuf heures du matin, se termina à onze heures. Elle fut suivie d'un défilé des troupes et de la population que l'on évalua à 400 000 hommes et qui dura douze heures[1].

Notre drapeau portait la devise : « Unité, Liberté, Égalité, Fraternité, entourant l'inscription : République française et 52ᵉ régiment d'infanterie; au revers, 52ᵉ et Valeur et Discipline. »

Nos deux bataillons de guerre s'embarquent à Toulon le 3 juin 1849. Ils débarquent à Civita-Vecchia le 5, et sont sous les murs de Rome le 6. Un bataillon prend le service de tranchées le 8. Le régiment appartient à la 1ʳᵉ brigade (général Levaillant), de la 2ᵉ division (général Rostolan[2]). Le général de division Oudinot de Reggio commande le corps expéditionnaire.

Il s'agissait de réprimer l'insurrection républicaine de Garibaldi contre le pouvoir temporel du pape.

Rome est entourée d'une enceinte sans ouvrages extérieurs, sur un développement de 25 kilomètres. Elle était défendue par 100 pièces de siège ou de campagne, et 50 000 hommes luttèrent énergiquement derrière ses remparts. L'armée française, à la fin de juin,

Bosc, colonel du 52ᵉ de ligne. — 1849.
(Dessin de Raffet. Collection de M. le duc d'Aumale.)

avait le même nombre d'hommes en ligne. C'était trop peu pour investir complètement la place. On choisit le point d'attaque sur la rive droite du Tibre; c'était le saillant formé par le front 6-7.

Une attaque de vive force nous eût coûté cher, et nous serions entrés dans la capitale des arts sur des ruines et des monceaux de cadavres. Une véritable guerre d'industrie nous a donné le succès avec peu de pertes[3].

---

1. *Moniteur universel*, 1848, page 871.
2. Journaux des opérations du génie (colonel Niel) et de l'artillerie (Dépôt de la guerre).
3. 500 morts et 500 blessés environ.

Ce fut le développement lent et sûr d'un siège méthodique. L'artillerie française a tiré de 15 à 16 000 coups de canon; l'artillerie romaine trois fois autant. On peut juger du nombre de projectiles dont les tranchées étaient assaillies : aussi, les cheminements de jour étaient presque impossibles. Le feu cessait vers dix heures, le soir, et on en profitait pour cheminer à la sape volante.

La tranchée fut ouverte le 4 juin; le 9, elle avait un développement de 1200 mètres. Les travaux exigèrent vingt-six nuits de tranchée, sur lesquelles le 52ᵉ en passa dix. Il prit part aux deux assauts du 21 et du 30 juin.

La journée ou la nuit de travail était payée 0 fr. 25 aux soldats, 0 fr. 30 aux caporaux, et 0 fr. 40 aux sergents. Cette indemnité était destinée à améliorer la nourriture, et à compenser l'usure plus grande des effets d'habillement.

Le service était pris de quatre heures du matin à quatre heures du soir, et de quatre heures du soir à quatre heures du matin. Il comprenait les travailleurs et la garde de tranchée. Chaque travailleur, en capote, le fusil en bandoulière, recevait au dépôt de tranchée : une pioche et une pelle. On ne saurait trop insister, dit le colonel Niel, sur les précautions à prendre pour mettre de l'ordre dans ces nombreuses réunions d'hommes, chargés de rôles différents, et ayant à opérer, la nuit, sur un terrain qu'ils ne connaissent pas. La garde de tranchée doit toujours précéder les travailleurs qu'elle protège par des postes et des sentinelles. S'il faut se battre, c'est à l'arme blanche.

Le rôle des travailleurs consiste à élargir et approfondir les parallèles, ainsi que les communications entre les batteries. Ils poussent les cheminements en avant des parallèles; ils comblent les tranchées en certains points, pour ouvrir des passages aux pièces destinées aux batteries; ils refont les plates-formes de ces batteries; ils construisent des traverses; ils sont artilleurs et sapeurs. Le zèle du travailleur n'a pas besoin qu'on l'excite. Chaque pelletée de terre arrachée au sol, jetée dans le gabion qui le couvre encore mal, accroît insensiblement ses chances de salut : à mesure qu'il descend, son rempart monte.

Dans la nuit du 8 au 9, une pièce de seize, destinée à l'armement d'une batterie, échappa dans la descente d'une pente assez raide, chassa devant elle les chevaux de derrière, et fut lancée, avec une extrême rapidité, dans la direction de Rome. Au bas de la descente, une roue tomba heureusement dans un fossé; la pièce s'arrêta alors : elle avait parcouru ainsi 250 à 300 mètres; elle était à peine à 400 mètres des avant-postes ennemis, et exposée à être prise. Le bataillon du 52ᵉ, de garde à la tranchée, fournit un poste qui en défendit l'approche toute la journée du 9. La nuit suivante, les attelages purent, sous la protection d'une compagnie de voltigeurs, ramener la pièce dans sa batterie.

Pendant que les batteries écrêtent, sans relâche, la partie supérieure de l'escarpe des faces des bastions 6 et 7, les hommes de garde de tranchée, embusqués dans les parallèles, font un feu nourri contre les embrasures des pièces de la place. L'ennemi dut les fermer avec des sacs à terre.

Le 14, le colonel Bosc, qui était de jour dans la tranchée, reçoit un éclat d'obus qui lui fait une forte contusion au bras droit.

Dans la nuit du 17 au 18, vers dix heures, pendant qu'on traçait la sape volante à l'extrémité gauche de la 3ᵉ parallèle, l'ennemi tira quelques coups de fusil, dont l'un traversa les deux cuisses du capitaine Renaud (grenadiers du 1ᵉʳ bataillon), au moment où cet officier disposait ses hommes pour protéger les travailleurs. On était arrivé à 60 mètres de l'escarpe, bonne portée pour battre en brèche la courtine, en même temps que les deux bastions.

Dans la nuit du 20 au 21, le capitaine des grenadiers du 2ᵉ bataillon, *Nenon*, fut chargé d'enlever une maison qui tenait encore, et d'où l'ennemi inquiétait nos travailleurs et nos servants. Au milieu de l'obscurité, une partie des hommes s'égara dans les vignes qui couvraient le terrain. Les premiers arrivés voulurent incendier la maison; les défenseurs avertis firent feu de toutes les croisées : les grenadiers ne purent briser les portes. Le coup de main avait échoué, et la compagnie se retirait, emportant son capitaine tué et onze morts. Le lendemain, elle demanda à faire partie de la colonne d'assaut pour venger son échec et son chef. Heureux ceux qui se font aimer ainsi!

Le 21, dans l'après-midi, les trois brèches sont reconnues et jugées praticables.

Voici l'ordre général de l'armée pour l'assaut du 21 juin; il donnera la physionomie d'une opération du genre :

« 6 compagnies d'élite (3 de grenadiers et 3 de voltigeurs), complétées à 100 hommes au moins, seront désignées aujourd'hui pour monter à l'assaut; elles seront sous les ordres des chefs de bataillon *de Cappe, Dantin, Sainte-Marie*, et seront fournies par les régiments auxquels appartiennent ces officiers supérieurs (56ᵉ, 52ᵉ, 55ᵉ). Ces 6 compagnies formeront trois colonnes d'assaut; à chacune d'elles seront attachés 30 sapeurs du génie. Ces trois colonnes d'assaut seront sous le commandement du chef de bataillon *de Cappe*. Chacun des autres régiments de la même division (22ᵉ léger, 66ᵉ et 68ᵉ) fournira également 2 compagnies d'élite pour former la réserve. Ces 6 compagnies seront sous les ordres du commandant de Tourville, du 66ᵉ.

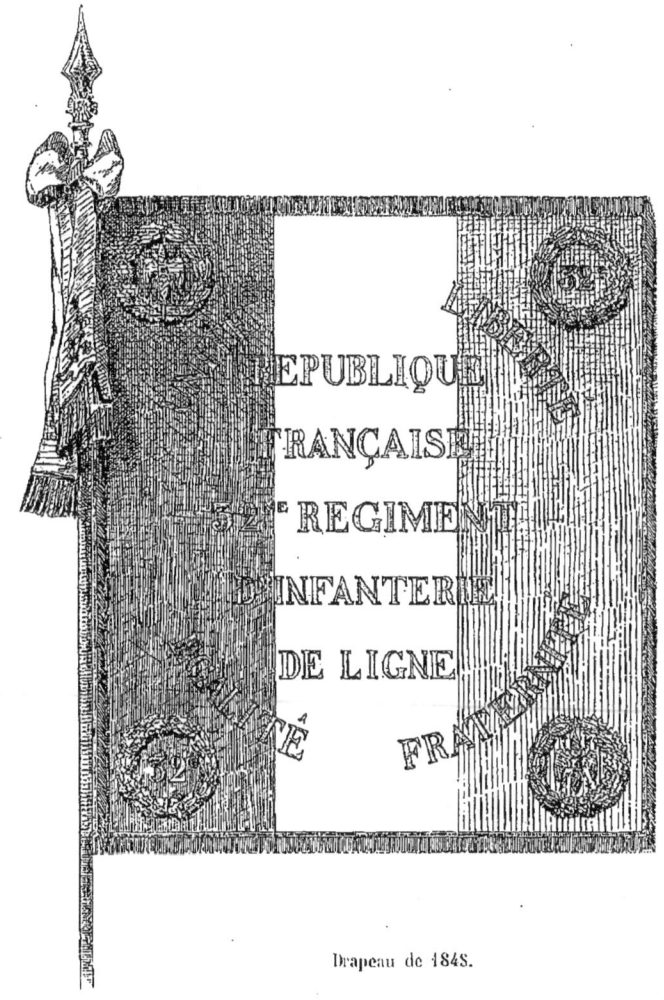

Drapeau de 1848.

« Les colonnes d'assaut de la réserve auront pour commandant supérieur le lieutenant-colonel Tarbouriech, du 56ᵉ, qui restera provisoirement avec la réserve.

« Les 16ᵉ et 25ᵉ légers fourniront les travailleurs de la brèche. A cet effet, 2 compagnies d'élite de chaque régiment fourniront deux détachements de 150 hommes chacun. Les travailleurs seront dirigés par les officiers du génie.

« Les colonnes d'attaque, la réserve et les travailleurs seront réunis à 9 heures 1/2 du soir, en arrière des batteries de brèche, sur les emplacements qui seront désignés par le major de tranchée.

« (Général de jour, Levaillant; colonel de jour, de Leyritz du 68ᵉ.)

« Chacune des trois colonnes d'assaut montera, sans bruit, à la brèche qui lui sera désignée par le colonel Niel, chef d'état-major du génie....

« Les deux colonnes de travailleurs, portant des gabions, iront, à la suite des colonnes d'attaque, et sous la conduite des officiers du génie, occuper la gorge des deux bastions, et y feront un logement dans toute la longueur de ces gorges.

« La brèche du centre, pratiquée dans la courtine, ne sera pas couronnée de gabions, afin de maintenir libres les communications pour les retours offensifs et pour l'arrivée de la réserve....

« La garde de tranchée sera composée, comme à l'ordinaire, de deux bataillons qui seront placés en arrière des batteries de brèche. Ces bataillons, aux ordres de l'officier général de tranchée, seront particulièrement chargés d'observer les sorties.

Dantin, chef de bataillon au 32ᵉ de ligne. — 1849.
(Dessin de Raffet. Collection de M. le duc d'Aumale.)

« Toutes les troupes, non employées à l'assaut ou à la tranchée se tiendront prêtes à agir.

« Une colonne mobile, composée d'un bataillon du 22ᵉ léger, sous les ordres du lieutenant-colonel Espinasse, fera une forte diversion sur la rive gauche du Tibre inférieur, avant et pendant l'assaut....

« Les officiers généraux donneront les instructions les plus précises pour qu'il ne reste au camp que les gardes de police strictement nécessaires et les cuisiniers pris parmi les hommes les moins disponibles.

« La tenue devra être aussi régulière que possible.

« Les troupes composant la colonne d'attaque, la réserve, ainsi que les deux bataillons de tranchée, seront sans sac. Elles auront en sautoir, de gauche à droite, leurs sacs de campement; les quarante cartouches de réserve et une ration de biscuit seront renfermées avec soin dans ces sacs. Les travailleurs seront dans la tenue habituelle.

« Les troupes qui n'auront pas de service spécial, mais qui seront prêtes à agir, auront leur havre-sac; mais elles n'emporteront ni les tentes-abris, ni les couvertures, ni les effets de campement.

« Les officiers généraux auront leurs ceintures en signe de commandement.

« Le général commandant en chef,

« OUDINOT DE REGGIO. »

A 11 heures du soir, tout est prêt, les fausses attaques ont eu lieu, le signal de l'assaut est donné. Les soldats montent franchement à la brèche *et courent sur l'ennemi à la baïonnette, sans s'arrêter pour tirer*. Aussi, nos pertes sont faibles. Le capitaine Bouvier et 7 grenadiers et voltigeurs furent tués. Nous restions maîtres du terrain en arrière de l'enceinte. Au haut de la brèche de la courtine, on installe une batterie, d'où l'on peut battre Rome tout entière.

Dans la nuit du 27 au 28, le combat d'artillerie, qui durait depuis deux jours, prend fin à l'avantage de l'attaque. Le succès était décisif; la ceinture de feux qui enveloppait les logements dans les bastions était brisée, et le génie pouvait cheminer dans l'intérieur de l'enceinte.

Restait le bastion 8. Le tir en brèche continua jusqu'au 29. A 2 heures de la nuit, le nouvel assaut est livré. La compagnie de grenadiers Piron (premier bataillon) fait partie de la colonne d'assaut qui s'élance sur la brèche du bastion 8. Les voltigeurs du 1er bataillon, capitaine Félix Douay, franchissent, dans la 2e colonne, la brèche du bastion 7, et tuent les canonniers romains sur leurs pièces. Le capitaine Douay en tue trois de sa main; il est blessé d'un coup de baïonnette et d'un coup d'épée au bras gauche, d'un coup de feu à l'oreille. Les colonnes d'assaut se retranchent solidement dans le bastion.

Le 5 juillet, le 52e entrait dans Rome, un mois juste après le jour où le siège avait commencé. Il avait fait preuve d'une discipline et d'une constance dignes d'être signalées. Les chaleurs très fortes étaient surtout difficiles à supporter dans l'intérieur de la tranchée, où dardait un soleil brûlant. Les soldats étaient impatients d'en finir; mais jamais ils n'ont laissé échapper un murmure.

Raffet, cet admirable dessinateur, qui a si bien compris, et rendu avec tant de vérité, la physionomie et le caractère du soldat des guerres de la Révolution et de l'Empire, assistait aux opérations du siège. Il y composa un album destiné à l'histoire de l'expédition. Cette inestimable collection est la propriété de M. le duc d'Aumale : les calques de ces portraits de tous les officiers, sous-officiers et soldats qui se sont distingués, figurent à la Bibliothèque Nationale dans l'œuvre de Raffet, pieusement et habilement reconstituée et groupée par son fils, Sous-Conservateur des estampes. Voici les dix-sept portraits du Régiment[1] :

> *Colonel Bosc*, fait commandeur de la Légion d'honneur le 19 août 1849.
> *Commandant Dantin*, ✻. (Assaut du 21.)
> *Capitaine Aune*. (Assaut du 30.)
> *Capitaine Piron* (grenadiers du 1ᵉʳ). (Assaut du 30.)
> *Lieutenant Planchut*, ✻ (grenadiers). (Assaut du 21.)
> *Lieutenant Tougas* (grenadiers). (Assaut du 30.)
> *Lieutenant François* (grenadiers).
> *Lieutenant Hébrard* (voltigeurs).
> *Sous-lieutenant Destenay* (voltigeurs).
> *Sergent Maisch*, ✻ (voltigeurs).
> *Grenadier Gazet*.
> *Voltigeur Charlut*, ✻.
> *Sergent Roustan*, ✻ (grenadiers).
> *Grenadier Lacombes*.
> *Grenadier Rischmann*, ✻.
> *Voltigeur Dumeil*.
> *Voltigeur Fris*.

Le Régiment fit partie de la division d'occupation, et ne rentra en France que le 6 novembre 1852.

---

1. M. le duc d'Aumale a autorisé la reproduction de ces 17 portraits que notre éditeur a offerts à la salle d'honneur du 52ᵉ. Le Régiment est fier et reconnaissant de ce don.

CINQUIÈME PÉRIODE. — SECOND EMPIRE

(2 Décembre 1852. — 4 Septembre 1870[1].)

CHAPITRE I

Guerre de Crimée.

(1855-1856.)

Le Régiment (état-major et 2 bataillons) est en garnison à Paris pendant les années 1853, 1854 et 1855. Le 3ᵉ bataillon et le dépôt sont à Soissons. *Le colonel Bosc* a été promu général de brigade le 1ᵉʳ janvier 1854. *Le colonel Malmazet de Saint-Andéol* le remplace.

Le 12 décembre 1851, le prince Louis-Napoléon avait décrété que l'aigle française serait rétablie sur les drapeaux. Il reprenait les traditions de l'Empire. La partie principale du drapeau portait l'inscription : Louis-Napoléon au 52ᵉ régiment d'infanterie, et au revers, sous le chiffre R. F., les noms des batailles, dans lesquelles il s'était distingué, étaient brodés en gros caractères, avec les dates en chiffres plus petits. C'étaient :

LONATO (1796)
MONT-THABOR (1799)
FRIEDLAND (1807)
ISLY (1844)
ROME (1849)

A l'avènement du second Empire, les drapeaux furent modifiés, mais seulement en ce qui avait trait aux initiales républicaines.

---

1. A partir de cette époque, les documents du Dépôt de la guerre ne sont plus communiqués. Notre récit s'en ressentira forcément. Quand le temps aura fait son œuvre d'apaisement et que la mort aura pris les derniers survivants de cette époque, alors seulement ces événements appartiendront à l'histoire.

Au printemps de 1857, le Ministre de la guerre adressa au Régiment une bande de soie sur laquelle était brodé : « Sébastopol, Inkermann et Tracktir » ; elle fut cousue sur les drapeaux à la suite des légendes de 1852.

Les deux premiers bataillons du 52ᵉ, sous les ordres du colonel, furent désignés, dès les premiers mois de 1855, pour faire partie de l'armée de réserve, destinée à donner une impulsion plus puissante et plus vive à la guerre d'Orient. Le jour du départ de Paris, le 12 mars, le colonel reçut de M. le maréchal Magnan, commandant en chef l'armée de l'Est, la dépêche suivante, qui fut mise à l'ordre du Régiment.

« Mon cher colonel,

« Je ne veux pas vous laisser partir, ainsi que votre brave Régiment, sans vous témoigner ma satisfaction pour le temps que vous êtes restés sous mes ordres. Le 52ᵉ de ligne a montré, dans toutes les circonstances, toutes les qualités militaires : sévère discipline, amour du métier, dévouement à l'Empereur. Je le suivrai de mes vœux et de mon intérêt dans la campagne qu'il va faire en Crimée ; je serai heureux de ses succès et je les présage, car je sais qu'il porte haut son drapeau, et qu'officiers, sous-officiers et soldats connaissent tous cette belle parole de l'Empereur : « *J'étais tranquille, la 52ᵉ était là !* »

« L'Empereur Napoléon III, comme Napoléon Iᵉʳ, aura à adresser, j'en suis certain, des éloges à vous et à votre brave Régiment, pendant le cours de la campagne qui va commencer, parce que toutes les fois qu'il abordera l'ennemi, l'ennemi verra que le 52ᵉ de ligne est là !

« Dites bien à vos officiers et à vos bons soldats que je suis en pensée avec eux, et que je serais bien heureux si jamais je me retrouvais à leur tête. »

Le Régiment s'embarqua à Marseille et Toulon, et arriva à Constantinople les 5 et 9 avril.

Un témoin raconte en ces termes le départ de *la Joliette* et l'arrivée devant Constantinople :

« L'heure sonne, on lève l'ancre. Le ciel est si bleu, si clémente est la mer, que, bientôt, les côtes de France s'évanouissent à l'horizon. En ce moment solennel, un silence régnait parmi nous, plus éloquent que des sanglots. La face tournée vers cette image de la Patrie, dont les derniers traits s'effaçaient au loin, chacun se recueillait involontairement dans des pensées d'adieu et de regrets à sa famille, au clocher du pays natal :

ainsi, un cortège d'amis fixe des yeux le cercueil d'un être chéri que la poussière du tombeau va recouvrir à jamais.

« Cette scène d'affliction spontanée et muette ne dura qu'un instant. L'insouciance ne tarda pas à ramener la gaieté. Ce fut à qui se persuaderait le mieux que la guerre ne choisirait pas dans nos rangs ses victimes : et pourtant, combien ne devaient pas goûter les joies du retour!

« Fi du chagrin et de ses chimères! nous ne conservâmes au fond du cœur que l'espérance; et dès lors, de chanter et de rire. Le refrain de *Tu t'en souviendras, Nicolas*[1], etc.... fut répété par tous les échos du golfe du Lion....

« Quel tableau nous éblouit, quand, doublant la pointe du Vieux-Sérail, le navire entra dans les eaux de la Corne-d'Or, le roi de tous les ports de l'univers! Stamboul, la cité bien gardée, sur un amphithéâtre en face de l'Asie, étale ses monuments et ses maisons, labyrinthe de constructions en marbre et en bois, dont l'architecture ne rappelle ni les palais de Venise, ni les géométriques hôtels de nos villes, mais qu'on dirait l'œuvre de la plus capricieuse des fées.

« Contre leurs murs de face, les couleurs de l'arc-en-ciel se mélangent en un pittoresque désordre. A tous les étages règnent des balcons ou des galeries extérieures. Par milliers, kiosques, pavillons, colonnades couronnent les terrasses, au-dessus des toits. Les minarets, les tourelles, les clochetons se détachent sur l'azur du lointain, comme autant de statues de dieux fantastiques. Le dôme de Sainte-Sophie domine cette forêt de flèches; et à son sommet, de même qu'au faîte du sérail et des autres édifices profanes, brille le croissant doré, *Labarum de l'Islam*.

Charlut, voltigeur au 52ᵉ de ligne. — 1849.
(Dessin de Raffet. Collection de M. le duc d'Aumale.)

« Cependant, quelle tapisserie de feuillage! les sycomores, les lilas et les arbres de Judée élèvent leurs branches du sein de jardins suspendus qui éveillent, en cette cité des harems, le souvenir de Babylone.

---

1. L'Empereur de Russie.

Le lierre, la vigne, les lianes marient, en grimpant, leur verdure aux splendeurs de la mosaïque que l'art du badigeon ottoman déploie sur les façades. On croirait de la mer, voir comme un immense bouquet de fleurs qui résume le paysage.

« Tandis que, sur le premier plan, une légion de vaisseaux agite ses mâts pavoisés, à l'horizon s'étend un rideau noir formé par les cyprès du

Prise de la Courtine. — Siège de Rome.
(D'après une lithographie de Raffet. Collection de M. Auguste Cain.)

cimetière de Péra. Ainsi, l'image de la mort semble envelopper la capitale d'un peuple dont le fatalisme perpétue la léthargie.

« Nous nous élançâmes vers le quai, heureux de pouvoir, jusqu'au lendemain, visiter cette terre que nous prenions, sur la foi des romanciers, pour le vestibule du paradis de Mahomet.

« Le désenchantement est cruel, à mesure qu'on pénètre dans les coulisses de cette scène orientale, dont la perspective vous a souri, du port, avec tant de charme. On avait rêvé d'une belle vierge; et de tout près, ce n'est qu'un squelette. Partout des rues tortueuses, sales et sombres, des gens taciturnes, des habitations semblables à des tombeaux.... »

LA 52e DEMI-BRIGADE.

Le 52e faisait partie de la première brigade (général Montenard) de la 2e division d'infanterie (général d'Aurelle) du corps de réserve que commandait le général Regnault de Saint-Jean-d'Angély.

Le capitaine Douay. — D'après une lithographie de Raffet.
(Collection de M. Auguste Cain.)

Il arriva au camp de Maslack, près Constantinople, le 14 avril 1855. Le choléra y sévissait : il y fut fort éprouvé. La fraîcheur extrême des nuits, succédant à des journées brûlantes, contribua certainement à propager le mal. L'été est quelquefois plus dangereux à cet égard que la mauvaise saison, parce que la température y varie davantage du jour à la nuit, et qu'on n'a pas l'idée d'allumer de feux de bivouac, qui cependant seraient souvent nécessaires. Enfin, les hommes étaient imprudents, malgré la défense rigoureuse de sortir des tentes, le matin ou le soir, sans être complètement vêtus.

Le 8 mai, tout le corps de réserve se transporte à Kamiesch. Chaque régiment laisse à Maslack un petit dépôt, commandé par un lieutenant et composé de quelques ouvriers, des hommes malingres et convalescents.

Les deux bataillons avaient un effectif total de 59 officiers et 1557 hommes. A leur arrivée à Kamiesch, ils trouvèrent le 3ᵉ bataillon, venu directement de France, et arrivé le 13 mai. Les deux premiers bataillons, à l'effectif de 500 hommes chaque, sous les ordres du lieutenant-colonel Méric de Bellefond[1], s'embarquèrent le 31 mai pour Iénikalé. Ils y arrivèrent le 2 juin. Il s'agissait de détruire les immenses approvisionnements réunis dans les ports de la mer d'Azof.

Les troupes russes, dans cette partie de la Crimée, étaient réduites à 8 850 hommes. Hors d'état de résister aux forces très supérieures de l'attaque, elles évacuèrent Kertch et le fort d'Iénikalé, enclouant les canons, mettant le feu aux poudres, aux magasins, aux navires incapables de faire retraite. Les troupes françaises prirent position dans les ruines d'Iénikalé. Mais le but de l'expédition était rempli. Réduite à se ravitailler uniquement par Pérékop, l'armée russe de Crimée, déjà mal nourrie, allait fatalement et bientôt se trouver en retraite.

Le 32ᵉ se rembarqua le 11 juin, et arriva le 14 à Kamiesch, où il fit partie du corps de siège, chargé des attaques de droite, entre la baie du Carénage et le pont d'Inkermann. Il ne prit part à aucun des assauts qui déterminèrent la chute de Sébastopol, mais il accomplit glorieusement une tâche pénible et ingrate.

Les travailleurs et les gardes de tranchée de la division d'Aurelle occupaient les batteries destinées particulièrement à brûler les vaisseaux russes, embossés dans la grande rade, ainsi que celles qui devaient contrebattre les ouvrages ennemis construits du côté nord de cette rade. La division fournissait de plus quelques avant-postes à l'embouchure de la Tchernaïa.

Le général Pélissier venait de prendre, des mains du général Canrobert,

---

1. On citait de lui ces mots si énergiques adressés dans un moment difficile : « Enfants, les canons de l'ennemi sont bourrés de croix d'Honneur jusqu'à la gueule. » Il fut tué, comme colonel du 91ᵉ, à Montebello.

le commandement en chef de l'armée d'Orient : « Je supplie l'Empereur, avait écrit le général Canrobert au Ministre, de me laisser une place de combattant à la tête d'une simple division. » L'armée, en voyant son chef descendre avec ce désintéressement, avec cette dignité tranquille, du pouvoir militaire suprême, accomplir sans regret un si grand sacrifice, et redevenir sans effort un subordonné volontaire, unissait au souvenir de ses épreuves, de ses souffrances, de ses misères, le souvenir attendri des soins qu'elle avait constamment reçus de lui, des consolations que lui avait prodiguées son âme généreuse; elle lui dévouait, d'un cœur ému, son admiration et, plus que jamais, son respect[1].

Rischmann,
grenadier au 52ᵉ de ligne. — 1849.
(Dessin de Raffet.
Collection de M. le duc d'Aumale.)

Le général rendait cette affection aux soldats, qu'il appréciait comme ils le méritaient. Il écrivait le 19 mai au maréchal Vaillant : « L'armée est plus belle, plus remplie de confiance que jamais; elle honore la France et n'a cessé d'être pour moi une source des plus nobles consolations[2] par le dévouement dont elle m'a entouré jusqu'à ce jour. Elle est prête à accomplir les plus grandes actions.... »

Et le général Niel disait le 18 août : « Nous avons beaucoup d'officiers malades; je ne disconviens pas que l'épreuve est rude; mais le pauvre soldat, c'est lui qui est admirable! »

Le 30 juin 1855, le colonel Cavaroz, lieutenant-colonel du 39ᵉ, prit le commandement du Régiment. Né à Cramans (Jura) le 28 mai 1808, il était sorti de Saint-Cyr le 1ᵉʳ octobre 1827. Il avait mérité la croix en Afrique, et comptait neuf campagnes.

Nous empruntons, dans son entier, à M. Camille Rousset la physionomie du soldat à cette époque. Il nous le montre au repos, au

---

1. Histoire de la guerre de Crimée (Camille Rousset).
2. Allusion à ses difficultés avec lord Raglan.

camp, quand il n'est pas de service à la tranchée. Nous dirons ensuite quel était ce service de tranchée, ainsi que la tenue de notre troupier au feu.

« C'était depuis l'avènement du général Pélissier que la physionomie

Drapeau de 1852.

du soldat était curieuse à la fois et facile à peindre. Le renouveau de la saison et de la guerre, le beau temps et les bons succès le mettaient en joie; il était allègre au service, au feu, à la corvée, docile à tout, entrain pour tout, prêt à courir partout. Sur le chemin de la cantine, tous lui étaient camarades, sans distinction ni d'arme, ni de corps, ni de nation : Anglais, Piémontais, Turcs, il n'en faisait point la différence ; il les emmenait boire, écouter ses prodigieux récits d'Afrique, et surtout trinquer avec lui au vieil Africain, au grand chef à la tête de ferblanc, sobriquet dont le général Pélissier s'amusait fort, et qu'expliquaient à la fois son caractère si connu et ses cheveux tout blancs, taillés en brosse, qui tranchaient avec éclat sur son teint bistré. Comment ces braves, de terroirs si différents, parvenaient-ils cependant à s'entendre ? C'eût été la confusion des langues, une vraie tour de Babel, n'eût été cet idiome étrange, le *sabir*, né sur les côtés de la Méditerranée, mélange d'italien, d'espagnol, de français, d'arabe, de turc, réduit d'ailleurs à fort peu de vocables, et qui réclame nécessairement pour auxiliaire le langage plus expressif du geste. Voici donc le thème incessamment répété des conversations à la cantine : *English bono, Francis bono, bono Italiano, Turco bono; English et Francis semis amis, bibir soua soua; Crimea makach bono, Arbia bono*[1]. » On conçoit, fait remarquer l'aimable auteur des *Souvenirs d'un officier du 2ᵉ zouaves*, le général Cler, on conçoit que ces affreux barbarismes, capables de faire danser la ronde du sabbat aux quarante fauteuils de l'Académie et de renverser les immortels, étaient habituellement arrosés d'un nombre indéfini de petits verres ; d'histoire en his-

Aune, capitaine au 52ᵉ de ligne. — 1849.
(Dessin de Raffet. Collection de M. le duc d'Aumale.)

---

1. Traduisez : Anglais bon, Français bon, Italien bon, Turc bon, Anglais et Français sont amis, boire ensemble ; Crimée pas bon, Afrique bon.

toire, d'admiration en admiration, les petits verres se changeaient en grands verres, les verres en bouteilles; après quoi, les bons amis se faisaient mutuellement la conduite, non sans broncher plus ou moins, ceux-ci ou ceux-là, vers leurs campements respectifs.

« Entre camarades, sous la tente, au retour de la tranchée, c'étaient avec les sorties russes et les incidents de la nuit de garde, les merveilles de l'artillerie qui excitaient les imaginations davantage. Comme le service des batteries, outre les canonniers de profession, employait chaque jour un bon nombre d'auxiliaires, beaucoup d'hommes des régiments d'infanterie y avaient passé successivement et ils s'en faisaient grand honneur. Le soldat professe une haute estime pour le canon ; c'est pour lui un être vivant en quelque sorte, un ami vigoureux, un ennemi redoutable, un des puissants de ce monde. Dans le service des bouches à feu, il arrivait parfois des incidents bizarres, singuliers, qui devenaient légendaires, étant d'ailleurs rigoureusement vrais. Les registres de l'artillerie en tenaient note. C'était, par exemple, un boulet russe qui était venu se loger dans l'âme d'une pièce française de même calibre, et, le moment d'après, avait été renvoyé à son point de départ. Dans la nuit du 17 au 18 mai, au Carénage, un obus brisait l'anse d'une pièce amorcée, le brin de mèche prenait feu au passage et le coup partait....

« Ces histoires avaient assez de succès pour faire diversion, pendant quelques jours, au grand objet des plaisanteries habituelles, Kamiesch et sa population d'aventure, son commerce interlope, ses industriels véreux, ses *mercanti*. Kamiesch[1], colonie mère, avait déjà essaimé; à la queue des principaux campements, on voyait de petites ruches bourdonnantes, ou plutôt des guêpiers, désignés par des appellations significatives, *Flibustopol*, *Filouville*, *Coquinopolis*, etc. Le plus important se trouvait auprès du camp du Moulin, parce qu'il y avait de ce côté-là *great attraction*, comme disent les Anglais. Là campait le 2e zouaves, célèbre pour sa bravoure et aussi pour ses talents dramatiques. Il attirait la foule au *théâtre du Moulin* ou *d'Inkermann*. C'était une baraque construite en avant du front de bandière. La troupe était recrutée exclusivement dans le corps, les imberbes tenant les rôles de femme, avec des vêtements prêtés par les cantinières, la musique du régiment faisant l'orchestre. On y jouait surtout le vaudeville. Les représentations, qui se donnaient le soir, deux fois par semaine, avaient leurs programmes affichés dans tous les camps à l'avance, en placards lithographiés, encadrés de sujets comiques, dont les Russes faisaient natu-

---

1. Plage de débarquement et entrepôts de l'armée française.

rellement les principaux frais. Quelquefois il y avait relâche, *par ordre*, les artistes devant marcher pour une opération de guerre. Lorsque la troupe était revenue, c'étaient souvent des *doublures* qui tenaient la place des *chefs d'emploi*, plus ou moins éclopés, s'il ne leur était pas arrivé pire. Dans ses intéressants *Souvenirs de la guerre de Crimée*, le colonel Fay nous a conservé l'affiche bien émouvante d'une représentation organisée avant, mais donnée après le terrible assaut des ouvrages blancs et du Mamelon-Vert. Le programme est raturé en plusieurs endroits; on lit en tête : « Au bénéfice des blessés du 7 au 8 juin. — Représentation extraordinaire. Deux amateurs ayant été tués et plusieurs blessés, on a été obligé de changer le spectacle qu'on se proposait de donner. » Est-ce que ce n'est pas là un document d'une singulière éloquence?

Piron, capitaine au 52ᵉ de ligne. — 1849.
(Dessin de Raffet. Collection de M. le duc d'Aumale.)

« On affluait de toutes parts à ce théâtre, les officiers anglais surtout; ils ne manquaient pas d'y accourir, même de Balaklava. Les couplets de vaudeville étaient souvent accompagnés par le canon des batteries russes élevées de l'autre côté de la Tchernaïa, sur les hauteurs, et que les loustics de l'endroit avaient plaisamment dénommées d'après la bouffonnerie fameuse des *Saltimbanques*. La plus voisine, dont les boulets sont venus deux ou trois fois troubler la mise en scène, s'appelait *Gringalet*; plus loin, c'étaient *Bilboquet* et *Zéphyrine*. En dehors de ces dénominations illustres, on citait aussi *Flageolet* et l'inévitable *Guignol*. Tous ces noms-là, notons-le bien, sont devenus historiques; ils figurent sérieusement dans plus d'une dépêche, dans plus d'une relation officielle.

« Il y avait encore, mais dans Karabelnaïa, sur la rive droite du port militaire, une autre batterie célèbre, la *batterie du Zouave*, ainsi dite parce qu'un jour on l'avait vue surmontée d'une toile immense, pareille à celles qui s'étalent dans les foires, et sur laquelle un barbouilleur de Sébastopol avait représenté grotesquement un zouave harponné par un cosaque. C'est que le soldat russe avait aussi ses gaietés. Le 16 mai et les jours suivants, toutes les fois que le vent était assez fort, on avait vu s'enlever, de l'intérieur du bastion du Mât, un énorme cerf-volant, de forme rectangulaire, en papier rouge frangé de blancs, qui avait aussitôt servi

Antoine Fris, voltigeur au 32e de ligne. — 1849.
(Dessin de Raffet. Collection de M. le duc d'Aumale.)

de cible aux tireurs de la 4e parallèle. Les fortes têtes peinaient à se creuser pour pénétrer le mystère de cette apparition, de ce signal sans doute, et dans un ouvrage sérieux nous lisons ceci encore : « Personne ne le sait; le sens et l'objet de cette manœuvre n'ont jamais été connus. » En vérité, ce n'était rien moins qu'une manœuvre, c'était tout simplement un jeu, une plaisanterie, une farce, *pour amuser le Français*, selon l'expression russe.

« Entre le Russe et le Français il y avait des rapports de caractère et comme une sympathie d'instinct. Dans les suspensions d'armes, ce n'étaient pas seulement les officiers qui s'abordaient volontiers et s'entretenaient courtoisement ensemble; les soldats fraternisaient aussi à leur manière; on comparait par échange le cognac à la *vodka*[1]; et lorsque venait le moment de se quitter, on voyait quelquefois partir le Russe coiffé d'un képi, et le Français d'une casquette. »

Le général de la Motte-Rouge raconte : « Vraiment les soldats russes et les nôtres sont très drôles. On m'a dit que, ces jours derniers, des Russes placés dans une embuscade voisine de nos tranchées, avaient placé une bouteille sur le parapet, et l'avaient ainsi mise pour servir de but aux balles de nos soldats qui la brisèrent au quatrième coup, aux grands applaudissements de nos ennemis. Quelques instants après cette prouesse, les nôtres plantèrent une *chachia* ou bonnet turc, dont ils sont à présent tous coiffés, sur le parapet de la tranchée, pour défier l'adresse de leurs voisins de l'embuscade : feu de la part de ceux-ci qui, à leur tour, percèrent la chachia de plusieurs balles; de là, applaudissements et bravos frénétiques des uns et des autres. »

François, lieutenant au 32ᵉ de ligne. — 1849.
(Dessin de Raffet. Collection de M. le duc d'Aumale.)

Il ajoute : « Quels soldats au monde sont plus intrépides que les nôtres? Quels officiers ont plus d'entrain et de bravoure? Il n'y en a pas.

« Rien n'est pittoresque comme de voir ces longues files d'hommes se rendant aux tranchées vêtus de leurs capotes bleues, la tête enveloppée dans le capuchon, le fusil suspendu à l'épaule, le sac sur le dos et, ployé sur ce sac, le paletot en peau de mouton, le petit bidon contenant la provision de vin ou d'eau-de-vie au côté, les jambes enveloppées dans de

---

1. Eau-de-vie de grain dont les Russes font grand usage.

grandes guêtres en peau de mouton qui vont au-dessus du genou.

« Les boulets, la mitraille les accueillent souvent au passage ; mais ils n'en vont pas moins prendre leur poste à 150, 200 mètres de l'ennemi et sont là, pendant 24 heures, bravant sans appréhension les feux de la place, comme ils supportent, sans se plaindre, la pluie, le vent, la neige, toutes les intempéries des saisons. Admirables soldats que nos fantassins ! ce sont eux qui creusent les tranchées, sous la direction des officiers d'artillerie ; ce sont eux qui les défendent, qui les protègent. »

Et ce ne fut pas tout ! On leur fit porter, à la main, les boulets de l'artillerie anglaise. Ce détail montre bien à quel point nous étions dupes dans notre alliance avec cette nation, dont nous allions faire les affaires en Crimée. Pendant que les chevaux de l'artillerie légère anglaise restaient à Balaklava, bien installés sous de bonnes baraques, ne fournissant aucun travail, on tuait les nôtres à traîner le matériel de nos alliés ; le jour, ils allaient à Kamiesch, chercher des vivres et des fourrages, et ils passaient la nuit sur les travaux du siège. Aussi, nos troupes avaient-elles fini par ne pas apprécier beaucoup les bienfaits de l'alliance, et furent-elles indignées lorsque, nos chevaux même venant à manquer, ils devinrent les bêtes de somme de l'Anglais. Certes, ils se soumirent à cette corvée avec une parfaite obéissance et non sans une certaine gaieté. Mais quelle joie si on leur eût dit : « Alliance avec les Russes et guerre aux Anglais ! »

Sympathie et antipathie partagées par les héroïques défenseurs de Sébastopol :

« Il est indispensable de faire remarquer, a écrit le général de Todleben[1], que les Français gardaient leurs tranchées avec beaucoup plus de vigilance et les défendaient avec incomparablement plus de ténacité que les Anglais. Il arrivait souvent que nos volontaires s'approchaient des tranchées anglaises sans avoir été aperçus, sans avoir eu un seul coup à tirer, et trouvaient les soldats de garde dans la tranchée, assis dans une complète insouciance, loin de leurs fusils rangés en faisceaux. Avec les Français, les choses se passaient autrement : ils étaient toujours sur le qui-vive, de façon qu'il nous arrivait rarement de nous approcher d'eux sans avoir été remarqués, et sans être préalablement reçus par une vive fusillade. »

Un ordre du corps de siège donnera l'explication de ce jugement flatteur et mérité.

De sages dispositions et des signaux avaient été prescrits en cas de

---

[1]. Officier du génie que les événements mirent hors de pair, et auquel ils assignèrent un rôle capital dans la défense de Sébastopol. Son jugement a une portée considérable

sortie de la part de l'ennemi. Ces signaux consistaient en sonneries de clairon et en fusées; ils étaient faits par les officiers placés aux observatoires :

« Les signaux par clairon sont de trois espèces et font connaître : 1° que l'ennemi est en vue, par la sonnerie *garde à vous*; 2° qu'il attaque avec une petite colonne sur un point de la ligne, par la sonnerie le *rappel*; 3° que l'attaque est formée par des troupes nombreuses, par la sonnerie *l'assemblée*; la *breloque* annonce que l'attaque est terminée.

« On lancera deux fusées pour le premier cas; trois pour le deuxième; quatre pour le troisième; les fusées sont en *étoiles* pour la droite, en *marrons* pour le centre, en *serpenteaux* pour la gauche.... »

Les sorties furent alors repoussées plus sûrement et avec moins de pertes.

Les bombes et les maladies ne faisaient déjà que trop de victimes. Les fortes chaleurs aidant, le choléra qui avait reparu depuis l'arrivée du corps de réserve, prit un caractère alarmant, surtout dans les jeunes troupes, tandis que le scorbut, aussi en recrudescence, atteignait de préférence les vétérans du siège. Le bulletin médical de juin 1855 donna le chiffre le plus élevé de toute la campagne.

Les pertes, au 52°, sont environ de 25 pour 100. Nous avons relevé sur 599 hommes, venus en mai du 29° pour renforcer le Régiment, 171 morts par maladie.

Hébrard, lieutenant de voltigeurs au 52° de ligne. — 1849.
(Dessin de Raffet.
Collection de M. le duc d'Aumale.)

Le feld-maréchal lord Raglan fut, comme son premier collègue, le maréchal de Saint-Arnaud[1], frappé à la tête de son armée par le choléra. Le 3 juillet, entre deux haies formées de soldats de France et d'Angleterre, le cercueil, couvert du drapeau britannique, entouré des quatre généraux en chef, suivi de tout ce qu'il y avait d'officiers libres de service, s'avança lentement, au pas de huit chevaux d'artillerie, au bruit du canon.

---

1. L'ancien colonel du 52°.

« Sur le seuil de mon logis, raconte un témoin, au moment de la rentrée, un casanier demandait à son camarade de retour les nouvelles du jour ; celui-ci répliqua indifféremment : « C'est le *père Goddam* (le troupier est brouillé avec les noms propres!), pauvre vieux, qui *a cassé sa pipe!*
« Je paraphrasai, toute la soirée, ce dialogue singulier, résumé de tant de pompe funéraire ! Soyez lord, illustre, généralissime, décoré de dix ordres, pour qu'un interprète, sincère, dans sa brutalité, de l'opinion des camps, fasse en termes pareils votre apologie!

« Mais le pittoresque de l'expression me consola, un instant, de sa signification philosophique : la pipe, pour le soldat, vaut plus que la moitié de la vie. Mourir donc, c'est ne plus fumer, ne plus jouir, en un mot, *casser sa pipe !* »

Cette indifférence est la conséquence naturelle de la guerre de siège. Jamais une émotion qui remue le cœur! Froidement, l'arme au pied, il faut braver la mort cent fois par jour!

Le 5 août, la même bombe tue le lieutenant *Pain*, le sergent *Guillain* et blesse sept soldats. Le 30 août, une poudrière saute : 7 000 kilogrammes de poudre, 350 gros obus font explosion à la fois. A la place des magasins disparus, s'ouvre béant un entonnoir profond de 4 mètres, large de 20, long de 50. 31 hommes avaient été tués, dont le capitaine de grenadiers *Bourrier*, du 52°, et deux soldats, 119 blessés, 80 légèrement atteints ou contusionnés dans les batteries adjacentes. Du haut de leurs remparts, les Russes poussaient

Dumeil, voltigeur au 32° de ligne. — 1849.
(Dessin de Raffet.
Collection de M. le duc d'Aumale.

des hourras de triomphe, lorsque, à leur grande stupéfaction, cette redoute, qu'ils croyaient détruite, répondit par des obus à leurs clameurs. Deux hommes de cœur, cités par le général Bosquet, les canonniers *Gaubier* et *Bescat*, de sang-froid au milieu de la stupeur générale, avaient eu la présence d'esprit de tirer, aussitôt après l'explosion, toutes les pièces encore en état.

Ah! les braves soldats! Un sapeur voit, dans la tranchée, une bombe tomber à côté d'un chef de bataillon. Il se précipite vers cet officier supérieur, le couvre de son corps et est blessé. Le général La Motte-Rouge, celui dont les soldats disaient, quand il arrivait prendre son service aux attaques de droite : « C'est la Carotte[1], il y aura du tabac!... » conte qu'un jour, pendant qu'il était appuyé sur la banquette de la 5ᵉ parallèle, il sentit contre lui le mouvement d'un soldat qui ne semblait pas conserver tout son calme : « Eh bien! lui dit-il, tu trembles?... — Non! non! mon général, répondit-il vivement, c'est ma jambe qui est dans une fausse position et qui occasionne le mouvement nerveux que vous venez de sentir. »

Le 3 septembre, une conférence réunit chez le général Pélissier les généraux en chef, les amiraux, les commandants du génie et de l'artillerie, les commandants de corps d'armée. La délibération fut grave et solennelle. On résolut d'en finir, et le bombardement fut décidé pour le 5, l'assaut pour le 8.

Suivant l'ordre donné, le 5 septembre s'ouvrit le dernier bombardement, le bombardement *infernal*, ainsi que l'a nommé le prince Gortchakof. Qu'on imagine le tonnerre de nos 800 pièces de gros calibre auxquelles les Russes en opposaient 1380. La nuit n'interrompait pas cet ouragan de fer et de feu; elle ne faisait qu'ajouter à son déchaînement un accent plus terrible. Le spectacle de ce drame avait une majesté sinistre. Du sein de la grande rade, sous un ciel d'un rouge ardent, une colonne de flammes illuminait, jusqu'aux confins de l'horizon, les montagnes et la mer.

Planchut, lieutenant de grenadiers au 52ᵉ de ligne. — 1849.
(Dessin de Raffet.
Collection de M. le duc d'Aumale.)

« Le 8, vers neuf heures, les 800 bouches à feu des alliés avaient diminué leur tir; à onze heures quarante, elles le reprennent avec violence; vingt minutes après, il cesse tout d'un coup. Midi! En avant! les clairons sonnent, les tambours battent, les hommes courent[2].... »

1. A cause de la couleur de ses cheveux.
2. Guerre de Crimée (Camille Rousset).

C'est l'assaut général, et bientôt tout le saillant de Malakoff est conquis, et sur le parapet flotte au vent, solidement planté par les zouaves du général de Mac-Mahon, le drapeau de la France.

Et sur la croupe du Carénage, d'où notre 52ᵉ découvre tout le panorama de la lutte, tous les cœurs battent; officiers et soldats trépignent de rage d'assister immobiles à cette victoire, dans laquelle vainqueurs et vaincus se couvrent de gloire. Les obus et les boulets pleuvent sur les bataillons au repos. Notre colonel, M. Cavaroz, qui fait fonctions de général de tranchée aux ouvrages Lavarande, a la jambe droite emportée par un de ces boulets qui blesse également, à côté de lui, le capitaine adjudant-major Logerot.

La nuit vint; mais le succès était complet, et les Russes en retraite.

« Mais alors, à la fois pour assurer la retraite et pour ne laisser au vainqueur que des ruines, commença l'œuvre des incendiaires, souvenir de Moscou. Batteries, bastions, redoutes, magasins sautaient les uns après les autres; des colonnes de feu jaillissaient de toutes parts, les explosions confondaient leur fracas, et le sol frémissait, comme secoué par les saccades violentes d'un tremblement de terre. Deux heures durant, les alliés, des hauteurs de la Chersonèse, les Russes des hauteurs de Severnaïa, contemplèrent, muets d'horreur, l'anéantissement de Sébastopol[1]..... »

Dans les premiers jours d'octobre, tous les soldats de la classe 1847, libérables depuis cinq ou six mois, partirent pour la France. Avec quelle résignation ils avaient fait le *rabiau*[2]! Quelle joie, quel bonheur d'aller revoir la famille, le toit paternel, après avoir échappé à tant de dangers! Quelle fierté de s'en retourner au village avec ce congé sur lequel est écrit, en toutes lettres, qu'ils ont été retenus pour le service de la Patrie!

Et la campagne de Crimée s'acheva lentement, sans incidents notables. Autour de Sébastopol, des milliers de travailleurs s'occupèrent à combler les tranchées qui, mises bout à bout, auraient eu quelque quatre-vingts kilomètres de développement.

Depuis le 15 septembre le 52ᵉ était au camp de Traktir, sur la Tchernaïa. Voici, à cette date, l'état d'effectif : Officiers, 47 disponibles; 9 indisponibles. Troupe, 1219 hommes disponibles; 784 indisponibles.

C'est alors que commença la lutte contre un ennemi cent fois plus redoutable que le canon et la mitraille : les régiments étaient ravagés,

---

1. Guerre de Crimée (Camille Roussel).
2. *Rabiau*, dans le langage familier du soldat, a le sens d'excédent.

abattus, atterrés par un mal terrible, le mal qui avait achevé, à la fin de 1813, la destruction des malheureux débris échappés à Leipzig, le typhus des armées. A un mois d'octobre superbe avaient succédé les vents, les tempêtes, la pluie, la neige, les froids excessifs. Dans la nuit du 19 au 20 décembre, le thermomètre descendit à 22 degrés. La vie de tranchée portait ses fruits amers; le scorbut et le typhus frappaient sans merci l'assiégeant de Sébastopol au repos.

Chacun revêtit la robe de chambre fourrée des grandes circonstances, le paletot en peau de mouton, cette *criméenne* célèbre qui avait sauvé la vie à tant de soldats, en amortissant le froid ou les balles. Les rares fashionnables du camp avaient orné d'une riche enveloppe de drap ces guenilles, dont la décrépitude marquait les services. D'autres réservaient, un jour, à ces débris d'habits une place d'honneur dans le vestiaire de la famille; quelques-uns même envoyaient déjà à leurs parents des morceaux de ces singulières reliques.

« Cependant, contre tous ces ennemis tardifs, les médecins tinrent haut le drapeau de la science française.

« Chaque champ de bataille les avait vus à la tâche, soignant les blessés sous le feu, sans distinction de partis, jetant à leurs confrères russes le défi de la charité, toujours calmes, même les pieds dans le sang.

Tougas, lieutenant de grenadiers au 32ᵉ de ligne. — 1849.
(Dessin de Raffet.
Collection de M. le duc d'Aumale.)

« Ils méritèrent mieux encore de la Patrie durant cette tempête typhoïde qui désola l'armée à la veille du départ. Ils périrent, en grand nombre, au chevet des victimes, et finirent par conjurer le danger[1]. »

La musique vint quelquefois en aide aux médecins. A ceux qui prétendent que les musiques militaires sont faites uniquement pour le plaisir des villes de garnison, nous dédions l'anecdote suivante : L'épidémie qui ravageait le camp, l'ennui et l'oisiveté avaient assombri tous les cœurs. Un

---

1. Journal humoristique du siège de Sébastopol, par un artilleur.

soir, après la soupe mangée, la musique d'un régiment vint se mettre en rond devant la tente du général commandant le 2ᵉ corps. Aux premiers accords d'un allegro militaire, les troupiers accoururent de tous côtés et formèrent un cercle immense de 10 000 hommes. Ils écoutaient, en marquant la mesure avec la tête, leurs airs familiers, et ne songeaient plus au typhus. Puis lorsque, le concert terminé, les tambours et les clairons de la division parcoururent le front de bandière, en battant et en sonnant la retraite de Crimée, ils se mirent tous à les suivre et rentrèrent sous leurs tentes insoucieux et gais.

Enfin la paix fut signée, le 2 avril 1856.

« Le 9, la garnison de Sébastopol fut convoquée à la revue de départ donnée en l'honneur du général russe Luders. Cette manifestation militaire fut comme le bouquet de la guerre.

« Dès le matin, les troupes se réunirent vers les hauteurs du monastère Saint-Georges, tambour battant et drapeaux déployés. Un champ de six kilomètres, entre le col de Balaclava et la mer, était couvert de champions, rivalisant de beauté martiale.

« Mais la tenue de parade avait chassé le négligé pittoresque du camp. On ne voyait, dans les rangs, ni ceinturés écarlates, ni bonnets rouges, ni couleur locale de la tranchée : les habits reluisaient boutonnés.

Bernard, sapeur au 32ᵉ de ligne. — 1849.
(Dessin de Raffet.
Collection de M. le duc d'Aumale.)

« Le rasoir avait, par ordre, moissonné, sur les visages, toutes ces toisons dont les plus touffues dataient de l'Alma, et qui par leur ampleur auraient pu persuader aux Russes qu'ils n'avaient eu affaire qu'à de vieux grenadiers.

« Le soldat n'avait pas vu, sans attendrissement, tomber ce dernier souvenir des mauvais jours; et les moustaches frisées pour la solennité, les allures de mousquetaires que les éclopés même se croyaient obligés de

singer devant le chef russe, tout ce brillant donnait à regretter les barbes
incultes, la démarche héroïque des assiégeants de Sébastopol, quand ils
faisaient *montre*, dans la neige, sous le souffle du canon, en débraillé
de combat, au rendez-vous de la distribution des récompenses de la
guerre.

« Cependant l'armée était postée, de bonne heure, à sa place de
bataille. Elle s'attabla par terre et attendit, en déjeunant, le signal du

Sape volante. — Crimée. (D'après une lithographie de Raffet.)
(Collection de M. Auguste Cain.)

mouvement. Les cantinières, en toilette, voltigeaient, versant à boire et
recevant bravement les galanteries dont on reprenait enfin la douce
habitude.

« Nous étions répandus sur le gazon, plus de *cent mille*, dont
l'appétit et la gaieté égalaient l'impatience de revoir la France.

« Les Anglais ne comptaient pas plus de 30 000 hommes en ligne,
presque tous soldats de choix, étincelants du vernis de garnison. On
admirait, chez eux, des harnais immaculés, des attelages splendides.

« Passé midi, on commença à défiler, devant l'état-major russe. Le général Luders avait l'air recueilli, pendant que les conquérants de Sébastopol le saluaient, au bruit des fanfares triomphales. Il dut s'avouer, en secret, que son maître avait été bien inspiré en signant la paix.

« L'exhibition des bêtes de l'armée d'Orient nous divertit beaucoup plus que le déploiement de l'appareil de guerre. Les chiens remportèrent la palme.

« Ces fidèles compagnons du soldat avaient, pour ce grand jour, endossé le harnais d'honneur. L'un portait son sac mignon sur le dos; un autre était richement caparaçonné, celui-ci faisait tinter les grelots de son collier enrubanné, celui-là agitait le plumet de son casque.

« Jamais meute plus pittoresque : toutes les variétés de la race canine étaient représentées, depuis le roquet jusqu'au molosse, depuis le français jusqu'au tartare. Chaque troupe en possédait un au moins, et tous, avec un admirable esprit de discipline, marchaient à leur place de défilé, en tête, à côté des chefs.

« Le plus plaisant, c'est qu'on lisait leur naturel sur le visage; et cette étude de mœurs égaya au dernier point notre attente. Le premier, par ordre de mérite, nous parut être, sans contredit, le chien-fantassin.

« Ce phénix de l'espèce se distingue par le solide de ses qualités. Il sait mille tours, c'est l'amuseur public et le gardien du camp; puis il sert par goût de la profession. Un jour que le régiment traversait son village, il a renoncé aux doux loisirs de la vie des champs, aux caresses de la fermière, et suivi le drapeau. En récompense de son zèle et de ses services, cet engagé volontaire a place au feu et à la gamelle; le soldat l'aime.

« Les bêtes de charge attirèrent aussi l'attention sympathique de la galerie. Quels bons diables de baudets, pliant sous le poids sans broncher! En dernière ligne, dans l'échelle, nous classâmes les mulets de charge, entêtés, incorrigibles.

« Ainsi observant, riant et glosant, nous attendîmes notre tour de défilé. Nous ne rentrâmes au bivouac que vers le soir. Jamais on n'avait digéré, avec plus de plaisir, tant de poussière sans murmures; nous aurions avalé des couleuvres : c'était notre dernière soirée de Crimée[1]. »

---

1. Journal humoristique du siège de Sébastopol, par un artilleur.

Qu'on ose reprocher à de tels soldats de ne savoir marcher qu'à la victoire! Qu'on ne vante plus, à nos dépens, la fermeté allemande ou l'opiniâtreté russe et anglaise! Après Sébastopol, ces préjugés ne peuvent plus exister. Notre peuple se perfectionne à la guerre, il y sait acquérir toutes les vertus!

CHAPITRE II

1856. — 1870.

Les 3 bataillons du 52ᵉ et l'état-major débarquèrent, à Marseille, les 30 juin et 1ᵉʳ juillet 1856.

Par décret du 3 novembre 1855, le colonel Teulat avait remplacé le colonel Cavaroz, mort, le 14 octobre, des suites de sa blessure. Il avait cinquante-cinq ans. Entré au service dans la Légion des Basses-Pyrénées le 5 avril 1816, il avait mis dix ans pour arriver au grade de sous-lieutenant. Quatorze campagnes, une blessure et trois citations lui avaient valu la croix d'officier de la Légion d'Honneur et le grade de colonel.

Le 25 juillet, le Régiment fit son entrée dans Soissons; il reçut de la population un accueil enthousiaste.

En 1857, le 52ᵉ va tenir garnison à Phalsbourg. De nombreuses nominations sont faites dans l'ordre du *Medjidié*. Tous ceux qui ont fait partie de l'armée d'Orient, antérieurement au 8 septembre 1855, reçoivent la *médaille de Crimée*, instituée par S. M. la reine Victoria. Douze *médailles de la Vertu Militaire* sont envoyées par S. M. le roi de Sardaigne; une croix de chevalier et douze médailles militaires[1] ont été attribuées, au Régiment, à la suite de la prise de Sébastopol.

Le colonel Pradier succéda au colonel Teulat, admis à la pension de retraite par décret impérial du 17 mars 1860. Sous son commandement, le Régiment tint successivement garnison à Napoléon-Vendée, Lyon et Avignon.

C'est dans cette ville que le colonel Merle vint prendre le commandement du Régiment, le 18 décembre 1865. C'était un ancien officier d'ordonnance de l'Empereur. Il avait quarante-deux ans, cinq campagnes d'Afrique, de Crimée et d'Italie, une blessure et la croix d'officier de la Légion d'Honneur. C'est lui qui conduira le Régiment à Metz. Il fut nommé général de brigade le 15 septembre 1870[2].

---

1. Instituée par décret du 22 janvier 1852.
2. Par décret du gouvernement de la Défense nationale. Il apprit sa nomination en rentrant de captivité. Il était parti pour l'Allemagne avec son régiment.

Briançon, Gap, Toulon, Bastia, le camp de Châlons, telles sont les garnisons du 32ᵉ jusqu'au 16 juillet 1870.

Un instant, vers la fin de l'Empire, on essaya de changer la tenue de l'infanterie, en parodiant le costume pittoresque des zouaves en Afrique. On donna : un pantalon court à plis, serré au genou, avec jambières fauves contenant la guêtre ; une veste-tunique serrée à la taille par un ceinturon qu'elle ne dépassait que de quelques doigts, ne garantissant par conséquent ni le ventre, ni les cuisses. Qu'on ajoute à cela un petit shako pointu en cuir, avec plaque à aigle, jugulaire en cuir, terminé par une houppette en crins rouges, verts ou jaunes[1].

La Garde impériale avait été rétablie en 1854, pour obéir à la tradition napoléonienne. Ce fut une troupe excellente, mais elle eut le grave inconvénient d'écrémer les régiments de ligne, auxquels elle enlevait leurs meilleurs éléments. La constitution du 32ᵉ, au commencement de la campagne de 1870, nous l'a confirmé. Nous avons compté seulement 55 sous-officiers, 15 caporaux, 32 soldats présents au corps avant 1864 ; le plus ancien y est arrivé en 1845.

Destenay,
sous-lieutenant au 32ᵉ de ligne. — 1849.
(Dessin de Raffet. Collection de M. le duc d'Aumale.)

La loi du 26 avril 1855 avait substitué l'exonération au remplacement, l'État aux anciennes compagnies d'assurance. On avait accepté le remplacement comme un adoucissement à la terrible loi du sort, comme un moyen inévitable de faciliter le recrutement des carrières libérales, et on lui reprochait maintenant l'immoralité. « L'impôt du sang », ce cri sorti du cœur d'un soldat[2], était gravé dans toutes les mémoires. « Il ne peut se

---

1. Rouge pour les grenadiers, vert pour les compagnies du centre, jaune pour les voltigeurs. Nous n'avons noté que les changements saillants dans la tenue. Les suivre tous ferait l'objet d'un ouvrage. Que le lecteur se souvienne de l'apparition du ceinturon ; il date de 1846 ; le grand équipement est noir depuis 1856 ; avant, il était blanc.

2. Le général Foy en 1824.

payer qu'en nature, disait-on, et si vous lui substituez un sacrifice d'argent, vous créez un privilège en faveur du riche, qui exploite le pauvre, en l'envoyant mourir ou souffrir au loin, à sa place. » Sans condamner les remplaçants, qui sont jugés par des officiers de l'époque comme des soldats propres, obéissants, résignés à la condition qu'ils avaient acceptée, souvent par esprit de sacrifice, par dévouement à leurs parents, il convient de dire que, vu notre état social, il ne faut pas regretter le remplacement. En effet, au fur et à mesure des richesses et de l'amour du bien-être, le nombre des jeunes gens qui se dérobaient à l'obligation du service militaire augmentait de jour en jour, et l'esprit guerrier de la nation menaçait d'y sombrer, en même temps que s'effaçait, de plus en plus, l'idée du dévouement à la Patrie, sans laquelle un peuple est destiné à déchoir et à périr.

Aussi cette institution fut-elle, en apparence du moins, radicalement supprimée par la loi qui, du même coup, détruisit le principe du service personnellement obligatoire.

Aux termes de la loi de 1855, tout jeune homme, appelé par le sort à faire partie de la première portion du contingent, avait le droit de se faire exonérer, moyennant une somme fixée chaque année par le Ministre de la guerre. Cette somme était versée à une caisse, dite de la Dotation de l'armée, qui servait à payer des primes de réengagement, dans le but de remplir les vides créés par les exonérations; mais les engagements eux-mêmes devinrent bientôt insuffisants pour compléter les effectifs. Il fallut recourir à l'expédient des remplacements administratifs; c'est-à-dire qu'à peine supprimé, le remplacement était rétabli; les procédés étaient un peu différents, il est vrai, puisqu'il n'y avait plus aucune relation personnelle, mais seulement un rapport numérique entre les remplaçants et les remplacés; en revanche, la moralité restait la même, et la forme devenait plus compromettante pour l'État qui se substituait aux compagnies de remplacement, sans toutefois réussir à se passer de leur intermédiaire.

Jamais loi ne donna de résultats plus contraires aux intentions de ses auteurs; elle peupla les régiments de réengagés avec primes ou de remplaçants au corps et de vieux sous-officiers, c'est-à-dire de cadres usés et de soldats peu disposés à risquer, avec leur vie, l'avenir de bien-être que leur faisait entrevoir le capital amassé. Enfin, chaque contingent ne versait plus dans les régiments qu'un nombre très limité de recrues. Privée de cet élément de jeunesse, l'armée s'alourdissait, et l'on se vit obligé, pour pouvoir compter, au début d'une guerre, sur des hommes capables de marcher, d'assujettir la deuxième portion du contingent à des exercices annuels.

Les événements de 1866 vinrent jeter sur la question une lueur prophétique, en démontrant au gouvernement de l'Empereur son impuissance vis-à-vis de la Prusse. Le maréchal Niel, appelé au ministère de la guerre pour relever nos forces militaires, élabora la loi du 1er fé-

Gazot, grenadier au 32e de ligne. — 1849.
(Dessin de Raffet. Collection de M. le duc d'Aumale.)

vrier 1868, qui supprimait l'exonération, rétablissait le remplacement direct, fixait la durée du service à cinq ans dans l'armée active et quatre ans dans la réserve, et maintenait la division du contingent en deux parties, dont la deuxième ne devait rester que cinq mois sous les drapeaux. Cette loi portait en outre la création d'une garde nationale mobile, composée des hommes qui, bien que reconnus propres au service, n'avaient pas, à un titre quelconque, figuré dans la première ou dans la deuxième portion du contingent de la classe, ou qui, comptant dans ce contingent, s'y étaient fait remplacer. Le service de la garde nationale mobile devait avoir une durée de cinq ans; cette troupe pouvait, en cas de guerre, être versée, par une loi spéciale, dans l'armée active. Ainsi le remplacement ne dispensait du service militaire que pour le temps de paix. C'était un premier pas vers le service obligatoire.

Cette loi de 1868 aurait pu donner de bons résultats, si elle eût été sérieusement appliquée; mais son auteur, en butte aux intrigues de l'entourage impérial, contrecarré par le Corps Législatif, qui lui refusa les crédits nécessaires pour la réunion de la garde nationale mobile, succomba à la peine. Lorsque la guerre éclata, notre armée de réserve, mal organisée, nullement préparée, ne rendit pas les services qu'on était en droit d'attendre de cette institution[1].

Cet exposé était nécessaire pour que le lecteur connût la constitution du 52e de ligne et du 52e de marche, au cours de la guerre de 1870-1871. Il comprendra que le système défectueux de nos réserves fut une des nombreuses causes qui ont amené, pour la France, un désastre sans précédent. Il ne songera plus à se révolter contre les lourdes exigences des guerres modernes; il jugera notre état militaire présent avec plus d'impartialité, et il envisagera l'avenir avec plus de confiance, car la lutte prochaine nous trouvera matériellement prêts.

Maisch, sergent de voltigeurs, 52e de ligne. — 1849.
(Dessin de Raffet.
Collection de M. le duc d'Aumale.)

Puisse-t-elle nous trouver armés moralement!

Nous ne l'étions guère, il y a vingt ans. L'amour immodéré du repos et du luxe, la haine du militarisme se manifestaient partout par le travestissement des choses de la guerre, de celles qui avaient fondé la grandeur du passé, de celles qui semblaient la plaie du présent. Mille utopistes demandaient à grands cris l'abolition des armées sous toutes les formes, et démontraient l'impossibilité d'un

1. Cet exposé a été emprunté, dans son entier, aux *Transformations de l'armée française* général Thoumas).

conflit futur entre les familles de l'humanité. L'esprit gaulois s'acharnait, dans le roman et sur la scène, à sécher les sources du patriotisme, à saper par la base les institutions militaires, comme si en couvrant de ridicule à outrance, par système, tout ce que nos pères avaient respecté, le drapeau et ses serviteurs les plus désintéressés, on ne risquait pas d'énerver

Sébastopol. — 1855.

à jamais dans les cœurs, les vertus nécessaires au salut, le jour prochain du danger.

C'était le triomphe de Boquillon et du général Boum! Aussi ne se lassait-on pas de rire aux dépens de ces vandales de Prussiens, tous citoyens du duché de Gérolstein, qui dépensaient, sous le casque, leur activité à manier le sabre et le fusil, négligeant trop le plaisir et les futilités de la vie.

Bientôt le rire fut étouffé par des sanglots, et les aimables sceptiques ne surent que se faire tuer.

Guerre de 1870-1871. — Metz.

A l'annonce d'une guerre avec la Prusse, ce fut, d'un bout à l'autre de l'Empire, une ouverture de fête plutôt qu'un ébranlement patriotique. Chacun croyait que le choc serait court, que le premier vol de nos aigles, hors de la frontière, mènerait à Coblentz, et qu'en ce seuil de la Prusse Rhénane, l'ennemi demanderait merci.

Aussi, les hôtels de ville, foyers des engagements volontaires, se pavoisèrent; les gares furent presque ornées d'arcs de triomphe, pour livrer passage aux soldats, de toutes parts rappelés sous les drapeaux. Ces défenseurs de la Patrie, qu'on croyait si peu en danger, arrivaient par troupes en chantant. Les accents de la *Marseillaise*, mêlés aux plus gais refrains, électrisaient les âmes engourdies. On criait dans les rues de Paris : « A Berlin! » et les gares étaient pleines de gens ivres qui faisaient boire nos soldats.

Le 52ᵉ quitta le camp de Châlons le 16 juillet. Il s'en fallait de beaucoup que son effectif fût un effectif de guerre; il comptait environ 1 350 hommes; l'arrivée successive de détachements venant de la réserve porta sa force à 2 000 hommes, répartis en trois bataillons de guerre.

Nos soldats avaient encore assez, pour vaincre, de ce qui leur restait de leurs vertus d'autrefois. Mais, tout d'un coup, la valeur personnelle était devenue, au combat, un élément accessoire. La mécanique, par la puissance des armes à feu, surtout de l'artillerie, allait jouer le rôle décisif. La guerre de 1870 fut marquée du côté des Allemands par l'emploi constant de l'offensive, du côté des Français par une défensive presque toujours passive, résultat des *Observations* de 1867 et d'une tactique inconsciemment adoptée par l'infanterie, soumise au feu écrasant de l'artillerie allemande. La bataille de Spickeren en est un exemple frappant. Tenues en échec, au début, par une simple avant-garde, les troupes du 2ᵉ corps se contentèrent ensuite d'opposer aux attaques de l'ennemi une résistance énergique, sans profiter de leur supériorité momentanée d'effectif pour attaquer à leur tour. Une occasion perdue ne se retrouve pas à la guerre, et bientôt les masses allemandes allaient envahir le sol de tous côtés.

Le 32ᵉ faisait partie de la 1ʳᵉ brigade (général Letellier-Valazé) de la 1ʳᵉ division (général Vergé) du 2ᵉ corps de l'armée du Rhin (général Frossard).

Le 17 juillet, il est à Saint-Avold et y reste bivouaqué jusqu'au 30.

Le 2 août, il quitte Forbach à neuf heures du matin. Il se forme, en marchant, *en colonne par bataillon à intervalle de déploiement*. Il est soutien de la 2ᵉ division (général Bataille), qui enlève les hauteurs de Sarrebrück. A neuf heures du soir, il campe à la Brême d'Or, en avant de Stiring-Wendel. Le 4, à huit heures du soir, il part pour Forbach et reste toute la nuit sous les armes. Le 5 août, à cinq heures du soir, le 1ᵉʳ bataillon et deux escadrons du 7ᵉ dragons font une reconnaissance sans résultat dans la vallée de la Rosselle; ils rentrent à huit heures du soir. Et le 6, c'était la bataille de Spickeren !

A dix heures et demie du matin, le Régiment débouche, sous un feu très vif, à Stiring-Wendel, alors que le combat était fortement engagé par la gauche du village. Il s'établit dans l'usine et ses dépendances. Le 3ᵉ bataillon est en réserve sur la place de Stiring.

Le 32ᵉ défend vigoureusement la position qui lui est confiée, jusqu'à neuf heures du soir. Le sergent Noblot fut cité à l'ordre de l'armée pour la résolution avec laquelle il était allé reconnaître l'ennemi. Enfin l'ordre de retraite sur Forbach est donné. Le 3ᵉ bataillon forme l'arrière-garde, et part un quart d'heure après la colonne. Il rejoint le Régiment à grand'peine et au prix de pertes nombreuses; il est onze heures du soir : on arrive à Boursbach à trois heures du matin.

Lacombe,
grenadier au 32ᵉ de ligne. — 1849.
(Dessin de Raffet.
Collection de M. le duc d'Aumale.)

L'état des pertes pour la journée porte :

Tués, blessés, disparus { 20 officiers
310 hommes de troupe.

La 1ʳᵉ compagnie du 2ᵉ bataillon (capitaine Rémy) comptait 145 hommes au début de la bataille. Le sergent-major Soulié[1] traversa les lignes prussiennes, à onze heures du soir, avec *sept* hommes, et put rejoindre le Régiment sur la route de Sarreguemines : le reste de la compagnie avait été tué ou fait prisonnier. La retraite sur Metz fut pénible : elle ne dura pas moins de six jours, pendant lesquels la pluie tombait presque continuellement; les vivres étaient rares; les convois existaient à peine, et il fallait vivre sur un pays désert et abandonné[2].

Roustan, sergent de grenadiers au 52ᵉ de ligne. — 1849.
(Dessin de Raffet.
Collection de M. le duc d'Aumale.)

Le général Frossard écrit à M. le maréchal Lebœuf, major-général de l'armée : « Veuillez me faire envoyer des marmites et des gamelles, ainsi que de petites tentes-abris; mes pauvres hommes ne peuvent faire la soupe, ni se préserver de la pluie, la nuit. Je ne voudrais pas les ramener exténués sous Metz. Quant à la concentration sur Metz, dans son grand camp retranché, c'est une nécessité et un moyen assuré de salut. »

Sans doute, il fallait s'y refaire, s'y grouper, reconstituer les cadres, mais non livrer, sous le canon des forts, trois grandes batailles sanglantes et inutiles, quand on était décidé à subir le blocus et à signer une honteuse capitulation.

Le 52ᵉ parcourut avec résignation et courage les étapes successives de ce calvaire.

Le 16 août, il était campé en bataille, à gauche et en avant de Rezonville. Il venait de recevoir *l'ordre de dresser ses tentes*, les soldats étaient occupés à faire la soupe, quand l'ennemi, établi sur les crêtes situées un peu en avant de Vionville, démasqua ses batteries, et ouvrit un feu violent d'artillerie et de mousqueterie sur les campements des 1ʳᵉ et 2ᵉ divisions du 2ᵉ corps. Les obus pleuvaient autour des marmites : « Adieu la soupe, et aux armes! »

1. Actuellement capitaine au 112ᵉ de ligne; fut promu sous-lieutenant le 9 août 1780 et commanda sa compagnie avec bravoure le 16, le 18, le 31 août et le 1ᵉʳ septembre.
2. M. le commandant Carrey de Bellemare, auquel nous devons ces détails, ajoute : « Le moral de notre soldat était bon, il faut le dire hautement à sa gloire. Pour ma part, je ne l'ai jamais vu faiblir un seul instant pendant toute la campagne, et son calme et sa discipline après un premier revers m'ont vivement frappé. » Cet éloge a du prix, car il vient d'un officier qui a fièrement porté le drapeau du 52ᵉ, pendant les journées des 16 et 18 août, le titulaire ayant été blessé le 6.

Malgré le désordre causé par cette surprise, les trois bataillons du Régiment prirent rapidement les armes et *marchèrent en bataille*, sur les positions ennemies. Ils les atteignent et sont sur le point de s'en emparer, quand les batteries prussiennes, établies sur leur droite, les prennent d'écharpe et les forcent à battre en retraite. « L'œuvre des obus est terrible : hommes coupés en deux, décapités quelquefois jusqu'aux épaules, quelquefois seulement jusqu'à la mâchoire inférieure, ventres ouverts, entrailles pendantes, dos labourés horriblement, bras et jambes

En tirailleurs. — 16 août 1870.

emportés. Les coups des balles étaient moins affreux, sauf pour celles qui étaient arrivées en plein visage. Elles surprenaient davantage, et la plupart des soldats qu'elles avaient foudroyés gardaient après leur mort l'attitude du dernier moment. Nous battions en retraite, lorsque nous apercevons trois ou quatre des nôtres dans un fossé, derrière une haie au travers de laquelle ils avaient passé leurs canons de fusil, prêts à faire feu. « Eh! leur crions-nous, ne restez pas là, vous allez vous faire prendre! » Nulle réponse, nul mouvement : ils étaient morts. Ceux qui avaient été moins bien touchés, blessés grièvement, étaient plus à plaindre et plus pénibles à voir; la plupart cependant conservaient, dans la douleur, une ferme attitude.

Il y en avait de mortellement atteints, qui trouvaient encore la force d'ôter leur sac, de prendre leur couverture et de s'en envelopper; puis ils se couchaient tranquillement pour attendre l'éternel sommeil. Braves soldats, dignes de leurs chefs héroïques[1]. »

A quels honteux moyens eurent recours leurs ennemis pour les vaincre! A ce moment du combat, en face des 2⁰ et 3⁰ bataillons, des compagnies prussiennes *mettent la crosse en l'air*. Ils se rendent, croit-on. Notre ligne confiante s'avance, et une décharge meurtrière, presque à bout portant, fait de nombreuses victimes. Et des officiers furent complices de cette lâcheté!

Le Régiment se retire, se rallie sur son ancien campement, et va, de là, prendre position à la droite de Rezonville. Quelques instants après, sur l'ordre du général de division, il se reporte en avant, exécute un changement de front sur son aile gauche, se déploie face aux bois qui s'étendent de Rezonville à Gravelotte, envoie des tirailleurs dans ces bois, et reste dans cette position jusqu'au moment où l'ordre lui est donné de se porter un peu en arrière, sur le plateau situé en avant et à gauche de Gravelotte, que l'on craint de voir occuper par l'ennemi. Il reste sur cette position toute la nuit, l'arme au pied. Il ne la quitta qu'à quatre heures du matin, pour se porter en arrière de Gravelotte.

Combien il en manquait à l'appel!

15 officiers tués, blessés ou disparus, et 529 hommes de troupe. Le lieutenant-colonel Guyot, blessé, était porté disparu. Le commandant Collignon avait été tué à la tête de son bataillon. Le capitaine Malcor, cité déjà à Spickeren pour sa bravoure, est grièvement blessé. Le commandant Lapasset est amputé sur le champ de bataille, et meurt après l'opération.

Nous avions conservé nos positions, la route d'Étain à Verdun était encore libre! Pourquoi n'étions-nous pas en route depuis longtemps? C'était battre en retraite une fois encore; c'était donner le temps aux Prussiens d'appeler toutes leurs forces, et de nous battre le 18. Que de souffrances en pure perte!

Depuis le 15, les hommes, toujours sur le qui-vive, n'avaient touché qu'un peu de viande le 17; la nuit du 17 au 18 était la cinquième passée sans abri.

Pendant qu'à l'aile droite, le maréchal Canrobert, le héros de Saint-Privat, luttait six heures, sans renforts, contre des forces trois fois

---

[1]. Souvenirs de campagne (Albert Duruy).

supérieures, offrait vingt fois sa vie, et ne quittait le champ de bataille qu'après avoir brûlé la dernière gargousse de ses batteries, le 2ᵉ corps était peu engagé. Le 52ᵉ restait en réserve, *formé en colonne serrée par division*.

Les 1ᵉʳ et 2ᵉ bataillons avaient été déployés en arrière des fossés de la route de Verdun, et laissés là jusqu'à neuf heures du soir. Le 3ᵉ bataillon, resté en réserve, s'était alors porté en ligne et avait essuyé, pendant sa marche, un feu très vif.

A onze heures, la retraite avait été ordonnée, et le Régiment se ralliait au drapeau, en arrière du champ de bataille, sur la route et en avant de Maison-Neuve. Il comptait 6 tués et 85 blessés ou disparus, dont 5 officiers[1].

L'infernal blocus de Metz était commencé. L'arrivée des dernières lettres, des derniers journaux, data du surlendemain de Saint-Privat, 20 août, journée de deuil. En effet, à la demande des chefs prussiens, un armistice eut lieu pour l'enterrement des morts tombés à Rezonville et à Gravelotte.

« Après cette cérémonie, unique honneur qu'on eût encore rendu aux victimes, on ne songea qu'aux affaires de l'armée, et les imaginations, à la ville et au camp, se donnèrent carrière. L'évanouissement graduel, sur le marché, des douceurs de la vie ordinaire, l'apparition soudaine de la viande de cheval sur l'étal des bouchers, le vide croissant des boulangeries, tous ces signes de la disette future prédisposaient déjà les esprits à l'exagération, et chaque jour les bruits les plus étranges étaient en circulation.

« Mais, dans le tissu de ces inventions, le nom de Mac-Mahon était invariablement mêlé. Le héros de Reichshoffen avait été transfiguré par l'opinion publique en une sorte de libérateur. On s'attendait à le voir paraître, et la verve gauloise renchérissait sur ces folies de l'attente; on chantait les litanies du duc de Magenta :

---

[1]. Dans les promotions qui furent faites à la suite des batailles des 16 et 18, par arrêté du Maréchal commandant en chef, en date du 24 août, le sergent-major Marmillot, engagé volontaire en 1866, fut promu sous-lieutenant. A la date où nous écrivons, le capitaine Marmillot est encore au Régiment, qu'il n'a pas quitté depuis vingt-quatre ans. Le capitaine Borel, engagé au 52ᵉ de ligne le 29 août 1864, et le capitaine Doyen, arrivé comme sous-lieutenant le 1ᵉʳ octobre 1869, appartiennent aussi au Régiment, qu'ils aiment comme on doit aimer son premier et, surtout, son unique Régiment. Le commandant de Carrey de Bellemare l'a quitté, il y a environ deux ans, après y avoir vécu vingt et un ans. Le capitaine Girard, du 77ᵉ, engagé volontaire le 15 octobre 1865, a servi sous le drapeau du 52ᵉ jusqu'en 1889; deux blessures reçues le 4 août 1870, la médaille militaire et la croix de chevalier lui méritent, à cette place, une mention particulière.

« Mac-Mahon, délivre-nous des Prussiens!

« Mac-Mahon, délivre-nous de la chair de cheval et du beurre à prix d'or!

« Mac-Mahon, rends-nous les gigots et les bifteacks!

« De là, quelques derniers éclats de rire, à travers cette ville de guerre, arche de salut de la France, où chaque maison était une cellule d'infirmerie. Les hôpitaux et les ambulances étaient insuffisants; tous les habitants, riches ou pauvres, avaient donné asile aux blessés des trois journées de bataille, et près de 20 000 de ces malheureux avaient trouvé asile dans la place, comme dans leur famille. Cette explosion de charité illustre Metz, autant que tous ses autres titres de gloire. Il est des cités célèbres qui ont repoussé victorieusement les ennemis de la Patrie; Metz l'a fait! Il y en a qui se sont ensevelies sous leurs murs pour ne pas se rendre; Metz aurait su le faire! Mais l'histoire cite peu de villes qui se soient vouées plus généreusement aux devoirs de l'hospitalité[1]. »

Il n'y avait qu'un cri dans l'armée : les femmes de Metz sont admirables! Rien ne leur coûte, rien ne les rebute. Par tous les temps, à toutes les heures du jour et de la nuit, ces êtres faibles, au grand cœur, ne reculent devant rien et pansent les blessés. Luttant sans relâche avec la mort, elles adoucissent les derniers moments des uns, et soignent tout le monde.

Après le 18, les opérations se réduisirent à des incidents : reconnaissances où quelques cavaliers se balafraient, alertes sans raison, canonnades des forts contre des troupes relevant la garde des ouvrages ennemis.

Le 26 août, la scène s'anima; l'ordre fut donné de s'apprêter à une sortie; un rayon d'espérance égaya les camps, et le soldat reprit les armes avec le plaisir que la liberté rend à des captifs.

Le fantassin narquois, effilant sa baïonnette, se félicitait, dans son argot, de pouvoir à son gré, cette fois, *jouer de la fourchette*. Le 52ᵉ avait son campement à Montigny-lès-Metz, sur la rive droite de la Moselle. Sous une pluie intermittente, au repos, il se morfondit tristement jusqu'à la nuit.

Enfin, le branle du départ général fut donné dans la nuit du 31. Le Régiment fus mis en mouvement à six heures et demie du matin, pour aller prendre position sur la route de Sarrelouis, en avant et à droite du village de Vantoux. Il ne fut engagé, seul de toute la division, qu'à huit

---

1. Chronique de la campagne de 1870, par un artilleur.

heures du soir, alors que les positions occupées par l'ennemi étaient enlevées.

Il va occuper le village de Nouilly et les tranchées-abris situées en arrière. Il y passe la nuit, et le combat recommence, le 1ᵉʳ septembre, à six heures du matin. L'ennemi avait reçu des renforts considérables. Dès cinq heures, un feu violent d'artillerie avait été ouvert sur toute la ligne, et plus particulièrement dirigé sur Nouilly, Noisseville et Montoy.

Le 52ᵉ tient bon dans Nouilly et repousse toutes les attaques de l'infanterie. A quoi bon? à dix heures du matin, il lui faut battre en retraite, et suivre la division Montaudon à laquelle il sert de soutien. Ce n'était qu'une manifestation théâtrale et sanglante pour calmer les soulèvements de la ville

Pour la Patrie.

et du camp. Les réserves, comme le 18, n'avaient pas bougé, et le général en chef était absent du champ de bataille. Le soldat l'appelait le *Père l'as-tu vu?* Jamais homme, en effet, ne se déroba aussi absolument que ne le fit Bazaine à ceux qu'il avait l'honneur de commander. La bataille de Noisseville fut le dernier acte de la comédie qu'il jouait. Le soir, sous la tente, les réflexions furent poignantes, et les souffrances physiques et morales commencèrent. En vérité, le plus affreux état, à la guerre, est d'être bloqué. L'assiégé se défend, au moins. Dans la lutte, sa vertu se régénère; les chimères de la gloire le bercent; à certaines heures, il peut même ambitionner la mort sur la brèche, le salut peut-être.

« Le bloqué n'a devant lui que le désespoir ou le déshonneur. Un cercle de fer l'étreint. L'inaction amollit son courage; la famine abat sa vigueur. Tandis que la solitude se fait autour de lui, qu'il n'y a plus ni patrie ni famille, il descend peu à peu dans la tombe. Malédiction aux chefs qui, au lieu de combattre, infligent ce supplice à leurs armées[1] ! »

Les rations diminuèrent de jour en jour, en qualité plus encore qu'en poids. La viande de bœuf et de mouton avait déjà presque disparu ; le beurre coûtait 60 francs le kilogramme ; une belle vache fut vendue, le 8 septembre, 2 500 francs ; un jambon, 90 francs ; un cochon, 650 francs. Le vin le plus médiocre coûte 2 francs 50, le lard est introuvable. Il n'y avait plus un gramme de sel à attendre du service de l'intendance, et cette denrée était exclue des perceptions quotidiennes. On débitait aux abattoirs des carcasses de chevaux, car les animaux étaient plus à plaindre que les gens ! Ils étaient réduits, comme avoine, à une poignée d'un mélange de toutes sortes de graines, et parfois à une bouchée de foin. On ne pouvait plus trouver de paille pour les infirmeries et les ambulances.

Ainsi, dès la fin de septembre, suspension des travaux de défense, décroissance des vivres et affaiblissement graduel des forces ; tels étaient les traits de la situation.

En octobre, les pluies arrivent. Les hommes restent mouillés et glacés. Le bois manque ; on déterre des souches, des peupliers, mais ces ressources sont bien faibles ; les cuisiniers arrachent, le long des chemins, sur le bord des fossés et dans les champs, des chardons, des orties, de l'oseille sauvage, du colza. On met le meilleur dans la soupe et l'on donne le reste aux chevaux. La ration de pain est réduite à 300 grammes.

Officiers et soldats subissent toutes les épreuves avec courage et persévérance. L'armée du Rhin est debout ; elle regarde la mort sans broncher. Pourquoi refuse-t-on son dévouement et son élan ?

Le 26 octobre, un cyclone enlève toutes les tentes. Il fallut les replacer sous une pluie torrentielle, et le vent renversait les hommes. « Les imaginations exaltées prétendirent que les âmes indignées des victimes de Borny, de Rezonville, de Saint-Privat et de Noisseville donnaient aux vivants l'exemple de la révolte. »

Le lendemain matin, le coup de mort fut assené à l'armée par l'annonce officielle de la capitulation.

« L'armée est folle de douleur, écrit le lieutenant-colonel de Montluisant, qui commandait la réserve d'artillerie du 6e corps. Depuis vingt-quatre heures, tous les officiers demandent des ordres, une direction, un centre, un point de ralliement. Tous les soldats sont prêts, ils attendent. L'esprit de discipline domine ; l'indignation est extrême ; la rage déborde,

---

1. Chronique de la campagne de 1870, par un artilleur.

mais on obéit, et l'on subit, sans sédition, une situation honteuse et inouïe. La ville de Metz est révoltée; le tocsin sonne. Presque tous les régiments de l'armée du Rhin ont protesté[1]. Voici la lettre du colonel Saussier qui les résume toutes :

« Queuleu, 28 octobre 1870.

« Au maréchal Lebœuf, à Saint-Julien.

« Les officiers soussignés du 41° de ligne, quoique n'ayant pas encore reçu la communication officielle d'une capitulation sans condition, croient néanmoins devoir considérer comme vrai cet immense désastre. Ils se font un devoir de protester, de la façon la plus solennelle, contre la reddition entière d'une armée qui n'a pas encore été battue par l'ennemi; ils vous prient de vouloir bien être assuré de leur concours, et si vous voulez bien faire un appel à leur dévouement pour un acte énergique, ils se déclarent tous prêts à combattre. »

(Suivent les signatures du colonel Saussier et de 42 autres officiers de son régiment.)

Nous avons cité cette lettre, parce qu'elle est consolante. Consolant aussi cet extrait du texte de la capitulation :

« Pour reconnaître le courage dont ont fait preuve, pendant la durée de la campagne, les troupes de l'armée et de la garnison, il est permis aux officiers qui opteront pour la captivité, d'emporter avec eux leurs épées ou sabres, ainsi que tout ce qui leur appartient personnellement. »

Ceux qui engagèrent leur parole d'honneur par écrit[2] de ne pas porter les armes contre l'Allemagne, et de n'agir d'aucune autre manière contre ses intérêts jusqu'à la fin de la guerre, ne furent pas faits prisonniers. Les troupes, sans armes, devaient être conduites par leurs officiers, en ordre militaire, aux lieux indiqués pour chaque corps. Puis, les officiers rentreraient librement dans Metz. Des scènes touchantes se produisirent.

Tous les officiers du Régiment refusèrent les concessions de l'ennemi. Ils voulurent rester avec leur troupe jusqu'au bout. Le colonel Merle nous a conservé la cravate de notre drapeau : ce doit être pour le 52° une précieuse relique et un gage de foi dans l'avenir. Dans d'autres corps, on déchira ces

1. Le colonel Merle est du nombre; des témoins nous l'ont affirmé.
2. On appela cela : « signer le revers ».

chiffons, pour lesquels on meurt, et les morceaux furent partagés entre tous les témoins. Quelques-uns, enfin, creusèrent une tombe profonde pour ces guenilles glorieuses, noircies par la poudre, afin que les fossoyeurs prussiens ne vinssent pas les déterrer.

« Le 29, à midi, la lugubre cérémonie de la dégradation de toute une vaillante armée commença. On ne remarquait dans les rangs ni forfanterie, ni abattement. C'était la dignité de gens de cœur ayant la conscience de n'avoir pas démérité. A la barrière du château de Ladonchamps, deux cavaliers prussiens se tenaient en sentinelle; à leur vue, les pleurs vinrent déjà aux yeux des plus impressionnables, officiers ou soldats....

« Le défilé entre la haie des vainqueurs était supprimé : c'était une simple remise, sans dénombrement d'apparat. Chaque commandant de troupe remettait au représentant de l'état-major ennemi un tableau nominatif de sa troupe. Tous semblaient, en allant porter leur liste, monter au pilori. Beaucoup faillirent tomber d'épuisement. Plus d'un vieux serviteur répondit par des sanglots au remerciement du fonctionnaire prussien. Puis, après la livraison, signal de la séparation, quand les hommes venaient en foule serrer une fois encore la main de leur colonel ou de leur capitaine, c'étaient des scènes d'adieu déchirantes. On n'entendait plus dans les rangs que des soupirs et des gémissements. A cette heure suprême, l'armée formait une vaste famille, déplorant les malheurs et la honte d'une mère commune, de la Patrie[1]. »

Quelle page d'histoire, souillée de douleur et de rage! L'avenir inscrira, sur le livre de nos ruines patriotiques, qu'au moment où la France sombrait, l'armée du Rhin, si belle d'énergie, de discipline et de dévouement, a été abandonnée, et qu'elle a disparu sans déchoir.

Et la captivité commença.

« La générosité, cette vertu toute française, n'est pas plus que la franchise dans le tempérament allemand. Vainqueurs, les Français se sont presque toujours fait des amis de leurs ennemis de la veille, en ne les humiliant pas. Les Russes nous ont pardonné Sébastopol. Les Allemands ont tout fait pour laisser, dans le cœur de leurs 500 000 prisonniers, le germe d'une haine immortelle. Qui dira toutes les humiliations qu'ils ont infligées aux officiers, et toutes les souffrances de nos malheureux soldats?....

« Quelle situation que celle de ces hommes abandonnés à eux-mêmes,

---

[1]. Chronique de la campagne de 1870, par un artilleur.

sans nouvelles, sans assistance aucune, sans communication possible avec le dehors, parqués comme un troupeau de bœufs, privés de tout secours intellectuel, vivant de la vie animale, mourant d'inanition et de nostalgie! Au commencement, les officiers qui se trouvaient en résidence dans les villes auprès desquelles on avait établi des baraquements, avaient obtenu l'autorisation d'aller visiter les troupes. Nous leur portions quelques secours en argent, surtout en effets; beaucoup n'avaient plus ni sacs, ni couvertures. Nous leur donnions des nouvelles de France, le peu que nous savions par les journaux allemands et par l'*Indépendance belge*; nous nous chargions de faire passer leurs lettres à leurs familles; surtout nous les exhortions à la patience, à la résignation....

« On nous accusa de les pousser à la révolte, et l'autorisation qu'on nous avait accordée nous fut brusquement retirée. A partir de ce moment, aucun officier ne put pénétrer dans les cantonnements.

« Une des choses qui humiliaient le plus nos soldats, c'était d'être assujettis à l'obéissance envers les soldats allemands. Un article du règlement « pour l'ordre et la discipline dans les camps » portait en toutes lettres : « *Tout soldat allemand est le supérieur naturel des soldats français* ». On devine à quels abus, et souvent à quelles extrémités, ces hommes, investis subitement d'une autorité sans contrôle, purent se livrer. Il n'était pas rare qu'ils se portassent à des voies de fait sur les prisonniers confiés à leur garde; pour les moindres fautes, quelquefois pour un ordre mal compris, on fustigeait ces malheureux, ou bien on les liait avec des cordes, et on les laissait ainsi, couchés par terre, dans l'impossibilité de remuer, pendant des heures entières.

« Le régime auquel étaient soumis les officiers, doux en apparence, devenait le plus souvent, dans l'application, insupportable. Libres sur parole d'aller et venir dans l'intérieur des villes qui leur étaient assignées comme résidence, ils n'étaient astreints qu'à se rendre deux ou trois fois par semaine chez le commandant de place. A Bonn, l'appel nominal était fait par un lieutenant qu'on attendait souvent une heure, les pieds dans la boue, et qui ne manquait jamais, dans la petite allocution qu'il croyait devoir nous adresser, à la fin de chaque séance, de nous rappeler à la réalité de notre situation. Un jour, c'était une leçon de manières qu'il nous donnait avec un sans-gêne admirable : « *Les messieurs* (sic) avaient omis, sans doute par inadvertance, car il ne pouvait supposer que ce fût à dessein, de saluer un de ses camarades. Il nous priait de ne pas oublier à l'avenir que nous étions prisonniers, et que, par conséquent, nous devions le salut, quel que fût notre grade, à tous les officiers prussiens sans exception. » Et, s'il s'élevait des réclamations, il y répondait insolemment par ces paroles : « Vous êtes prisonniers, vous m'obéirez ! »

« Nous portions tous les jours nos lettres à la *Commandature*, où l'on nous remettait, après les avoir lues, celles qui nous étaient adressées. Au début, ce service d'investigation était confié à un officier qu'on allait trouver et auquel on disait : « Monsieur, voici une lettre que j'écris à ma famille, elle ne contient rien que de personnel ; vous pouvez vous en assurer ». Et cet officier, qui était un peu honteux de sa besogne, vous rendait le plus souvent votre lettre sans l'avoir lue. Plus tard, ce furent de simples soldats qu'on chargea, sous la direction d'un sous-officier, de ce contrôle. J'ai vu des colonels obligés d'attendre, debout dans le bureau de ces hommes, qu'ils eussent fini de déchiffrer leurs lettres.....

« La population ne nous était guère moins hostile : le soir, au sortir de l'école, les enfants venaient souvent, encouragés par les parents, chanter sous nos fenêtres l'hymne patriotique, et, dans les rues, il n'était pas rare qu'ils nous poursuivissent de leurs clameurs. Dans nos hôtels, les hommes prenaient vis-à-vis de nous des airs provocants, et affectaient de traverser les salles où nous nous réunissions, sans se découvrir ; rien de plus comique que ces airs de capitans sur ces faces patibulaires[1]..... »

Cette peinture doit nous inspirer le mépris, la pitié et l'admiration. Puissent ces quelques pages, écrites à la mémoire de nos camarades du 52ᵉ, à Metz, les venger des calomnies dont l'opinion publique les a abreuvés, et les consoler du long martyre qu'ils ont souffert dans les prisons de la Prusse !

OPÉRATIONS DU DÉPÔT.

Le dépôt du 52ᵉ était à Saint-Maixent. Un décret, en date du 19 juillet 1870, prescrivit la formation de régiments de marche au moyen des 4ᵉˢ bataillons. Notre 4ᵉ bataillon fut composé des trois 7ᵉˢ compagnies des bataillons de guerre, de la 8ᵉ du 1ᵉʳ bataillon et de deux compagnies de nouvelle formation (hommes des classes 1869 et 1870). Ces six compagnies quittèrent le dépôt, le 9 août, pour concourir à la création du 15ᵉ Régiment de marche, avec un bataillon du 49ᵉ et un du 28ᵉ.

Le 15ᵉ de marche fut placé dans le corps de général Vinoy. Tout le

---

1. Souvenirs de campagne (Albert Duruy).

monde connaît la belle retraite de Mézières. A Paris, le 15ᵉ se montra l'égal des vieux régiments de l'armée du Rhin, et mérita, par sa brillante conduite pendant le Siège, d'être transformé en un régiment permanent, le 113ᵉ.

La 8ᵉ compagnie du 2ᵉ bataillon quitta Saint-Maixent le 29 août, pour entrer dans la composition du 38ᵉ de marche; la 8ᵉ du 3ᵉ alla rejoindre le 33ᵉ de marche, le 18 septembre.

Le 6 septembre, deux compagnies provisoires sont formées, en exécution de la circulaire ministérielle en date du 3.

Divers autres décrets déterminent la formation de huit nouvelles compagnies, qui entrent, successivement, dans la composition de régiments de marche. Tous, hélas! n'eurent pas la même valeur que le 15ᵉ.

« Les hommes, en effet, venaient de vingt dépôts différents pour la formation d'un régiment; ils étaient sans cohésion, sans esprit de corps, sans cadres suffisants pour les conduire, eu égard aux nombreux effectifs des compagnies. Il n'avait pas été possible d'exercer sur eux dans les camps, dans les marches, une surveillance suffisante, de leur inculquer l'esprit des règlements; le court séjour qu'ils avaient fait dans les dépôts n'avait pas permis de les rompre à une forte discipline. Aussi, en attendant l'application de la loi martiale, les chefs de corps durent-ils être armés des pouvoirs les plus absolus. Il fallait mettre un terme à cette insubordination, à ce débraillement de tenue, à ce vagabondage de certains soldats, mendiant même sur les routes. Ainsi, le colonel du 29ᵉ régiment de marche dut abattre, d'un coup de revolver, un soldat furieux qui avait terrassé son capitaine et menaçait sa vie. Le colonel fut approuvé par le Ministre[1]. »

Nous avons nettement séparé le 52ᵉ de marche, du 52ᵉ de ligne; ils n'eurent de commun que l'abnégation patriotique dans une lutte inégale. Ceux de Metz appartiennent à l'ancienne armée; les soldats de Cremer sont les défenseurs de la patrie menacée, groupés en formations improvisées, jetés à la hâte au milieu du péril, et sans habitudes militaires. Quand les armées régulières eurent été détruites, prises ou enfermées, les Allemands purent croire qu'ils tenaient la France à leur merci. La longue résistance de Paris, et les efforts des armées organisées en province, prolongèrent la lutte. Ces armées étonnèrent les Allemands eux-mêmes par l'énergie inattendue qu'elles déployèrent; sous la conduite de chefs intrépides, quelques braves dissimulèrent, par leur fière attitude, les défaillances

---

[1]. Mémoires du général de La Motte-Rouge.

de la masse : c'était le désordonné et premier effort de la Nation armée.

Il est, aujourd'hui, permis d'espérer que nos soldats citoyens, bien encadrés, comprendront qu'il faut vaincre, et que pour vaincre, il leur suffit de vouloir. Qui oserait en douter? celui-là serait indigne de les conduire au feu.

SIXIÈME PÉRIODE. — LA JEUNE ARMÉE
(1870-1890.)

CHAPITRE I

Le 32ᵉ de marche à l'armée de l'Est (division Cremer).

(1870-1871.)

Pendant que le 32ᵉ de ligne sauvait l'honneur à Metz, le 32ᵉ de marche était organisé à Limoges. Nous avons exposé les règles qui présidaient à ces formations, et dit qu'il n'existait, entre les deux numéros, d'autre point commun que le souci de la tradition, selon laquelle les hommes de toutes les époques se souvinrent que jamais le renom de la 32ᵉ n'avait été terni.

Le 32ᵉ de marche appartint d'abord à l'armée de la Loire (2ᵉ brigade, général Dupré; 3ᵉ division, général de brigade Peitavin; 15ᵉ corps d'armée, général de division de La Motte-Rouge), en vertu de la composition arrêtée pour le 15ᵉ corps, par le Ministre de la guerre, le 20 septembre 1870. Ce qui sera l'honneur du général de La Motte-Rouge sera d'avoir, en moins de quinze jours, organisé un corps d'armée qui a été le noyau de tous les autres.

Le 4 octobre, le 32ᵉ, que commandait le lieutenant-colonel Hocédé, fut dirigé sur Épinal, à l'effectif de 2 544 hommes, pour faire partie de l'armée des Vosges. Le 6, il se distinguait à la bataille de la Burgonce, dans laquelle il perdait son colonel, mort le 9, 12 officiers et 500 hommes.

Placé alors sous les ordres du lieutenant-colonel Graziani, il prend part aux opérations dans les Vosges et dans la Haute-Saône, jusqu'au 16 novembre. Le 17, il est appelé à Gien, puis à Lyon, où il contribue à la formation de l'armée de l'Est.

Le 12 décembre, il est à la 1re brigade de la division Cremer, ainsi composée :

1re brigade.
- Bataillon des mobiles de la Gironde (commandant de Carayon-Latour).
- 52ᵉ de marche.
- 57ᵉ de marche.

2ᵉ brigade.
- 1re légion des mobilisés du Rhône.
- 2ᵉ   »   »
- 3 compagnies des chasseurs volontaires du Rhône.
- 1 compagnie de volontaires libres du Rhône.

3 batteries { 2 de 4. / 1 armstrong de 9.

Il ne nous appartenait pas de rechercher la vérité, au milieu de toutes les polémiques qu'ont soulevées la personne et les actes du général Cremer. Les événements de la terrible année sont encore trop près de nous pour qu'une histoire impartiale en ait été écrite. Ce qu'il est permis d'affirmer, c'est que, dans cette division, général, officiers et soldats ont su se battre et se faire tuer. Était-il possible de faire autre chose à cette époque ?

La bataille de Nuits mérite, à ce titre, d'être citée; nous y avons également relevé d'habiles dispositions tactiques et de sages prescriptions.

Voici la part qu'y a prise le 52ᵉ de marche.

Le colonel Graziani[1] commandait l'aile droite, à Boncourt; il avait, avec lui, un bataillon du 52ᵉ.

Le commandant Maffre-Lacan, avec un bataillon, couvrait l'extrême gauche de ses avant-postes, sur le plateau de Chaux.

Le bataillon du commandant Pardieu fut placé en entier en réserve, dans le village de Chaux, à l'abri du feu des Prussiens.

La première ligne, formée de tirailleurs espacés et défilés, était très faible.

Les soutiens étaient échelonnés en arrière, par petites fractions, et placés avec soin derrière des accidents de terrain, qui les dérobaient aux regards de l'ennemi. Ils avaient ordre, si les Allemands faiblissaient sous notre feu, de faire des retours offensifs, dès que les commandants des ailes

---

1. Nommé par décret de la veille. Né en 1835, chevalier de Légion d'Honneur en Crimée, à vingt-deux ans, il est tué à trente-sept ans. C'était un vaillant et brillant chef, dont le 52ᵉ s'honore. Son fils, lieutenant breveté, compte depuis 1880 dans ce régiment qu'un pieux souvenir lui a fait choisir.

le jugeraient convenable. En cas de retraite, ils devaient recueillir les tirailleurs, attendre l'ennemi à bonne portée et prendre, après quelques feux de salve, une vigoureuse offensive[1].

Aussi, les Prussiens, tirant au hasard sur des hommes qu'ils ne voyaient pas, pris plusieurs fois en flanc par des compagnies dont ils ne soupçonnaient pas la présence, n'avançaient qu'avec timidité.

Malgré la supériorité de l'artillerie prussienne, nos pertes furent diminuées par la bonne disposition que prirent nos soutiens d'artillerie, établis à 400 mètres à droite et à gauche des batteries. Ils pouvaient ainsi soutenir efficacement le feu des pièces, et se porter aisément à leur secours, tout en se dérobant aux obus des batteries allemandes.

A l'aile droite, le colonel Graziani est mortellement blessé ; les officiers s'empressent autour de lui et veulent le faire porter en arrière ; il refuse. Grâce à leur supériorité numérique, les Prussiens gagnaient du terrain ; ils s'avançaient sur deux lignes : la première, précédée d'un épais rideau de tirailleurs, était formée de colonnes de compagnies ; la deuxième, de bataillons serrés en masse. Leurs obus avaient incendié Boncourt, que leur aile gauche débordait. Le colonel Graziani dirigea alors lui-même la retraite sur le château de la Berchère. Elle fut lente et exécutée *par échelons*, dans un ordre parfait. Ce fut dans cette marche rétrograde que le sergent-fourrier *baron de Vassal-Cadillac* reçut une balle qui lui traversa l'épaule droite. Ce vaillant jeune homme n'en continua pas moins à se battre ; une deuxième blessure le renversa. Cet intrépide soldat, zouave pontifical avant la guerre, était à peine remis de deux graves blessures qu'il avait reçues au combat de la Burgonce. En vertu des pouvoirs qui lui étaient conférés, le général Cremer le nomma sous-lieutenant. Il fut le seul officier de la division qui vit confirmer par la commision législative le grade qu'il avait si bien gagné. Il n'en jouit pas longtemps, et succomba à ses blessures, peu de mois après.

Cependant, arrivé à la Berchère, le colonel Graziani renforce les points faibles, reprend pied, refoule l'ennemi par un énergique retour offensif, et meurt satisfait. Nos 18 pièces de canon, dédaignant le feu des 48 canons allemands qui tiraient sur elles sans risques, vu leur supériorité de portée, s'acharnèrent sur l'infanterie, et lui firent éprouver des pertes terribles.

A la fin de la journée, elles avaient tiré 2 800 coups de canon. Mais les

---

1. Le fait est assez rare, dans la guerre de 1870, pour mériter d'être signalé et recommandé à l'occasion.

coffres étaient vides et l'infanterie n'avait plus de cartouches. Il n'y avait pas de munitions de réserve. N'avions-nous pas raison de dire que les soldats de ces armées ne pouvaient que se faire tuer? Et ils le firent : sur un effectif de moins de 9000 hommes, la division Cremer perdit 2 colonels, 5 chefs de bataillon; de nombreux officiers étaient blessés, 1500 hommes étaient hors de combat. Les pertes allemandes s'élevaient environ à 7200 hommes. Werder battit en retraite sur Dijon, et Cremer sur Beaune.

Pendant le reste de la campagne, le 52ᵉ de marche, commandé par le lieutenant-colonel Reboulet, compte toujours à la division Cremer, qui forme l'extrême aile gauche de l'armée Bourbaki.

Dans les trois journées des 15, 16 et 17 janvier 1871, la division s'était battue cinq fois : trois fois le jour, et deux fois la nuit.

Dans la nuit du 14 au 15, le départ eut lieu à deux heures du matin. Une dangereuse marche de flanc s'exécuta en présence de l'ennemi, par des chemins de traverse mal entretenus; les hommes suivaient à grand'peine par deux; à chaque instant, la compagnie du génie abattait les haies, comblait les fossés, ouvrait des passages à l'artillerie[1]. Chacune des batteries, espacées dans la colonne, occupait, à son tour, une série de positions d'où elle tirait sur le village de Chenebiers, occupé par les Allemands. Des tirailleurs protégeaient le flanc gauche.

Les troupes passent la nuit du 15 au 16 derrière les faisceaux, feux éteints. Cremer a prescrit, en cas d'attaque, de marcher à la baïonnette, sans tirer, le tir de nuit étant incertain, et dangereux pour les camarades plus que pour l'ennemi.

Le 16, nous gardons nos positions. Dans la nuit, vers deux heures du matin, les Prussiens font, avec leurs réserves, un vigoureux retour offensif. Le bataillon du commandant Pardieu était aux avant-postes. Son énergique résistance donne le temps au 57ᵉ de le secourir, et les Prussiens sont repoussés, après trois heures d'un combat de nuit. Le commandant Pardieu fut tué.

Au jour, le bataillon Maffre-Lacan, très habilement disposé en grand'-gardes qui couvraient la droite et les derrières de la division, laisse approcher du bois qu'il occupait l'ennemi enhardi par le silence qu'observaient nos troupes, et, à bout portant, l'accueille par des feux de salve. Les Prussiens reculent en désordre, les renforts arrivent et déterminent la retraite de l'ennemi.

---

1. Il y a toujours avantage, quand on le peut, à prendre les grandes routes.

au combat. En trois jours, la division avait perdu environ 1 000 à 1 100 hommes. Elle avait plus souffert encore de la faim et du froid que du feu de l'ennemi. Ce fut là le commencement de ces privations et de ces souffrances que nos soldats devaient endurer, sans murmures, jusqu'à leur entrée en Suisse. En six semaines, la division Cremer, dont

Mort du colonel Graziani. — Nuits, 1871.

l'effectif ne s'éleva jamais à 11 000 hommes, avait perdu 87 officiers et 5 800 hommes de troupe.

On sait par quelle suite de revers notre pauvre armée fut rejetée dans le Jura. Le général Clinchant, le commandant en chef de la dernière heure, s'évertuait à ramener ses troupes vers Lyon, en se glissant le long de la frontière suisse; mais l'armistice, qu'on croyait général pour toutes les armées de terre et de mer, suspendit fort mal à propos ce mouvement, et, quand on sut l'inexplicable exception qui frappait les départements de l'Est, il était trop tard pour se remettre en marche. Ce fut alors que le général Clinchant, ne voulant livrer à l'ennemi ni un homme, ni un canon, demanda asile à la neutralité suisse.

On ne sait pas assez ce que cette nation amie a fait pour nos blessés, nos malades, et ces 85 000 hommes de l'armée de l'Est, exténués par toutes les souffrances. Elle nous les a rendus vivants et sains, après deux mois de large hospitalité. Ce sont là des services qu'il ne faut pas oublier, et qui doivent nous inspirer la plus vive gratitude. Il n'est pas sans utilité de marquer, en opposition, l'indigne conduite de paysans français, qui, dans plusieurs pays de France, furent très durs pour nos troupes. Des soldats affamés prièrent l'aubergiste d'un hameau de leur prêter une marmite pour faire leur soupe; l'aubergiste leur demanda cinq sous. On fit payer 5 francs, 10 kilogrammes de paille, et les hommes étaient dans la neige, par 15 degrés de froid, depuis trois jours! 1 500 hommes de notre division eurent un ou plusieurs membres gelés, dans une seule nuit. Combien navrants sont les détails de cette retraite!

L'entrée en Suisse se fit, le 1ᵉʳ février, par un chemin frayé entre deux murs de neige; chaque homme, en entrant, jetait sa cartouchière et ses armes sur le bord de la route, où elles formèrent pendant plusieurs jours un épaulement de deux mètres de haut. Le défilé continua sans interruption pendant quarante-huit heures.

Nos soldats du 32ᵉ, qui avaient eu l'honneur de soutenir vigoureusement la retraite, à l'extrême arrière-garde, franchirent la frontière le 2. « Leur entrée, écrit un Suisse, se fit en bon ordre; ils marchaient d'un pas martial et nerveux; le sac droit, la tente-abri pliée régulièrement; à leurs rangs, les officiers étaient sérieux et dignes. Mais les autres, mais la foule!

« Qu'on se figure une masse débandée, s'engouffrant dans tous les passages praticables; des régiments disloqués n'ayant plus ni drapeau, ni chefs; les officiers marchant en sabots, en pantoufles, au milieu des soldats, sans chaussures, qui déchiraient des pans d'habit pour emmailloter leurs pieds gelés. Ils se traînaient, à jeun, enfonçant dans la neige jusqu'aux genoux; tous confondus, dragons, lanciers, spahis, turcos et zouaves, mobiles et francs-tireurs, grands manteaux rouges ou blancs, cabans marrons, pantalons garance, vareuses bleues, toutes les coiffures, depuis le fez arabe jusqu'au béret béarnais, tous les dialectes, les accents de France, depuis le vieil idiome de l'Armorique jusqu'aux cris stridents de l'Atlas : un tumulte de langues, de couleurs et de misères.

« Les traînards surtout serraient le cœur, ceux dont les pieds enflés avaient refusé le service, et qui, ralentissant le pas, étaient restés en arrière, tandis que les autres allaient toujours et que l'armée entière s'éloignait à perte de vue. Décharnés, tremblant de fièvre, les yeux enfoncés et ternes, ils marchaient encore d'un mouvement machinal, sans savoir où ils allaient; ils regardaient, mais sans voir; ils se laissaient abattre par l'ennemi qui, de loin, par derrière, jusqu'à la dernière heure, sans un éclair de pitié, tirait sur eux; les obus partant de batteries invisibles passaient par-dessus la montagne, et venaient éclater sur la route. Ainsi défilait cette lugubre procession de corps inertes, avec la stupeur et l'égoïsme du désespoir, abandonnant leurs morts, leurs mourants, s'abandonnant eux-mêmes, refusant parfois la vie que nous venions leur rendre, nous disant, quand nous leur tendions une gourde : « Laissez-moi tranquille. — Mais que voulez-vous donc? — Je veux mourir! »

Dès la première heure, pendant ce défilé lamentable, la foule bordait les routes, offrant du pain, du vin, des tasses de soupe : la population ouvrait toutes ses portes. Il y aurait des volumes de traits touchants à citer. Ici, c'est une vieille blanchisseuse livrant son unique chambre à six hommes, et passant la nuit dans sa cuisine, à laver et à sécher leur linge pour le lendemain. Là, c'est une pauvre femme qui rencontre, étendu sur la route, un blessé dont les pieds gelés sont nus; elle ôte ses souliers et ses bas et les lui donne, puis se remet en chemin nu-pieds dans la neige. Toutes les classes, les castes, les partis coururent ensemble aux internés. Tandis que les hommes traversaient les rues, des bottes de paille sur le dos, les femmes du monde, agenouillées devant ceux qui avaient le plus souffert de la marche, lavaient leurs pieds gelés, meurtris, saignants. »

Aussi, quelle gratitude! Partout nos soldats se montrèrent doux, bons et reconnaissants. Le Conseil fédéral s'est fait un devoir, dans une lettre adressée au général Clinchant, de rendre hommage à la bonne conduite qui n'a cessé de régner parmi les officiers et les soldats de l'armée pendant son internement en Suisse. Pendant l'incendie de l'arsenal de Morges, où l'explosion des caissons tue trente soldats du 52ᵉ de marche et en blesse quatorze, les autres opèrent le dangereux sauvetage des munitions, et dix d'entre eux méritèrent d'être cités à l'ordre du jour pour leur dévouement.

Aussi, après deux mois passés ensemble, dans l'intimité de la vie de famille, les prisonniers et leurs gardiens se sont quittés les larmes aux yeux comme de vieux amis.

Dans la succession des tableaux détachés de notre histoire, ce bel exemple de charité devait trouver sa place. Il mérite de notre part une pensée de reconnaissance, et volontiers nous disons avec le poète :

> Salut ! petite terre,
> Grande de bonté,
> Qui rends si douce et si chère
> L'hospitalité.
> . . . .
> Va ! la France a la mémoire
> De ces jours de deuil,
> Où la défaite sans gloire,
> Brisait notre orgueil ;
>
> Où, fuyant, vaincus débiles,
> Un puissant vainqueur,
> Tu nous as ouvert tes villes,
> Tes bras et ton cœur.

CHAPITRE II

Le 32ᵉ de ligne en Algérie et au Tonkin.

Par décision du 15 mars 1871, les débris du 32ᵉ de ligne et du 32ᵉ de marche sont fusionnés pour constituer les premiers éléments du 32ᵉ actuel, réorganisé complètement en 1873.

Vingt ans sont écoulés, et la France a refait son armée. « On aura beau convenir que les sacrifices que font les nations pour perfectionner leur organisation militaire pèsent lourdement sur la génération

Algérie. — 1881. (Dessin de Sergent.)

actuelle, il n'y a rien à y faire. Celle d'entre les nations qui se relâcherait la première perdrait aussitôt sa situation, sa puissance et sa voix dans le concert européen[1]. »

Il faut donc que la nation française se résolve à baser son existence sur son organisation militaire, qu'elle supporte, sans plainte, la dure loi du service obligatoire, et que soldats et citoyens soient bien

---

1. La Nation armée (Baron Colmar von der Goltz).

confondus dans la même pensée; car, désormais, tous les soldats seront citoyens demain, et tous les citoyens ont été soldats hier et sont prêts à le redevenir.

Ceux qui, aujourd'hui, en France, s'en prendraient de leurs hésitations et de leurs craintes à la qualité de leurs troupes, se condamneraient eux-mêmes. Si les bons soldats leur manquent, c'est qu'ils n'ont pas su les faire. Les bons soldats n'ont jamais fait défaut aux officiers qui savaient les commander; mais la première condition pour conduire les hommes, c'est d'agir avec résolution, et de leur tenir un langage décidé, de ne paraître, à aucun moment, douter ni d'eux, ni de soi, ni de la fortune. Laissons aux Allemands leurs usages; étudions-nous à être Français, nous n'en vaudrons que mieux. Qui regarde ses rivaux comme ses maîtres les craint; et la crainte est « l'ange exterminateur dont Dieu se sert, lorsqu'il veut anéantir une nation ». Qui oserait dire que nous en sommes là?

Le dernier chapitre de notre ouvrage est destiné à montrer ce que le jeune 32e a su faire, en Algérie et au Tonkin.

I. — EXPÉDITION DU 2e BATAILLON DANS LE SUD-ORANAIS.
(AVRIL 1881. — NOVEMBRE 1882).

Le 5 mai 1881, le 2e bataillon du Régiment, sous les ordres du commandant Duchaplet, s'embarque pour l'Algérie.

Il s'agit de réprimer l'insurrection fomentée par Bou-Amema dans le Sud-Oranais. Nous nous bornerons à transcrire l'ordre du jour, certifié conforme à l'original par les membres du Conseil d'administration éventuel :

« Les troupes de la colonne de l'Est viennent encore une fois de prouver ce que peuvent faire des soldats pleins de courage, d'énergie et de discipline. Après avoir été engagées contre le marabout *Bou-Amema*, dans la journée du 13, depuis une heure de l'après-midi jusqu'à huit heures du soir, elles sont reparties à onze heures, sans avoir pris une heure de repos. Elles ont poursuivi le marabout sans relâche, jusqu'au lendemain midi, lequel, fuyant devant elles avec son convoi, n'a pas voulu accepter le combat, mais a reçu, pendant toute cette poursuite, des feux de salve et d'artillerie qui lui ont fait subir de grandes pertes, et l'ont forcé à laisser sur sa route l'honneur de son nom et de son prestige.

Rentrées au camp le lendemain 15, à huit heures du matin, elles avaient fait 80 kilomètres en 30 heures, par une chaleur accablante, sans eau, et n'ayant pris, pour toute nourriture, que le biscuit et la viande de conserve qu'elles avaient emportés.

« Je n'ai plus à faire l'éloge de la Légion étrangère, qui, sous le commandement du capitaine Flambeau, a été aussi admirable qu'à Madéna, mais j'y joins celui du bataillon du 52ᵉ de ligne, commandé par M. le commandant Duchaplet; il est impossible à de jeunes soldats de montrer plus d'énergie, de discipline et de dévouement.

« La cavalerie, sous l'habile direction du commandant Dincourt, et l'artillerie, sous celle de l'adjudant Gallien, ont été à la hauteur de leur belle réputation et de leur passé.

« Quant au résultat de votre admirable conduite, je veux vous dire : vous avez sauvé toute une contrée du plus grand des désastres, peut-être anéanti, pour toujours, le prestige du chef d'une insurrection formidable, et ramené, parmi les populations, le calme et la tranquillité. Je ne sais les récompenses qui vous seront accordées et que je vais demander pour vous; mais ce que je peux vous dire, c'est que votre éloge est dans la bouche de tous les indigènes, que leur cœur est rempli de reconnaissance, et que moi, je suis fier et heureux d'avoir été placé à la tête de pareilles troupes.

« Le colonel,

« *Signé* : BRUNETIÈRE. »

« Aïn-Médrissa, le 15 juillet 1881. »

II. — LES OFFICIERS ET LES SOUS-OFFICIERS DU 52ᵉ AU TONKIN.

Combien vous êtes enviés, mes camarades, vous qui fermez la marche de notre glorieux défilé, quand, dans une revue, vous paraissez avec la Croix et ces médailles de Chine, du Cambodge, de l'Annam et du Tonkin, gagnées dans une guerre rude et lointaine! Tous vous regardent, tant nous aimons le panache et les rubans, mais beaucoup ignorent ce que vous avez fait pour mériter ces décorations; nous trouvons juste de le dire.

Vous avez dignement tenu le drapeau de la France et du Régiment; mais, parce que cette guerre du Tonkin n'est pas populaire, parce que les faits sont encore mal connus, on se borne à plaindre ceux qui sont morts là-bas, quand il faudrait admirer ce que, tous, vous y avez fait. Vous y avez souffert avec patience, combattu avec courage, dignes enfants des soldats d'Égypte et d'Afrique. C'est une justice que l'histoire rendra un jour au « régiment des électeurs[1] ».

« Notre devoir était de dire à vos soldats : Ayez confiance, voici ce qu'ont fait vos chefs. Ils sont dignes de prendre place dans l'histoire du Régiment.

Digne également d'y figurer, à votre tête, le chef regretté qui va nous

Au Tonkin. (Dessin de L. Sergent.)

quitter, avec le chagrin d'une belle carrière terminée, mais la fierté d'avoir commandé ce 32°, dont il nous a prescrit d'écrire l'histoire.

Chauffeur (Eugène), colonel du 32° le 13 janvier 1887, né à Valence le 12 juillet 1830, sorti de Saint-Cyr au 10° bataillon de chasseurs, le 31 janvier 1855, compte dix campagnes, dix blessures et une citation à l'ordre du corps expéditionnaire du Mexique. Le 10 janvier 1865, il a fait preuve d'une énergie au-dessus de tout éloge, à l'affaire de Veranos, où il a reçu

---

1. Le régiment de marche formé de quatrièmes bataillons appartenant aux 25°, 111°, et 143° de ligne, arrivait dans la ville d'Hanoï, en février 1884. Quelques-uns des plus jeunes soldats, très fatigués par une longue et pénible traversée, reprenaient, sans grand entrain, leurs sacs et leurs fournimens. Les vieux lascars de la Légion et des turcos, déjà anciens au Tonkin, les regardaient avec des sourires vainqueurs. Ces petits nouveaux, courbés sous leur « installation » gigantesque de campagne, ne leur semblaient pas des camarades bien redoutables. Un blondin maigriot — un Parisien — traînait particulièrement la jambe : « O c't électeur ! » s'écria un *joyeux* des bataillons d'Afrique. Le surnom de « régiment des électeurs » resta aux trois bataillons commandés par le lieutenant-colonel Defoy. Quelques jours après, ils étaient au feu. Aucuns, dans les colonnes, ne firent ni mieux ni plus, et les généraux durent convenir qu'ils avaient un grand fonds de bravoure, de discipline et d'obéissance.

quatre blessures. Il a eu l'honneur d'entrer le premier dans Mexico. Il avait mérité la Croix de chevalier en Crimée (16 avril 1856), celle d'officier,

Drapeau de 1890.

en France (5 septembre 1870), et il part en retraite avec la Croix de Commandeur, juste récompense de longs et bons services.

De Carrey de Bellemare, capitaine à l'état-major du corps d'occupation.

Blessé à la prise de la citadelle d'Hué (5 juillet 1885), décoré sur le champ de bataille par le général de Courcy, commandant en chef.

Camper (Louis-Henry), capitaine, est cité à l'ordre du jour du corps expéditionnaire du Tonkin (12 mai 1885). Au combat du 4 février, à Thai-Hoa, il s'est porté au secours d'une compagnie du 1ᵉʳ régiment étranger, sérieusement engagée, et dont la situation allait devenir critique; il a soutenu, pendant toute une nuit, une lutte acharnée contre des forces très nombreuses, et a dû repousser, à la baïonnette, plusieurs attaques tentées à la faveur de l'obscurité.

Brasseur (Ferdinand), lieutenant, cité à l'ordre du jour, le 5 février 1885, par le Vice-Amiral commandant en chef l'escadre de l'Extrême-Orient; après la mort de son capitaine, il a conduit sa compagnie avec bravoure et intelligence, et est entré, un des premiers, dans les ouvrages ennemis.

Baudin (Auguste-Marius), lieutenant, cité le 22 janvier 1887, à l'ordre de la division d'occupation du Tonkin et de l'Annam, pour son énergie lors de l'attaque de Deo-Go, dans laquelle il fut grièvement blessé (2 janvier 1887).

Jouvin (Camille-Joseph), adjudant, engagé volontaire au 32ᵉ, le 27 octobre 1880. Passé volontairement au 2ᵉ bataillon pour aller en Afrique (1881), part au Tonkin, sur sa demande, le 20 août 1885, et se distingue par une action d'éclat qui lui vaut la Médaille militaire, le titre de chevalier de l'ordre impérial du Dragon de l'Annam, une médaille de première classe du roi d'Annam (sapèque royale) et une citation dont voici les termes.

Brillant coup de main du sergent Jouvin,
du 32ᵉ régiment d'infanterie, détaché au 1ᵉʳ bataillon de chasseurs annamites.

ORDRE DU RÉGIMENT N° 59.

Le colonel est heureux de porter à la connaissance du Régiment la belle conduite du sergent Jouvin, du 32ᵉ, détaché au 1ᵉʳ bataillon de chasseurs annamites, qui fait l'objet de l'ordre suivant :

ORDRE DU BATAILLON N° 13.

Le sergent Jouvin, du 1ᵉʳ bataillon de chasseurs annamites, chef du poste de Lac-Ha, était informé par des papiers annamites, répandus dans les marchés de la contrée, que le Doang-Diü, grand chef rebelle très influent et très redouté dans le pays, était revenu s'installer dans les forêts situées au sud-est de Bag-Naï.

Afin que sa marche ne soit pas éventée, le sergent Jouvin part le soir même, à neuf heures, avec deux zouaves du 2ᵉ régiment et sept chasseurs du 1ᵉʳ bataillon annamite.

Très bien guidé par deux indigènes, anciens rebelles soumis, la petite colonne se met en route, par une nuit noire, qu'augmentait un brouillard épais; il fallait suivre un sentier de montagne, à peine tracé, semé d'obstacles, et traverser des arroyos.

La petite troupe dut traverser une quarantaine de fois des cours d'eau; l'obscurité était telle que chacun se tenait par le veston, pour suivre les guides et ne pas s'éloigner du sentier très peu frayé.

A trois heures du matin, on touche à une petite éclaircie; le guide prévient que deux avant-postes étaient placés à l'entrée de la forêt dans laquelle il fallait s'engager.

Bien que les guides fassent observer qu'il était impossible de traverser la forêt ailleurs, le détachement, pour ne pas donner l'éveil, abandonne le sentier afin de tomber à l'improviste sur le refuge des rebelles.

On marche près de deux heures, sous bois, pour faire trois kilomètres.

A quatre heures trois quarts, on atteint un petit sentier; le jour commençait à poindre, la marche devient plus facile et se fait dans le plus grand silence.

A 20 mètres, une sentinelle crie en annamite « : Qui va là? » Sans répondre, la petite troupe s'élance pour cerner les maisons désignées comme servant de refuge aux rebelles. La sentinelle s'enfuit.

Après une lutte corps à corps, le caporal Ouen-Doa, qui s'était emparé de la personne du Doang-Diü, malgré sa résistance, appelle à son aide le sergent Jouvin, qui avait saisi un lieutenant rebelle Ouen-Taû. Trois autres rebelles sont pris; des armes, des munitions, les fanions de commandement et les cachets du chef rebelle tombent entre nos mains.

En portant ce brillant succès à la connaissance du bataillon, le commandant est heureux de féliciter le sergent Jouvin, qui a fait preuve de hardiesse, d'habileté et de vigueur; le caporal de chasseurs Ouen-Doa, qui s'est emparé de la personne même du Doang-Diü, mérite aussi des éloges, ainsi que tous les chasseurs qui faisaient partie de la petite colonne.

Le commandant s'empresse de faire connaître à M. le lieutenant-colonel, commandant la région, ce brillant fait d'armes qui fait honneur au bataillon.

Le chef de bataillon commandant,

Signé : GLODEN.

Vinh, le 17 février 1888.

Les impressions de ce sous-officier, que nous avons interrogé, sont dignes d'être recueillies; voici comment il juge les jeunes soldats qu'il a commandés dans des circonstances difficiles :

« Faut-il forcer une marche, traverser vingt fois l'eau, se battre exténué de fatigue, jamais une plainte; mes hommes marchaient avec courage et gaieté. Mais, si je les étudie au cantonnement, je les trouve frondeurs et enclins à la critique de tous les actes de leurs supérieurs. S'agit-il, en revanche, de rendre un service à quelqu'un d'entre eux, ils sont tous là, prêts au dévouement et au sacrifice. »

Lecteur, ne reconnaissez-vous pas les grenadiers de la 32ᵉ et les fusiliers d'Espagne?

Nous devons mentionner encore le sergent-major *Abonnenc*, deux fois blessé, le 5 février 1889, dans une rencontre avec les pirates, le sergent-fourrier *Rogeon*, l'adjudant *Moret*, le sergent *Blanchard*, tous volontaires, qui ont apporté au Régiment, à leur retour d'Extrême-Orient, l'exemple du devoir simplement accompli.

La charge.

CONCLUSION

« Puissent de tels exemples faire condamner par nos contemporains cet amour du bien-être à tout prix qui menace de fausser notre jugement des devoirs militaires! Qu'une guerre survienne, ce n'est qu'un concert de cris et de lamentations dans certains journaux, si les vivres n'arrivent pas à l'heure dite, et si les malades manquent des premiers soins. Malheur très grand sans doute, mais inévitable en campagne. Cependant, c'est à qui les analysera de la façon la plus navrante, pour donner de la couardise à toute une nation.

« En paix, mêmes récriminations. Des mères de volontaires écrivent aux journaux pour se plaindre des corvées imposées à leurs fils; certains volontaires eux-mêmes croient être des héros d'abnégation, et livrent à la publicité le récit de leurs infortunes de caserne. Pendant l'automne de 1884, un journal n'a-t-il pas poussé la sensibilité jusqu'à s'attendrir sur la marche d'un régiment qui avait fait, sous la pluie, l'étape de Lagny à Courbevoie!

« Dans une classe plus relevée, n'ai-je pas entendu, en plein salon, un écrivain de talent déclarer que le métier des armes était abject, et que les Français feraient bien mieux de prendre à leur solde une armée d'Allemands, que de se faire tuer bêtement par eux! Simple paradoxe, me dira-t-on, mais il est des paradoxes aussi humiliants que des aveux. On a ridiculisé dans le *chauvinisme* l'exagération enfantine du patriotisme; craignons le ridicule contraire, qui serait infiniment plus dangereux. Il est temps de mettre son orgueil à savoir souffrir. A ce prix seul, nous pourrons redevenir aussi forts que nos anciens[1]. »

Qu'il nous soit permis de terminer par une pensée d'espérance. Nous avons une histoire, souvenons-nous-en, soyons-en fiers. Le Livre d'or du Régiment contient encore des pages blanches; d'autres les rempliront dans l'avenir. Cet avenir, chacun le rêve beau et glorieux; tous le préparent par le labeur ingrat et incessant du temps de paix.

Il faut dire et penser, mes camarades, comme Junot en 1808 : « J'ai de bons soldats; ils feront leur devoir, je ferai le mien. » Et alors, jaloux des exploits de leurs anciens, les jeunes sauront, un jour, bien mériter de la Patrie. Pleins d'émulation, ils s'écrieront : « Nous aussi, nous aimons la France, le Drapeau et le Régiment; *il y en a encore du 32ᵉ* ! »

G. P. 30 mars 1890.

[1]. Cette page éloquente de l'auteur du Journal de marche du sergent Fricasse correspond si bien à nos sentiments et à la situation morale de notre temps, que nous l'avons citée textuellement.

PIÈCE JUSTIFICATIVE N° 1

Composition du 32ᵉ ci-devant Bassigny, 1791.

1ᵉʳ BATAILLON, A BREST; A TOURS, LE 15 MAI.

Colonel, M. de Suffren, ✠ 11 novembre 1782.
1ᵉʳ *Lieutenant-colonel*, M. de Pagi, ✠ 22 février 1785.
Quartier-maître-trésorier, M. Cassard, ✠, rang de lieutenant.
Adjudant-major, M. Ch. de Mousin.

CAPITAINES	LIEUTENANTS	SOUS-LIEUTENANTS
de Ronsenac, ✠ 20 juin 1758.	de Saint-Sauveur.	de Courtonne.
Deroze, ✠ 5 mars 1772.	Beaupuy Michel (de)	de Saulnier,
Bardon, ✠ 15 juin 1776.	de Verdun.	de Besnard.
Fompitou, ✠ 28 avril 1778.	de Lavernée.	de Solier.
Voyon, ✠ 15 août 1779.	de Fromental cadet.	de Saint-Palais.
de Seyssel, ✠ 21 août 1781.	de Berranger.	de la Bruyère.
Desulmes, ✠ 25 novembre 1782.	de Vaudrecourt.	de la Saumonière.
Castillon, ✠ 10 juillet 1789.	de Nanclars.	Picot.
Vimeux, ✠ 1ᵉʳ janvier 1791.	de Naujac.	Chaumac.

2ᵉ BATAILLON (EN AMÉRIQUE, LA MARTINIQUE)

Second lieutenant-colonel, M. Baussancourt, ✠ 15 octobre 1789.
Adjudant-major, M. de Borel.

CAPITAINES	LIEUTENANTS	SOUS-LIEUTENANTS
Goguel, ✠ 2 mars 1773.	Court ✠.	d'Héliant.
de Mousin, ✠ 28 avril 1778.	de Janviès.	Mayat, ✠.
Chapelle, ✠ 5 juin 1779.	d'Aché.	d'Euvezin, ✠ chevʳ de Malte.
du Garreau, ✠ 1ᵉʳ janvier 1780.	de Maillan, ✠ chʳ de Malte	Desfrenes.
de Fromental, ✠ 16 juin 1782.	de Sontange.	de Magalon.
d'Elpeyrou, ✠ 18 juin 1782.	de la Pallu.	de Champeron.
de Cressieux, ✠ 6 juillet 1786.	de Corsac.	Despictières.
Narbonne, ✠ 10 juillet 1789.		de Cuming.
Montozon, ✠ 1ᵉʳ janvier 1791.		Martinet.

Nota. — ✠, Croix de Saint-Louis.

PIÈCE JUSTIFICATIVE N° 2

Composition du 32ᵉ, ci-devant Bassigny, 1793

1ᵉʳ BATAILLON, A L'ARMÉE DU RHIN.

1ᵉʳ *Lieutenant-colonel*, Vimeux.
Quartier-maître-trésorier, Cassard (rang de capitaine).
Adjudant-major, Roujon (rang de lieutenant).
Adjudant, Duchemin.

CAPITAINES	LIEUTENANTS	SOUS-LIEUTENANTS
Saint-Sauveur.	Ainesy.	Lalanne.
Baupui, grenadiers.	Tourron.	Lauron.
Court.	Laperrigne.	Boubée.
Labruyère.	Moutier.	Bravet.
Picot.	Gosse.	Larcher, grenadiers.
Cousot.	Petitot.	Rappin.
Meyer.	Klein.	Huard.
Duclos.	Blanc, grenadiers.	Deleros.
Lamartinière.	Bussière.	Larue.

2ᵉ BATAILLON (LA MARTINIQUE).

Colonel, Baussancourt.
Second lieutenant-colonel, Goguet.
Adjudant-major, Martinet.
Adjudant, Dupin (rang de sous-lieutenant).

CAPITAINES	LIEUTENANTS	SOUS-LIEUTENANTS
Mousin.	Maillan.	Cuminge.
Chapelle.	Janvres.	Ménard.
Fromental.	Pontange.	Dugarreau.
Delpeyrou.	Berranger.	Marcel.
Seyssel.	Lapallu.	Loppin.
Narbonne.	Dheliant.	Rouxau.
Daché.	Mayat, grenadiers.	Baubois.
	Deuvezin.	Ducasse.
	Desfresnes.	

Nota. — Comparer l'orthographe avec la pièce justificative n° 1; plus de particules, plus de croix, altération des noms.

PIÈCE JUSTIFICATIVE N° 3

Aperçu des dispositions tactiques en vigueur pendant les guerres de la Révolution et de l'Empire.

Nous aurions voulu faire une étude pratique et résumée des procédés tactiques employés au cours des campagnes que le Régiment a faites. Les documents que nous avons eus en main ne nous l'ont pas permis; nos conteurs, qui avaient appris à tirer et à combattre sur le champ de bataille même, semblent s'être peu souciés des règlements en vigueur. Claude Nugues est le seul qui se plaigne de ne pas trouver de théories pour les apprendre; les autres se battent bien, mais ils ne disent pas comment.

Nous avons fait choix de certaines prescriptions du règlement du 14 juillet 1789, de quelques instructions inspirées par l'expérience des guerres, qui permettront au lecteur de se faire une idée du mode de combat employé pendant la Révolution et l'Empire; elles compléteront les quelques observations éparses dans le récit.

1. — FORMATION DE LA COMPAGNIE. — FEUX. — INSTRUCTION DU TIREUR.

Le rang de taille de chaque compagnie est formé indistinctement de droite à gauche, les caporaux sont à leur rang de taille.

La compagnie se forme sur trois rangs; la distance entre les rangs est de 21 pouces ou 56 centimètres, de talon à talon (cet ordre sur trois rangs subsiste jusqu'en 1855).

La cadence du pas de route est de 76 pas par minute, celle du pas d'exercice est de 100 pas par minute.

Le règlement du 14 juillet 1789 prescrit plusieurs sortes de feux :

1° *Le feu de peloton* s'exécute au commandement :

> Feu de peloton.
> Commencez le feu.

Les chefs de peloton placés 4 pas en arrière des serre-files commanderont ainsi, sans se régler les uns sur les autres, et cependant sans tirer tous à la fois.

2° *Le feu de demi-bataillon*, aux commandements :

> Feu de demi-bataillon :
> Demi-bataillon de droite... armes!
> Joue — feu — chargez!

La garde du drapeau ne tire pas et reste au port d'arme pendant les feux, le 1er rang à hauteur du 5e rang du bataillon.

3° *Feu de deux rangs.*

Feu de deux rangs :
Bataillon.... armes !
Commencez le feu.

Il commence dans tous les pelotons à la fois. L'homme du 2e rang, quand il aura fait feu, passera de la main droite son fusil à l'homme du 3e, qui le prendra de la main gauche, en donnant en même temps le sien à son chef de file.

Au commandement : *Roulement,* le feu cesse.

Pour les feux obliques, le chef de bataillon commande, au préalable, oblique à droite.

4° *Feu de bataillon.*

Bataillon.... armes !
Joue — feu — chargez !

5° *Feu en arrière.*

Bataillon — demi-tour à droite.
Mêmes feux qu'en avant.

Officiers et sous-officiers, à vos places.
Bataillon — demi-tour à droite.

Les feux en avançant s'exécuteront par bonds de 30 pas.

Instruction du tireur. — Pour habituer le soldat à tirer à balles, on plante le but en terre à 50 toises (97 m. environ), puis on s'en éloigne jusqu'à 100 toises.

On prescrira à l'homme d'aligner la culasse et le bouton sur le but et de tomber vivement en joue. Cette école se fera homme par homme, d'abord en blanc, puis à balle.

On réunira une file, puis un peloton, puis on fera exécuter le feu de 2 rangs.

II. — TIRAILLEURS EN GRANDES BANDES.

La façon de combattre de l'infanterie de la République était particulière.

L'ennemi rencontré et les colonnes déployées, une foule de tirailleurs s'élançait des bataillons et couvrait aussitôt le front du combat. Une multitude d'actions particulières s'engageait. Alors, suivant les vicissitudes, derrière eux, du sein des rangs attentifs, palpitant d'émotion, sortaient bientôt des cris impatients : — Il faut du secours à la droite ! Les voilà qui ploient au centre. Soutenons, soutenons la gauche ! Et tous, sans attendre l'ordre, criant : « En avant ! » entraînaient officiers et généraux. Ils se précipitaient au pas de course, se ruant sur l'ennemi déconcerté, qu'ils renversaient par la fureur imprévue d'une attaque aussi soudaine.

III. — INSTRUCTION DE SCHÉRER AU DÉBUT DE LA CAMPAGNE D'ITALIE.
(13 FÉVRIER 1796-24 PLUVIOSE AN IV.)

Jusqu'à présent, vous n'avez fait que la guerre de montagne et pris part à des affaires de postes seulement, très meurtrières à la vérité, et où la bravoure, l'activité, l'agilité du soldat français ont vaincu les obstacles de la nature et de l'art. Il s'agissait de multiplier les points d'attaque sur les flancs et les derrières de l'ennemi.

Mais le théâtre de la guerre va changer, nous allons déboucher dans des plaines. Dans la guerre de montagne, l'ordre habituel de bataille n'était point déterminé : tantôt l'on se formait sur 2 rangs, tantôt sur 3, quelquefois sur un. La guerre de plaine exige des mesures et un ordre de bataille plus uniformes.

L'infanterie de ligne sera toujours formée sur 3 rangs, les officiers, sous-officiers placés conformément à l'ordonnance. J'en excepte pourtant le cas où une troupe aurait à défendre un retranchement ou une hauteur, un escarpement ou un fossé, qui la réduirait purement à la défensive.

L'infanterie de ligne pourrait être alors formée sur 2 rangs ; alors, les deux tiers du corps seraient chargés de la défense immédiate de ces retranchements, hauteurs escarpements ou fossés, en éloignant par le feu le plus nourri et le plus meurtrier, l'approche de l'ennemi ; l'autre tiers serait placé en réserve pour porter des secours où besoin serait.

L'infanterie légère est habituellement sur 2 rangs et combat principalement par le feu ; elle se meut avec agilité, quelquefois sans ordre et éparpillée, inquiète l'ennemi sur ses flancs et ses derrières. Donc, moins de profondeur que l'infanterie de ligne, destinée à agir principalement par son impulsion, et à combattre son ennemi à la baïonnette.

Il ne faut pas conclure de ces instructions que l'ordre de bataille soit celui qui convient pour l'ordre d'attaque.

Il s'agit de prescrire une manière d'attaquer qui favorise votre courage et votre impétuosité, qui vous débarrasse des difficultés d'une marche en avant, en observant *un alignement très difficile à conserver, quand le front est très étendu*, et qui enfin ôte toute crainte d'être renversé par une charge de cavalerie.

EXEMPLE. — ATTAQUE DE FRONT POUR UNE DIVISION. (4ᵉ DEMI-BRIGADE DE LIGNE ET 1ʳᵉ LÉGÈRE.)

A. — 3 bataillons d'infanterie légère en avant sur deux rangs, les files à 2 ou 3 pas, les bataillons couvrant le front des 12 bataillons de la division et masquant ses mouvements.

B. — Au moment de l'attaque, les 12 bataillons déployés en *front de bandière*, à un signal convenu, se ploieraient en *colonnes par bataillon* (d'où 12 petites colonnes sur une même ligne), la colonne étant composée de quatre divisions d'égale force, chaque division à 3 pas de la précédente ; la profondeur est de 12 pas pour une colonne. Intervalle entre 2 colonnes : un front de bataillon, s'il était déployé sur 3 hommes de hauteur.

C. — Au signal de l'attaque, les bataillons légers, à 150 pas du front des colonnes, marchent en avant et font un feu soutenu. Les 12 colonnes suivent au pas de manœuvre. A 50 pas du front ennemi, l'infanterie légère s'arrête; si l'ennemi tient ferme, elle redouble son feu.

D. — Les colonnes, *serrées en masse par divisions*, prendront le pas de charge. La première division croise la baïonnette et les trois autres ont les armes hautes; toutes doublent le pas, conservent leur ordre de profondeur, passent à travers l'infanterie légère, qui viendra se placer par pelotons dans les intervalles, et se précipitent à la baïonnette sur la ligne ennemie. Une fois cette ligne rompue, l'infanterie légère, éparpillée en tirailleurs, la poursuit : les colonnes suivront et soutiendront l'infanterie légère, formées toujours en masse, et conservant imperturbablement cet ordre redoutable, pour se préparer à enfoncer de nouveau l'ennemi, s'il parvenait à se rallier et à opposer un nouveau front.

E. — Colonne attaquée par la cavalerie.

Faire halte, fournir une colonne sans intervalles, les officiers en serre-files derrière leurs divisions respectives, et faire face des quatre côtés. Le 1er rang croisera la baïonnette, mais ne se dégarnira de son feu que lorsqu'il pourra tirer à bout portant; le second et le troisième rang exécuteront alors un feu de file[1] sur la cavalerie ennemie.

L'expérience m'ayant appris que le désordre se produit toujours à la queue d'une colonne, le chef de bataillon et l'adjudant sous-officier se tiendront toujours à portée de la queue de la colonne pour la contenir et la forcer à suivre la tête. L'adjudant-major suffit au reste pour conduire la colonne et lui indiquer la direction.

Pour ce qui est des grenadiers, j'estime qu'au jour de bataille, il serait à propos de réunir les 12 compagnies de la division (3 pour le régiment), et d'en former un ou deux bataillons, commandés par un adjudant-général ou un chef de brigade capable.

Ces grenadiers seront placés en réserve, ou sur les flancs de l'attaque, ou pour protéger l'artillerie ou donner un coup de collier.

Nota. — Les hommes étant sur 3 rangs, comme il y a 4 divisions, cela fait douze hommes de profondeur, et une profondeur totale d'une vingtaine de pas.

Observations générales. — On ne se délivre du canon ennemi qu'en marchant sur lui. Exemple : l'attaque commencera à 500 toises[2]; le feu de l'artillerie de campagne n'est guère sensible qu'à 400 toises[3]; vous aurez donc parcouru, en dix minutes l'espace qui vous sépare de l'ennemi, vous aurez peu de feu à essuyer de sa part, jusqu'au moment où vous pourrez le serrer de près avec la baïonnette et où l'affaire sera à peu près terminée.

Cas particuliers. — Le terrain ou les circonstances peuvent empêcher de former la colonne. Alors :

1° Colonne d'une demi-brigade, même de deux si c'est nécessaire, mais l'attaque des colonnes sera toujours précédée d'une ligne de tirailleurs qui la favorise.

---

1. C'est le feu de rangs ou notre feu à volonté actuel.
2. 970 mètres environ.
3. 776 mètres environ.

2° Si le bataillon ne peut marcher en colonne sur une division de front, on le forme alors par pelotons.

Les colonnes doivent présenter toujours un carré long dont les subdivisions ne se débordent pas.

Observations. — La formation en ligne de colonnes, indiquée par Schérer, et la formation en colonnes profondes, précédées et flanquées de tirailleurs, prévalurent pendant toutes les grandes guerres. — La formation la plus fréquemment employée fut la ligne de bataillons en colonne serrée par division.

Le bataillon comprenait neuf compagnies, dont une, celle de voltigeurs (à partir de 1803), était déployée en tirailleurs, tandis que les huit autres formaient quatre divisions, se plaçant les unes derrière les autres, à distance de peloton, ou bien formaient la colonne double dans l'ordre suivant : 4° et 5°; 3° et 6°; 2° et 7°; 1re et 8°.

PIÈCE JUSTIFICATIVE N° 4

Éléments constitutifs de la 32ᵉ demi-brigade à sa formation.

(Mars 1796.)

DEMI-BRIGADE N° 32 D'INFANTERIE DE LIGNE, FORMÉE LE 25 VENTOSE AN VI[1] (MARS 1796).

Composée des bataillons ci-après :

21ᵉ ancienne de bataille
(formée le 1ᵉʳ brumaire an II, novembre 1793).
- 1ᵉʳ *bataillon du 11ᵉ régiment* (*Vieille marine*).
- 2ᵉ bataillon du Var (formé le 11 sept. 1791).
- 1ᵉʳ bataillon de la H.-Garonne (11 déc. 1791).

118ᵉ ancienne de bataille
(formée le 1ᵉʳ brumaire an II, novembre 1793).
- 2ᵉ *bataillon du 59ᵉ régiment* (*Bourgogne*).
- 2ᵉ bataillon de la Drôme (formé le 12 oct. 1791).
- 3ᵉ bataillon de l'Isère (formé le 24 nov. 1791).

129ᵉ ancienne de bataille
(formée le 1ᵉʳ brumaire an II, novembre 1793).
- 1ᵉʳ *bataillon du 70ᵉ régiment* (*Médoc*).
- 1ᵉʳ bataillon de l'Hérault (formé le 1ᵉʳ oct. 1791).
- 2ᵉ bataillon   »   (formé le 15 août 1792).

Trois compagnies de grenadiers de la 80ᵉ ancienne (Registre du corps établi en conséquence de la loi du 10 juin 1793).

Cette composition est certifiée conforme par le conseil d'administration, en date de Saint-Denis, le 15 brumaire an XI (novembre 1802).

Le chef de brigade Darricau a signé.

---

1. Journal Militaire, page 1-8.

PIÈCE JUSTIFICATIVE N° 5

Officiers généraux sortis de la 32ᵉ demi-brigade.

RÉSUMÉ :

2 Maréchaux de France ;
7 Généraux de division ;
10 Généraux de brigade.

UNITÉS QUI ONT CONCOURU A LA FORMATION.	NOMS DES OFFICIERS GÉNÉRAUX SORTIS DES BATAILLONS QUI ONT CONCOURU A LA FORMATION DE LA 32ᵉ		LEUR GRADE EN 1792 AU DÉBUT DE LA GUERRE.	GRADE AUQUEL ILS SONT PARVENUS.
21ᵉ DEMI-BRIGADE	Sortaient des vieux régiments	Mussias.	Colonel.	Général de division.
		Hamel.	Lieutenant-colonel.	Général de brigade.
		Vicose.	Chef de bataillon.	—
	Bataillons de volontaires de 1791	Dupuy.	—	—
		Pigeon.	Adjudant-major capitaine.	Général de division.
		Roguet.	Adjudant.	—
		Darmagnac.	Capitaine.	—
		Masséna.	Adjudant.	Maréchal de France.
		Gazan.	Chef de bataillon.	Général de division.
118ᵉ DEMI-BRIGADE	Volontaires.	Pouchelon.	Quartier-maître-trésorier.	Général de brigade.
		Charlot.	Chef de bataillon.	Général de division.
129ᵉ DEMI-BRIGADE	Sortaient des vieux régiments	Serrurier.	Colonel.	Maréchal de France.
		Rampon.	Sergent-major.	Général de division.
		Duranteau.	Capitaine.	Général de brigade.
		La Plane.	Lieutenant.	Général de division.
	des volontaires	Tisson.	Capitaine.	Général de brigade.
		Soulier.	—	—
		Dortoman.	Chef de bataillon.	—
		Lescale.	—	—

PIÈCE JUSTIFICATIVE N° 6

**Arrêté des Consuls de la République relatif aux récompenses militaires
(4 nivôse an VIII).**

Article I. — Il sera donné aux individus des grades ci-dessous désignés, qui se distingueront par une action d'éclat, savoir : 1° Aux grenadiers et soldats, des fusils d'honneur qui seront garnis en argent; 2° Aux tambours, des baguettes d'honneur qui seront garnies en argent.

Article II. — Les fusils et baguettes porteront une inscription contenant les noms des militaires auxquels ils seront accordés, et celui de l'action pour laquelle ils les obtiendront.

Article III. — Tout militaire qui aura obtenu de ces récompenses, jouira de cinq centimes de haute paie par jour.

Article IV. — Tout militaire qui prendra un drapeau à l'ennemi, fera prisonnier un officier supérieur, arrivera le premier pour s'emparer d'une pièce de canon, aura droit, par cela seul, aux récompenses ci-dessus.

Article V. — Il sera accordé des sabres d'honneur aux officiers et aux soldats qui se distingueront par des actions d'une valeur extraordinaire, ou qui rendraient des services extrêmement importants. Tout militaire qui aura obtenu un sabre d'honneur jouira d'une double paie.

Article VI. — Les généraux en chef sont autorisés à accorder, le lendemain d'une bataille, d'après la demande des généraux servant sous leurs ordres et des chefs de corps, les brevets des fusils et baguettes d'honneur.
Un procès-verbal constatera d'une manière détaillée l'action de l'individu ayant des droits à l'une des marques distinctives. Ce procès-verbal sera envoyé sans délai au Ministre de la Guerre, qui fera expédier sur-le-champ à ce militaire la récompense qui lui est due.

Article VII. — Le nombre des récompenses accordées ne pourra excéder celui de 50 par demi-brigade.

Article VIII. — Les demandes pour les sabres seront adressées au Ministre de la Guerre, vingt-quatre heures après la bataille. Les individus pour lesquels elles auront été faites, n'en seront prévenus par le général en chef, que lorsque le Ministre les aura accordées. Il ne pourra pas y en avoir plus de 200 pour toutes les armées.

PIÈCE JUSTIFICATIVE N° 7

Inscription que l'on déposa sur l'obélisque relevé par l'ordre de lord Cavan, Commandant d'Alexandrie.

Dans l'année de l'ère chrétienne 1798, la République française fit débarquer en Égypte une armée de 40 000 hommes, sous le commandement du très adroit et très fortuné général Bonaparte.

La conduite du général et le courage des troupes subjuguèrent entièrement cette contrée; mais la Providence divine réservait à la nation britannique l'anéantissement de leurs desseins ambitieux. Leur flotte fut attaquée, battue et détruite dans la baie d'Aboukir, par une flotte britannique de forces égales, commandée par l'amiral lord Nelson.

Leur conquête projetée de la Syrie fut déconcertée à Saint-Jean-d'Acre, par une résistance héroïque sous le chef d'escadre, le chevalier Sidney Smith; et l'Égypte fut délivrée de leur domination par une armée britannique inférieure en nombre, mais commandée par général Chevalier Ralph Abercromby, qui débarqua à Aboukir le 8 mars 1801, battit les Français en plusieurs rencontres, particulièrement dans une bataille décisive près d'Alexandrie, le 21 de ce même mois (30 ventôse an IX), lorsqu'ils furent repoussés du champ de bataille et forcés de chercher leur salut dans les enceintes du Caire et d'Alexandrie, lesquelles places se rendirent ensuite par capitulation. Afin de transmettre ces événements aux siècles à venir, et pour perpétuer le souvenir de la perte éprouvée par la mort du chevalier Ralph Abercromby, qui fut blessé mortellement dans cette mémorable journée, on a tracé cette inscription qui a été déposée ici, l'an de Jésus-Christ 1802, par l'armée britannique, en évacuant ce pays, *pour le restituer à l'empire ottoman*[1].

1. Candide Albion!

PIÈCE JUSTIFICATIVE N° 8

Levée en masse. — 23 août 1792.

Une loi organise en ces termes *la réquisition permanente de tous les Français pour la défense de la Patrie* :

« Les jeunes gens iront au combat; les hommes mariés forgeront les armes et transporteront les subsistances, les femmes feront des tentes, des habits, et serviront dans les hôpitaux; les enfants mettront le vieux linge en charpie; les vieillards se feront porter sur les places publiques pour exciter le courage des guerriers, prêcher la haine des rois et l'unité de la République.

« Les maisons nationales seront converties en casernes, les places publiques en ateliers d'armes; le sol des caves sera lessivé pour en extraire le salpêtre.

« Les armes de calibre seront exclusivement remises à ceux qui marcheront à l'ennemi, le service de l'intérieur se fera avec des fusils de chasse et l'arme blanche.

« Les chevaux de selle seront requis pour compléter les corps de cavalerie; les chevaux de trait, et autres que ceux employés à l'agriculture, conduiront l'artillerie et les vivres.

« Le Comité de Salut public est chargé de prendre les mesures nécessaires pour établir sans délai une fabrication extraordinaire d'armes de tous genres, qui réponde à l'élan et à l'énergie du peuple français. »

La France offrit bientôt le tableau que Barère avait ainsi tracé d'avance[1].

Au début, ces conscrits, qui ne savaient pas tenir leur arme, s'élancent follement et se débandent au moindre choc. Mais leur noviciat ne fut pas long.

---

1. Barère lisait à la Convention les bulletins de victoire, et les soldats, en se lançant à l'assaut, criaient « Barère à la tribune! »

PIÈCE JUSTIFICATIVE N° 8 bis

Résumé de la loi dite de l'an VI (19 fructidor ou 5 septembre 1798) et de la loi du 17 ventôse an VIII (7 mars 1800). Institutions militaires de la France, (pages 81-85), par M. le duc d'Aumale.

Nous devons nous arrêter un moment pour expliquer ce que signifiaient ces mots, nouveaux alors, de classe et de conscrits. Quatorze mois avant le 18 brumaire[1], les Conseils de la République avaient adopté une loi qui, donnant un caractère normal aux dispositions prises en 1793, lors du vote de la levée en masse, mais appliquant d'une façon moins rigide les principes posés à cette époque, consacrait à la défense de la Patrie toute la jeunesse française, et permettait cependant de ménager les intérêts du trésor et de la population. Tout Français, en cas de danger national, devait le service militaire. Hors ce cas extrême, l'armée de terre se formait par des enrôlements volontaires et par la voie de la « conscription », qui comprenait tous les citoyens de vingt à vingt-cinq ans, sauf certaines exemptions et dispenses déterminées ultérieurement[2]. Les « défenseurs conscrits », selon le mot consacré, étaient divisés en cinq « classes. » La première, composée de tous ceux qui, au premier jour de l'année courante (1er vendémiaire, 22 septembre), avaient accompli leur vingtième année; la seconde, de ceux qui, à la même époque, avaient terminé leur vingt et unième année, et ainsi de suite en remontant. Le pouvoir législatif fixait le chiffre du contingent, et le pouvoir exécutif procédait à l'appel en commençant par les plus jeunes; on ne devait revenir sur les classes précédentes qu'après avoir épuisé la première classe. Appelés ou non appelés, les défenseurs conscrits étaient rayés du tableau, cinq ans après leur inscription, et recevaient alors leur congé définitif, sauf les circonstances de guerre. Quand ils n'étaient pas en activité, ils conservaient tous leurs droits politiques. Ajoutons que les enrôlements volontaires devaient être gratuits, que les rengagements donnaient droit seulement à une haute paye, et nous aurons un aperçu de la loi dite de l'an VI ou de Jourdan (qui en fut le rapporteur), mais plus connue encore sous le nom à la fois populaire, et plus tard exécré, de « conscription ». Les détails étaient imparfaits, les dispositions incomplètes; dans son ensemble, la loi était efficace, juste, pourvu que l'usage en fût réglé par des assemblées libres et vigilantes. Le Premier Consul demanda tout d'abord et obtint du Corps législatif, non pas un contingent, mais la première classe tout entière. Il ne se borna point à

---

1. 19 fructidor an VI, 5 septembre 1798.
2. 28 nivôse an VII; 19 janvier 1799.

cela : dans l'*Acte*[1] qui, toutes réductions calculées, mettait en activité plus de 100 000 hommes, il fit insérer des articles qui modifiaient profondément la loi organique. L'objet de ces changements, développé dans un arrêté consulaire, était de limiter le nombre des exemptions, surtout de mettre un terme à « l'insoumission », qui avait pris des proportions inquiétantes, paralysait le recrutement, et troublait l'ordre public. De ces mesures, les unes étaient fiscales : lourdes amendes infligées aux réfractaires, contribution imposée aux dispensés, toutes imputables sur leurs biens présents et à venir; les autres, nécessaires peut-être dans les circonstances, mais bien regrettables en principe, mettaient toute la population en surveillance, donnaient aux officiers généraux des pouvoirs extraordinaires et des attributions de police. La plus importante était l'autorisation du « remplacement », qui, toléré jadis dans la formation des milices, permis par la loi de la réquisition, était prohibé par les lois de la levée en masse et de l'an VI. La faculté de présenter un « suppléant » était accordée aux appelés « qui ne pourraient supporter les fatigues de la guerre ou qui seraient reconnus plus utiles à l'État en continuant leurs études ou leurs travaux qu'en faisant partie de l'armée ». C'est aux sous-préfets qu'était délégué le soin d'apprécier la vocation des jeunes gens et de décider s'ils seraient admis à se faire remplacer. Rien ne pouvait être plus arbitraire et plus favorable à la prévarication.

Quels que fussent le mérite absolu et la valeur morale de ces dispositions, il est certain qu'elles donnèrent à la conscription une efficacité qu'elle n'avait pas eue à son début. Certain de laisser derrière lui des dépôts bien garnis, le Premier Consul put mettre en mouvement l'armée de réserve, et, quatre mois après le vote de la loi de l'an VIII, il avait gagné la bataille de Marengo (3e bataillon *bis* complémentaire de la 52e).

1. Loi du 17 ventôse an VIII, 7 mars 1800.

PIÈCE JUSTIFICATIVE N° 9

Extraits du Catéchisme espagnol (1809).

Extraits du : Catéchisme civil et petit abrégé des obligations de tout Espagnol, de la connaissance pratique de sa liberté, et explication de son ennemi, très utile dans les circonstances actuelles, mis en forme de dialogue.

CHAPITRE I

DEMANDES.	RÉPONSES.
Dites-moi, mon enfant, qui êtes-vous?...	Espagnol.
Que veut dire Espagnol?......	Homme de bien.
Combien a-t-il d'obligations à remplir et quelles sont-elles?......	Trois : être chrétien, catholique, apostolique et romain; défendre sa patrie, sa religion ses lois, et mourir plutôt que de se laisser vaincre.
Qui est votre roi?......	Ferdinand VII.
Comment doit-il être obéi?......	Avec l'amour que ses vertus et ses malheurs lui ont mérité.
Quel est l'ennemi de notre bonheur?...	L'Empereur des Français.
Quel est cet homme?......	Un nouveau souverain infiniment méchant et ambitieux, le principe de tous les maux, le destructeur de tout bien, enfin c'est un composé de vices et de méchancetés.
Combien a-t-il de natures?......	Deux, l'une diabolique, l'autre inhumaine.
Combien y a-t-il d'Empereurs?......	Un en trois personnes fausses.
Quelles sont-elles?......	Napoléon, Murat et Godoy.
L'une est-elle plus méchante que l'autre?.	Non, mon révérend, puisqu'elles sont égales.
De qui procède Napoléon?......	De l'enfer et du péché.
Et Murat?......	De Napoléon.
Et Godoy?......	De l'intrigue des deux autres.
Quels sont les attributs du premier?....	L'orgueil, la méchanceté et le despotisme.
Et du second?......	La rapine, l'infamie et la cruauté.
Et du troisième?......	La trahison, la débauche et l'ignorance.

CHAPITRE II

DEMANDES.	RÉPONSES.
Que sont les Français?..........	D'anciens chrétiens et de nouveaux hérétiques.
Qui les a ainsi perdus?.........	La fausse philosophie et la dépravation de leurs mœurs.
A quoi les Français servent-ils à ce despote?................	Les uns à augmenter son orgueil, les autres servent d'instruments à son iniquité, et le reste à exterminer le genre humain.
Ce règne d'iniquités doit-il bientôt finir?	Suivant les sentiments des plus sages politiques, il touche à sa ruine.
D'où présagez-vous cela?.........	Des dispositions de notre sage mère patrie.

CHAPITRE III

Qui est venu en Espagne?........	La seconde personne de la trinité endiablée.
Quels sont ses principaux offices?.....	Ceux de tromper, voler, assassiner et opprimer.
Quelle doctrine nous enseigne-t-elle?...	L'infidélité, la corruption des mœurs et l'irréligion.
Qu'est-ce qui peut nous délivrer d'un tel envoyé.................	L'union, la constance et les armes.
Est-ce pécher que de tuer des Français?.	Non, Monsieur; c'est, au contraire, bien mériter de la Patrie, si, par ce moyen, on la délivre des insultes, du vol et des tromperies.

CHAPITRE IV

Faut-il de la subordination pour triompher?.	Elle est tellement nécessaire que la victoire commence par elle.
Quelle idée devons-nous avoir en allant au combat?................	Nous ne devons envisager que le salut de la Patrie, la défense de l'État, celle de nos frères et la gloire immortelle de la nation.

PIÈCE JUSTIFICATIVE N° 10

Composition du 32ᵉ (1844).

LES TROIS BATAILLONS EN ALGÉRIE (PROVINCE D'ORAN), DÉPOT A ANTIBES.

Colonel, CAVAIGNAC O. ✻, 31 décembre 1855.
Lieutenant-Colonel, LAPORTE O. ✻, 11 octobre 1840.
Chef de Bataillon, BOUILLON ✻, 26 juin 1841.
    »   DUPUIS (Théod.) ✻, 29 mai 1842.
    »   VINOY ✻, 26 octobre 1845.
Major, CLÉMENT ✻, 27 août 1859.
Capitaine adjudant-major, HERREWYN ✻, 26 juillet 1857.
        »   CHARDON DE CHAUMONT, 9 avril 1858.
        »   VILLERMAIN, 28 mars 1845.
Capitaine-Trésorier, CARMIER ✻, 26 avril 1857.
Capitaine d'habillement, RAULIN, 29 septembre 1857.
Adjoint au trésorier (sous-lieutenant), BUNY, 4 septembre 1841.
Porte-drapeau (sous-lieutenant), N.
Capitaine d'État-major, N.
Chirurgien-major de 2ᵉ classe, BESSÈDES, 6 juillet 1841.
Aide-major de 2ᵉ classe, VAGREAUX (D. M.), 8 octobre 1845.
    »   commissionné, CLAVEY (H.), 2 octobre 1842.

CAPITAINES.

David de Belville ✻	4 décembre 1832.
Dumontez	22 juillet 1835.
De la Villeneufve	26 avril 1837.
Hardouin ✻	26 mars 1858.
Boislinard	28 mai 1858.
Lepaumier ✻	15 août 1859.
Dubost	5 juillet 1840.
De la Fayotière	»
Renaud (J.-P.)	»
Léonard	28 juillet 1840.
Ratier	28 octobre 1840.
Poupart	6 décembre 1840.
Trotignon	18 avril 1841.

Paul. . . . . 6 décembre 1840.
Delafollie. 15 juin 1842.
Moren. . . . . 12 mars 1843.
Sibillote. . . . . 28 mars 1843.
Ternisien. . . . . »
Lathelize. 20 mai 1843.
Becais. . . . . 26 octobre 1843.
Bardel. . . . . 10 novembre 1843.

LIEUTENANTS.

Terrade. . . . . 18 septembre 1839.
Fardet. . . . . »
Combes. . . . . 28 juillet 1840.
Olivier. . . . . »
Bouvier. . . . . »
Lapeyre ✻ . . . . 25 août 1840.
Aune. . . . . »
Alaine. . . . . 29 octobre 1840.
Costecaude Saint-Victor. . . . . 27 décembre 1840.
De Schoën. »
Estrade . . . . »
Crépeaux. »
Piron . . . . »
Duchotois. 22 avril 1841.
Hervieu. . . . . 8 juillet 1842.
Bonnet . . . . 24 mars 1843.
Carmier . . . . 31 mars 1843.
Olleris. . . . . 3 juillet 1843.
Lion. . . . . 9 juillet 1843.
Hébrard. . . . . 10 novembre 1843.
Planchut. . . . . 23 décembre 1843.

SOUS-LIEUTENANTS.

Frezières . . . . 14 décembre 1838.
Bouchet. . . . . »
Delmas (élève à l'École d'État-major). . . . . . . 1er octobre 1839.
Coutanceau . . . . 28 octobre. 1839.
Legar. . . . . 25 août 1840.
Gouërin. . . . . 2 janvier 1841.
Jaubert. . . . . »
François. . . . . »
Henry dit Percy. . . . . »
Tougas. . . . . »

PIÈCES JUSTIFICATIVES.

Bourrié.	9 février 1841.
Leture.	»
Bury (adjoint au trésorier).	4 septembre 1841.
Roubaud.	1er octobre 1842.
Lange de Ferrières.	»
Bruneau.	16 décembre 1842.
Villermain.	1er avril 1843.
Wolff.	»
Simon.	24 juillet 1843.
Derroja.	1er octobre 1843.

PIÈCE JUSTIFICATIVE N° 11.

Composition du 32° Régiment. — 1855.

Colonel, MALMAZET DE SAINT-ANDÉOL O. ✳, 26 décembre 1853.
Lieutenant-colonel, MÉRIC DE BELLEFON ✳, 22 mars 1855.
Chef de bataillon, DE WAUBERT DE GENLIS ✳, 26 décembre 1851.
    »   D'AURIGNAC DE RIBAINS ✳, 15 août 1852.
    »   DE BEAULAINCOURT, 26 décembre 1853.
Major, VAN HOORICK ✳, 10 août 1855.
Capitaine adjudant-major, DUCHOTOIS ✳, 15 décembre 1846.
    »   PLANCHUT ✳, 19 juillet 1849.
    »   TOUGAS ✳   »
    »   LOGEROT, 23 décembre 1855.
Capitaine-trésorier, CRÉPEAUX, ✳ 2 mars 1846.
Capitaine d'habillement, ALAINE ✳, 30 septembre 1846.
Adjoint au trésorier (sous-lieutenant), DELOY, 19 juillet 1854.
Porte-drapeau   »   FRANQUE, 28 avril 1855.
Lieutenant d'état-major, CAPITAN.
Médecin major 2° classe, VUILLET ✳, 14 janvier 1848.
Aide-major de 2° classe, BARRAUD, 1ᵉʳ janvier 1855.
    »   »   DE SINYTTÈRE   »

CAPITAINES.

Carmier ✳	19 décembre 1848.
Hébrard ✳	19 juillet 1849.
François	8 octobre 1849.
Fresières ✳	29 novembre 1849.
Coulanceau	17 février 1850.
Bury	»
Gouérin ✳	10 juillet 1850.
Bourrié ✳	28 septembre 1850.
Leture	29 février 1852.
Bruneau	15 août 1852.
Derroja	30 septembre 1853.
Villermain	23 décembre 1853.
Berger de Nomazy	21 septembre 1854.
Destenay	21 octobre 1854.

PIÈCES JUSTIFICATIVES.

Ladoux ✳. . . . . 16 novembre 1854.
Mutschler ✳. 25 décembre 1854.
Escudier. . . . . 27 décembre 1854.
Lemerre ✳ . . . . »
Grosset . . . . »
Martin de la Bastide. . . . . »
Guittard dit Grégoire. . . . . 30 décembre 1854.
Tanchou. . . . . 24 mars 1855.
César. . . . . 28 avril 1855.

LIEUTENANTS.

Bernaud . . . . 13 octobre 1849.
Deniau. . . . . 27 février 1850.
De Saint-Phalle. . . . . 21 juillet 1850.
Combet. . . . . 28 septembre 1850
Guerinel. . . . . 13 février 1851.
Besson . . . . 29 février 1852.
Berenger. . . . . 10 mai 1852.
Tondeur. . . . . 15 août 1852.
Grandjean. . . . . 30 septembre 1853.
Baudrey. . . . . 25 décembre 1853.
Joly de Cabanous . . . . 25 décembre 1853.
Noël. . . . . 29 décembre 1853.
Joly. . . . . 10 juillet 1854.
Pain. . . . . »
Escande. . . . . »
Bonnafous. . . . . 21 septembre 1854.
Landousy . . . . 28 novembre 1854.
Cauvin . . . . 25 décembre 1854.
Ducarne. . . . . 27 décembre 1854.
Millet . . . . »
Berret. . . . . »
Tadieu. . . . . »
Leroy . . . . 30 décembre 1854.
Zeler . . . . 28 avril 1855.

SOUS-LIEUTENANTS.

Aubert de Trégomain . . . . 1er octobre 1851.
Massotte. . . . . 5 mars 1852.
Franque. . . . . »
Barthélemy . . . . 1er octobre 1852.
Malcor. . . . . »
Deloy (adjoint au trésorier) . . . . 30 septembre 1853.

De Margeot.	1er octobre 1853.
Rémond	25 décembre 1853.
Molès	31 décembre 1853.
De l'Escale.	»
Lhuillier.	19 juillet 1854.
Bouchez.	25 juillet 1854.
Klau.	»
Dupuy-Montbrun.	1er octobre 1854.
Trinquier.	»
Bonjean.	25 octobre 1854.
Sorba.	27 décembre 1854.
Genevey.	»
Guinard.	31 janvier 1855.
Quantin.	17 février 1855.
Arminot.	»
Devaux.	»
Desormais.	»
de Montagnac.	2 mai 1855.

PIÈCE JUSTIFICATIVE N° 12

Composition du 32ᵉ Régiment. — 1870, à Bastia; dépôt à Ajaccio.

Colonel Merle, commandeur ✻, 18 décembre 1865.
Lieutenant-Colonel, Guyot (J.-B.) O. ✻, 6 mars 1867.
Chef de bataillon. Collignon O. ✻, 16 janvier 1865.
　》　Bazaille ✻, 12 août 1864.
　》　Lappasset ✻, 30 septembre 1866.
Major Chaulan O. ✻, 7 mars 1861.
Capitaine adjudant-major, Besson ✻, 23 septembre 1855.
　》　Gaillart de Blainville ✻, 27 décembre 1858.
　》　Malcor, 12 mars 1862.
Capitaine instructeur de tir, Tadieu ✻, 12 août 1861.
Capitaine trésorier, Déloy ✻, 12 mars 1862.
Capitaine d'habillement, Escande ✻, 8 août 1858.
Adjoint au trésorier (sous-lieutenant), Mangin, 13 août 1865.
Porte-drapeau (sous-lieutenant), Aumic, 26 décembre 1868.
Lieutenant d'état-major, ... N.
Médecin-major de 1ʳᵉ classe, Barberet ✻, 12 mars 1866.
　》　2ᵉ classe, Delanousse, 24 décembre 1869.
Médecin aide-major 1ʳᵉ classe, Scovasso, 31 décembre 1868.
Chef de musique, Saunette, 22 septembre 1855.

CAPITAINES.

Remy ✻ . . . . 27 mars 1858.
Bonnafous ✻ . . . . 14 mars 1859.
Ducarne ✻ . . . . 21 mai 1859.
Vuillaume ✻ . . . . 24 mai 1859.
Franque ✻ . . . . 30 août 1859.
Zéler ✻ . . . . 12 mars 1862.
De Margeot . . . . 21 juillet 1862.
De l'Escale ✻ . . . . 》
Bert ✻ . . . . 24 octobre 1863.
Molès ✻ . . . . 20 janvier 1864.
Trinquier . . . . 7 janvier 1865.
Rajat ✻ . . . . 8 mars 1865.

Lhuillier ✻. . . . . 15 août 1865.
Dupuy-Montbrun. . . . . »
Bouchez ✻. . . . . 25 juin 1866.
Cotté. . . . . 17 novembre 1867.
Mosnier ⊛ ✻. . . . . 11 mars 1868.
Genevey-Montaz. . . . . 10 août 1868.
Arminot. . . . . 26 décembre 1868.
Devaux. . . . . 6 mars 1869.
Martin. . . . . »
De Lestocq ✻. 7 août 1869.

LIEUTENANTS.

Hammer. . . . . 21 mai 1859.
Sari. . . . . 24 mai 1859.
Pradier. . . . . 12 août 1861.
Capdenat. . . . . 12 mars 1862.
Lacondamine. 21 mars 1863.
Villermain. . . . . 31 décembre 1863.
Arruffat. . . . . 23 janvier 1864.
Schmit. . . . . 7 janvier 1865.
Armand. . . . . 15 août 1865.
Villard. . . . . 14 février 1866.
Lachaume. . . . . 15 avril 1867.
Boué. . . . . »
Paufard. . . . . »
Bérard ✻. . . . . »
Blouet. . . . . »
Jausious. . . . . »
Gleizes ✻. . . . . 17 novembre 1867.
Rollet. . . . . 10 août 1868.
Delrieu. . . . . »
Labalme. . . . . 26 décembre 1868.
Vaissière. . . . . 6 mars 1869.
Muiron. . . . . »
Fretillier. . . . . 7 août 1869.
Achard. . . . . 24 décembre 1869

SOUS-LIEUTENANTS.

Fauré ⊛. . . . . 21 janvier 1863.
Chaumeil. . . . . 15 août 1863.
Mangin (adjoint au trésorier). . . . . 31 décembre 1863.
Angeli ⊛. . . . . 31 décembre 1863.
Boyer. . . . . 23 janvier 1864.
Estor. . . . . 1ᵉʳ octobre 1864.
Izoard. . . . . 7 janvier 1865.

PIÈCES JUSTIFICATIVES.

Mercurin.	1er octobre 1865.
Alric (porte-drapeau).	14 février 1866.
Lenoir.	15 septembre 1866.
De Carrey de Bellemare.	1er octobre 1866.
Maupoil.	15 avril 1867.
Rousselle.	11 mai 1867.
Daniel.	»
Antoine.	7 août 1867.
Sabatié.	1er octobre 1867.
Daupias d'Alcochete.	10 août 1868.
Rousset.	1er octobre 1868.
Fine.	»
Denier.	6 mars 1869.
Pécru ✹.	7 août 1869.
Delarive.	»
Doyen.	1er octobre 1869.
Rudeau.	15 novembre 1869.
Rignon.	»
Collin.	15 avril 1870.
Soulié (Joseph).	19 août 1870.

Marche du 52e Régiment d'Infanterie.

PIÈCE JUSTIFICATIVE N° 13.

32ᵉ Régiment d'Infanterie. — 1890.

55ᵉ brigade, 18ᵉ division, 9ᵉ corps, P. C. à Châtellerault : P. P. à Tours.

GRADES.	NOMS.	GRADES.	NOMS.
Colonel............	Vedeaux (C.-F.)		Guignes (L.-A.)
Lieutenant-colonel...	Birckel (J.-E.)	Capit.-adjud.-major.	Dehaut (P.-J.-E.)
	Parson (J.-L).		Lambert (J.-P.)
Chefs de bataillons ..	Nouël de Buzonnière (O.-E.)	Capitaine-Trésorier ..	Pujol (J.-C.)
	Froidevaux (A.-S.)	Capitaine d'habill....	Paillon (H.)
	Barazer de Lannurien (G.-M.)	Lieut.-adj. au trésor.	Zilliox (J.)
Major..............	Allenet (C.-T.)	Sous-lieutenant porte-	
Médecins- { 1ʳᵉ classe	Sourel (N.-S.)	drapeau	Ratte (H.-A.)
majors { 2ᵉ classe.	Delamarre (P.-M.)	Chef de musique....	Rutain (J.)
	Éon (G.-H.-L.-M.)		

CAPITAINES.	LIEUTENANTS.	SOUS-LIEUTENANTS.
Doyen (P.-F.)	Martel (E.-E.)	Dammal (E.-J.)
Jeannin (G.)	Brasseur (F.)	De Méri de la Canorgue (J.-E.)
Borel (R.-A.-E.)	Graziani (J.-C.-B.)	Chambert (F.-S.-J.)
Marmillot (J.-P.-C.)	Baudin (A.-M.)	Lecoq (P.-L.)
De Condé (A.-M.-F.)	Mayer (H.-A.)	Bouglé (E.-C.)
Durand de Grossouvre (M.-L.-G.)	Leclerc (F.-J.)	Clogenson (P.-J.-P.)
Camper (L.-H.)	Knoll (A.-E.-C.-E.)	Divin (G.-O.)
Cammaërts (L.-G.)	Piéron (G.-J.-E.)	Muller (L.)
Deuber (J.-L.-M.)	Jupin (L.-S.-M.-J.-J.)	Patez (P.-L.)
Morlet (E.-B.)	Daguzan (J.-M.-F.-C.)	Moreau (A.-M.-J.)
Berthet (C.-E.)	Basile (P.-J).	Grassel (H.-J.)
Bonabé (J.-M.)	Lalande (P.-A.-G.)	Garelly (G.-L.)
Sicher (P.)	Guéneau de Mussy (H.-J.-F.-E.)	
Bousquet (J.-A.)	Honot (M.-L.-A.)	
Dupuis (M.)	De Bégon de Larouzière.	
Mimerel (F.-M.-C.)	Mequillet (A.-E.)	
Pichon (M.-R.)	De la Boninnière de Beaumont (J.-C.-M.)	

OFFICIERS DE RÉSERVE.

CAPITAINES. — Cachon (J.-J.). Marchand (G.-D.). Lefebvre (C.-M.).

SOUS-LIEUTENANTS. — Hélot (L.-C.). Mardelle (H.-C.). Annicet (E.). Nicollas (L.). Dupuis (C.-A.-M.). Colin (M.). Marret (E.). Guérin (L.-P.). Cochard (E.-A.-E.). Brizon (P.-P.). Grolleau (C.-L.). Guillet (J.-F.-E.). Laporte (A.). Blondeau (P.-E.). Boucher (L.-M.-R.). Chamlouineau (C.-L.-A.). Barbet (G.-H.-L.). Chataignier (L.-L.-A.). Delsart (B.-P.). Depreux (E.-H.). Égo (P.-E.-G.). Rogier (L.-M.). Fromont (L.-J.-G.). Wicart (J.-L.-J.). Fittremann (P.-S.-J.-L.). Gigot (W.-S.-D.). Voisin (M.-E.-A.). Bonnefons (E.-F.-G.). Menu de Saint-Mesmin (J.-P.-E.-M.). Delon (J.-B.-A.-R.). Rousseau (C.). De Courtivron (A.-J.).

MAJOR DE RÉSERVE. — Normand.

MÉDECINS AIDES-MAJORS DE RÉSERVE. — Piorry (A.-J.). Cullère. Millas (T.-A.). Chaleix (P.-M.).

APPENDICES

Liste des colonels du Régiment.

Bassigny (1775).

Comte de la Chapelle	1776
Duc de Melfort	1784
Suffren, comte de Saint-Tropez	1788

52ᵉ d'infanterie (1791).

De Baussancourt	1792
Baron Vimeux	1795
Saint-Sauveur	1795

52ᵉ demi-brigade (1796).

Comte Rampon	1796
Charlot	1796
Dupuy	1796
Darmagnac	1798
Darricau	1800

52ᵉ de ligne (1803).

Baron Aymard	1807
Chevalier Branger	1813

Légion du Pas-de-Calais (1815).

Vicomte du Tertre	1815
Chevalier du Boulet de la Boissière	1825

52ᵉ de ligne (1820).

Duvivier	1830
Cavaignac	1855

Leroy de Saint-Arnaud.	1844
Le Flô.	1844
Bosc	1848
Malzamet de Saint-Andéol	1854
Cavaroz	1855
Teulat.	1855
Pradier	1860
Merle	1866

52ᵉ de marche (1870-1871).

Hocédé (lieutenant-colonel).	1870
Graziani.	1870
Reboulet (lieutenant-colonel)	1871

52ᵉ de ligne.

Questel	1871
Thibaudin.	1872
Lamy.	1877
De Cadoret.	1883
Chauffeur	1887
Vedeaux	1890

APPENDICES.

Armes d'honneur. — Décorés du champ de bataille.

Armes d'honneur (de droit chevaliers de la Légion d'Honneur, à compter du 24 septembre 1803[1].)

NOMS.	GRADES.	BATAILLES. OU CAMPAGNES.
Taberly (Antoine)........	Sergent.............	Saint-Georges (Italie) 1796.
Daude (Pierre).........	Sapeur.............	Dégo.
Guillaumont (Pierre).....	Grenadier...........	Saint-Georges.
Cabrol.................	—	Lodi.
Bellot.................	Caporal.............	Arcole.
Riche.................	Sergent.............	Saint-Georges, Arcole.
Casse.................	Sous-lieutenant........	La Séga.
Cambfer...............	Grenadier...........	Peschiera.
Carrière...............	Grenadier...........	Dégo.
Coujard...............	Sergent.............	Arcole.
Léon..................	Caporal de grenadiers...	Dégo.
Gauthier...............	Grenadier...........	Lodi.
Gigano................	Grenadier...........	Dégo, Salo.
Verilhac...............	Fusilier.............	Dégo.
Blanc..................	Caporal.............	Lonato, Arcole.
Gardel................	Grenadier...........	Dégo.
Giniez.................	Sergent.............	—
Fabre.................	Grenadier...........	—
Cambon...............	Éclaireur............	Dégo, Roveredo.
Aune..................	Grenadier...........	Montenotte, Millesimo.
Blanc.................	Caporal.............	Millesimo.
Perret.................	—	Fribourg 1798.
Sudrié (Dom.), fait off. de la Lég. d'Hon. (14 juin 1804).	Chef de bataillon......	Égypte.
Fournier (Fr.), fait off. de la Lég. d'Hon. (14 juin 1804).	Capitaine............	—
Laferté (Jean)..........	Caporal.............	—
Blondin (François), dit Baba.	Tambour............	—
Cambfort..............	Sergent-major........	—
Deraux (J. Baptiste).....	Sergent.............	—
Gayolle (Jean).........	Tambour-major.......	—
Vigo-Roussillon (François)..	Sergent.............	—

1. Ceux dont les noms sont en italique sont dans ce cas; les autres étaient morts, rayés des contrôles, ou passés à d'autres corps.

NOMS.	GRADES.	BATAILLES OU CAMPAGNES.
Gude.................	Tambour-maître.......	Égypte.
Laplane (Jean)...........	Capitaine............	—
Darmagnac, fait com. de la Lég. d'Hon. (14 juin 1804).	Chef de brigade.......	—
Marsalla (Pierre)........	Caporal..............	—
Méroux (Benoît)..........	—	—
Pujet.................	Sergent-major.........	—
Riche.................	Sergent..............	—
Rouaix (Pierre)..........	Sergent..............	—
Sallette (François).......	—	—
Toutant (Pierre).........	Sous-lieutenant.......	—
Libes.................	Sergent-major........	—
Fradeld...............	Grenadier............	—
Batifoly (Jean)..........	Fusilier..............	—
Signy (Antoine)..........	Chef de bataillon......	—
Rouqueyrol.............	Tambour.............	—
Chaplain..............	Capitaine............	—
Lagarde...............	Caporal..............	—
Ferrouillet.............	Sous-lieutenant.......	—

Décorés à compter du 18 décembre 1803
Titulaires d'armes d'honneur dans d'autres corps.

Rodes.................	Tambour-maître.......	Nota. — Relevés sur l'état officiel de la Légion d'Honneur qui ne donne pas les titres.
Durand................	Tambour.............	
Lacour................	Sergent..............	
Augier................	Caporal..............	
Guillet................	Fusilier..............	
Fontergue.............	Caporal..............	
Quantin...............	Fusilier..............	
Planques..............	Sergent..............	
Fraisse...............	Fusilier..............	
Sicres................	Sergent..............	
Thirier................	Caporal..............	
Delhomme.............	—	
Chappe................	Fusilier..............	
Crespy................	Caporal..............	
Bonny................	Sergent..............	
Maynaud..............	Grenadier............	

Légion d'Honneur.

NOMS.	GRADES.	DATES DES DÉCRETS. CAMPAGNES.
Palanque	Capitaine	14 juin 1804.
Petit	—	—
Audibert	—	—
Lonjon	—	—
Gimié	—	—
Garent	Capitaine	5 novembre 1804.
Mallacour	Lieutenant	—
Besiès	Capitaine	—
Boulon	—	—
Gagne	—	—
Iratsoquy	Quartier-maître-trésorier.	—
Berchon	Capitaine	—
Aribaud	—	—
Roux	Lieutenant	—
Clamens	—	—
Pavy	Caporal	—
Raymond	Sergent	—
Poujol	Soldat	—
Besson	Sergent	—
Geoffroy	Sous-lieutenant	—
Lasne	Sergent	—
Olivier	Soldat	—
Tournier	Sergent-major	—
Revol	Caporal	—
Dardé	Lieutenant	—
Chaudon	Caporal de grenadiers	—
Picard	Sergent	—
Sabot	Caporal	—
Jalhié	Sergent	—
Jeanjean	Caporal	—
Béal	Soldat	—
Lalaurie	—	—
Poussadoux	Caporal	—
Daumairou	Soldat	—
Savoye	—	—
Viet	Caporal	—
Guillot	Lieutenant de grenadiers	1er août 1805
Darricau, *commandeur*	Colonel	25 décembre 1805.
Beausset	Chef de bataillon	mars 1806 (Prusse).
Duparc	—	—

NOMS.	GRADES.	DATE DES DÉCRETS CAMPAGNES.
Bosc.................	Capitaine.............	14 mars 1806 (Prusse).
Gosse.................	—	—
Rinesy................	—	—
Soulier...............	—	—
Durand...............	Grenadier.............	—
Arnat.................	Sergent...............	—
Serre.................	Caporal...............	14 avril 1807 (Pologne).
Perrossier (Joseph).....	Capitaine.............	—
Vallat................	—	—
Liotard...............	—	—
Daumié...............	—	—
Villecrosse...........	—	—
Frangin...............	—	—
Dufaut................	—	—
Bergeret..............	Lieutenant............	—
Dutilh................	Sous-lieutenant.......	—
Lefebvre..............	Chirurgien-major......	—
Touard................	Sergent-major.........	—
Porre.................	Sous-lieutenant.......	—
Lodoyer...............	Sergent...............	—
Troubat...............	Caporal...............	—
Fauverteix............	Sergent-major.........	—
Guillaume, dit Messin..	Caporal...............	—
Guéri.................	—	—
Pioche................	Grenadier.............	—
Taurel................	Adjudant-major........	1er octobre 1807 (Pologne).
Sarraut...............	Lieutenant............	—
Cailliez (Alphonse).....	—	—
Estrades..............	—	—
Rogués................	—	—
Aimard................	—	—
Maneyrol..............	—	—
Roux (Victor).........	—	—
Soulairol.............	—	—
Maron.................	Sous-lieutenant.......	—
Brondeau..............	—	—
Tièbe.................	—	—
Michel................	Sergent-major.........	—
Pélissier.............	—	—
Barral................	Sergent...............	—
Pinet.................	—	—
Ravenet...............	—	—
Bonsirven.............	—	—

APPENDICES.

NOMS.	GRADES.	DATE DES DÉCRETS CAMPAGNES
Drapier	Sergent	1er octobre 1807 (Pologne).
Rivière	—	—
Bornes	Caporal	—
Robin		—
Vignal	Grenadier	—
May	—	—
Inferne	Voltigeur	—
Deliouze	Caporal	—
Antoine	Sergent-major	28 juin 1808.
Baron Aymard, *commandeur*	Colonel	8 décembre 1808 (Espagne).
Hermant	Capitaine	—
Pradal	Voltigeur	—
Robin	Sergent	—
Dufour	Caporal	—
Leroy	Capitaine	—
Boissoux (David)	Sergent de voltigeurs	—
Clays	Adjudant-major	22 décembre 1809.
Rostaing	Sergent	—
D'Hemal	Sous-lieutenant	—
Henry	Capitaine	24 avril 1810.
Marrast	—	25 décembre 1810.
Folley, *officier*	Major	25 février 1813.
Bertrand	Lieutenant	19 avril 1813.
Pigeon	Sergent	—
Chaumont	Capitaine	12 juin 1813.
Mennet	—	(Espagne et Allemagne.)
Wenzech	—	—
Doré	Capitaine adjudant-major	—
Lenuthier (Pierre)	Sapeur	—
Bauhaire (Louis)	Sergent	—
Bareste		—
Ristor (Jean)	—	—
Barrière	Voltigeur	—
Nouviau (Jean-Baptiste)	Caporal	—
Champion	Adjudant sous-officier	—
Mazeret (Claude)	Fusilier	—
Montraynaud	Lieutenant	—
Glasser-Lefebvre	Sous-lieutenant	2 août 1813.
Rustan	Capitaine	—
Carcenac	Capitaine	—
Rapin		—
Crassous	Adjudant-major	—
Gloger	Lieutenant	—

NOMS.	GRADES.	DATE DES DÉCRETS CAMPAGNES.
Montraineau............	Lieutenant............	2 août 1813.
Mansuelle (Louis)........	Sergent...............	—
Belloi.................	—	—
Robin, *officier*...........	Major................	5 août 1813.
Garnier, *officier*..........	Chef de bataillon.......	—
Péon (Ferdinand).........	Sous-lieutenant........	10 novembre 1813.
Saint-Clair (Antoine).....	Capitaine.............	—
Dumombard (Alexandre)...	—	—
Noot (Oswald)..........	—	—
Vogel (Henry)...........	Chirurgien aide-major..	—
Regnier (Augustin).......	Sous-lieutenant........	—
Chéron (Joseph).........	—	—
Bastide (Pierre)..........	Sergent de voltigeurs...	—
Agombart (Célestin)......	Adjudant.............	—
Poilveaux (Joseph).......	—	—
Perrossier (Joseph), *officier*.	Chef de bataillon.......	—
Roux (François)..........	Sergent...............	10 janvier 1814.
Darvain (Joseph).........	Sous-lieutenant........	—
Durreau-Laubadère.......	Capitaine.............	—
Trézel (Hippolyte)........	Sous-lieutenant........	—
Brunois (Jean)...........	Sergent de voltigeurs...	25 février 1814 (France).
Harmand (Louis).........	Capitaine.............	—
Boissière (Jean)..........	Lieutenant............	—
Longuet (Jean-Baptiste)...	—	—
Deschamps (François).....	Sergent de voltigeurs...	—
Beautier (Charles)........	Fusilier...............	—
Givardière (Georges)......	Sergent-major.........	—
Michel (Jean-Louis).......	Tambour-major........	24 juillet 1814.
Raguenet...............	Capitaine.............	29 juillet 1814.
Soudagne (Victor)........	Sergent...............	—
Bedel (Louis)............	Sergent-major grenadiers	—
Saussier (François).......	Adjudant.............	—
du Tertre, *officier*........	Colonel...............	Espagne 1823.
Bérard..................	Capitaine adjudant-major.	—
Herbault...............	Capitaine.............	(Chevalier de Saint-Louis.)
de Blottesière...........	Lieutenant............	—
Delattre (Joseph).........	Sergent de voltigeurs....	10 octobre 1825.
Delahaye (Jean-Baptiste)...	Voltigeur.............	19 novembre 1825.
Hardouin (Jean-Marie)....	Capitaine.............	19 avril 1843 (Algérie).
Josse (J.-François-Marie)...	Sergent de voltigeurs...	—
Bellot (Antoine)..........	—	6 août 1843.
Leroy (François)..........	Serg.-major-vaguemestre	14 avril 1844.
Olleris (J.-François).......	Lieutenant............	14 juillet 1844.

APPENDICES.

NOMS.	GRADES.	DATE DES DÉCRETS CAMPAGNES.
Bouillon (Louis), *officier*...	Chef de bataillon.......	14 juillet 1844.
Chardon de Chaumont.....	Capitaine adjudant-major	16 septembre 1844.
Dupuis (Gabriel), *officier*...	Chef de bataillon.......	—
Dumontez (Alexis).........	Capitaine.............	—
Bincker (Bernard).........	Sergent, voltigeurs......	18 septembre 1844.
Rusé (Antoine)..........	Sergent, grenadiers.....	17 avril 1845.
Vinoy (Joseph), *officier*....	Chef de bataillon.......	27 avril 1845.
Rossi (Séraphin)...........	Grenadier.............	25 janvier 1846.
Grandjean (Joseph)........	Sergent...............	21 août 1846.
Le Flô (Adolp.), *commandeur*.	Colonel...............	23 janvier 1848.
Morineau (Louis)..........	Sergent, grenadiers.....	25 août 1848.
Halté (François)..........	Sergent...............	—
Warin (Auguste).........	Caporal...............	27 août 1848.
Maisch (Frédéric).........	Sergent, voltigeurs......	12 juillet 1849 (Rome).
Charlut (Auguste).........	Voltigeur.............	—
Roustan (Pierre)..........	Sergent, grenadiers.....	—
Bischmann (Antoine)......	Grenadier.............	18 août 1849.
Bosc (Jean), *commandeur*..	Colonel...............	19 août 1849 (Rome).
Royère (Jean-Baptiste).....	Sergent, grenadiers.....	10 mars 1855 (Crimée).
Cavaroz (Adrien), *officier*...	Colonel...............	14 septembre 1855.
Logerot (François-Auguste).	Capitaine adjudant-major.	—
Harlepp (Xavier)..........	Voltigeur.............	16 avril 1856.
Bégin (J.-François........	Sergent, grenadiers.....	—
Groisillier (Émile)........	Sergent...............	—
Bazaille, *officier*.........	Chef de bataillon.......	Arrêté du 19 août 1870. (France).
Hammer.................	—	
Cotté...................	—	
Genevey-Montas..........	—	
Capdenat................	—	
Lapasset, *officier*.........	—	9 septembre 1870.
Malcor..................	Capitaine adjudant-major.	
Lacondamine	Capitaine..............	
Trinquier................		
Michel..................	Sergent...............	
Dubois..................	Adjudant sous-officier...	
Ducarne, *officier*..........	Capitaine..............	19 octobre 1870.
Dupuy-Montbrun..........	—	
Chaumeil................	—	
De Carrey de Bellemare....	—	Hué, 5 juillet 1885.
Baudin (Auguste-]. s).	Lieutenant	Tonkin, 1887.

Actions d'éclat. — Citations.

NOMS.	GRADES.	AFFAIRES OU CAMPAGNES.
Visse..................	Sous-lieutenant........	Mayence et Vendée, 1793.
Laurent................	—	—
Loppin................	—	—
Micou.................	—	—
Deschanges............	—	—
Le Brère..............	—	—
Marcel................	—	—
Leroy.................	—	—
Cagne.................	—	Égypte, 1799.
De Bourdeau (Jacques)..	Capitaine.............	Égypte, 1798-1799.
Le Régiment...........		Haslach, 1805. Durrenstein, 1805.
Watellier (Pierre)......	Capitaine.............	Haslach, 1805.
—	—	Hall, 1806.
Castagné (Raymond)....	Lieutenant............	Hall, 17 octobre 1806.
Le Régiment...........		Mohrungen, 1807.
Riche.................	Sous-lieutenant........	Espagne, 1809.
Beausset..............	Chef de bataillon......	Espagne, 1809.
Schmitz (Nicolas)......	Major................	Espagne, 1810.
Rustan (François)......	Capitaine.............	Espagne, 1812.
Carcenac (Baptiste)....	Capitaine.............	Xicola, 1812. Dohna, 1813.
Gérard (Christian).....	Chef de bataillon......	Soissons, 1814.
Bérard................	Capitaine adjudant-major.	Espagne, 1823.
Lallart................	Lieutenant............	—
Brunel................	Sous-lieutenant........	—
Ternisien..............	Sergent...............	—
Delattre...............	—	—
Théry.................	Caporal...............	—
Malpean...............	—	—
Petitporé..............	Grenadier.............	—
Janot.................	Capitaine.............	—
Du Tertre.............	Colonel...............	—
De Rossi..............	Chef de bataillon......	—
Herbault..............	Capitaine.............	—
Jacquinot.............	Lieutenant............	—
O' Keeffe.............	—	—

APPENDICES.

NOMS.	GRADES	AFFAIRES. OU CAMPAGNES.
Nouvel................	Lieutenant............	Espagne 1825.
De Blottesière............	—	—
Toucas................	Sous-lieutenant.......	—
Vêtu.................	Sergent...............	—
Choteille.............	Voltigeur.............	—
Hardouin (Félix).........	Capitaine.............	1° Sidi-Lackal, 21 mars 1843. 2° Flittas, 22 sept. 1845. 3° — 24 mars 1848.
Herrewyn (François).......	Capitaine adjudant-major	Zamorah, 4 juillet 1843.
Chardon de Chaumont (G.)..	—	Isly, 14 août 1844.
Crépeaux (Joseph).........	Lieutenant............	Flittas, septembre 1845.
Dumontez (Alexis).........	Capitaine.............	Flittas, 15 mai 1845
Olleris (François)........	Lieutenant............	1° Flittas, 15 mai 1845. 2° Zamorah, 4 juillet 1843.
Cavaignac (Stanislas).....	Colonel..............	1° Zamorah, 4 juillet 1843. 2° Isly, 14 août 1844.
Bouillon (Hyppolite).......	Chef de bataillon.......	1° Zamorah, 4 juillet 1843. 2° Flittas, 15 mai 1845.
Vinoy (Joseph)..........	Chef de bataillon.......	1° Afrique, nov. 1844. 2° Sidi-bel-Abbès, janvier 1845.
Bincker (Bernard).........	Sergent, voltigeurs....	1° Flittas, 15 mai 1845. 2° Isly, 14 août 1844.
Morineau (Louis)..........	Sergent, grenadiers.....	16 février 1841, médaille d'honneur en argent (inondations).
Carré (Louis)............	Caporal...............	
Bigotte (Alexandre........	Sergent-major, voltigeurs	Zamorah, 4 juillet 1843.
Bourret (Pierre)..........	Grenadier.............	5 janvier 1845, médaille d'honneur en argent (incendie).
Ranchoux (Pierre).........	Grenadier.............	7 novembre 1846, médaille d'honneur en argent (sauvetage).
Laugier (Joseph)..........	Clairon...............	—
Gimet (Charles)..........	Caporal, voltigeurs....	10 décembre 1840, médaille d'honneur en argent (inondations).
Bourdial (Gabriel)........	Grenadier.............	30 juin 1861, médaille d'honneur en argent (incendie).
Collignon (Toussaint).....	Chef de bataillon.......	6 et 16 août 1870.
Malcor (Paul)............	Capitaine.............	—

NOMS.	GRADES.	AFFAIRES OU CAMPAGNES.
Trinquier (Armand)	Capitaine	6, 16, 18, 51 août et 1er septembre 1870.
Noblot (Claude)	Sergent	6, 16 et 18 août 1870.
Camper (Louis-Henri)	Capitaine	Tonkin, 22 mai 1885.
Brasseur (Ferdinand)	Lieutenant	Formose, 5 février 1885.
Baudin (Marius)	—	Tonkin, 22 janvier 1887.
Jouvin (Joseph)	Adjudant	Tonkin, 17 février 1888.
Deslandes (Jules)	Sergent	Médaille d'honneur argent (explosion dans une cartoucherie), 1887.

Nota. — Les victimes d'omissions, ou leurs familles, voudront bien adresser leur réclamation justifiée au colonel du 32e de ligne, à Tours.

Garnisons.

ANNÉES.	GARNISONS ET EMPLACEMENTS.	ANNÉES.	GARNISONS ET EMPLACEMENTS.
	A. — Bassigny.		*E. — Légion du Pas-de-Calais.*
1777-1778.	Metz.	1816-1820.	Arras.
1779-1780.	La Rochelle.		
1781.	Brest.		*F. — 32ᵉ de ligne.*
1782.	Lisieux.		
1783.	Valognes.	1821.	Metz.
1785-1786.	Metz.	1822.	Perpignan.
1787-1791.	Nantes, Belle-Isle, Port-Louis et Lorient.	1823-1824-1825.	4ᵉ corps d'armée d'Espagne.
		1826-1827-1828.	Metz.
	B. — 52ᵉ d'infanterie.	1829-1830.	Douai, Rennes et Saint-Malo.
		1831-1832-1833.	Nantes (4ᵉ bataillon à Angoulême).
1791-1792.	Brest et Tours (1ᵉʳ bataillon). La Martinique (2ᵉ bataillon).	1834.	Paris.
1793.	Armée du Rhin et Vendée (1ᵉʳ bataillon).	1835-1836.	Metz.
1794.		1837-1838-1839.	Mâcon.
1795.	La Martinique et Vendée (2ᵉ bataillon).	1840.	Lyon.
1796.		1841.	Briançon.
		1842.	Toulon.
	C. — 32ᵉ demi-brigade.	1843-1848.	Afrique.
		1849-1850.	Rome.
1796.	Armée d'Italie.	1851-1852.	Italie (Division d'occupation).
1797.	Suisse.	1853-1855.	Paris; dépôt à Soissons.
1798-1801.	Armée d'Orient. 3ᵉ bataillon bis complémentaire (à l'armée d'Italie).	1855-1856.	Crimée.
		1856-1857-1858-1859.	Phalsbourg.
1802-1803.	Saint-Denis (Paris).	1860-1861-1862.	Napoléon-Vendée.
	D. — 32ᵉ de ligne.	1863-1864.	Lyon.
		1865-1866.	Avignon.
1805-1806-1807.	Grande Armée (Autriche, Prusse et Pologne).	1867.	Briançon et Gap.
		1868.	Toulon et Bastia.
1808-1813.	Portugal, Espagne et Allemagne.	1869.	Bastia et Ajaccio.
		1870.	Metz.
1814.	Campagne de France.	1871-1873.	Angers.
1815.	Strasbourg et Soissons.	1874-1890.	Tours et Châtellerault.

TABLE DES GRAVURES

	PAGES
Frontispice. — Sergent.	II
Cul-de-lampe. — Sergent.	IX
En-tête de l'introduction. — Sergent.	XV
Cul-de-lampe. — Sergent.	XXIIV
Drapeau de Bassigny. — Berger.	5
Maniement des armes en 1791 (PL. I).	9
Maniement des armes en 1791 (PL. II).	17
Französische Infanterie.	29
Kléber. — Jean Guérin.	37
« Il est défendu de fumer, mais vous pouvez vous asseoir. » — Raffet.	41
Habits blancs et habits bleus (Vendée). — M. Orange.	49
En-tête du papier à lettres de Berthier.	55
« L'ennemi ne se doute pas que nous sommes là. » — Raffet.	61
« De quoi vous plaignez-vous ? » — Raffet.	65
« Le Représentant a dit : Avec du fer et du pain, etc. » — Raffet.	69
Le général Bonaparte. — Jean Guérin.	73
Le moral est affecté chez l'Autrichien ! — Raffet.	77
Drapeau de 1796. — Berger.	81
Bonaparte, général en chef de l'armée d'Égypte. — Raffet.	89
Mameluk au combat. — Carle Vernet.	92
Plan de la bataille de Chebreiss.	95
Plan de la bataille des Pyramides.	96
Soldat du régiment de dromadaires. — Detaille.	104
Les Pestiférés de Jaffa. — Raffet.	105
Marche à travers le désert. — Géricault.	109
Drapeau du 26 ventôse an II. — Berger.	113

Champignons républicains 116
« Tu as de l'honneur, tu as des principes, etc. » — Raffet. 121
Drapeau du 12 thermidor an XII. — Berger. 125
Drapeau de décembre 1804. — Berger. 129
« Rendons-leur feu pour feu ! » — Raffet. 133
Le maréchal Ney force le pont d'Elchingen. 135
Mack à bout. 137
Marche précipitée de l'armée russe volant au secours des Prussiens. 139
Le maréchal Berthier. — Gros. 141
Allemagne 1805. — Raffet. 143
Louise-Augustine de Mecklembourg-Strélitz, reine de Prusse. — Swebach. 145
« On ne passe pas ! » — Charlet. 148
Le bouillon du passage. — Raffet. 152
« Après vous, Sire ! » — Charlet. 153
« Attention ! l'Empereur a l'œil sur nous. » — Raffet. 157
« Serrez les rangs ! » — Raffet. 164
La veille. — Raffet. 165
Le lendemain. — Raffet. 169
Infanterie légère française. — Charlet. 175
L'inspection. — Raffet. 177
« Nous avons la victoire ! Fanfan. » — Raffet. 181
En Espagne, 1809. — Raffet. 185
En faction. — M. Orange. 189
Retraite des Français vers la frontière espagnole. 193
Ils grognaient et le suivaient toujours. — Raffet. 201
« Vive l'Empereur ! » — Lutzen 1813. — Raffet. 204
Campagne de Saxe. — Les conscrits de 1813. — Raffet. 205
Départ du roi, le 19 mars 1815. — Heim. 212
Le réveil. — Raffet. 213
Retour de Bonaparte, le 20 mars 1815. — Heim. 217
Drapeau de la légion du Pas-de-Calais. — Berger. 221
Grenadier. — Campagne d'Espagne 1823. — Raffet. 228
Drapeau de 1831. — Berger. 233
Alger, 1830. — Raffet. 241
Le bataillon Bouillon dégage les chasseurs d'Afrique. — Sergent. 245
Colonne d'attaque. Algérie. — Raffet 249
Plan de la bataille d'Isly 252
Isly, 14 août 1844. — Sergent. 255
A l'arrière-garde. — Sergent 257
Le colonel Bosc. — Raffet 265
Drapeau de 1848. — Berger. 268
Dantin, chef de bataillon. — Raffet. 269

TABLE DES GRAVURES.

Charlut, voltigeur. — Raffet.	275
Prise de la Courtine, siège de Rome. — Raffet.	276
Le capitaine Douay. — Raffet.	277
Richmann, grenadier. — Raffet.	279
Drapeau de 1852. — Berger.	280
Aune, capitaine au 52ᵉ de ligne. — Raffet.	281
Piron, capitaine au 52ᵉ de ligne. — Raffet.	283
Antoine Fris, voltigeur au 52ᵉ de ligne. — Raffet.	284
François, lieutenant au 52ᵉ de ligne. — Raffet.	285
Hébrard, lieutenant au 52ᵉ de ligne. — Raffet.	287
Dumeil, voltigeur au 52ᵉ de ligne. — Raffet.	288
Planchut, lieutenant au 52ᵉ de ligne. — Raffet.	289
Tongas, lieutenant au 52ᵉ de ligne. — Raffet.	291
Bernard, sapeur au 52ᵉ de ligne. — Raffet.	292
Sape volante. Crimée. — Raffet.	295
Destenay, sous-lieutenant au 52ᵉ de ligne. — Raffet.	297
Gazet, grenadier au 52ᵉ de ligne. — Raffet.	299
Maisch, sergent au 52ᵉ de ligne. — Raffet.	300
Sébastopol, 1855. — Sergent.	301
Lacombe, grenadier au 52ᵉ de ligne. — Raffet.	303
Roustan, sergent au 52ᵉ de ligne. — Raffet.	304
En tirailleurs, 16 août 1870. — Sergent.	305
Pour la Patrie. — Sergent.	309
Mort du colonel Graziani. Nuits, 1871. — Sergent	321
Algérie, 1881. — Sergent.	325
Au Tonkin. — Sergent.	328
Drapeau de 1890. — Berger.	329
Cul-de-lampe. — Sergent.	332
En-tête de la Conclusion. La charge. — Sergent.	333
Cul-de-lampe. — Sergent.	334
Marche du 52ᵉ Régiment d'Infanterie.	339

TABLE DES MATIÈRES

	PAGES
LISTE DES OUVRAGES CONSULTÉS	IX
PRÉFACE	XI
INTRODUCTION	XV

Première période. — Ancien régime.

La vie militaire dans Bassigny 1

Deuxième période. — Révolution.

CHAPITRE I. — Le 32ᵉ de ligne 25
             Guerre de Vendée 39
             Pacification de la Vendée 50

CHAPITRE II. — La 32ᵉ demi-brigade de ligne 53
             Souvenirs intimes d'un volontaire de 1791 57
             Campagne de Suisse 84
             Expédition d'Égypte 85
             Expédition de Syrie 101
             Fin de la campagne d'Égypte 108

Troisième période. — Empire.

CHAPITRE I. — Journal d'un engagé volontaire pendant les campagnes de 1805, 1806 et 1807 117
             Campagne de 1805 131
             Campagne de Prusse, 1806 144
             Campagne de Pologne, 1807 150

Chapitre II.	— Traits principaux d'organisation.	162
Chapitre III.	— Campagnes d'Espagne, 1808-1812	171
Chapitre IV.	— Campagne de 1813.	199
	Campagne de 1814.	206
	Les Cent-Jours. — Campagne de 1815.	209

Quatrième période. — Restauration et Monarchie de Juillet.

Chapitre I.	— Campagne d'Espagne, 1823.	219
Chapitre II.	— Campagnes d'Afrique, 1842-1848.	234
Chapitre III.	— Siège de Rome, juin 1849.	260

Cinquième période. — Second Empire.

Chapitre I.	— Guerre de Crimée, 1855-1856.	275
Chapitre II.	— 1856-1870.	296
	Guerre 1870-1871. Metz.	302

Sixième période. — La jeune armée (1870-1890).

Chapitre I.	— Le 32ᵉ de marche à l'armée de l'Est.	317
Chapitre II.	— Le 32ᵉ de ligne en Algérie et au Tonkin.	325
Conclusion.		333

Pièce justificative	Nᵒ 1.	— Composition du 32ᵉ, ci-devant Bassigny, 1791	335
—	Nᵒ 2.	— — — — 1793.	336
—	Nᵒ 3.	— Aperçu des dispositions tactiques en vigueur pendant les guerres de la Révolution et de l'Empire.	337
—	Nᵒ 4.	— Éléments constitutifs de la 52ᵉ demi-brigade à sa formation.	342
—	Nᵒ 5.	— Officiers généraux sortis de la 52ᵉ demi-brigade.	343
—	Nᵒ 6.	— Arrêté des Consuls de la République relatif aux récompenses militaires.	344
—	Nᵒ 7.	— Inscription que l'on déposa sur l'obélisque relevé par l'ordre de Lord Cavan.	345
—	Nᵒ 8.	— Levée en masse, 23 août 1792.	346
—	Nᵒ 8 bis.	— Résumé de la loi dite de l'an VI	347
—	Nᵒ 9.	— Extraits du catéchisme espagnol, 1809.	349

Pièce justificative N° 10.	— Composition du 52ᵉ 1844............	551
— N° 11.	— — — 1855............	554
— N° 12.	— — — 1870............	557
— N° 13.	— — — 1890............	560

Appendices.................................. 561

Table des Gravures........................... 575

ERRATA

Omissions dans la liste des Ouvrages consultés :

Le Roman des soldats (Jules Claretie, de l'Académie française).
Gœthe au siège de Mayence (Étude de Mézières, de l'Académie française).

20668. — PARIS, IMPRIMERIE LAHURE
9, rue de Fleurus, 9

www.ingramcontent.com/pod-product-compliance
Lightning Source LLC
Chambersburg PA
CBHW052136230426
43671CB00009B/1265